·书香天津·大学生校园"悦读之星"纪实·

悦读与人生

YUEDU YU
RENSHENG

■ 天津市全民阅读活动办公室 编

天津出版传媒集团

天津教育出版社
TIANJIN EDUCATION PRESS

图书在版编目（CIP）数据

悦读与人生. 一 / 天津市全民阅读活动办公室编.

天津 ： 天津教育出版社，2024．7． -- ISBN 978-7-5309-9022-3

Ⅰ．G252.17-53

中国国家版本馆CIP数据核字第2024S9G090号

悦读与人生（一）
YUEDU YU RENSHENG YI

出 版 人	黄　沛	
作　　者	天津市全民阅读活动办公室	
责任编辑	田　昕	
装帧设计	郭亚非	

出版发行　　**天津出版传媒集团**
　　　　　　天津教育出版社
　　　　　　天津市和平区西康路 35 号　邮政编码　300051
　　　　　　http://www.tjeph.com.cn

经　　销	新华书店	
印　　刷	天津中图印刷科技有限公司	
版　　次	2024 年 7 月第 1 版	
印　　次	2024 年 7 月第 1 次印刷	
规　　格	16 开(787 毫米×1092 毫米)	
字　　数	320 千字	
印　　张	25	
定　　价	149.00 元(全二册)	

"闪光的人生始终伴随着阅读，高明的阅读不断改变着人生"

——《悦读与人生》序

　　阅读，尤其是读"有字书"——古今中外的名著、佳作、经典和美文，怎么读，读什么，读多少，以及何时读、何处读等等，诸如此类的疑问，不只是读者内心纠结的问题，也历来是作家、学者及教育家和阅读学家们所共同关心的主题。

　　1979年4月，中晚年一直生活在天津的孙犁先生，于《书的梦》一文里回忆说，他在保定上中学期间，曾在天华市场的旧书铺和紫河套的地摊上买到过喜欢的旧书。待毕业之后，他被人介绍到北平城里的一个官衙去做抄写员，虽然每月20块大洋的薪金不菲，但每天每日的职场生活却十分无聊。于是，他很快便发现了对门的北平图书馆，常常到馆里去看书，有时也会到北新桥、西单商场等地去逛旧书摊。正是其坚持不懈的阅读，建立了自身以书本为基础的"精神支柱"，以至于后来丢失了那份工作，他的内心里也不那么在乎了。晚年的孙犁还在一篇文章里回忆道："读书是一种文化活动……它使我在青春期，没有陷入苦恼的深渊，一沉不起。对现实生活，没有失去信心。它时常给我以憧憬，以希望，以启示。"

　　由此联想到英国文学家威廉·萨默塞特·毛姆在《书与你》中所说的

话，一个人如果能够"养成阅读的习惯"，就"等于为你自己筑起一个避难所，几乎可以避开生命中所有的灾难"。然而他补充说，这"灾难"，并不包括"饥饿的痛苦"与"失恋的悲哀"。

2003年1月，河南师范大学兼中国阅读学研究会会长曾祥芹先生，在其主编的《阅读改变人生》一书的前言中指出，阅读，是一种"对书面文化产品的精神消费和再生产活动""闪光的人生始终伴随着阅读，高明的阅读不断改变着人生"。而当代知名教育家朱永新先生则现身说法道："大学是读书的天堂。"因为拥有"阅读的时间"和"阅读的空间"。其中最为重要的，是"读什么书"，相对自主地、相对专业性地去读该读的书——如果上了大学，"再不抓紧时间读一点书是非常可惜的"。图书馆，则是"承载着人类最重要的精神财富的地方……图书的生命是通过阅读激活的"。

朱永新先生指出："无论是在大学期间的阅读生活，还是在工作岗位上的读书生活，其实都在悄然地甚至于深刻地改变着我们的生活，改变着我们的人生。"因此，在其所著的《造就中国人：阅读与国民教育》中，收录有《中国大学生基础阅读书目30种＋推荐书目70种》。

多年来，在"促进全民阅读，建设书香天津"的进程中，在津大学生的阅读状态，备受有识之士的关注。由天津市新闻出版局、天津市教育委员会、天津市全民阅读活动办公室、天津市高等学校图书情报工作委员会主办的"悦读之星"评选活动，得到了天津市各高等院校的广泛参与，并取得了丰硕成果。

高校云集的天津是全民阅读推广活动的重要阵地。近十年来，我有幸应天津市全民阅读活动办公室、南开大学、天津师范大学、滨海新区图书馆及问津书院等单位之邀，分别参与多届阅读推广天津交流会（论坛）并陈述己见，且对有关院系的大学生、市民读者等做阅读推广的分享，对天津的全民阅读，尤其是大学生阅读，留下了深刻的印象。

　　在本书行将结集出版之际，编者邀序于我，遂欣然命笔，为文壮行。期待在津大学生珍惜学业时光，善用阅读资源，悦读中外经典，既为"书香天津"的建设添砖加瓦，也为各自的人生奠定坚实的知识和学问基础。是为序。

徐　雁

癸卯霜华于金陵雁斋山居

（徐雁，南京大学教授、博士生导师，兼中国图书馆学会阅读推广委员会副主任）

目　录

一等奖

二等奖

芦义格

天津职业技术师范大学艺术学院 2014 级。于 2015 年 5 月参加书香天津·大学生校园"悦读之星"评选活动决赛，荣获一等奖。

平凡的世界，不平凡的人生

我们都知道，平凡是这个世界的本质，我们每一个人对于浩瀚的宇宙来说都是渺小、脆弱、微不足道的存在。当然这个世界同样也是平凡的，从生到死，喜到悲，贫穷到富裕，相聚到别离，事态的变迁对于历史的长河来说仅仅不过是一瞬，我对平凡的看法向来如此，直到我看到了一本书，来自路遥的《平凡的世界》。

我不夸耀这是一本多么伟大的巨著，我只想说，这本书告诉了我什么是平凡，什么是苦难，什么是平凡人生活的意义。这本书讲述的是在一片黄土地上，有一群面朝黄土背朝天的农民，他们的悲欢离合，生老病死，颠沛流离。如果你问我这个故事是正剧，喜剧，悲剧，还是闹剧，我可以很负责地告诉你，都有一点儿。但是这本书没有华丽的辞藻，惊心动魄的情节，惊天动地的画面，有的只是平凡的故事，平凡的生活，平凡的情感，平凡的人生。

这本书同样向我们传达了一种真善美,路遥用他的笔触刻画了一群真诚、善良、美好的灵魂,但是这些真诚、善良的人物,他们的结局大多却以悲剧收尾。最让我印象深刻的是少平和晓霞,他们的地位那么悬殊,却那么相爱,心心相印。可是结局却不尽如人意,以悲剧收场,就像东方的罗密欧与朱丽叶。这本书我看了三遍,前两遍时我都为他们感到唏嘘,希望结局能够圆满,抱怨路遥为什么这么残忍,非要拆散这对神仙眷侣,可是看到第三遍的时候,我才明白路遥的意图。

因为人在心理上是不接受悲剧的,我们无法坦然接受失败的挫折、生活的苦难、他人的否定和世界的恶意。如果今天有个同学对我说:"你最近怎么又胖了",我肯定会想这人不太会说话,对不对?所以我们看中国从古代戏剧到现在的电影、电视剧大多数都是以喜剧结尾。

我是学艺术的,老师曾告诉我们世界上有一个特别著名的雕塑——断臂的维纳斯,维纳斯为什么被后世称道,是因为她曼妙的躯体吗?是因为她精致的面容吗?不是,她的美在于她的断臂,她的残缺。没错,残缺也是一种美。路遥用他的笔触告诉了我们残缺的美丽,告诉了我们理想和现实的差距,告诉了我们面对苦难是每个人必须经历的过程,告诉了我们平凡人生的真谛。

宰相刘罗锅在和珅临死前对他说过这么一句话:我们每一个人的人生,从一开始就是被自己精心设计过的。没错,从小到大我们的一步步成长、一次次变化都是我们精心设计的,但是我们无法预知失败,无法预知苦难,无法预知未来,因为我们是平凡的。但是我们要努力,要付出,活出平凡世界当中的不平凡。

五分钟的时间很短,短到我无法向你们诉说书本里面每一个精彩的情节对话;五分钟的时间真的很短,短到我无法向你们详细诉说我看这本书时的心潮澎湃。但是我真的希望你们能读一下这本书,因为,这本书告诉了我,什么是失败,什么是苦难,什么是挫折。这本书同样也告诉了我,什么是努力,什么是希望,什么是成功。这本书告诉我,火把虽然朝下,但是火苗依旧向上。这本书告诉我,这个世界可能是平凡的,但是不平凡的是我们!还有,你们!

吴盈盈

中共党员，天津外国语大学求索荣誉学院金融学
（英文）专业 2012 级，曾获得天津市王克昌奖学金特等
奖，2016 届优秀毕业生和校长奖学金获得者，英国爱丁
堡大学商学院硕士。于 2015 年 5 月参加书香天津·大学
生校园"悦读之星"评选活动决赛，荣获一等奖。

家国情深，心心念念
——读陈丹燕散文集有感

初读陈丹燕，源于她的《女中学生三部曲》，年岁渐长，又阅读了她的
上海三部曲系列散文集。书中所描绘的温雅绵厚的上海向我展开了一幅
朦胧画卷，读罢掩卷，只觉上海的百年沧桑积淀，不变的仍是那一份沉甸
甸的家国情怀！

弄堂小巷的晨光熹微，吴侬软语的娓娓浅谈，衣着考究的上海女子耳
上的坠环，和着留声机悠扬婉转的歌曲在光影里摇曳。此情、此景、此风
物，便是属于陈丹燕的旧时上海情怀。它不因繁华落幕而浅淡，也不因物
是人非而斑驳，等待着我们用多情的目光去凝视旧梦里的家乡人。

撇开文字的浮光掠影，贯穿始终的是家之至情、国之大爱。它蕴蓄在
作者笔下的街角咖啡店里，弥漫在广场喷泉的点点水雾中，堆砌在每一座

依旧守望着的故居里，沉淀在每一件正在讲述的物事中。家国之情温柔又恒久，落在陈丹燕的笔尖，渗入我们每位观者的心田。

何谓家国之情？是为家国遭遇不平之事的拍案而起，是为家国之崛起复兴的忍辱负重，也是为实现国泰民安的殚精竭虑，但更多时候，它就是萦绕在游子心间朴素的家国之念。那圣约翰大学里继承"五卅精神"为了家国命运游行睡铁轨的教会学生，那爱尔兰酒馆里过着无奈的"圈子生活"的异国人，那为了心目中自由富强的祖国而投入革命工作、中华人民共和国成立后却放弃一切优待甘于平淡的翻译家张可，还有面对人生戏剧般起伏仍然固守家国、活出一份尊严的郭家小姐，无一不是命运与时代奏鸣曲上灵动的音符。

国人重家，讲究父母在不远游；国人爱国，哪怕捐躯赴国难，视死忽如归。陈丹燕兜转了大半个世界，最终惦念的还是她长于斯的上海。无论是谋略治国齐家的志士仁人，抑或是但求安身立命的芸芸众生，家国之情终究是那一往情深的心心念念。

于陈丹燕，家国情可以是颜文梁随身带了七十三年的母亲给的那个苹果，更是为了家国命运甘愿舍生取义的壮志情怀；于每位中国人，家国情是爱这华夏大地上每一处山川河流，爱这上下五千年的每一次迸发与奔腾，爱中华文明的生生不息与焕然新生；于我，家国情是淡泊名利、筑梦青春、心系家国。作为新时期的大学生，我们当铭记家国一统，心存对家之挚爱，肩负对国之担当。心怀感恩，以梦为马，用青春去书写家国之志。

犹记得苏轼词里柔奴万里南归而来，只因"此心安处是吾乡"；岳飞八千里路云和月，一片忠魂万古存；鲁迅先生奋笔疾书"我以我血荐轩辕"，燃起几多豪情壮志。纵观历代人杰，字里行间，言谈行事，家国情怀，历历在目。

习近平朴素的一席话"国家好，民族好，大家才会好"，简简单单却掷地有声。家国之念，只要你一往情深，便会觉得内心澄明笃定。愿你我常怀一份家国之情，山河之爱，那么这方热土上的每一个你我，都将处处心安，岁岁欢欣！

◇ 参赛感受

大学四年，在天外扬帆起航、学海泛舟，而"悦读之星"活动正是这波光粼粼的河流中的一枚闪光点。感谢"悦读之星"活动，让我可以把我非常喜爱的作家陈丹燕和她笔下上海的妙趣生活一起分享给大家，特别是把书中家国情深的人文情怀传递给身边朋友，这是非常畅快的事情。分享使人愉悦、阅读使人明智，在自我分享之余，"悦读之星"活动更让我认识了很多天津其他高校的朋友，听到了他们喜爱的书籍和故事，这更是非常美好的体验。非常感谢、也大力推荐"悦读之星"活动！

◇ 阅读寄语

　　我喜爱阅读,阅读陪我走过了中学挑灯夜读的时光,记录了海外求学的点滴,给予我工作后没有完整学习时间却在深夜的零碎空闲里投身书海的沉浸式美好。非常巧的是,我英国硕士毕业后便在上海工作和生活,而"悦读之星"活动中我的推荐书籍正是记录上海生活的散文小品。可见你曾经读过的文字,也会成为你过往和未来人生的注脚。那么何不来一同阅读,共享美好。

魏聪珊

天津师范大学播音主持专业 2013 级，于 2016 年 5 月参加书香天津·大学生校园"悦读之星"评选活动决赛，荣获一等奖。

与书同行，视界无限

我今年 21 岁。

21 岁，这是个什么年纪呢？

可能，这是个需要被过来人多加指引的年纪。因为它是你人生中的第二个十年，在这期间你可能会继续读书深造、可能会步入职场、可能会结婚生子……但这一切的起步都需要一些恰到好处的提醒。

可能，这恰恰是个尴尬的年纪，心比天高却似乎在某些需要自己达到的地方"缺斤短两"。

但似乎还有另外一种可能，就是你的脑袋会在任何你需要的时候为你高速运转起来，就像海绵，你吸收得足够多，它就给予你无限量。

问题来了，我要用我的这块海绵吸点儿什么呢？

我相信参加过大学英语四六级考试的同学们在备考写作部分的时候都会记下这样一句模版：as far as I am concerned...我们通常翻译为：在我

看来……这样的表达方法会为一个问题提出无数可能性的解释和做法，那我也非常愿意为我刚才提出的那个问题给一个在我看来存在可能性的答案。

开门见山，如果是我，我会选择在我人生的第二个十年里，用我的这块海绵从书本里汲取我感兴趣的、我需要的、他人需要的、社会需要的东西。必须解释到位的是，在这里我提到的"需要"，并非功利，因为它饱含情怀。

说回我自己，大学的前三年我是怎么过的呢？

大一这一年，跟无数"小新兵"一样，白天上课晚上社团；大二这一年，觉得自己摸清了一些大学生活的套路，开始向往学校外的生活，四处实习、结交朋友；大三这一年，我忽然愿意每周花上一半的时间"泡"在图书馆里，读几页书、写几行字。成长的脚步那么快，书架上那些唯美、跌宕起伏的故事是不是都忽略了？为什么不洗去浮躁，思忖一纸满载的智慧？为什么永远只是心已动，身渐远？"赌书消得泼茶香，当时只道是寻常"，别让这寻常美好沦为了过往，蒙上尘埃。今人虽有互联网，获取资讯与知识极其容易，但还是要试着、学着往书本里钻一钻。要知道，百忙之中下一步"闲棋"是很有必要的，一言不发的书本，其实饱含了快生活里找寻不来的慢滋味。

周国平在《妞妞》里写：在懂得留恋生命的时候死去，这是我们绝大多数人的命运。我刚读到这一句的时候，心里不由得叹一声遗憾；而今再回想这一句，却觉得这未尝不是一种幸运。在懂得珍惜大学时光的时候却赶上了即将毕业，背包远行的时刻，所以我格外珍惜与大学、与书时刻为伴的难得岁月。我在写下这些文字的时候，恰逢柳絮飘飞的春天，突然想到庄子在《人世间》里讲的无用论——"山木自寇也，膏火自煎也。桂可食，故伐之；漆可用，故割之。人皆知有用之用，而莫知无用之用也"。反观现在的生活,"有用"似乎成为我们做大多数事情的初衷,读书如此,生活亦如此。若心里有一架天平,恐怕多数时候天平的一端都会被放上"有用"这个砝码,但读书这件看似无用之事却让我如今的生活不再止步于完成每天的"必修课"。人类就是一种喜欢透过感性的方式获取理性的生物,从一本小说环环相扣的情节设定里,我似乎身临其境,同作者一起上演一段故事,一起动笔记下页历史。

如果你问我为什么愿意读书?为什么希望与书同行、与书一生为友?其实这些问题的答案就像有人问你为什么会爱上某个人一样——只因感觉,只因书籍使我时刻懂得内省,使我去过简单却意义丰富的生活,使我心怀感恩,不忘却情怀所在。

THINK.

WALK.

读书,使我带上辩证、发展的眼光看问题,能够更加清晰地看待自己;读书,使我眼里的世界越变越大,不只有单一自我的存在;读书,使我愿意去寻找爱的存在,激发心中那份原本的善意。

与书同行,视界无限。在走的或许是时间,在变的或许是世界,不变的却是书里一页页的纯净。

赵倩如

天津中医药大学中医学院中医学专业 2014 级七年制一班，于 2016 年 5 月参加书香天津·大学生校园"悦读之星"评选活动决赛，荣获一等奖。

浅说《黄帝内经》

尊敬的评委老师，各位亲爱的来宾，大家好，我是来自天津中医药大学的赵倩茹。倩是《诗经·硕人》中"螓首蛾眉，巧笑倩兮"的倩，茹是《易经·泰卦》里"拔茅茹，以其汇"的茹。以此看来，我与同为儒学经典的《诗经》和《易经》很有缘分。然而这里有一部与我更有缘分的经典著作，那就是被历代奉为"医学之宗"的《黄帝内经》。

《黄帝内经》通过黄帝和大臣岐伯等人的对话，以问答的形式，系统地讲述了人的生理、病理、疾病以及治疗疾病的原则和方法，它庇佑着我们中华民族生生不息，战胜疾病，绵延至今。正如另一部中医经典《伤寒论》的序言所说："上以疗君亲之疾，下以救贫贱之厄，中以保身长全，以养其生。"

说到养生，这是《黄帝内经》的一大特色。《内经》开篇黄帝问岐伯："余闻上古之人，春秋皆度百岁，而动作不衰；今时之人，年半百而动作皆衰者。时世异耶，人将失之耶？"

岐伯对曰："上古之人，其知道者，法于阴阳，和于术数，食饮有节，起居有常，不妄作劳，故能形与神俱，而尽终其天年，度百岁乃去。"

"知道"就是要符合天地阴阳自然规律，饮食要有节制，起居要有常规。"形与神俱"是指身心都要健康。早在两千多年前形成的中医养生理念，与21世纪世界卫生组织提出的"合理膳食，适量运动，戒烟限酒，心理平衡"健康四大基石可谓异曲同工。

对于养生，《内经》中还具体提出了"春生、夏长、秋收、冬藏"的原则，今天是5月3日，农历的3月27日，属于《内经》所言的"春三月"。那么现在，就让我这位小中医，为大家分享一则《黄帝内经》的春季养生之法。

《内经·四气调神大论》有言："春三月，此谓发陈。天地俱生，万物以荣。夜卧早起，广步于庭，被发缓形，以使志生；生而勿杀，予而勿夺，赏而勿罚。此春气之应，养生之道也。"

春三月，春阳上升，气潜发散，生育庶物，陈其姿容，故曰发陈；这是一派欣欣向荣之象，同属自然的我们，也要启故从新，抛却上一年收在秋风里的悲叹、藏在冬雪里的哀愁，满怀着新生的喜悦，迎接这美好的一年！在这段日子里应该晚睡早起，起床之后随心漫步，披发缓行，无拘无束，一切回归自然，以此来调动精神情志。

每次我的脑海中浮现这个场景的时候，想到的便是"浪漫"二字，这是一种可以与《诗经》相媲美的浪漫，同时也充满了人文情怀——"生而勿杀，予而勿夺，赏而勿罚"。它告诉我们，调摄人的精神情志，犹如保护万物的生机，不可滥行杀伐；要多施与，少敛夺；多奖励，少惩罚；应该乐观、自信地面对生活，积极向上，不可妄自菲薄，要懂得发现自己的美，生活的美；"勿杀、勿夺、勿罚"，与春气一同升发向上，这才是灿烂人生的正确打开方式。

　　所以就让我们在五月的春风里,感受《内经》的人文情怀与浪漫,共行养"生"之道吧!

杨儒欣

中共党员，2020 年本科毕业于天津中医药大学应用心理学专业，2022 年研究生毕业于北京师范大学应用心理专业，现为河北省定向选调生。于 2017 年 4 月参加书香天津·大学生校园"悦读之星"评选活动决赛，荣获一等奖。

家国一梦书山河
——读《抗战家书》有感

尊敬的各位老师、各位同学，大家好。我是来自天津中医药大学的杨儒欣，我要跟大家分享的是"家国一梦书山河——读《抗战家书》有感"。

记录抗战时期的书籍有很多，然而呈现给我们的大多是一段充满战争硝烟的正义悲歌。《抗战家书》却与众不同，它收录了从九一八事变到抗战结束之初的近百篇战地家书，有乱世中的颠沛流离，有恋人相隔千里的思念衷肠，更有至亲骨肉的生离死别。这本入选中央电视台年度"中国好书"的佳作，让一封又一封情到深处的家书见字如面，重回那个大时代下中华儿女的家国梦。

现在，就让我们一起走进先辈们的历史记忆。

"志兰！亲爱的，别时容易见时难，分离二十一个月了，何日相聚？念、念、念、念！"书的开篇，是左权将军于牺牲前三天写给爱妻刘志兰的最后一封家书，钢铁雄心也有铁汉柔情，这封家书虽颠覆了他在我心中浴血奋战的铁血形象，然而身处战争年代，家国本就一体，这又何尝不是对大好河山的眷恋与思念呢？

天津市和平区花园路四号，坐落着吉鸿昌将军的旧居"红楼"，这是他在天津从事抗日活动的重要地点。众所周知，将军在刑场上以手指为笔，写下浩然正气的绝命诗——"恨不抗日死，留作今日羞。国破尚如此，我何惜此头！"而鲜为人知的是，牺牲前，他匆匆写下了给妻子的短札——"夫今死矣！是为时代而牺牲。"这般视死如归、捐躯国难的决心，真乃值得我们敬仰的民族英雄啊！

这些家书中，还不乏普通人朴素而真挚的家国情怀。七七事变爆发后，旅居菲律宾的华侨王雨亭先生，送自己年仅15岁的儿子王唯真回国参加抗战，途经香港和儿子分别的时候，写下了临别赠言。"这是个大时代，你要踏上民族解放战争的最前线，我当然要助成你的志愿，决不能因为'舐犊之爱'而掩没了我们的民族意识。别矣，真儿！"短短几句，一位父亲对儿子的期望，以及对祖国和民族的热爱就跃然纸上。"王师北定中原日，家祭无忘告乃翁。"这场持久战，正因有着千千万万像王雨亭先生一样的"普通人"，才有了最后的胜利。

"烽火连三月，家书抵万金。"爱情亲情家国情，都揉进了这九百六十万平方公里的山河之中。时代的脚步进入21世纪，到了我们"90后"的大时代。习近平指出，"实现中华民族伟大复兴，是中华民族近代以来最伟大的梦想"。吾辈少年更要永远继承先烈遗志，心怀中国梦，为建设富强、民主、文明、和谐的社会主义国家而不懈奋斗。

重读这本《抗战家书》，不仅让我钦佩爱国志士的非凡情怀，也感慨家书所能承载之大爱。致敬《抗战家书》！给了我深情的眼泪，也给了我无比坚定的力量。向前走吧，我们还有很多远方！

全民抗战家国梦，故纸温情醉山河！

◇ **参赛感受**

参加比赛时，我还是一名大一新生，演讲和舞台于我而言都是陌生的，凭着一腔热血，我从校级初选冲到了市级决赛。在老师的鼓励和指导下，我反复打磨演讲稿、彩排练习，心态也从"试试看"转变到"舍我其谁"，当所有人的目光都望向我时，我终于将从小对阅读和演讲的热爱抒发出来，在舞台上突破了自己，并沉浸其中。这次参赛经历让我更加相信自己，也更愿意展示自己，是大学时期不可多得的"惊喜"和"奇遇"。

◇ **阅读寄语**

从学生时期到走进职场，读书一直是我"疲惫生活的英雄梦想"，历史人文、志怪传说、武侠传奇……每一类我都有所涉猎，而阅读总能带来新奇体验，让我暂时走进一段充满未知的探险中，在阅读中认识自己、发现自己、治愈自己。"光阴者，百代之过客也。而浮生若梦，为欢几何？"只有在阅读中，我才能看到历史的磅礴与绵长，感觉到自己的渺小与伟大，专注于当下的欣喜与悲伤，在阅读中"见自己见天地见众生"。

于锦涛

中共党员，天津外国语大学 2015 级本科生，中国人民大学 2019 级硕士研究生，中国人民大学 2022 级博士研究生，从事中国文学外译研究。于 2017 年 4 月参加书香天津·大学生校园"悦读之星"评选活动决赛，荣获一等奖。

海棠依旧
——感悟于《周恩来传》

暖日一袭，醉却杨柳，催开了胭脂色的海棠。此时，我正遇见春风里的落红满径，清明的风也不停地翻飞起花瓣。海棠依旧，遥遥故事，沉沉我心，笔下千言，且从这海棠花勾起的回忆里说开去。

当吟出"大江歌罢掉头东，邃密群科济世穷"时，你是从苏北平原走出的青年，意气风发的样子让人想起"为中华崛起而读书"的少年英豪。想知道是什么样的决心，让你横渡汪洋、东去日本？

于是，望近你，从坚定的眼眸里，我似乎读懂了许多，读懂了你淮安老宅中凄苦的童年，也读懂了你书读百卷、求取救国救民真理的决心。你曾在东北的黑土地上寻找日俄战争的沧桑残留，也在书山籍海里遇见了一位又一位给予自己信念的英雄人物。也许，读懂了这些，我才明白，当许下

“面壁十年图破壁，难酬蹈海亦英雄”如此誓言的时候，你一定相信命运的峰回路转，也已经预见了自己不凡的一生。

仰视，仰视，于是看见在天安门城楼上鼓掌的你。年少时的风华正茂，青年时的上下求索，全部柔化进此时深深的笑容里。

俯首，俯首，你目力所及之处尽是陈旧的山河。战争的海雨天风已经过去，百废俱兴的道路上，你在共和国的草野上默默耕耘26年。都知道戈壁滩上的蘑菇云和响彻寰宇的东方红，都知道你在外交场上纵横捭阖，可谁知道出访亚非时，你只带了两件洗得起麻的西服；谁知道抱病连续工作18到24小时的日子里，你总在伟人身侧，因为相信“曾做大江弄潮儿，便成绿叶也英豪”。

清明风起，自然追忆起当年京城处处皆白花的时候。十里长街上，多少哭声穿过时间和空间的维度响入重霄。从此岁岁断肠日，定是年年一月八。抚平泪水后，便觉：十年离愁，给你增添了许多沧桑倦影。

一人身后，多少悲伤总关情。没有见到春天盛放的海棠，你就闭上了眼睛。可能铁肩上的担子太重了，你累了，你要休息了……回忆起这些往事，我更理解，为什么记忆退化的觉悟社老人管易文，在看到周总理照片时能够连喊三声“音容宛在，永别难忘”，更理解为什么肯尼迪夫人把周总理视作最佩服的人。这一切都留在了1976年的寒冬，所有关于你的忠诚、我们的敬佩，不妨都留给历史来说。

西花厅的海棠逢春盛放，不知驻足赏花的邓大姐又思索起多少离人的往事。沽上春末夏初的相逢，而后岁月转换一直不变的相守，都如影像般在脑海放映。自君别后，海棠树下的窗子再没有了深夜的亮光。当站在病床前看着你闭上眼睛，当把你的骨灰撒在山山水水，所有以往的疲倦终于都逝去。纵然青瓦冰冷霜华重，想必在翻读以往的信件时，邓大姐和她的革命伙伴能再次相逢，然后在信纸末尾写下“吻你万千”……

一己悲欢在滚滚岁月中略显单薄，但芸芸后人对于一个人的怀念却传递出不可言说的敬意。丹书难写的精神，笔下纵有千言，又怎能把此间的所想所念全然诉说尽。我回首一顾，在繁华祥和的虹霓之间，西花厅海棠依旧，只想道一句"这盛世，如您所愿"。

◇ **参赛感受**

从"阅读"到"悦读"，是一个由朴素行为到积极心态的跨越过程。书卷的外在加持让读书人越过时间和空间的藩篱，和无穷的远方、无数的人物以及无数的事件相遇，体会一种"感同身受"的快感。参加"悦读之星"评选活动是让我们再次回味这种因阅读文字而带来的快感，随后或酣畅淋漓，或细细琢磨，这何尝不是一种快意的叠加，不是一件极大的乐事呢？

◇ **阅读寄语**

在汗牛充栋之中辨识出一部佳作，在阅读之中将书中的话语与自己的生活经验串联起来，得到一些"哦，原来是这样""没错，正是如此"的体悟。"悦读"，即是如此，而"悦读"之乐的另一重要来源大抵是重复阅读，即随着生活经验的积累，在重读同一部经典的过程中寻到新的收获，让阅读感悟和人生经验交织在一起。

徐 杉

中共党员，天津音乐学院学工部科员，大学生思想
政治教育教研室军事课教师。曾获天津音乐学院优秀共
产党员、天津市普通高等学校军事课教学展示一等奖、
天津警备区演讲比赛三等奖。于 2017 年 4 月参加书香天
津·大学生校园"悦读之星"评选活动决赛，荣获一等奖。

我们青年人应该是什么样子

——观暨读《人民的名义》有感

大家好，我是音乐学院的一名学生，今天和大家分享一部热映电视剧
的原著——《人民的名义》。

上网搜一下，便会看到十天售罄百万册，xx银行组织学习观看《人民
的名义》，甚至，醉酒司机大喊"我认识达康书记"，可见它是多么深入人
心。这本书的封面上写着——"一部反腐高压下中国政治和社会生态长
卷"，本书所写的社会内容之真实，反腐力度之大，从严治党之坚决，都让
我们为之震撼。从这背后，我读出了一个直击心底的词——"较真"。书中
的达康书记已经成为许多年轻人的偶像，他一身正气又带点狡黠，刚愎自
用却不乏责任担当。他也有很多的缺点，例如做事不计后果，有些不近人
情。但这不正是一个较真的年轻人的性格吗？正是我们风华正茂时最想活

成的模样啊！

我们并不是一出生就有改变世界的能力，你和我都是巨大社会关系中一颗小小的齿轮。走出校门后，我们四处奔走，希望有份稳定的工作，为生计疲于奔走。我们学会了敷衍市侩，学会了顾全大局，我们没有时间关心梦想，没有时间理会环境，我们变成了当初自己最讨厌的模样。但是我们还有一点可以做到，那就是在长大的时候依旧在乎真假。如果我是一个老师，以后就会有一个班的孩子因为我在乎真假，变得更正直；如果我是一个老板，以后就会让食品添加剂少一点点；如果我是一个小摊贩，以后就不会缺斤少两。这才是改变这个世界的力量，就像书中那个执拗、有点霸道的达康书记一样。在这个社会中也许会有一万次选择作假的机会，你一定要坚持自己，只因为一个最简单的理由：你是一个人，一个年轻人，一个骄傲的年轻人。

我希望我们所有的"90后"都能一生率真爽朗，从不趋炎附势，从不曲意逢迎，从不指鹿为马，从不失信于自己和信仰。

书中对一位离休老干部的离开是这样描写的，"中央巡视组来了，老人一次次去谈话，热血在为真理而斗争的征途上冲破了那颗饱受磨难的衰老心脏"。如果以后仍旧有人拍着你的肩膀说："年轻人，你别那么较真，你要去适应这个世界。"这时候我们应该像这位老人一样，以人民的名义坚持理想，以人民的名义守住信念，以人民的名义践行自己的信仰。你告诉他，我是一个年轻人，一个在乎真实的年轻人，我容不得半点作假。

◇ 参赛感受

每一次经历都是生活给予的宝贵经验，是成长的必然。很感谢"悦读之星"，她给了我一个和同龄人分享的机会，给了我一个发光的平台。阅读带给我前所未有的愉悦和满足感，承载我的情绪，丰盈我的灵魂，塑造我的性格，更是深陷复杂生活时给我内驱力量的存在。无论是读书还是观影，每每回忆起《活着》的故事，想起的绝不是在不幸生活中轻言而来的放弃，而是面对生活的艰难仍然平静选择继续。演讲对我来说，是学生时期初出茅庐时肆意表达自己的方式；是刚入职场渐入佳境时寻求批评指正的展示；是授业解惑小有所成时拉近师生距离的良好模式。读书触发思考，思考后而表达，感谢"悦读之星"，她教会我们的恰恰是思考，难道不是吗？

◇ 阅读寄语

周国平曾说："一个人但凡有了读书的癖好，也就有了看世界的一种特别眼光，甚至有了一个属于他的丰富多彩的世界。"书就是人的生命，如迷忽觉，如梦忽醒，如仆者之起，如病者之苏。书就是人心的苏醒，是离我们心灵本身最近的事。阅读就像一座随身携带的避难所，读一本好书就好比擦亮一根火柴，在你困顿疲惫的时候，照亮你脚下的路。读书是一生的事业，那些读过的书，终将成为你的气质和风骨。

马 航

天津理工大学中环信息学院经济与管理系 2016 级，中国铁建投资集团员工。非常热爱阅读与演讲，曾在电视台从事播音员、记者工作，目前为天津滨海广播电视台节目特邀嘉宾。于 2017 年 4 月参加书香天津·大学生校园"悦读之星"评选活动决赛，荣获一等奖。

阅读书香 青春风采

　　许多人都喜欢用"平凡"这个词描述自己，用它的反义词——"伟大"形容他人。的确，在茫茫的人海中，我们每个人只是海中的一朵小浪花，看似渺小，但并不代表不重要。路遥的《平凡的世界》正是通过一群平凡的小人物，全景式地描写了中国现代城乡生活，以孙少平等人物为代表，刻画了社会各阶层的普通人在复杂的矛盾纠葛里奋斗与拼搏。挫折与追求，痛苦与欢乐，纷繁交织，读来令人荡气回肠。

　　我很喜欢路遥的出发点——平凡的世界。他的世界是平凡的，只是黄土高原上几千几万座村落中的一座。从小处着眼，作者刻画了一个个普通人物平凡的人生旅程，衬托日新月异的时代变迁，给人以亲近，给人以启迪。路遥在平凡中看到了主人公的不平凡。比如孙少平，我认为孙少平这个人物是全篇文字的主线，通过他的成长经历，展现在大家面前的是那个时代背景下整整一代人对生活的憧憬与无奈。贫穷曾让许多有理想的人们意志消亡,我们没有理由嘲笑逆境中人们的自卑与懦弱,相反我们要用另外一种眼光去看待。战胜困难,摆脱束缚,学会生活,懂得珍惜,是我们这一代人需要学会的。在路遥的世界中出现的都是平凡的人物,他借由这些平凡的人描写着人性中的善与美,丑与恶。在他的世界里,人最大的优点就是认识到自己是平凡的。这点从孙少平身上得到最突出的体现,他认识到了平凡,也选择了平凡。

最让我有所感触的是,这些平凡人的故事,让我们引发了深刻的思考,那就是我们怎样生活,如何对待生活,这可能正是这本书的深邃所在。

如果能深刻理解苦难,苦难就会给人带来崇高感。如果生活需要你忍受痛苦,你一定要咬紧牙关坚持下去。有位了不起的人说过:痛苦难道会是白受的吗? 它应该使我们伟大!

这是一个喧嚣浮躁的时代,每一个拥有梦想并还在追梦的人都该阅读这本《平凡的世界》,它会让你懂得:尽管命运是那样的不公,只要你能够不屈不挠、艰苦奋斗、勇往直前,终能获得最后的成功。

《平凡的世界》对我的影响也许还无法预测,但有一点是肯定的,它给予我一种来自灵魂的震撼。它改变了我的思想,我的行为,我的态度。

◇ **参赛感受**

- -

　　非常感谢主办方能给我们当代大学生这次展现自我的机会。比赛虽已结束，但我们的梦想才刚刚启程，这场活动，不仅是一场比赛，更是一次学习。选手们结合自己的见解，各展其才，分享了自己的读书心得体会。每一位选手在舞台上都带着满满的自信，饱含青春向上的活力，坦然自若，挥洒自如，这些发自内心的真情流露，都能在我心灵深处掀起波澜。他们每一个人都是我学习的榜样。比赛是一种经历，成绩是一种收获，时光不负努力，年少不负梦想！这是一个开始，相信以后这样的比赛会越来越多，当所有人的热情汇聚在一起时，将会以势不可挡的气势，源源不断地传递青春正能量！

◇ **阅读寄语**

- -

　　一部优秀的作品会照亮你的人生，一种崇高的精神会成为你的信仰。书籍是人类文明最重要的标识之一，伴随人类走过了数千年的历程，书中有读不完的热爱，也有看不完的风景。书籍给我们带来了智慧、快乐，让我们可以抒发纠结缠绕的心情，可以拨开迟疑彷徨的迷雾，可以培育纯真高尚的情操。当下，天津市开展的大学生"悦读之星"活动非常有意义，让我们以书为友，以书为鉴，让一缕书香伴着我们同行！

王婉霖

中共党员，毕业于天津财经大学，热爱阅读与旅行。于 2018 年 5 月参加书香天津·大学生校园"悦读之星"评选活动决赛，荣获一等奖。

为什么你年纪轻轻就"佛"了

——读《走到人生边上》有感

最近有一个词特别火，"佛系青年"，指的是那些看淡一切的年轻人。在平常生活中你肯定听过这样的话，明天考试今天还没复习，算了没事，分数由天定；又涨了 20 斤，OK 不怕，胖瘦都随缘。但是想一想，我们大多是"90后"，甚至很多人的年龄都没到 20 岁，我们真的有平静如水的心境吗？并不是如此，《走到人生边上》这一书，就给那些丧失生活激情的"佛系青年"敲了敲警钟。木心说："找好书看，就是找一个制高点。"你小时候是不是纠结过这样的问题，考清华还是考北大？现在的你已经不把这个问题当成问题了吧，这就是年龄增长带给你的阅历，在我们还没有那么多的人生阅历作为垫脚石的时候，这本书就像是缆车，带着你先一览人生的高峰。它端给你的绝不是一碗我们平常看腻的鸡汤，它更像是一碗酸辣汤，辛辣、酸涩。因为这本书说的毫无情面，毫不遮拦，让你无地自容，又不得不连连称是。

　　杨绛先生年轻的时候一直有个清华梦，但两次与其擦肩而过，第一次因为清华那年没有在上海招生，第二次为了照顾生病的弟弟错过了清华的招生考试，但最后她还是选择在清华借读并继续进行研究生深造。你永远不知道人生的转折是惊喜还是惊吓，但很显然，坚持拼搏永远是纠正突然变轨的命运的最好方法。说一个我的例子，刚上大学时我干劲满满，但是现实就是专业课的困难让我开始变得麻木，不再为做不出题而懊恼痛苦，甚至觉得这就是古人的"不以物喜，不以己悲"。但我将自己闭塞在自己圈的笼子里时，永远不会知道这个世界上和我年龄相仿的年轻人在做什么。你知道吗？哈佛的学生真的会把枕头带到图书馆彻夜学习，在我们还为解不出一道题而苦恼的时候，那些优秀的年轻人已经开始思索人类未来的发展方向，他们训练的终点不是期末考试，他们训练的目的是重启人类的那种天真，像达尔文、爱因斯坦的那种天真，冲破世俗的短视，将自己置身于对世界未知领域最原始的渴求中。这让我感觉到自己很渺小，把自己的"佛"冠冕堂皇地当成是成长，高高地扣个帽子说那是随遇而安，真的很浅薄。杨绛先生在书中提到，"聪明年轻的一代，只图消费享受，而曾为灵性奋斗的人，看到自己的无能为力而灰心绝望，觉得人生只是一场无可奈何的空虚"。这才是你"佛"的真正原因。

　　你把什么叫作"佛"？大学上课，可以按时到教室，但一直玩着手机，你说这是"佛"了。上班工作，任务都可以按部就班地完成，但从来不会有灵感乍现的惊喜，你说这就叫"佛"。追逐梦想，却被生活下了绊子，一句"命里无时莫强求"就放弃了，你也说这就是"佛"了。但这真的不是。那只是走向理想的路太长，苦难让你太痛了。杨绛先生说："理想应该是崇高的，难于实现而令人企慕的，才值得选为理想。"大家谁不想实现理想啊？但你一定要知道，没有一个人实现理想的过程会很理想，如果你要是觉得理想很难实现,那恭喜你,你的理想真的很伟大!杨绛先生回顾自己一生,也觉得许多事情是不由自主的,但她说:"算命的把'命造'比作船,把'运途'比作河,船只能在河里走。但'命造'里还有'命主'呢,如果船要搁浅或倾覆的时候,船里还有个'我'在做主。"关键时刻,做主的永远是自己,这才叫作命。

我很庆幸,在我最该成长却又最迷茫的年龄,这本书让我知道了锻炼自身才是做人最根本的要求。作为一名大学生,你要对得起这个"大"字,知识要学的"大",做人要做的"大"。四年之后,希望迎接你的是一个有追求、有希望的未来,我一直相信一句话:"一切还有年轻可以倚恃。"

◇ 参赛感受

参加"悦读之星"活动,让我深刻感受到阅读的魅力与文字的力量。四四方方的书页传递的是人类无限制思维之妙。华丽的辞藻尽显文字之美,平凡的诉说流露情感之深。阅读似乎可以解决世间烦恼,也可以启迪无限智慧。演讲可以传递心中翻涌的千言万语,也可以在一次次与观众的眼神交流中收获灵魂的碰撞。在比赛中,选手们生动有趣地讲述他们喜爱的精彩故事和深刻哲理,也让我对这些经典作品有了更深刻的理解和认识。

◇ 阅读寄语

站在前人的肩膀上才能看得更高更远，书籍是前人留下的汲取丰富知识与经验的捷径。无数孤独的日夜，万千烦乱的思绪，或许静静地翻开一本书，便有问题的答案。少年时，书中有无边的旷野；中年时，书中有璀璨的智慧；老年时，书中有温存的记忆。岁岁年年，年华可能会带走许多东西，但是带不走阅读给予我们的珍贵回忆，那或许是夏日晚风中，或许是夜深虫鸣时，或许是深秋落叶季，或许是无数日月里为书中的精彩语句惊叹的每一瞬间。

孙 娟

天津外国语大学 2020 届毕业生，在校期间曾担任校学生会主席、联合国教科文组织世界语言地图项目志愿者、中华人民共和国第十届残运会暨第七届特奥会志愿者，曾获天津外国语大学校长奖学金、校长特别奖学金、优秀团干部标兵等多项荣誉，于 2018 年 5 月参加书香天津·大学生校园"悦读之星"评选活动决赛，荣获一等奖。

致敬杨绛先生
——读《走到人生边上》有感

岁月让你银丝满头，却不曾让你笔尖的力道削减些许；光阴使皱纹爬上眼角，却不曾使你的书生才气流失分毫。你是历经百年沧桑的世纪老人，是旧时代大家闺秀的代表，是百岁高龄仍笔耕不辍的绛先生。世人爱你的文字，爱你的朴实，爱你的优雅，更爱你那笑看生死的从容。

——题记

2017 年 5 月，偶然翻阅杨绛先生的高龄之作《走到人生边上》，一股对死亡的畏惧渐次浸染全身，彼时 5 月的津门故里已有初夏的气息，这莫名的悸动竟令我不寒而栗，关于生死的命题久久盘桓在我的脑海。先生两载前仙逝于5月，余作此文，谨以三两文字缅怀，愿先生在那方净土仍过得舒坦、安乐，无病痛之烦忧，无至亲之别离！

"我不与谁争，和谁争我都不屑。我热爱大自然，其次是艺术；我双手炙烤着生命之火取暖，火萎了，我也准备走了。"杨绛先生在书中这样翻译英国诗人兰德的诗——《生与死》。或许是近百年的生命历程让她早已看尽人世百态，既知生死，又有何惧？百载春秋沉淀了关于人之本性、灵肉相搏、命与天命的大智慧，压弯了她的背脊，却挺拔了她的思想。我虽不能像先生一般将生死读得通透，却从这般通透中感悟到须将生死从容以对。

何为生？何为死？有人说："当你从自己的哭声中开始，便是生；当你从别人的哭声中结束，便是死。生死不过尔尔，三两滴泪水就是它们最好的证明。"生死真的不过尔尔吗？生命有时脆弱得如海岸的细沙，潮汐一过，就散了；如角落里的墙渣，脚掌一踏，就碎了；如寒夜里的烛光，北风一吹，就灭了。所以我们畏惧老、病、死，畏惧时间的浪潮将我们淹没，畏惧昼夜更迭将我们活过的痕迹掩埋。死亡看似是活着的天敌，殊不知生死本就是对立统一。生命愈是短暂，愈要使之丰盈饱满。

人生是一趟终将开往死亡的列车，潇洒的旅人懂得抓住时间的尾巴，一路寄情沿途美景，安稳满足地抵达终点；惶恐的乘客却掐指计算何时到站，惴惴不安地看着有人上车下车。他对上车的新生命艳美地说："真好，前程大好风光！"却喟叹自己："快到站了，时日无多！"于是伴着担忧与恐惧到站，却丝毫不留活过的痕迹……

在年轻时认真经历生命的历练，方能在岁月中优雅地老去！作家黎戈曾说："杨绛让我看到了'过去的品质'，这是一种哑光却不喑哑，低调却不哽咽，醇香却不刺鼻的品质，它像北极光——明亮、坚韧、耐寒，在人格的高纬度闪闪发光。"是的，先生一生虽笔风简朴，遣词造句不求雍容华美，但其人格却高尚得令人难以企及！

于百载春秋砥砺前行，于岁月之末不弃文笔！我尤爱杨绛先生的书生谈吐，优雅气质。泱泱华夏，代有才人，佳作浩繁，有生之年不可尽赏，唯盼多读三两章。待我走到人生边上，愿如先生一般，笑对生死，满身书香！

◇ **参赛感受**

- -

能够参与此文字盛宴，实乃吾之大幸。遥想当年，正值 5 月，佳文齐聚，津门学子，各展英姿。吾于台下之时，共鸣于台上人之文字，吾立于台上之时，折服于杨绛先生之才气。求学时期虽赛事繁多，唯此最得吾心。

◇ **阅读寄语**

- -

阅读，绝不仅作消磨闲暇之用，它更像是涂抹空洞灵魂的画笔，戳破无知，丰盈大脑，给予我们片刻的自由与安宁。习近平教导青年："人生的黄金时期在青年。青年时期学识基础厚实不厚实，影响甚至决定自己的一生。广大青年要如饥似渴、孜孜不倦学习，既多读有字之书，也多读无字之书，注重学习人生经验和社会知识。"青年学子应投身书海，多读书，读好书，承圣贤先辈之智慧，担民族复兴之大任。

剧若诗

中共党员，天津音乐学院 2017 级音乐学硕士，现从事国际贸易行业。于 2018 年 5 月参加书香天津·大学生校园"悦读之星"评选活动决赛，荣获一等奖。

《习近平的七年知青岁月》读书笔记
——从思想、学习和工作的反思说起

还在读书的青年，要多读书，读好书。最近我阅读了《习近平的七年知青岁月》，每一篇文章细细读下来，深受震撼和冲击。

《习近平的七年知青岁月》由采访者与 29 名受访者的口述实录汇集而成，这些采访对象都曾是习近平七年知青岁月的见证者，他们结合自己的亲身经历，还原事实，阐述细节，再现了习近平当年砥砺前行，艰苦奋斗的成长画面。我在学习了习近平七年知青经历之后，剖析自身，引发出对思想、学习和工作三个方面的思考。

一、青年人的出发点是端正思想

当年与习近平一起到梁家河插队的王燕生回忆道："近平在接受采访时讲到了刚插队时的迷茫和后来的转变，万事万物都有一个发展过程，每个人也都有一个历练和成长过程,没有'天生伟大'这一说。这也就是近平所说的'过五关'当中的思想关。"

思想对一个人的成长至关重要,它是人生观、价值观、世界观的综合体现,指引着我们的一切行为活动。我的思想在进入研究生阶段后发生了很大的转变,本科时从未想过要争取党员身份的我,研究生刚入学就主动提交了入党申请书,并时刻用党员的标准严格要求自己,经过推优评选,终于在半年后我加入了入党积极分子的行列,距梦想更近了一步。正如一位哲人所说:"人的思想是万物之因。播种一种观念就收获一种行为,播种一种行为就收获一种习惯,播种一种习惯就收获一种性格,播种一种性格就收获一种命运"。若要改变自己,从端正思想开始。

二、青年人的支撑点是坚持学习

赵华安和张春富在采访中回忆说:"近平很喜欢学习,平时也很喜欢看书,喜欢思考,喜欢写东西。他带来不少书,不仅自己经常看,也把书借给别的知青和村里的老乡看,他也从别的知青那里借书、找书看。"习近平这种热爱读书、热爱学习,在困境中探索未知的精神深深感染了我。

以人为镜可以正衣冠,我们青年人要践行习近平勤学善思的优良学风,格物致知,学以致用。我在树立了终身学习的思想观念后,积极参加各类学术讲座和音乐会,多次在学院官网和微信公众号上发表文章,积累了丰富的学术理念和实践经验,拓宽了知识面,拓展了新视野。学无止境,勇攀高峰,在知识经济时代,我们必须主动学习,终身学习,才能跟上时代的脚步,赢得优势,赢得未来。

三、青年人的关键点是脚踏实地

在采访雷榕生和雷平生时,他们说习近平在插队中系好了"人生第一粒扣子"。七年的时间里,他扎根基层农村,立足本职岗位,艰苦简陋的环境磨砺了他坚忍不拔的性格,贫穷落后的农村激发了他心系百姓的担当。他清醒地认识到一名党员的价值不在于官职多高、权力多大,而在于能否俯下身子,耐下性子,踏踏实实做事,本本分分做人。最终习近平通过不断自我磨砺和辛勤付出得到了大家的认可和爱戴。不积跬步无以至千里,不积小流无以成江海,说的就是这个道理。

习近平这种为群众做实事的工作信念也成为我在各项工作中的最高目标。作为一名班干部,我深知责任重大,时刻提醒自己要本着对集体负责、对自己负责的态度,勤勤恳恳为大家服务,努力追随习近平"把自己看作黄土地的一部分"的精神信念,将青春时光走得踏实,走出光彩。

每当我拿起《习近平的七年知青岁月》时,都会回想起那一代人的峥嵘岁月,而这份读书笔记也会成为我反思、总结和提高的重要一环,让我更加清晰地认识到缺陷与不足,不断完善自我、超越自我。无奋斗,不青春,在此呼吁新时代的年轻人,在奋斗路上留下我们的足迹,蹚出一条属于我们的青春之路吧!

◇ **参赛感受**

能够拥有参加"悦读之星"的机会，感恩而幸运！那是我成长飞速、收获巨大的一段宝贵经历。参赛时，我刚刚成为入党积极分子，便将正在阅读学习的《习近平的七年知青岁月》是如何指导我学习、工作和生活的切身感悟，作为参赛稿的主题。从怎样撰写逻辑鲜明的读后感，到准备简洁有力的 PPT 素材，再到声情并茂地组织演讲，这个输入到输出的过程，使我对书中内容的理解更加深刻。备赛过程虽投入了大量时间和精力，但我始终热忱，因为书中那段知青经历，在我心中种下了理想的火种，为我指明人生方向，无论过去、现在、将来，我都将努力践行党的教导，踏实勤奋，不忘红色初心，奋勇向前！

◇ **阅读寄语**

阅读，可以获得丰盈、温暖和向上的力量。

阅读，获得灵魂的滋养；阅读，收获生命的笃定；阅读，为疲惫生活调色；阅读，是人生中一支有力的桨，心怀理想，乘风远航。

品味经典，浩然之气常伴左右；开卷有益，语言智慧与人类心灵相连。

书房、图书馆、大街小巷、乡邻山间……

随手一书，便是书林万顷；文字之处，便是梦已万里。

阅读，悦读，越读！

白子毅

中共党员，天津理工大学硕士研究生，热爱传统文化，擅长川剧变脸和古彩戏法表演，先后参加大小演出活动20余次。于2018年5月参加书香天津·大学生校园"悦读之星"评选活动决赛，荣获一等奖。

我和我的传承之路

尊敬的各位领导、老师、同学们：

大家好！

今天我演讲的主题是"我和我的传承之路"，首先非常感谢"悦读之星"给了我这次发声的机会，今天为什么会选择这个主题呢，因为这和我一直以来的心愿有很大的关系，这个心愿就是尽我最大的努力传承和传播传统文化。

可能很多人并不理解我这样做的意义是什么，那么下面我来问大家几个问题。今年是2018年，正好是改革开放40年，那么在这40年里，中国的经济到底发展了多少呢？可能很多朋友不知道，我们去年的GDP整整是1978年的226倍。换句话说，1978年一年的生产量如果放在现在，我们不到两天就能完成。中国在这几十年中取得了人类历史上史无前例的成就，但是中国也同时开始面临着人类历史上史无前例的问题，这个问题就是如何传承传统文化。经济在飞速发展的同时，我们忽视了太多重要的东西。突然有一天，我问我自己，这些东西如果需要人来传承，那么这个人为什么不能是我呢？于是我就开始了这一段艰难的传承之路。

2016年暑假，我孑然一身到四川学习川剧，前后辗转八个地方，只有一个人愿意教我，30℃的天气，我每天要穿戴二十多斤衣物练习。后来我又到河北吴桥学习古彩戏法，我在大杂院里租了一间小屋，条件很艰苦，但我都坚持下来了。我对传承传统文化一直都是抱最大的希望，尽最大的努力。只要有人给我提供舞台，我就绝对不会放过任何一个能弘扬传统文化的机会，就像今天我站在这个舞台上一样。我累吗？累。但我快乐吗？快乐。所以我希望大家，作为时代的中流砥柱，我们每个年轻人都应该成为优秀传统文化的传播者和建设者，我们的肩上要有更多的责任与担当，只有这样，我们的家，我们的国才能真正地雄于地球。

我是一个平凡的人，但我有一个伟大的梦想。当做出选择的那一刻起，便注定风雨兼程，但我一定会坚持。最后送给我，也同样送给大家一句话：莫道桑榆晚，微霞尚满天。最后再次感谢"悦读之星"这个平台给了我这次发声的机会，谢谢大家！

◇ 参赛感受

能够代表学校参加这样隆重的活动,和这么多优秀的人"比武切磋",倍感荣幸。同时也感恩有这样一个平台,给我展示的机会。我喜欢阅读,也喜欢分享书中的内容,在这个舞台上,我真正感受到了分享给我带来的喜悦,以及自信与成长。我不仅可以聆听到他人对一本书的见解,也可以见识到一本书对他人的影响。在这里,我们因读书有了一次美好的相遇。

◇ 阅读寄语

好读书、读好书、书读好。我第一次接触这句话是在小学,也是从那个时候我便坚信知识可以改变命运,漫漫求学二十载,至今我仍然保持每年至少 20 本书的阅读量,因为读书可以让我知道自己的无知,从而更加谦逊爱学。在书中,我可以找到净化心灵的净土,可以与更高级的灵魂进行对话。当你无所事事不知干什么的时候,就试着去读书吧,书也许不能缓解你的焦虑与迷茫,但绝对不至于让你因为虚度光阴而自责。

田恩宇

中共党员,天津医科大学公共卫生学院预防医学专业 2017 级。于 2018 年 5 月参加书香天津·校园大学生"悦读之星"评选活动决赛,荣获一等奖。

品鉴历史　贯古通今

伟大领袖毛泽东曾说:"中国有两部大书,一曰《史记》,一曰《资治通鉴》,都是有才气的人在政治上不得志的境遇中编写的。"唯其有才,故能写出好书,值得阅读;唯其不得志,故能写出深刻的书,值得参悟。如果让你在这两部巨著中选取一部,你会选择哪一部呢?

对我来说,读史,我为《资治通鉴》代言!

第一次拿到这本书时,我曾发问,书名的四个字到底是什么意思?《资治通鉴》,"资"乃帮助之意,"治"乃治理之意,所以从前面两个字我们便可以看出,《资治通鉴》是一本古代皇帝治国理政的必修教材。《资治通鉴》虽仅有 294 卷,却记载了从战国到北宋建立前 1 362 年的历史,其深厚的内容和繁复的史实都是极为宝贵的治国经验,但这些都与我比较遥远,因为我不是一个皇帝,我是一名青年大学生,更确切地说是一名医学生。我爱上这本书是因为后两个字,"通",贯古通今,"鉴",以史为鉴,正是在一个个生动的历史故事面前,我们继承了古代先贤的思想智慧,学到了为人处世的道德准则,在文字的咀嚼中品鉴历史,贯古通今。

《资治通鉴》的作者是大文学家司马光,可能很多人一听到这个名字,首先会想到司马光砸缸的故事,正是这样一位温良谦恭、刚正不阿的大夫著下了这一部千古名作。古书虽薄但不可磨灭,一千三百多年间华夏大地发生过怎样波澜壮阔的历史?像我一样的当代大学生又如何从这部皇皇巨著中走进中国历史的深处,领略中华文化的深沉智慧呢?

在我步入大学前,我曾给自己定下成熟的标准。何谓成熟?《资治通鉴》中记载的人物大都是成熟且成功之人,他们形形色色各有不同,但仔细研读,我慢慢发现,这些宏大的故事和人物背后都有着共同的特征,而这也是我一直以来寻觅的成熟定义,即为人处世必谨记谦和与谨慎。

中国有句古话叫"满招损,谦受益",自己如果满足在已获得的成绩中,将会招来损失和灾害;若谦逊并时时反省自己的不足,就能因此而得益。在《资治通鉴》一书中详细记载了这样两个故事,我感觉很有意思,一是李世民打算去南山游玩,担心魏征责怪就没有去;二是李世民看见魏征到来,把鹞鹰藏在怀中,最终把鹞鹰闷死了。可以说,中国历史上鲜有如此怕大臣的皇帝,唐朝之所以有唐太宗与谏臣魏征之间亦君亦友的美谈,之所以有贞观之治的太平盛世,离不开唐太宗任人唯贤、知人善用的智慧,更离不开他能以谦和的心态应对他人的劝谏。

由此审视我们的现实生活会发现,不管处于何时何地、面对何种境遇,谦和,是不变的法则。作为医学生,我们会时常与患者交流,为人谦和、工作谨慎便是我们对自己最好的要求,而这也是《资治通鉴》带给我的现实启迪:抬起头是一种境界,低下头是一种信念。有人把头低下是为了看清脚下的路,永远仰望高处而不愿低头看路的人,可能会在自己最有把握的地方乱了方寸。

"以史为鉴，可以知兴衰"，掩卷沉思，感觉那无尽的岁月像一座山，逝去的历史像一条河，而我们祖先造就的壮丽与辉煌，永远铭刻在史书上，散发着耀眼的光芒。

◇ **参赛感受**

虽然距离"悦读之星"的比赛已经过去了五年，但我仍记得当时和在场的各位老师同学分享以"品鉴历史、贯古通今"为主题的读书心得的情景，司马光的《资治通鉴》是一本很值得人们阅读的书籍，作为秉承"健康所系、性命相托"誓言的医学生，现实生活中的很多问题都可以在先人的智慧中找到答案。

◇ **阅读寄语**

希望大家可以在当今繁忙的工作和快节奏的生活中依旧保持爱读书的习惯，让读书成为生活中不可或缺的一部分，丰富我们的精神世界。

袁梦恬

天津师范大学新闻传播学院学生，于 2018 年 5 月参加书香天津·大学生校园"悦读之星"评选活动决赛，荣获一等奖。

阅读科学经典，倾听宇宙和声

老师们、同学们，大家好。

2018 年 3 月 14 日，英国物理学家史蒂芬·霍金去世，引起社交媒体刷屏浪潮。但在川流不息的百感交集中，我很想了解一下：我们大家阅读了哪些霍金先生的科学著作？计划阅读的又有哪些呢？

阅读科学经典，提升科学素养，是现代化人才的需求。科学著作并不是晦涩难懂、索然无味的，我就在阅读科学经典中找到了意想不到的快乐，比如，开普勒《世界的和谐》中破译的"宇宙和声"，我不禁感慨"此曲只应天上有，人间哪得几回闻"。

这本书纯粹理论化地推算论证了"开普勒三大定律"，即太阳系行星运动轨道是椭圆并且轨迹符合数学公式。巧妙的是，它发现了科学与音乐的神秘联系，分析计算出行星运动数据之比与音乐音程数据之比竟然是相等的！什么意思呢？简单通俗地说，就是水星、金星、地球等太阳系八大行星和八大音高"哆来咪发嗦啦西哆"是一一对应的。很神奇不是吗?你一定很想知道我们的地球匹配的是哪个音吧?

如此异想天开、天马行空的科学经典,蕴含着挑战极限的理性思考,颠覆思想的心智波涛,即所谓"大音希声,大象无形"。

但是,我却要坦白,在我从开普勒的经典理论中推出阅读科学的奥妙就像聆听复调音乐,并且听者需要用理智而非耳朵的"袁梦恬定理"之前,我的确是对啃读科学经典望而却步的。

改变这一切的转机就是这本《世界的和谐》偶然为我打开的一扇窗。17世纪的德国物理天文学家开普勒透过这扇窗问我:"你听过造物主表演的排列天体运动等级的特殊音乐剧吗?你听过太阳系行星演唱的'宇宙和声'吗?"望着我好奇的双眼,他继续启迪我:"犹如创造耳朵是为了音调,人类的智慧是为了理解统一宇宙的'量',用你的理智去倾听吧。"

于是,我沉浸在阅读中——倾听宇宙和声。最初,是开普勒那天赋异禀的"敏锐观测数据和抽象推算公式"的科学思维征服了我;最后,真正影响我至深的竟是他"化宇宙纷繁万物为极简和谐数理"的宏观科学精神。

从此,因此书之缘,我徜徉在科学哲学的世界中,一发不可收拾。中国古典老庄哲学的"天地虽大,其化均也";毕达哥拉斯的"万物皆数"理论;牛顿一统天地宏观运动的《自然哲学的数学原理》;近代试图统一基本粒子和四大相互作用力的弦理论……

面对这些不朽的理性群碑,面对这些永恒的科学灵魂,我吸取深蕴其中的科学方法、科学思维、科学精神,乐此不疲。单纯怀着对宇宙、对世界、对生活的热爱与好奇,在仰望星空的同时脚踏实地。

于是我理解了为什么史蒂芬·霍金愿意无限逼近宇宙大爆炸绝对灼热的开端,愿意精确描述恒星垂死阶段的喘息,却从未自怨自艾地描述自己"渐冻症"的悲惨遭遇——广袤无垠的科学思想,使原本禁锢他的轮椅变为宇宙飞船。这正是科学的魅力与能量！所以，一起来吧，阅读科学经典，倾听宇宙和声。

　　谢谢大家。

武晨燕

上海交通大学博士，本科就读于天津外国语大学，硕士就读于香港中文大学，热爱钻研语言文字，于2019年5月参加书香天津·大学生校园"悦读之星"评选活动决赛，荣获一等奖。

氍毹莺啭　风骨长存

——读《梅兰芳舞台生活四十年》有感

老师们，同学们，大家好！在我的演讲正式开始之前，我想站在这里大声地说一句："我爱京剧！"老实说，未曾精读《梅兰芳舞台生活四十年》之前，我本不敢这样自豪地讲。因为在同学们眼里京剧是个"老物件儿"，大家会笑我跟不上时代。我翻开梅兰芳先生的这本回忆录，就是想对话梅先生："京剧落伍吗？热爱京剧的人落伍吗？"先生不语，字里行间引我走进了他的戏园子。

"六宫粉黛三千众，三千宠爱一身专。"（唱）贵妃醉酒，月下美人，自是娇态万千，方寸氍毹间竟一眼千年，梅先生或是水袖轻颤，或是眼神流转，抑或是指尖兰花，每个镜头的定格无一不是美的彰显。美在情状，美在心境，更美在性情！而这样的美源自何处？

先生之美，源自苦练。"我记得幼年练功，是用一张长板凳，上面放着一块方砖，我踩着跷，站在这块砖上，要站一炷香的时间，战战兢兢，异常痛苦。"听先生娓娓讲来，我倍感酸楚。京剧的表演融合了歌舞、文学、绘画等多门艺术形式，学来本就着实不易，先生如此化境，定是少不了"冬练三九，夏练三暑"的苦功。或许京剧美就美在这样的耐人寻味，也正是先生精雕细琢的匠心精神造就了梅派艺术的辉煌。

先生之美，源自变革。他以自己深厚的艺术功底为基础，革除京剧中不合时宜的思想糟粕，歌颂新时期的自由精神。往古者所以知今也，对于京剧，对于传统文化，我们也要像梅先生一样，思载千里，视通古今，探索它们在当今时代最合适的表达方式。

先生之美，最是源自性情。穆桂英抗西夏，梁红玉退金兵，梅先生也曾保家卫国。那是在抗日战争期间，这位爱戏如命的先生蓄须、装病、毁画、罢演，生活艰苦却仍拒绝为日寇登台演出，用他艺术家的方式保卫着自己的祖国。

品读至此，不仅之前的疑问有了答案，我亦从中解读出传统文化更深邃的美，怎能因懒于钻研或怯于不合群而与其失之交臂！更令人扼腕的是那些表面功夫——逛故宫只为打卡网红景点吗？登名山只为在朋友圈秀图吗？诸子百家，诗词歌赋，仅是课本中的"要求背诵全文"吗？

传统文化是我们奉若至宝的思想之光，是中国人精神世界不可或缺的慰藉与养料。思忖如是，我要坚定地再讲一次："我爱京剧！"京剧艺术歌咏传唱着中华传统美德，又通过梅兰芳先生这样的大师外化出精益求精的匠心精神、变革求新的创新精神、不屈不挠的爱国情操。五千年文化精神滋养了京剧，京剧滋养了梅先生的艺术风骨。而我，唯愿与诸君同道，慕先生遗风，承华夏古韵绵长，树中华文化自信。

◇ 参赛感受

非常荣幸能够参加书香天津·大学生校园"悦读之星"评选活动，也非常感谢我校图书馆的老师们在我备赛过程中的帮助和鼓励。现在仍然可以想起比赛过程中的紧张和激动，但着实是人生中不可多得的一次深刻体验。那年的比赛发生在我对自己不断否定的一段时间，比赛的成功让我重拾信心，对我后续的发展产生了很多鼓励作用。

◇ 阅读寄语

在比赛中，我分享了自己对于《梅兰芳舞台生活四十年》这本书的理解，希望能够通过这本书，让大家对梅先生和京剧艺术有更进一步的了解。打开这本书，就仿佛跟着梅先生回到了那个"从前慢"的年代，幼时练功的艰苦、长大成名的谦逊、为师育人的严格，整本书呈现了他人生很大一部分的精彩时光。希望我自己也能向先生学习，稳住此心，深耕其中，有所进益。

徐　静

　　天津外国语大学滨海外事学院 2022 届优秀毕业生，主修行政管理专业，热爱旅行、摇滚乐与文学，于 2019 年 5 月参加书香天津·大学生校园"悦读之星"评选活动决赛，荣获一等奖。

做一块咬不动的牛筋

　　大家好！我是天津外国语大学滨海外事学院的徐静。

　　不知大家是否曾在吃牛肉时咬到过牛筋，我们尝试着把它咬碎、嚼烂，可咬到最后，两腮都酸了，那牛筋还是囫囵的在我们嘴里，咽也咽不下去，索性吐了出来向它投降。好像人人都爱吃薄厚有度的软肉，但那闯关东的朱开山却说："我就爱吃那筋头巴脑的牛肉，我就是那咬不动的牛筋！"何出此言呢？那潘五爷屡屡给朱家菜馆使绊子，试图让朱家在哈尔滨无立锥之地。捣乱、栽赃、陷害……手段之过分让原本以和为贵的朱开山忍无可忍，为表明其不屈的态度，而出此言。

　　看书的时候，我虽与书近在咫尺，但又像是滞留在空中窥见了大半个时代。看！我望见了那代人，我真想抓住那血性的男儿吼出他命运的天机！愤慨间，这只拯救的手重重击到书页之间。那书中每个闯关东的人，都是块咬不动的牛筋，经过老汤的烹饪，历久弥香。

不看书的时候，我也在观望着生活、观望着这个时代。记得刚来到大学时，我对那未知的生活充满希冀，一切也都顺利且美好，但矛盾具有普遍性，欢喜之余，来自五湖四海的人在生活中起了化学反应：有人懦弱，有人争强好胜，有人为你鼓掌，也有人攻击你。我去感知、去经历，一时受挫，百思不得其解。

母亲在电话中告诉我，郁闷的时候就去图书馆。当真是"书犹药也，善读之可以医愚"。我曾俯身于书籍间，治疗我那年少的狭隘。

直到再拿起《闯关东》时，我那些无所适从的烦恼已然烟消云散。这本大气的书，说尽了挤兑和磨难，说透了做人的态度！当代大学生中，有人甘心被世事主宰，人云亦云；有人经历过一些事就认为自己老练，有一些成就便飘飘其然。不，我不想这样，我不想做一事无成的失败者，也不要做嘲讽失败的胜利者。我要做一块咬不动的牛筋，越挫越勇！

我庆幸自己能在童年时期看到CCTV-1黄金剧场的《闯关东》；我庆幸自己此刻还可以在大学图书馆中抚摸着书页。它鞭挞我、成就我、滋养我，让我潸然泪下，正义满怀。

做一块咬不动的牛筋，不是任人咀嚼，而是在困难、挫折、对手妄图吞噬你时，你接过了那九九八十一招，岿然不动，坚韧地屹立在世间！

◇ **参赛感受**

　　在 20 岁的夏季参加"悦读之星"比赛，似乎已经成为我青春里的一颗闪着高光的钻石。那时，我把喜欢的书翻看了很多遍，把感受写下来、讲出去，让我获得了更多的思考与欢乐。我遇到了来自天津市不同学校的选手，他们每个人都带来了一本书的故事，我悉数将它们列进我的书单。当颁奖仪式的镁光灯打在我们头顶的时候，我坚信，成为"悦读之星"最重要的就是真实、真诚和真情。

◇ **阅读寄语**

　　每个人的生命中，都应该有一本对于自己来说很重要的书。请问此刻的你，找到它了吗？

　　诚然，阅读不必刻意与勉强，它是个自然而然的事情。我永远怀念学院的图书馆，在那里，我曾"贪婪"地借阅着一本又一本这世间的好书。或许我们都应该少一些功利主义的追求，多一些不为什么的坚持，久而久之便能有真才实学。

　　当然，需要我们警醒的是：读了书，说的话要经得起推敲，不能浮躁，不能取得了一点成绩就沾沾自喜。

王美童

中共党员，本科就读于天津财经大学国际工商学院，首都经济贸易大学研究生。热爱琴棋书画，通过电子琴九级考试，获得中央民族舞等级证书。从小参加各类演讲朗诵比赛，经历丰富，于 2019 年 5 月参加书香天津·大学生校园"悦读之星"评选活动决赛，荣获一等奖。

冰是睡着的水

"他们是军人吗？"王斌问。中年男人摇头。"他们是警察吗？"王斌又问。中年男人不知道该如何作答。王斌童真的声音在雪花飘落的四合院里回荡，好像击中了很多人的心。"他们是战士。"中年男人的声音变得坚定，"是真正的战士，隐蔽战线的无名英雄"。

以上这个片段便来自今天我要跟各位分享的书籍，刘猛的《冰是睡着的水》。初见这本书是被他的标题所吸引，但是翻开后我被里面所讲述的这群人的生活所震撼。

王斌，这本书中的主人公，他的父母都是我国国安局的情报战士，在王斌 8 岁时因为执行任务永远离开了他。而后年轻的王斌怀抱着梦想义无反顾地也投身于这项事业，成为一名特工。

我们可能不会明白特工这两个字背后代表着什么。但我们要知道，这是一群一生都隐没在黑暗之中的战士。他们每天顶着巨大的心理压力,活在一个充斥着秘密的世界里,不能使用自己的真名,不能拥有交心的朋友,不能随时和自己的父母见面,甚至可能终其一生都要背负着来自亲人朋友的误会,也没有机会解释。或许有一天,他们牺牲了,也根本没有人会知道他们的名字。他们走的每一步,说的每一句话,甚至错过的每一个眼神,不仅会影响到自己的安危,更有可能关系到整个国家乃至民族的未来。

试问在座的我们,做得到吗?

但正是因为有这样一群无名战士的存在,才有了我们今天的和平生活。哪有什么岁月静好,只不过有人在替你负重前行。这群年轻的战士,他们咬牙坚持在这场没有硝烟的战场上,只为了不辜负那份赤裸裸的爱国心,只为了对得起那句誓言,为了对得起全国人民共同追求的中国梦。

习近平曾在 2019 年新年贺词中对全国人民说道:"我们都在努力奔跑,我们都是追梦人。"我们也都曾听过"少年强则国强""少年富则国富"。我们在座各位即将接过历史接力棒的青年人,实现中国梦,便是我们要为之奋斗的梦想。我们这代人沐浴着改革开放的春风,与此同时肩上承担着的也是前所未有的责任与压力。在这个时代浪潮中,闪闪发光的是十四亿国人心中共同的中国梦。

或许你听我站在这说了这么多会告诉我一句,"那离我太远了"。但其实往小了说,我今天讲的是一份特殊职业;往大了说,这是关于你、关于我、关于我们胸腔中共同跳动着的那一颗中国心。

◇ **参赛感受**

- -

回首整个大学四年的学习与生活，参加"悦读之星"比赛是我最幸运与难忘的经历。这个珍贵的平台给我提供了一次能与身边的人分享书籍，与更多的人交流的机会。仔细想来，在日常生活中，很多琐事让我们难以静下心来读书，而"悦读之星"给了我这个机会，让我重新捧起书卷，重新思考阅读的意义与书籍的美妙。因书相识，以"讲"会友。能与"悦读之星"相遇，非常感激，倍感荣幸。

◇ **阅读寄语**

- -

明代的诗人于谦写过这样一句诗："书卷多情似故人，晨昏忧乐每相亲。"我一直认为，文字是人类相对缓慢但却无比真诚的交往方式。作家会书写下独特的思想与有趣的灵魂，这些无声的音符透过岁月，在或许已然泛黄的纸张上与今天的我们恰巧相遇。我们通过文字体会着无视时间的喜怒哀乐，也会引出自己的思考与感叹。此刻我们便是将自己的故事与作者进行交换。如此想来，会觉得读书无比浪漫。书中有着无限可能，有着百般人生。我们从书中汲取的不只是文艺的理论基础，更有生活的能力。所以，读书应是伴随一生的探索，更是我们了解他人，了解世界，了解自己的最好途径。朋友，让我们共同阅读吧！

刘　洋

　　中国民航大学飞行分校 2018 级，热爱帆船、霹雳舞、尤克里里和徒步穿越。喜欢旅游，用脚步丈量世界，用阅读感知远方。于 2019 年 5 月参加书香天津·大学生校园"悦读之星"评选活动决赛，荣获一等奖。

人类和娱乐，青年与国家
——读《娱乐至死》有感

　　大家好，我是来自中国民航大学的刘洋，我的演讲题目是"人类和娱乐，青年与国家——读《娱乐至死》有感"，参阅著作是《娱乐至死》。

　　"人类沦为娱乐的附庸，最终成为娱乐至死的物种。"这是尼尔·波兹曼在 1985 年对电子信息时代的预言。在该预言三十多年后的今天，在信息与娱乐业为主的现代，预言实现了吗？

　　还记得前段时间发生在四川凉山的森林火灾，牺牲了 30 名平均年龄只有 23 岁的消防员，他们用自己的生命守在火灾第一线，守住了国家数以亿计的社会财产，这件事情一时间登上了网络头条，但也慢慢地淡出了大众的视野。后来，我和同学聊起："记得吗，那 30 名牺牲的消防员里面有一个叫周鹏的，还是我的老乡呢。"他却说："这都什么时候的事了，你还记着呢，你知道现在××电影的票房是多少吗？"好像我们身边有些青年人对国家大事越来越不关心,对明星、综艺却情有独钟。

赫胥黎说:"我们将毁于我们热爱的东西"。娱乐到底在我们的脑海中占了多大的比例,相信大家也心里有数。可能有人会说,我们青年人没有权利,思考国家大事又能改变些什么、又能做些什么呢?

我在书中看到这样一段很有意思的问答。

男人向教授请教:"我不爱我太太了,怎么办?"

教授说:"那就去爱啊。"

男人不明白,继续问教授:"教授,我不爱我太太了,怎么办?"

教授说:"那就去爱啊。"

男人依然不明白,又问教授:"教授,我不爱我太太了,怎么办?"

教授说:"那就去爱啊,在这里爱是一个动词。"

我跑不下3 000米怎么办?那就去跑啊。我想爱国怎么办?那就去爱啊。

我是一名中国民航大学的飞行员,专业的特殊性需要我们进行各种各样的特殊训练:活动滚轮、固定滚轮、变向旋梯,我摔过跤,流过血,我也想过放弃。大坡度盘旋、螺旋起降、侧风着陆、滑翔着陆、单发失速……专业的特殊性使我几乎无法分出注意力再去思考如何娱乐,但当我真正投入这种生活后,我才发现这个世界上有太多太多远比娱乐更值得我们去思考和注意的事情。

作为飞行员,我思考如何完美应对每一种情况,因为这代表着中国民航;作为理工科学生,我对每一份数据和记忆精益求精,因为这代表着中国制造;作为当代青年,我忧心国家、关心政治,因为这代表着中国的未来!

"人类沦为娱乐的附庸,最终成为娱乐至死的物种。"不,不是这样,娱乐才是我们的附庸,是时候抬起头去看看更广阔的世界,去思考那些真正值得我们思考的事情了,因为,娱乐,致死!

◇ 参赛感受

　　很荣幸代表中国民航大学参加"悦读之星"天津市总决赛。感谢"悦读之星"活动提供的平台,让大学生通过演讲表达自己的所思所想。我热爱旅行,热爱演讲,更热爱突破自己,长期的旅行和导游经历,让我见识了各种自然风光和人文景观,感受到了不一样的世界之美。当我感到困惑的时候,书籍往往能指引我走出彷徨。名人名家将他们积累的知识和对世界的思考凝练成文字,能启发我们年轻人少走弯路,而我也通过演讲将这一份体悟与思索分享给更多的人,倍感荣幸!

◇ 阅读寄语

　　小时候,父母将一些人生的道理传授给我们,但是长大后才发现,同样的经历,同样的感受,往往要亲身经历过才能真正理解,铭记于心。阅读是读者和作者跨越时空的对话,我觉得读书的难点在于深入挖掘创作背后的心路历程,在心灵上与创作者感同身受。所以我会有意识地扩大交际圈,多接触不同类型的人和事,了解他人所在领域有名望的杰出代表。当我遇到相关领域的问题,再去阅读权威人物的著作,就能比较充分地消化一本图书的内容了。读万卷书,行万里路,知行合一方能行稳致远。

吴　娟

　　中共预备党员，本科就读于天津工业大学，推免至四川大学。热爱演讲与朗诵，积极参与各类演讲、朗诵、主持比赛，于 2020 年 10 月参加书香天津·大学生校园"悦读之星"评选活动决赛，荣获一等奖。

点亮黔东南扶贫之灯

　　大家好，我是来自天津工业大学的吴娟。我演讲的题目是"点亮黔东南扶贫之灯"，参阅著作是习近平的《摆脱贫困》。

　　我来自贵州省黔东南苗族侗族自治州（以下简称黔东南州），是一名来自大山深处的孩子。

　　拜读了《摆脱贫困》一书后，我印象最深的一句话是"一个担任重要职务的年轻干部，对改变本地区的落后面貌有什么抱负、有什么想法、有什么作风，关系着这个地区整个工作的成败"。

　　2020 年，是中国脱贫攻坚决战决胜之年，贵州省黔东南州 19 个国家级贫困县全部实现了脱贫摘帽，兑现了对时代的庄严承诺。我的家乡能在脱贫攻坚战中取得如此成绩，扶贫干部功不可没。所以今天，我想给大家分享一位扶贫干部的故事。

　　2017 年，来自北京的刘伟男第一次来到从江县高武村支教。在这里他真切感受到了苗侗乡亲稻儿黄、米酒香、歌声甜的善良淳朴，也真实触摸到了道路泥泞、人畜混住、环境脏乱差等深度贫困的现实。为了帮助高武村改变贫困现状,2018年,刘伟男来到高武村成为第一书记。

刚到村时,道路上垃圾丛生、粪水横流,下雨之后甚至都无从落脚。入驻第二天,刘书记组织党员和村干部洗路面,清河道。最脏的尿不湿,他从沟里捡起来;被淤泥压住的白色垃圾,他用手抠出来;路边零星的垃圾,他随手随车携带火钳,遇到就捡。给高武"洗把脸"的行动很快就有了成效,村民们惊叹寨子从来没有这样干净过。刘书记说:"一个地方的形象最直观地反映了一个地方的精气神,干群同心苦干、实干,才能改天换地。"

村里的孩子很多都是留守儿童,每逢过年,孩子们总是聚集在村口,满心期待地看向远方。一个苗族小女孩抽咽着对刘书记说:"刘叔叔,我已经三年没见到我的爸爸妈妈了,我好想他们啊。"刘书记当时没有说话,但不久后他就组织党员干部们创办苗侗刺绣基地,开展板蓝根和油茶种植计划,鼓励外出打工的年轻人回乡创业,照顾老人和小孩。

两年多的时间,刘书记整治透风漏雨房屋105户,新修路灯185盏,种植板蓝根和油茶360亩,他还为高武村争取到助学金35万元……这些不仅仅是一组数据,更是一份沉甸甸的责任和坚守。他让苗侗文化的瑰宝走出了大山,让高武村民摆脱了守着绿水青山和民族文化过穷日子的窘况。

在黔东南州,还有无数个像刘伟男这样的扶贫干部,他们行走于贫瘠之地、群山之间,扎根在村里、生活在农家,向贫困发起最后的冲锋。他们点亮了苗疆腹地的扶贫之灯,照亮了群众脸上的"幸福指数"。

"脱贫只是第一步,更好的日子还在后头。摘帽不是终点,而是新生活、新奋斗的起点。"作为一名土生土长的侗乡人,一名新时代的纺织学子,我会认真学好专业知识,铭党恩,听党话,跟党走。将青春扎根基层,以实干回报乡土。学成之时,我愿接过前辈们手中的扶贫之灯,为家乡的蜡染、刺绣贡献力量,让苗侗文化迸发出新时代属于我们的光辉!

◇ 参赛感受

当我站上"悦读之星"为我们提供的舞台时，我是无比感恩与荣幸的。非常感谢"悦读之星"能给予我这样一次机会，让我能把贵州深山的脱贫故事展示给大家，也能将外界的无限希望带回去。我热爱阅读，热爱演讲，热爱每一次登上舞台的机会。当观众们的情绪被我的讲述所牵动的时候，当他们为我热烈鼓掌的时候，我都在用心享受这个过程。

◇ 阅读寄语

培根先生说："读史使人明智，读诗使人灵秀，数学使人周密，物理使人深刻，伦理学使人庄重，逻辑修辞之学使人善辩。"读书之乐，乐在悦心。读书，可以抒发纠结缠绕的情绪，可以拨开犹豫彷徨的迷雾，可以培养纯真高尚的情操，在潜移默化之中，让我们的心胸更加宽容豁达，让我们汲取战胜困难和挫折的勇气和力量。热爱书籍吧！它是一切大厦和纪念碑的基石，它是一切栋梁之材的根系。

战语涵

南开大学滨海学院环境科学专业 2019 级，热爱中华古典文化，擅长演讲朗诵。于 2020 年 12 月参加书香天津·大学生校园"悦读之星"评选活动决赛，荣获一等奖。

在红旗下成长

大家好，我是来自南开大学滨海学院的战语涵，今天我演讲的题目是《在红旗下成长》，参考的书籍是我手中的这本《红岩》。

《红岩》描写了重庆解放前夕严酷的地下斗争，真实记录了中国革命在取得胜利的历史关头，光明与黑暗的殊死搏斗。书中有聪明能干的江姐，有刚正不阿的许云峰，有严肃沉着的成岗，还有傲骨凛凛的刘思扬，他们的英雄气概惊天地泣鬼神，甚至在面对酷刑时扬言："毒刑拷打是太小的考验，共产党人的意志是钢铁铸成的。"红岩精神也自此广为传唱。让我印象最深的是江姐在监狱中绣出的五星红旗。

"当红旗在大家眼前出现时，几只拿着针线的手，团团围了上来。"

"五星红旗！五颗星绣在哪里？"

"一颗红星绣在中央，光芒四射，象征着党。四颗小星摆在四方，祖国大地，一片光明，一齐解放。"

"对，就这么绣。"

尽管她们并不知道五星红旗的图案，但她们却通过炽热的心，把自己无穷的向往付与祖国。热血沸腾着，把坚贞的爱，把欢乐的激情，全寄托在针线上，一针一线织绣出闪亮的金星。

"线儿长，针儿密，含着热泪绣红旗……"现实中令人泪目的剧情并非虚构，故事的主人公正是我们《红岩》的作者——罗广斌。当时共和国成立的消息悄悄传入监狱，罗广斌提议道："制作一面五星红旗吧，等解放的时候，高举着这面红旗冲出牢房。"他们就用红色的被单和黄色的草纸，凭借想象完成了这面他们心目中的五星红旗。这面特殊的"五星红旗"对当年被关押在狱中的人来说，是胜利的曙光，是活下去的希望，更是心中至高无上的信念和荣耀。

而今天，百折不挠的革命志士给予了我们延绵不绝的精神力量。2020年是中华人民共和国成立的第71周年，71年来，一代又一代的热血青年在五星红旗下刻苦奋斗。习近平曾说："中华民族伟大复兴的中国梦终将在一代代青年的接力奋斗中变为现实。"如果每一个人的奋斗都被点亮，如果每一个的梦想都变成一束光，中国就必将是一轮闪耀的太阳。读《红岩》，学习红岩精神。我想告诉和我一样正在奋斗的青年们："志之所趋，无远弗届，穷山距海，不能限也。"我们要用青春之光照亮红旗所指的方向，传承红岩精神，点燃青春梦想，以梦想为骏马，不负青春韶华。

我的演讲完毕，谢谢大家！

◇ **参赛感受**

"胜友如云，高朋满座"，非常荣幸能在"悦读之星"的舞台上认识志同道合的朋友，也感谢"悦读之星"给我机会将阅读时的所思所感用演讲的形式分享给大家，并聆听其他同学触动心灵的故事。在这里，我们奇文共欣赏，疑义相与析，没有外物的干扰，只让阅读荡涤心灵。我至今都记得登上舞台的那一刻，我全身的细胞都在颤抖。这并不只是赛场，这是我热爱的阅读舞台。

◇ **阅读寄语**

董卿老师说过：我始终相信读过的所有书都不会白读，它总会在未来日子的某一个场合，帮助我表现得更出色。是的，我们读过的每一页书，都会点滴汇聚成一条叫自我的河流，最后成就波澜壮阔、独一无二的青春。在最好的青春年华，能够怀抱着燃烧的信念，用阅读点燃青春，这是一件多么值得骄傲和自豪的事情。

周文静

南开大学环境科学与工程学院环境科学专业 2020 级，热衷于学生工作与志愿服务，擅长主持与演讲，于 2020 年 12 月参加书香天津·大学生校园"悦读之星"评选活动决赛，荣获一等奖。

家

大家好！我是来自南开大学的周文静，我演讲的题目是《家》，参阅著作是《我们仨》。

"我们仨"，这几个再简单不过的字给了我一种家的感觉——平和、温馨、和睦。杨绛先生一家朴素、单纯，与世无求，与人无争，是如此的平和；他们只求相聚在一起，相守在一起，各自做力所能及的事，是如此的温馨；碰到困难，钱钟书总和杨绛一同承担，困难就不复困难，还有个阿瑗相伴相助，不论什么苦涩艰辛的事，都能变得甜润，是如此的和睦。

我一直向往这样美好的家的感觉，于是我开始一点一点探索家的样子。

如果你问一个人："你的家是什么样子的？"他或许会给你描述房子如何布局，客厅装修成了什么样子，卧室多么舒适。这也是现实中大多数人眼中的家，这样的家是一个住所，是室内的装修，是一个物质外壳。的确，家是共同生活的眷属所住的地方。可对于家来说，更重要的其实不是那个寓所，那个外壳，而是里面生活着的人。家里的人，相互扶持，相互关爱，相互成全。钱钟书自叹"拙手笨脚"，不会打蝴蝶结，分不清左脚右脚，却总做早饭给杨绛吃；而杨绛则主动揽下了生活里大多的琐屑之事；女儿钱瑗，会照顾妈妈，直到临终前还在惦记着杨绛怎么吃饭的事情。"我们仨是不同寻常的遇合。"不互相打扰，却相互照顾，相互成全。我想，这就是家的样子。家是一个有温度的词，它不仅是我们身体的栖息之地，更是我们心灵相依的港湾。

"世间好物不牢固，彩云易散琉璃脆。"杨绛先生写道，"三里河寓所，曾是我的家，因为有我们仨。我们仨失散了，家就没有了"。即便从今以后，再无生离，却难逃死别，而在杨绛先生温柔的笔触间，如此沉重之悲痛似乎也被慢慢化解。温婉的她仿佛有一股力量，这股力量，来自家人间那份厚重的爱与刻骨铭心的思念；来自浩如烟海的书籍中蕴藏着的智慧；来自历千万祀与天壤同久，共三光而永光的中华品格。这样的品格，如作家黎戈所言，"哑光却不喑哑，低调却不哽咽，醇香却不刺鼻，它像北极光：明亮、坚韧、耐寒，在人格的高纬度闪闪发光"。中华文化锻造中华品格，而保有如此品格的中国人凝结成家家户户，建设出良好家风。风吹日晒，字迹或会模糊，但好家风却能化为无形的力量滋养着家，支撑起社会的好风气。"我们仨"其实是最平凡不过的，而这平凡中却有着最特别的遇合、最暖心的感动、最明亮的品格、最美好的家风！

谢谢各位！

◇ **参赛感受**

在大一的时候能够遇见"悦读之星"这样大的平台、专业的老师和来自各个院校的优秀选手，我深感幸运。在参赛过程中品读经典并以演讲的形式展现自己的阅读心得，既是一次难得的分享机会，也是对我的综合素养的一次考验。虽有诸多失误与不足之处，但很庆幸我能够勇敢地站在舞台上尽全力表达自己、展现自己，不留遗憾，最终也收获成长。

◇ **阅读寄语**

于我而言，走进一本书，就仿佛有一位平易近人的长者在我面前授课。阅读的过程即是学习的过程。从字句中，我们能品读的不仅是一段段精彩的文学，更为珍贵的是，能窥见作者酝酿文字时的反复沉思。翻开书本，仿佛能跨越时空，名家大师近在眼前，哲思真知尽收眼底，阅读的体验是无可替代的。希望我们都能在阅读中，看到更广阔的世界，学到更丰厚的知识，成长为更好的自己。

张金凤

中共预备党员，天津科技大学经济与管理学院财务管理专业 2020 级，从小热爱演讲、主持、朗诵，热爱生活，成绩优异，积极向上，于 2020 年 12 月参加书香天津·大学生校园"悦读之星"评选活动决赛，荣获一等奖。

目送的深意

各位评委老师，大家好！今天，我演讲的题目是"目送的深意"。

在朱自清散文集《背影》中有这样一段文字——"我看见，他戴着黑布小帽，穿着黑布大马褂，深青布棉袍，蹒跚地走到铁道边，慢慢探身下去……他肥胖的身子向左微倾，显出努力的样子。这时我看见他的背影，我的泪很快地流下来了。"

这一幕发生在 1917 年，作者朱自清回北京读书，父亲在南京浦口火车站送他。燕子去了，又来，桃花谢了，又开。时光，它匆匆走过，父亲，你背对着我渐行渐远步履蹒跚，我的眼泪掉下来，一瞬间已明白，我走得再远都是你的小小孩。

在我们的人生旅途中，留给家最多的是背影吧，也许，是嫌弃父母的唠叨夺门而出的叛逆；也许，是背着书包越走越远的懵懂；也许，是独自背着行囊去那个向往的城市打拼的决然……可是，可是，不知何时那个曾经志在四方的少年，越来越怕转身了，我们怕转身后看见的，是父母渐渐斑白的头发；我们怕转身后看见的，是他们略微弯曲的脊背；我们怕转身后看见的，是他们把一切都给了我们，而给自己留下的，却只有满脸的皱纹。

原来，作为父母的子女，作为子女的父母，我们的身份都是在这样，一次又一次的目送中，完成着转换。只是，第一次的目送是成长，而最后一次的目送却是永别。

1934 年 11 月 27 日，红军途经桂北湘江地域时，关乎中央红军生死存亡的关键一战、红军长征以来最壮烈的一战——湘江战役打响了！如果奇迹有颜色，那一定是中国红！师长陈树湘为了掩护红军大部队突破国民党军的第四道封锁线，粉碎蒋介石围歼中央红军于湘江以东的企图，他与敌人血战到底，最终不幸被俘。面对猖狂的敌人，他坚贞不屈，拒食拒医，当敌人准备抬着他去邀功时，他用手从伤口处伸入腹部，扯断肠子，壮烈牺牲，年仅 29 岁。气急败坏的敌人将他的首级残忍割下，悬挂在陈树湘老家的城门上，而城门正对着的就是他的家，家里有七年未见的老母亲和妻子。七年啊，最终盼来的却是那血淋淋的头颅。

是啊，自古忠孝两难全，在这片我们深爱的热土上，一个又一个坚毅的背影，撑起了多少小家；一个又一个坚毅的背影，诉说着的是舍小家保大家的情怀；一个又一个坚毅的背影，无言地诠释着，何为担当；这一个又一个坚挺的脊梁，都是中国的脊梁！

这，就是目送的深意：我们背后温暖的小家，让我们安心为大家奋斗着，而坚实的大家又让每一个小家美满着，无论我们走到哪里，无论我们身处何处，小家和大国始终是我们心头的眷恋，是刻在中华儿女灵魂中永不磨灭的印记。

作为新时代青年，我们要勇担历史使命，坚定前进信心，因为我们明白，离开小家是为了更好的拥抱大家。立大志、明大德、成大才、担大任，在为祖国、为民族、为人民、为人类的不懈奋斗中释放青春活力,谱写出属于新时代的青春之歌!

　　谢谢大家,我的演讲到此结束!

◇ 参赛感受

　　这次比赛令我受益匪浅。首先,在查阅资料、写讲稿、与老师们讨论的过程中,我在思想方面得到了很大的提高,对党和国家的认同感进一步加深,我对家国的那份热爱也是愈来愈浓。其次,在比赛中,我收获了很多感动,认真负责的老师们、热心帮助的同学们、优秀的比赛选手们,他们在点点滴滴中给予我帮助,很谢谢他们带给我的鼓舞和力量,我将带着这些收获和温暖,向上成长,向善前行,努力成为立大志、明大德、成大才、担大任的新时代青年。

◇ 阅读寄语

阅读，能让我们的精神突破现实和身体的桎梏，来一场灵魂长足的旅行，曾经听过这样一句话："没有一艘非凡的战舰，能像一册书籍，把我们带到浩瀚的天地。"我想，是的，阅读的时候，那种心灵上的动容，那种感性的美，是手机等通信设备无法给予我们的。我们无法达到的地方，文字可以载我们过去，我们无法经历的人生，书籍会让我们相遇。那些读过的书，会一本本充实着我们的内心，让虚无单调的世界变得五彩斑斓。那些书中的人物，也会在我们深陷生活泥潭之时，轻声地呼唤，用他们心怀梦想、不卑不亢的故事，激励我们抵御苦难，勇往直前。

张　想

中共预备党员，河北工业大学汉语专业 2020 级，热爱主持、朗诵和音乐，积极参加各类演讲朗诵比赛，校园活动主持经历丰富，于 2020 年 12 月参加书香天津·大学生校园"悦读之星"评选活动决赛，荣获一等奖。

环球共此凉热中，正是同担风雨时

大家好，我是来自河北工业大学的张想，今天我演讲的题目是"环球共此凉热中，正是同担风雨时"。参考书目为习近平的《论坚持推动构建人类命运共同体》。

习"语"近人，"人类命运共同体"一词把中国人民的梦想同各国人民的梦想更加紧密地联系在一起，深刻回答了"建设一个什么样的世界，怎样建设这个世界"的问题，也为世界更好发展奉献了中国智慧，指明了前进方向。

庚子年初，疫情的数字让我们触动，而逆行的面孔却给了我们最深的感动。年过八旬的钟南山院士，再次临危受命，挂帅亲征；身患渐冻症的张定宇院长依然战斗在抗疫一线，"我必须跑得更快，才能跑赢时间，才能从病毒手里抢回更多病人"；河北护士肖思孟为更好医治患者剪掉一头秀发；除夕夜驰援武汉的军人刘丽坚持作战，脸上留下了防护面罩勒出的

"天使的痕迹"……幸得有你，穿上白衣守万人生命；幸得有你，山河无恙。白甲十万，战"疫"三月酣。虽有彷徨，但我们从不是孤岛。

"投我以木桃，报之以琼瑶"，全球战"疫"，中国奉献，中国始终同国际社会风雨同舟、携手抗疫！在国内疫情防控形势积极向好发展的形势下，中国人民无私向战"疫"吃紧的国家和地区提供援助，结成抗击疫情的命运共同体，构筑起坚实有力的暖心防线。大批紧缺防疫物资从中国出发被运往 100 多个国家和国际组织；中国又向世卫组织捐助 2 000 万美元，向 16 国派出 15 批医疗专家组，同 150 多个国家以及国际组织举行了 70 多场专家视频会……有一种安心叫"中国措施"，有一种风范叫"中国担当"，有一种态度叫"中国精神"，有一种温暖叫"中国援助"。疫情没有国界，人间自有真情。中国秉持人类命运共同体的理念，与世界各国共克时艰、守望相助，点亮战胜疫情的"希望之光"。

唯其艰难，方显勇毅，唯其笃行，才弥足珍贵。在这场没有硝烟的战役中，和衷共济，四海一家，全国一盘棋，全球共凉热，我们真切地看到了构建人类命运共同体的重要性。

习近平说："宇宙只有一个地球，人类共有一个家园。让和平的薪火代代相传，让发展的动力源源不断，让文明的光芒熠熠生辉，是各国人民的期待，也是我们这一代政治家应有的担当。中国方案是：构建人类命运共同体，实现共赢共享。"疫情之下，再谈人类命运共同体，更让我们始终坚信：纵使昼夜星驰、风云变幻，在人类命运共同体思想所描绘的宏伟图景指引下，时代变局的种种难题终将迎刃而解！

◇ 参赛感受

　　阅读,是灵魂的盛宴;阅读,是精神的滋养。"悦读之星",是含英咀华,浸润书香后,终得以在一方天地中抒己见、传吾情,闪耀着的光芒。周国平说:"一个人但凡有了读书的癖好,也就有了看世界的一种特别眼光,甚至有了一个属于他的丰富多彩的世界。"感恩遇见这样一个舞台,将自己探测广袤世界的认知分享;有幸相识各位茂才交流切磋,丈量各自的思维高地,共赏彼此丰盛的精神世界。

◇ 阅读寄语

　　最是书香能致远。书似桥梁,让人思接千里;书如翅膀,让人心游万仞。阅读,是历史的回望、心灵的净化,也是梦想的启示、希望的播撒;是思想的觉醒、精神的刷新,更是文明的接力、文脉的传承。品读一本好书,如同与一位智者对话:顺境中警示你保持清醒;迷惘里给予你向往希望;挫折下搀扶你重拾信心;追梦时鞭策你积蓄力量。有书做伴,生命便不会黯然失色;有书壮怀,灵魂便不会孤寂渺小。愿我们以书籍为灯塔,孜孜不倦地开掘、延展生命的光谱!

黄登敏

天津医科大学公共卫生学院 2021 届毕业生，北京协和医学院流行病与卫生统计学专业博士研究生，于 2020 年 12 月参加书香天津·大学生校园"悦读之星"评选活动决赛，荣获一等奖。

祝福中国

大家好，我是来自天津医科大学公共卫生学院的黄登敏，我演讲的题目是"祝福中国"，参阅的著作是《毛泽东选集　第一卷》。

《毛泽东选集》是一本看似离我们遥远，聊土地改革、聊农民运动、聊革命的书。但它内核里坚定、抗争、团结的民族精神却是任何时代共通的。

新冠肺炎疫情前期，当全国病例数持续增长时，地方和中央快速做出反应，各省市立即派遣医护人员支援武汉。仍记得，钟南山院士眼含热泪，坚定地告诉我们"武汉能挺过去，武汉是一座英雄的城市。"

医护人员衣白褂、破楼兰、无畏艰难、勇往直前。他们肩负起这个时代的使命。只因从迈入医学学府的那天起，就已许下庄重誓言——"健康所系、性命相托。我决心竭尽全力除人类之病痛，助健康之完美。"

医护人员背负着我们的希望，长途跋涉，终将火苗燃成烈焰，驱散黑暗，去除病魔。正如百年前红军战士带着革命的火种，长途跋涉两万五千里，星星之火，终已燎原。毛主席在肯定长征的意义时这样写道："自从盘古开天地，三皇五帝到如今，历史上曾经有过我们这样的长征吗？十二个月光阴中间，天上每日几十架飞机侦察轰炸，地下几十万大军围追堵截，路上遇着了说不尽的艰难险阻，我们却开动了每人的两只脚，长驱二万余里，纵横十一个省。"

　　时代不同，困难不同，但艰苦奋斗和团结一致的民族精神却是共通的。

　　阅读毛选，重温历史，百年前，那么多前赴后继的年轻人为了那之后生在这个和平国家里的每一个孩子献出了生命。再不必说什么，今天的我们也会在各自的位置上不断努力。

◇ **参赛感受**

- -

　　感谢天津医科大学图书馆的指导老师们给予我富有建设性的指导意见，我们前期曾一遍遍地打磨演讲稿和比赛配乐。时隔两年，我仍能清楚记得当时站在决赛舞台上激动又忐忑的心情，那是我本科最后阶段弥足珍贵的回忆。十分感谢天津市全民阅读活动办公室的辛苦筹备，感谢你们为高校学子搭建了这样一个展示自我的平台，祝福"悦读之星"比赛越办越好！

◇ 阅读寄语

在这个纷繁复杂的信息时代，我们格外需要找到自身存在的意义，幸好还有书籍指明方向，聊以抚慰。坚持读书，坚持阅读严肃文学，尝试阅读不同类型、不同风格的书籍，打破自己的阅读边界，享受书海的畅游，愿大家都能乘着书籍前往灵魂的高地。

郭晋玮

　　天津师范大学经济学院 2019 级。热爱并坚持阅读、朗诵与写作。于 2020 年 12 月参加书香天津·大学生校园"悦读之星"评选活动决赛，荣获一等奖。

历史的回眸

　　大家好，我是来自天津师范大学经济学院的郭晋玮。今天我要为大家介绍《毛主席诗词十九首》这本书，我演讲的题目是"历史的回眸"。

　　我热爱朗诵，因此我家书架上这本《毛主席诗词十九首》就成为我练习朗诵的最好素材。从小到大，我不断地诵读，也不断加深着对它们的认识。越过那些诗篇，我得以回望那段满溢着光明与希望的峥嵘岁月。

　　小时候，初次邂逅这些诗词，我的关键词是"自信豪迈和激情澎湃"，两个字形容——"过瘾"！

　　我陪伴诗人漫步在橘子洲头，共忆往昔峥嵘岁月，看"同学少年，风华正茂，书生意气，挥斥方遒"；我也跟随诗人的脚步，踏上秦晋高原的黄土，看"北国风光，千里冰封，万里雪飘"。我们立于这见证着五千年历史的要塞，任皑皑白雪覆盖了多少人的得失成败，多少朝代的兴衰征伐，至今只遗留下诗人那坚毅的背影，望着"长城内外，惟余莽莽；大河上下，顿失滔滔"的苍茫景象，发出"数风流人物，还看今朝"的喟叹。

中学时，伴着历史知识的深入，重读这些诗词，仿佛与它们进行了一场酣畅淋漓的交流。这时候，我的关键词是"坚定和浪漫"，两个字形容——"魅力"。

"西风烈，长空雁叫霜晨月。霜晨月，马蹄声碎，喇叭声咽。 雄关漫道真如铁，而今迈步从头越。从头越，苍山如海，残阳如血。"

通过对艰苦卓绝的革命历程的深入了解，我不禁自问，在那枪林弹雨的战地上，诗人是以怎样的笔触，怎样的胸怀，怎样的必胜信念，才能挥洒出"红军不怕远征难，万水千山只等闲"这样道劲有力的文字，才能爆发出"唤起工农千百万，同心干"这样坚毅铿锵的呼喊。这"虽九死其犹未悔"的革命精神，源于毛主席对革命理想的坚定信念和不懈追求。

而今我带着这本诗集，来到我的大学。随着不断深入的思考，目前我的关键词是"传承与发扬"，两个字形容——"自信"。毛主席以对我国传统文化的极大自信，用他的诗词，无形中解决了五四运动以来新旧诗体的争执问题，也完成了一场诗坛的革命。那柔软的词体附以时代性的语言，更是为战火纷飞的年代增添了一缕柔情。

当我们再次阅读毛主席隽永的诗词时，也是在向历史回眸展望。这深情的历史回眸中，我看见那千千万万双革命者的眼睛在历史的星河中闪烁，五千年文字在为它的美，遣送着文化的使者。让我们共同展卷，感受那跨越时空的诗词，回望那段光荣的革命征程。再出发，从头迈步越雄关，指点江山趁华年！

◇ 参赛感受

　　"悦读之星"评选活动于天津市全民阅读推广事业而言是响亮的文化品牌,于我以及众多热爱阅读、热爱演讲的朋友们而言,则是青春的舞台、思想的花园。从书籍的文字出发,经由情感的碰撞与升华,到达言说与分享的彼岸。大赛让我个人的阅读体验成为集体的心灵震颤,让书籍中闪烁的智慧火花点亮更多人思想的原野,直到我们一起看见远方的日出。感谢大赛给予我表达的机会,借此重温那些被我小心收藏的文字并再度为它们感动。期待未来有更多年轻的思绪飞扬在"悦读之星"的舞台,我们跨越时空共襄盛会,同祝大赛越办越好,全民阅读推广事业欣欣向荣。

◇ 阅读寄语

　　阅读是身心贴近文字、情感与思想的行动,它并不在某一次伟大的碰撞中完成,而是像日子一样细水长流。准确地说,阅读是一种习惯,是一支人生中应该长期持有的、收益率极高的股票。当我们的心情随着人生的悲欢而波动起伏时,翻开书页,柳暗花明,当那些悲欢凝结成岿然不动的形体的时候,我们拆开记忆的盒子,终于发现,啊,原来阅读是疗愈我们生命之痛的良药。

苏家东

中共党员，河北工业大学建筑与艺术设计学院 2018 级，热爱演讲、朗诵和音乐。曾任河北工业大学团校主席、大学生曲艺话剧团团长，获河北省"互联网＋"大赛金奖、挑战杯特等奖，入选北京冬奥会志愿者。于 2021 年 6 月参加书香天津·大学生校园"悦读之星"评选活动决赛，荣获一等奖。

凝心聚力，砥砺前行

尊敬的各位领导、老师，亲爱的同学们，大家好，我是来自河北工业大学建筑与艺术设计学院的苏家东。我演讲的题目是"凝心聚力，砥砺前行"，参阅著作是无产阶级革命家方志敏所著的《可爱的中国》。

朋友，你眼中的中国是什么样子？是五千年文明滋养下海纳百川的胸怀，还是"浮舟沧海，立马昆仑"的豪迈，这些都是中国，而我今天要说的，是方志敏笔下的可爱的中国。

1935 年 5 月 2 日，方志敏提起笔准备写下《可爱的中国》，他很清楚自己能留在这个世上的时间不多了。"现在我是一个待决之囚呀！我没有机会为中华民族尽力了，我今日写这封信，是我为民族热情所感，用文字来作一次为垂危的中国的呼喊"。

　　他从个人经历谈起，回顾自身走上革命的心路历程。他小时候在乡村私塾中读书，不知道爱国为何事；而到高小读书时，受到社会风潮的濡染，他逐渐明白了爱国的道理；后来辗转各地，亲眼看见同胞在帝国主义入侵之下被侮辱与欺压的惨痛遭遇。很难想象在那种境况下仍然有人用"可爱"这个词来形容当时的中国。我想，支撑他没有陷入绝望与哀怨中的，是他对自己所选择的道路的信心，是他对中国命运的信心。这也是为什么他在阴森的牢狱里奋笔疾书，却还是洋溢着无法阻挡的阳光与希冀的原因。

　　写到这里，方志敏开始用柔情的笔触细数中国的可爱之处：不热不冷，如同母亲的体温；地域辽阔，如同母亲的博大；景色多样，文化多重，如同母亲的美丽大方。但是，这慈祥美丽的母亲却正遭受着屈辱和蹂躏。"朋友们，兄弟们，赶快起来，救救母亲呀！"他相信，虽然国弊民穷，但是中国人的民气和人心仍在。

　　在最富有华彩也是最经常被引用的段落，方志敏展望了对可爱中国的壮丽愿景："到那时，到处都是活跃跃的创造，到处都是日新月异的进步，欢歌将代替了悲叹，笑脸将代替了哭脸，富裕将代替了贫穷，康健将代替了疾苦……生之快乐将代替了死之悲哀，明媚的花园，将代替了凄凉的荒地！"

　　这是方志敏的预言，也是支撑革命先烈抗争到生命最后一刻的信念和梦想。到了今天，历经八十多年的勠力奋斗，这信念已经落地生长，这梦想正在变成现实。他预见了中国的未来，也就是我们的现在。从山河动荡，人民流离失所，到如今，国富民强，百姓安居乐业；从一个连铁钉都生产不出的国家，到钱学森、邓稼先等科学家们研制出两弹一星，多个科技产业已经走向世界前列；从辛苦耕耘也可能会颗粒无收，到袁隆平院士成功培育杂交水稻，如今全面打赢脱贫攻坚战，14亿人衣食无忧。

　　一代人有一代人的长征，一代人有一代人的使命。当我们在成长过程中遇到挫折与失败的时候，当我们心生畏难与散漫情绪的时候，我们不妨读一读这封来自86年前的珍贵信件，读一读这篇可爱中国的宣言：

"亲爱的朋友们，不要悲观，不要畏馁，要奋斗！"

谢谢大家！

◇ **参赛感受**

- -

十分感谢"悦读之星"和学校给我这个机会，让我可以在舞台上展现自己。我很喜欢阅读，尤其喜欢阅读红色经典，比如《可爱的中国》《习近平的七年知青岁月》等书籍，我往往可以在阅读这些书籍中汲取营养和精神力量。对我而言，准备演讲的过程是学习如何将我自己读书时的所思所感用喜闻乐见的方式展现给大家的过程。我没有想到竟然得到了一等奖的成绩，领奖的时候，我看到母校的名字在最上面的位置熠熠生辉，瞬间一种自豪感油然而生，我没有辜负老师和同学们的期望，能为学校争光，我感觉自己特别有价值。

◇ **阅读寄语**

我喜欢读书,因为读书可以让我精神饱满地投入学习生活工作中。每当我吟诵自己心爱的唐诗宋词、元曲明小说,朗读自己钟情的美文时,真的能感受到春的韵美、夏的炽情、秋的硕熟、冬的寒彻。在书海中泛舟可以愉悦着我的身心,领悟生活的真谛,吸取着先人的智慧。

郑典资

天津师范大学市场营销学 2020 级，热爱文学和音乐，从小参加各类演讲朗诵比赛，经历丰富，于 2021 年 6 月参加书香天津·大学生校园"悦读之星"评选活动决赛，荣获一等奖。

火种不灭　再绽新芒

大家好，我是来自天津师范大学的参赛选手，我的名字暂时卖个关子。首先，我给大家讲个发生在九十多年前的故事。

主人公的父亲是一名红军，在一次反围剿战役中牺牲了，于是身为长子的他，年仅 15 岁就接过父亲的枪，参加了红军。他 17 岁加入中国共产党，18 岁担任团委书记，二十多岁遭到国民党悬赏围捕，被迫改名转入地下工作。1941 年皖南事变爆发，遭叛徒出卖，为了保护组织不被暴露，他隐姓埋名，销毁党籍，来到如今江西省上饶市铅山县的一个小村庄里，娶妻，生子，成为一个普普通通的农民。中华人民共和国成立以后，曾经的同事找到他为他证明，大家才知道，原来他是一名共产党，曾经出生入死，隐姓埋名整整十年。

现在，我可以告诉大家，我的名字叫作郑典资，故事里的主人公原名郑金生，是我的曾祖父。

在我说他是我的曾祖父之前，大家是不是在想，哦，又是一个"俗套"的红色故事，编得还不怎么样。其实我也没好到哪里去，1996年去世的曾祖父和2003年出生的我根本都不在同一个世纪，我那时也做不到像爸爸一样看见地下党的事迹就眼眶发红，我仅仅是一个听故事的人，只关注情节如何曲折，结局如何圆满，却忘了这根本不是故事，那是发生在我祖上三代血色革命的历史。

但是自从翻开父亲书架上那本泛黄的《红岩》，我看到革命烈火中的群像缓缓清晰，那些遥远的历史变得可以触碰，从江姐、华子良、双枪老太婆这些鲜活的人物身上，我找到了曾祖父的影子，理解了父亲看这本书的时候偷偷擦去的泪水。我也终于明白了，在那个艰苦卓绝的年代，是什么让曾祖父那一辈共产党人不怕死，不怕分别，不怕忍辱负重熬过一生，那是对共产主义的信仰，对革命胜利的信念，是他们在战火纷飞中历久弥坚的解放初心！

感谢阅读点燃了我心中的红色火种，带着这股力量，我开始寻找江西家乡那片红土地上的革命奇迹，在那块16.69万平方千米的土地上孕育了中国革命的摇篮——井冈山、军旗升起的地方——南昌、共和国的摇篮——瑞金、中国工人运动的策源地——安源，等等。这一个个红色经典的称号与地名，在中华人民共和国波澜壮阔的历史长河中，已化作一颗颗与日月同辉的星辰，充满了希望，就像那首《映山红》所唱，"岭上开遍呦映山红"。

于是，我也有了一个红色的梦想。想接过作家的笔，用新时代青年的语言，发掘、记录、书写这红色土地上新时代的红色经典，让更多像我一样的孩子通过阅读去感受革命历史的温度，用文字把红色的种子播撒到更多孩子心里，让红色的歌声传到更多年轻人的心中，让我们的革命文化生生不息，历久弥新！

◇ 参赛感受

遇见"悦读之星"这样一个舞台，我是十分荣幸且感恩的，是它给了我一个将阅读和演讲结合的机会。我爱阅读，也爱演讲，一边是低头汲取知识，书页翻飞间追随别人的思绪，一边是抬头释放思想，抑扬顿挫里发现全新的自己。一低眉一抬首，舞台上百转千回，我得以把往日酝酿珍藏的思考和体悟开封，邀在座之宾共饮共评。聚光灯下起舞，陶醉了自己，也感染了他人，有幸到此，共赴一场书香盛宴。

◇ 阅读寄语

杨绛先生说，读书的意义大概就是，用生活所感去读书，用读书所得去生活吧。书本看似艰深难近，却其实和生活息息相关。颜如玉，黄金屋，蒙蒙杏花雨，翦翦杨柳风，诗书方寸之间却有天地四方。初读不懂，再读知味，走出千百度后蓦然回首才可见惊鸿。又用这悟出的几分道理发现更多近在眼前的诗意，寻到更为险远的景观。于是书与人生相辅相成，是长者言，是海上灯塔，是孤独中的一抹清欢，是漫长岁月里无穷尽的力量。因此，无论何时都不要忘记阅读呀，它应是伴随我们一生的事业。

张 宁

南开大学外国语学院阿拉伯语专业 2020 级,喜好阅读,自幼参加各类演讲朗诵比赛,担任大小活动主持人,取得优异成绩,于 2021 年 6 月参加书香天津·大学生校园"悦读之星"评选活动决赛,荣获一等奖。

信 仰

问大家一个小小的问题,你们觉得一封信的力量有多大呢?在回答这个问题之前,我想让大家先听我讲一个故事。1935 年,中国共产党早期领导人方志敏被国民党反动派囚禁在牢狱之中,就是这样一位即将走向生命尽头的"待决之囚",在狱中写了一封给祖国的信,信中诉尽了他对祖国母亲的衷肠,他把这封信命名为《可爱的中国》。

不错,这位母亲的确是"蛮可爱蛮可爱的"。中国之美景,可谓之奇,君可见那大漠孤烟直,长河落日圆,巍峨山脉阴阳割昏晓。君可见那璀璨的历史,紫禁城斑驳的红墙,映射着王朝的兴衰;敦煌神秘的壁画,诉说着千百年前的信仰。君可见那丰裕的自然资源,江河湖泊呼啸奔腾,高山平原纵横阡陌……我们的中国,她像极了一位可爱的母亲,用那甘甜的乳汁哺育着千千万万的华夏子孙。

可是曾几何时,黎明被黑暗撕扯下苍旻,在沸反盈天的地方掀起了惊涛骇浪，无数的我看着我的祖国母亲，进退维谷，无处遁逃。正如方志敏烈士所言，母亲她太可怜了，恶魔嘶吼着向母亲砍去，砍下了左臂、耳朵、颈和胸膛，那足足有身体的五分之一啊！她的孩子们呢？为什么他们要捧着母亲的躯体送到恶魔的口中？人如果没了信仰，和行尸走肉又有什么区别？难道，中国人民都没有脊梁骨了吗？中国人当真都病了，丧失了一丝愤怒的能力了吗？不，绝不会这样的！朋友，你看到了吗？我们的母亲还能站起来，向死而生，那是因为有一道光，把即将吞噬一切的黑暗刺出了一条缝，那道光叫作信仰。所以朋友你看啊，方志敏烈士在狱中一字一字坚定地写下《可爱的中国》，他不在乎笔下的文稿能否活着见到世人，因为他无比坚信自己笔下的拳拳之词，正是千千万万中华儿女内心的声音，这情感的厚度又怎会被一纸一笔一牢房所限制？所以朋友你看啊，中华儿女站起来了，枪林弹雨又如何，粉身碎骨又如何？即使前面的人倒下了，后面的人又会接上去，这就是共产党人信仰的力量！朋友们，现在你能感受到一封信的力量了吗？

1935 年，国弊民穷，山河破碎，方志敏烈士在狱中写下"中国一定有个可赞美的光明前途"，"这么光荣的一天，决不在辽远的将来，而在很近的将来"。我们是多么的幸运，生活在这个时代见证了这一切，欢歌真的代替了悲叹，笑脸真的代替了哭脸，明媚的花园真的代替了凄凉的荒地！这盛世，如您所愿！

习近平曾对青年说过这样一句话："青年一代有理想、有本领、有担当，国家就有前途，民族就有希望。"是啊，"你所站立的地方，正是你的中国，你怎么样，中国便怎么样，你是什么，中国便是什么，你有光明，中国便不会黑暗。"中国正昂首阔步地走在中华民族伟大复兴的征程之上，我们要继续完成可爱的祖国母亲的梦想，以信仰之光照亮前行之路，怀如磐初心，担当青年使命，"为中华之崛起而读书"。我相信，当信仰的种子在我们的心中生根发芽，后人提起我们的时候，眼里也会闪烁着金色的光芒。

◇ 参赛感受

语言是有魔力的，无论是阅读还是演讲，都能给人以精神的震撼。一次偶然的机遇，我站上了"悦读之星"的舞台，从视频海选到校级选拔再到站上天津市总决赛的舞台，每一步都是对自我的突破，在一次次挑战中"披荆斩棘"，我看到了一个全新的自我。我爱阅读，也爱表达，俯首垂睫，静品墨香，在书页捻转间感受伟人留下的精神财富，荡涤灵魂，沉淀思想。昂首启齿，气震四方，传达思想，绽放风采，让所有人的目光为我停留，观众心灵的震撼就是我成就的勋章。

◇ 阅读寄语

张爱玲说："读书多了，容颜自然改变。许多时候，自己可能以前许多看过的书籍都成为过眼云烟，不复记忆，其实他们仍是潜在的，在气质里，在谈吐上，在胸襟的无涯中，当然也可能显露在生活和文字中。"其实就是这样，我们不需要去刻意记住那些华丽的辞藻、精彩的段落，我们只需要去读书，多读书，把读书作为习惯融入我们的日常生活，那些读过的书都将成为滋养我们的养分，沉淀成智慧，播种出思想。在书籍的滋养中一边感悟一边成长，岁月更迭，斗转星移，到那个时候，世界眼中的我们，便是腹有诗书气自华。

张芸贺

天津医科大学基础医学院 2017 级。曾任天津医科大学青年志愿者服务队学生负责人、天津医科大学学生会主席、基础医学院七年制学生会主席。她学习刻苦，成绩优异，多次获得市级、校级奖学金。于 2021 年 6 月参加书香天津·大学生校园"悦读之星"评选活动决赛，荣获一等奖。

百年历程共奋进，初心如磐向未来

我演讲的题目是"百年历程共奋进，初心如磐向未来"。参阅著作是《平"语"近人——习近平总书记用典》。

前两年有一句网络流行语叫"主要看气质"，那什么样的气质才是最好的气质呢？"腹有诗书气自华"是对读书造就气质最好的诠释。你读过的书藏在你的举手投足间，藏在你的只言片语中，藏在你待人接物的眼神里。东坡先生的这句诗，习近平引用过很多次，而他本人也正是"腹有诗书气自华"最好的代言。

得到历史检验、实践证明的中华优秀传统文化是习近平新时代中国特色社会主义思想的重要来源之一，更是习近平语言魅力大放异彩之处。一句"不要人夸颜色好，只留清气满乾坤"，彰显的是大国大党的自信，体现的是从容清醒的淡定；一句"乘风好去，长空万里，直下看山河"，描画的是广大青年乘社会主义建设长风，在祖国放飞青春梦想的鸿鹄壮志。诗词信手拈来，典故娓娓道来，可以说，习近平对传统文化的热爱不是浮在表面上，而是融入血液中，刻进骨子里。

2013 年 5 月 4 日青年节，习近平在和各界优秀青年代表座谈的时候着重谈道青年为什么要重视读书，为什么要勤奋学习。在这段话里有一处用典，"学如弓弩，才如箭镞"。学问就像弓一样，是发力的，才华像箭头一样，是刺穿的。仲永天赋异禀，五岁成诗，却不肯念书，没有学问，只能泯然众人矣；诗仙李白五岁诵六甲，十岁观百家，再辅之以纵横的天才，才能做到笔落惊风雨，诗成泣鬼神，这就是才气和学识的完美结合。那么有了弓，再有了箭，是不是就能射中靶心呢？还不行，"识以领之，方能中鹄"，还必须有方向。方向就是见识。所以习近平是在教导我们以见识做引领，学识做底蕴，才气做锋芒。

功崇唯志，业广唯勤，我们一切行动的出发点都有一种价值观做支撑，读书学习的动力正来自那里，所谓心中有信仰，眼中有光芒，脚下有力量。今年是伟大的中国共产党建党一百周年，亲爱的天津医科大学建校七十周年。一百年征程波澜壮阔，造就人才无数；七十载育人砥砺奋进，收获桃李满园。

青年一代与新时代同行，生逢其时必然重任在肩。今天的师长就是明天的我们，只要党和人民需要，我们将毫不犹豫走上战斗一线；今天的我们就是医学发展的未来，接过前辈手中的接力棒，将"健康所系，性命相托"的医学精神代代相传。

梦想熠熠，使命灼灼，生命不息，学习不止，奋斗不停。

◇ 参赛感受

"悦读之星"评选活动注重涵养中国青年的家国情怀与责任担当，参赛推荐书目大多为红色经典著作。我有幸能够与其他优秀同龄青年一起分享读书心得。参赛推荐的图书是具有广泛影响的优秀党史著作和红色文学经典，引领我们在阅读中铭记百年光辉历史，汲取文化养分和精神力量。所谓"以史为鉴，可以知兴替"，读党史，悟初心，作为青年学生，要清醒认识到承担的历史使命，努力为建设中国特色社会主义贡献自己的力量。另外阅读的价值不仅在于收获了知识，还提升了独立思考的能力。在这个快节奏的时代，很多人通过浏览短视频来获得短暂的娱乐体验，而手捧书卷的深阅读却能带来思想的沉淀和心灵的慰藉，让我们多一些理性思辨，少一些轻信盲从。

◇ 阅读寄语

《平"语"近人——习近平总书记用典》没有晦涩难懂的诗词，更没有华丽辞藻的堆砌，而是循循善诱，把深刻的道理讲得清清楚楚，把宏伟的蓝图描绘得细腻入微。读后我们不禁感叹是怎样一种伟大的智慧让古代大家早在几千年之前便解答了未来很多人内心的困惑，不仅不过时，还依然散发着耀眼的光芒。这一种发自内心的文化自信广泛、深厚，给我们带来绵绵不绝的力量。

赵明达

中共党员，南开大学滨海学院广告学 2018 级，热爱文学与艺术，曾获学院"读书达人"荣誉称号，现为上海师范大学研究生，于 2021 年 6 月参加书香天津·大学生校园"悦读之星"评选活动决赛，荣获一等奖。

乘风破浪，做时代弄潮儿

大家好！我作品的题目是"乘风破浪，做时代弄潮儿"，参阅的著作是《红船》。

在波澜不惊的日子里，你是否会不甘于现状想在平静中掀起一番波澜？

在突如其来的灾难前，你是否会勇敢地为别人挺身而出？

在享受着幸福生活的今天，你的耳边又是否会响起百年前的慷慨悲歌？

一百多年前中国积贫积弱，人民陷入苦难和屈辱的深渊。1921 年，中共一大在上海召开，由于遭到法租界巡捕的袭扰，被迫转移到浙江嘉兴南湖的一条画舫小船上继续进行，内外忧患之中，一个先进的政党就此诞生，历史的伟业也在此启航。这条画舫小船也获得了一个永载史册的名字——红船。

小说《红船》以真实的历史事件和历史人物为依托，将中国共产党诞生前后到发展壮大的十年峥嵘岁月描绘成了一幅写意的工笔水墨画，成为第一部以文学形式解读"红船精神"的作品。

何为"红船精神"？习近平曾将其精辟地提炼为"开天辟地、敢为人先的首创精神，坚定理想、百折不挠的奋斗精神，立党为公、忠诚为民的奉献精神"。

小说中将这股精神展现得最淋漓尽致的是第 16 章——"反抗，全国的枪和矛都在滴血"。年仅 38 岁的李大钊在面对生命的最后一刻，直视凶残的警察和刽子手，大义凛然地说："不能因为你们今天绞死了我，就绞死了伟大的共产主义！我们已经培养了很多同志，如同红花的种子，撒遍各地！我们深信，共产主义在世界，在中国，必然要得到光荣的胜利！"他一遍又一遍高呼着"中国共产党万岁"，直到声带发不出声响。李大钊同志在马克思主义的传播中开天辟地，在舍生取义、百折不挠中乘一艘红船远去。

几年前，我曾前往嘉兴，近距离地感受过那艘"革命声传画舫中"的红船。现在，我对"红船"又有了新的认识。在字形结构上，"船"字左边一个"舟"，右边一个"公"。它代表着要时刻将社会之公德、群众之利益搭载其上，与中国共产党人"为中国人民谋幸福，为中华民族谋复兴"的初心和使命不谋而合。

"从上海石库门到嘉兴南湖，一艘小小红船承载着人民的重托、民族的希望，越过急流险滩，穿过惊涛骇浪，成为领航中国行稳致远的巍巍巨轮。"

从小小红船到远航时代的巨轮，离不开袁隆平、屠呦呦、于敏这些国之脊梁。从他们身上，我们看到了什么是淡泊名利，什么是克己奉公，什么是不改初心。时代的浪潮滚滚向前，正是因为有了他们，我们才不会忘记为什么出发。初心如磐，方能笃行致远。

百年前山河动荡，如今已百姓安康；百年前国弱家贫，如今已国富民强；百年前饥寒交迫，如今已满溢粮仓。

"曾记否,到中流击水,浪遏飞舟?"如今,我们站在"两个一百年"奋斗目标的历史交汇点,新时代的浪潮将会更加澎湃。前人的船舵已经交给了我们,我们必将以"红船精神"为引领,在时代的浪潮中驶向新的航线,在巍巍中华的巨浪中,继续乘风破浪!

◇ **参赛感受**

- -

　　这是我第一次参加演讲类的比赛,"悦读之星"给了我一个展示自己,战胜自己的平台。从学校的选拔、初赛再到决赛,非常感谢南开大学滨海学院图书馆的各位老师和领导,给我提供了宝贵的建议和指导,特别感谢王玫老师和王晓岚副馆长,陪我共赴这场书香盛宴。在"悦读之星"的舞台上,既是豪杰们金戈铁马的"战场",又是选手间酣畅淋漓的"以诗会友"。最后,祝愿"悦读之星"比赛能够步履不停,诗意不止,让书香之气馥郁津城大地。

◇ **阅读寄语**

- -

　　春天到了,穿上春天的衣裳,躺在草坪上读一读汪曾祺的《人间草木》;到了四月时节,翻一翻林徽因的《你是人间四月天》……读书也是衣食住行的一部分,引领着我们建构生活的厚度,精神的广度,灵魂的深度。

晋雨昕

2022 年毕业于天津财经大学国际工商学院。热爱文字、体育、音乐，从小多次参加各类演讲朗诵比赛，也曾多次参与辩论赛、主持人比赛。于 2021 年 6 月参加书香天津·大学生校园"悦读之星"评选活动决赛，荣获一等奖。

千山万水，再度出发

大家好，我是来自天津财经大学国际工商学院的晋雨昕，我演讲的题目是"千山万水，再度出发"，参阅著作是习近平的《摆脱贫困》。

在迎来中国共产党成立一百周年的重要时刻，我国脱贫攻坚战取得了全面胜利！习近平在脱贫攻坚总结表彰大会上的致辞宣告了这一历史性的时刻。这是我们党对于"绝不让一个贫困群众掉队，让中国人民共同迈入全面小康社会"的庄严承诺给出的最好回答。

整整 30 年，《摆脱贫困》见证了脱贫攻坚的伟大实践。看着这些仍然熠熠生辉的文字，我仿佛又重温了一次，脱贫攻坚在我周围真实发生着的一切。

一、山间有流水，亦是泥石流

在距我家乡两小时车程的另一个县城，那是中国与越南的交界，也是我父亲工作的地方。2015 年，我初次走进当地的深度贫困村，奇幻的大雾、满山的绿色、流淌的泉水。美吗？很美。可是穷吗？真的很穷。

村里几乎没有平地，八十多岁的老人在陡坡上采摘玉米，维持着唯一的收入来源。年轻人外出打工，家里剩下老人和年幼的孩子，那唯一一颗很暗很暗的灯泡照着房顶上由于长期油烟浸染垂下的丝丝油渍和熏黑墙壁上挂着的书包。孩子们上学去了，回家的路很长，而更糟糕的是，这里时有发生的泥石流灾害似乎随时会吞噬他们的生命。

走出这间屋子，我讲不出话，很难说是同情、难过，抑或是过于触目惊心。我不知道还有多少这样的孩子、这样的老人、这样的家庭。小康不小康，关键看老乡，而如何帮老乡，这正是脱贫攻坚探索的方向。

二、家里有热水，饮水有保障

后来的五年，脱贫攻坚向纵深开展。就在去年，他们搬进了异地搬迁安置点的新家。老人们坐着晒太阳，孩子们在玩耍，呼叫着楼里的伙伴。没有泥石流，安全被上了保险；家家户户通了水，饮水安全有保障；又一批孩子入学了，学校就在旁边。我凑近问："你们喜不喜欢这个新家？"有的老人听不懂普通话，只是笑着，朴素而真挚。我转过头，我的父亲也笑了，这个战斗在脱贫攻坚一线的干部露出了另一种笑容。

"视其所以，观其所由，察其所安。"当你亲身经历这一切，当你亲眼看见这些改变，当你亲自和这些人民交谈，当你看到那一张张笑脸……脱贫攻坚带来的是人民真实的获得感、幸福感、安全感。

三、滴水能穿石，石破必天惊

脱贫攻坚是真正给人民带来福祉的战斗，在这场斗争中，数百万扶贫干部将最美的年华奉献给了脱贫事业，一千八百多名同志献出了生命。他们发挥着滴水穿石的精神，同人民保持密切的血肉联系。从把一生积蓄全部捐献的老人，到学成归来的青年。"一滴滴水对准一块石头，目标一致，矢志不移，日复一日，年复一年地滴下去——这才造就出滴水穿石的神奇！"

合上这本书，感受这一切，我说不出话。很难说是震撼、感动，抑或是热泪盈眶的哽咽。改革开放四十多年来，我国农村七亿多贫困人口脱贫，贫困发生率由97.5%下降到1.7%。在跨过了千山万水，克服了万千困难之后，如今脱贫攻坚圆满结束，乡村振兴扔在路上。期待吧，相信吧，繁荣和幸福才是新生活的解答！

◇ **参赛感受**

非常开心也非常荣幸能在 21 岁的年纪与"悦读之星"的舞台相遇。对于我来说，这不仅是一次展现自己的机会，更是一次对于自己这么多年来学习成果的有效检验；是一个与其他高校优秀选手交流切磋的重要平台；是一次让我建立良好阅读习惯、思考习惯的有益尝试。"读书，就是让自己变得辽阔的过程。"带着生活的感悟去读书，用读书的感悟去生活，它或许不能解决眼下的难题，但一定会给你冲破困难的力量。看一段美妙的文字，诵一首优美的诗歌，生活不止眼前的苟且，还有诗和远方。

◇ **阅读寄语**

"书卷多情似故人，晨昏忧乐每相亲。"在一个安静的清晨、午后或者傍晚，捧一本书就像是沐浴一缕温暖的阳光，抑或是像吹过一阵温柔的风。在如此快节奏的生活里，阅读是难得的治愈时刻，它带你慢下来，带你在宽阔的世界里遨游，带你获得内心的富足与享受。林语堂先生曾说："读书的意义是使人较虚心，较通达，不固陋，不偏执。"阅读是一辈子的事情，无论什么年纪，只有通过阅读不断提升自己，精神世界才会更加丰盈，眼界才会愈加开阔，也才能更有底气、更加从容地面对人生的荆棘坎坷。

李 梨

天津外国语大学国际教育学院 2019 级。热爱文学与旅行，立志"读万卷书，行万里路"，于 2021 年 6 月参加书香天津·大学生校园"悦读之星"评选活动决赛，荣获一等奖。

共忠于坚定信仰,共成就最可爱中国

我是江西人。

如果用一种颜色定义我的家乡,必然是纯正的红。南昌起义战士的袖标、井冈山跃动的星火、瑞金中华苏维埃政府的五角星、长征集结号角上的绸带……二十五万赣鄱儿女的热血,浸染这片红色热土。

我读着这片红土地上的革命故事成长——"我们相信,中国一定有个可赞美的光明前途"。"我相信,到那时,到处都是活跃跃的创造,到处都是日新月异的进步。"《可爱的中国》的片段,幼小的我便烂熟于心并时常诵读。那是我对烈士的敬仰,对祖国表达的直白热爱。

重读方志敏烈士牺牲前在狱中所著《可爱的中国》,除同名散文外,书中另含其他十余篇烈士遗作,其中字句似有千钧之重,直抵人心。

他曾是长于赣东北乡壤的少年,清澈的眼却看尽旧中国的藏污纳垢。《我从事革命斗争的略述》一文中,他历数"黑暗的故乡"——贪官、地主、洋人、苛捐杂税。他亲历所谓"共和"，深知辛亥革命未能给黎民百姓带来福祉。城头变幻的旗号，无非换一种势力继续吸血盘剥。他上过教会学校，看透宗教是帝国主义文化侵略中国的道具，披着伪善的外衣，源源不断地散播精神鸦片。这个小小少年，"一个苦学生"，在为天下鼓与呼的求索中敲开了真理的大门。1924 年，方志敏加入中国共产党。"我是一个共产党员了！"短短三百余字，饱含革命者的荣耀和歌颂信仰的铿锵。成为共产党员的方志敏投身于工农运动和革命武装斗争，以行动践行信念，他的共产主义信仰从未有丝毫动摇。

狱中的方志敏随时面临死亡威胁，而他一心所想，是尽其所能总结失败原因和经过，让革命战友从中吸取教训。《在狱致全体同志书》中，他思考得那么深刻，记录得如此翔实，事无巨细，字字珠玑。"我们因政治领导上的错误……遭受极大损失"，他深刻意识到政治引领的重要性。不以成败论英雄，此时的方志敏，已成长为成熟的军事家与革命家。他得出的结论，在党的发展过程中被一再印证。

书中很多章节都讲到"死"，死亡越是迫近，革命者越是无畏。可他又饱含生的渴望，"以必死的决心，图谋意外的获救"。矛盾吗？绝不！不图苟活，只因他尚未看到"可爱的中国"愿景成真。狱中所受的折磨，磨不灭心中的光。黑暗的形状愈是清晰，光就愈是突显。这位共产主义的传道者，即使在狱中，即使在生命最后一刻，也从未停下为理想和信仰奋斗的脚步。他高尚的品格和对信仰的忠诚甚至感化了看守所代理所长、狱监和不同信仰的狱友，才使得烈士遗墨得以辗转存世。

他不是文学家，却不吝惜用最美的修辞描述故乡的村庄。他不是预言家，但他笔下"可爱的中国"就是最精准的预言。他深爱着可爱的中国，他也是中国母亲最疼惜的赤子。中华人民共和国成立后，党和国家费尽周折，终于觅得被秘密杀害的烈士的遗骨，安葬于他出生和献身的故土。

道之所在，虽千万人吾往矣。

道之所成，自君之后万万千。

"欢歌将代替了悲叹，笑脸将代替了哭脸，富裕将代替了贫穷，康健将代替了疾苦，智慧将代替了愚昧。

我们民族就可以无愧色地立在人类的面前！

这么光荣的一天，决不在辽远的将来！"

烈士牺牲八十余年后的今天，他引以为傲的党，已成为经历过无数严酷考验，缔造出无数丰功伟业的百年大党。九千多万中国共产党党员保有一个坚定信仰，为了全中国人民的幸福安康奋斗不息。为烈士树立的丰碑，得以鉴证革命理想照进现实。江西故土，中华大地，此时皆已成你笔下可爱的中国。我们可爱的中国，正在继续走向伟大复兴的新时代。

◇ **参赛感受**

备赛的时候总要穿过一条遍布绿荫的走廊，四下无人，寂静。我唯一能听到的是自己在心中默念的稿件内容。而当站在舞台上，高朋满座，同样是寂静无声，但此刻我再也不是默念，而是拿着麦克风，酣畅淋漓地表现我的风采！苏轼曾说："博观而约取，厚积而薄发。"感谢这次比赛教会我要想拼命向上生长先得深深地向下扎根，也让我结识了一群志同道合的师友，更让我更加坚定了终身阅读的决心。那个夏日的热烈和澎湃，会一直陪伴我度过岁月漫长。

◇ 阅读寄语

　　钱锺书先生曾说:"如果不读书,行万里路,也只是个邮差。"我喜欢读书,也热爱旅行。阅读给了我旅行时见证万象风土时一种特别的眼光,在这个过程中,我看见天地,看见众生,也看见自己。路,就是书;书,铺成路。我们一生都在路上奔波,总会面临妥协,没时间阅读,被推迟的旅行……但希望我们能够在理想与生活中自得自洽,当你坚定地选择了热爱的事,一切就都值得。

沈梦林

中共预备党员，天津仁爱学院机械工程系 2020 级，天津仁爱学院学生会主席。喜爱声乐、文学、历史学，于 2021 年 6 月参加书香天津·大学生校园"悦读之星"评选活动决赛，荣获一等奖。

百年荣光

恰逢建党百年，我拜读了习近平《论中国共产党历史》一书，这本书收录了习近平自 2012 年 11 月到 2020 年 11 月间 40 篇关于党史的重要发言文稿。细读之后，我对中国共产党的历史有了新的认识。一百年风雨兼程，一百年励精图治，中国共产党于荆棘泥泞中前行，历经百年风雨洗礼，缔造出我们这雄伟的国度。

1921 年的中国，正处于风雨飘摇的黑暗时代，外患列强入侵、虎视眈眈，内忧军阀混战、政治腐败，国家已然是百孔千疮。而也就在此时，惊雷乍现：烟雨南湖，一艘红船劈波斩浪，唤醒了沉睡已久的东方雄狮，剥开了百年来笼罩在中国人民心头的迷雾。从此，炎黄子孙有了理想的托付者——中国共产党。她犹如悠悠长夜中的灯塔照亮了黎明前的黑暗，指引了方向。此后，中华民族于光明和希望中行走了百年。

在 2019 年庆祝中华人民共和国成立 70 周年阅兵式上，有一辆 1949

号牌照的空车驶过长安街，这辆车载乘着的是先烈们的英魂。70年弹指一瞬间，新时代的中国早已是繁荣昌盛、国富兵强。我想，此时此刻，我们足以告慰先烈，这盛世，如您所愿！

书中提到，革命精神是党和国家的宝贵财富。何为革命精神？是那"开天辟地，敢为人先"的红船精神，是那"星星之火，燎原全国"的井冈山精神，是那"坚韧不拔，自强不息"的长征精神，是那"自力更生，艰苦奋斗"的延安精神。就是这些精神汇聚成为我们的革命精神，铸造了我们这钢铁一样的民族。旌旗猎猎，号角长鸣，需要的就是这样一往无前的意志与行动；建党百年，千秋伟业，奉献与牺牲，无私与奋斗，这些都是革命精神的最好体现！

我不由得发出感慨，国家蒸蒸日上，百姓富足安康，不必担忧战乱与灾祸，我还有什么借口不去努力呢？作为一名入党积极分子，我会努力学习党的知识，了解党的历史，自觉遵守党员要求，争取早日加入中国共产党；作为一名新青年，我会先学做人，再学做事，心存高远，使我的青春岁月不会像无帆之舟一样漂泊不定。我将力求能做一个对国家和社会有用的人，能够为中华民族伟大复兴的中国梦尽上自己的一份绵薄之力。

一百载惊涛拍岸，九万里风鹏正举！一百年岁月峥嵘，一百年初心如磐，一代人有一代人的长征，一代人有一代人的责任与担当。我们如今站在了两个一百年的历史交汇点，党仍旧在矢志不渝地为人民谋幸福，为民族谋复兴，为世界谋大同，而我们作为新时代青年，应主动担起时代的重任，传承红色基因，在这个无比伟大的历史交汇时刻，吾辈青年定携干将之志与祖国一同砥砺前行，使我们的青春在建设中国特色社会主义的伟大征程中璀璨绽放！

◇ 参赛感受

能够参加"悦读之星"评选活动并获得一等奖，我感到十分荣幸。我热爱中国共产党，热爱文学，热爱发声，很感谢能有这么一个将我所学所爱相融合，同时又能挑战自我、锻炼自我、提升自我的机会。我很喜欢站在舞台上演讲的感觉，面向观众以意气风发之姿、抑扬顿挫之声诉尽我胸中那一腔热忱。此去经年，祝我们一路乘风破浪，归来之时伴有凯旋歌声，悠悠扬扬。

◇ 阅读寄语

"书中自有颜如玉，书中自有黄金屋。"看上去有夸夸其谈之嫌，但当你真正沉下心阅读后，你便会发现所谓"颜如玉""黄金屋"似乎也不过如此。阅读是这世间最能提升精神与灵魂力量的方法。书籍是改造灵魂的工具，而阅读则是最富启发性的养料。倘徉在书籍海洋，接受文字的熏陶，每时每刻都是在为自身创造、积累核心竞争力。学会静心，学会养性，要让"阅读"变"悦读"，去感受这世间古老而深沉的力量！

马欣宇

中共预备党员，天津大学电子信息工程专业 2020
级，热爱阅读，信仰坚定，曾获得国家奖学金、中国大
学生在线读书达人奖，于 2021 年 6 月参加书香天津·大
学生校园"悦读之星"评选活动决赛，荣获一等奖。

觉醒的力量
——读《红旗谱》有感

　　这是一个几代人觉醒的故事，从一个人到一群人，从单纯的一腔孤勇
到共产主义的思想指导，一本书见证了劳动人民追寻信仰的艰辛历程；这
是一个几代人反抗的故事，从不成功到大胜利，从一人的喋血护钟到发动
群众的众志成城，一本书宣告着只有共产主义才能拯救中国。

　　读完《红旗谱》，那些壮烈，那些觉醒，那些勇气，那些无悔，那些反抗，
那些奋斗，都让我久久无法平静。

　　这里是锁井镇，冀中平原一个普通的镇子。然而，"燕赵之地自古多慷
慨悲歌之士"，鲜明而真实的人物塑造让我仿佛就在那个觉醒的年代，和
书中人物一起为了理想、为了劳苦大众的幸福而奋斗。朱老巩，这"跳哒过
拳脚、轰过脚车、扛了一辈子长工"的庄稼汉一辈子始终没弯过脊梁，单枪
匹马，与邪恶殊死搏斗，壮烈如斯！而他的儿子、主角朱老忠，既是一条一

顶一的好汉，更是一位杰出的革命者。他有着如火的刚气，说得出"他拿铜铡铡我三截，也得回去报这份血仇"的坚毅之语。他急公好义，对朋友，慷慨援助，对革命信念坚定。他有勇有谋，"出水才见两腿泥"的深谋远虑让他定下"一文一武"的复仇计划。

在党的引领下，他逐渐从传统的草莽英雄成长为优秀的无产阶级先锋战士。在朱老巩大闹柳树林时，四十八村的人们虽然也有不甘，但也只能如文中所写"眼睁睁地看着这个危急的场面偷偷地落下泪来"。而在党的引导和组织下，农民们的思想一步步觉醒，青年们纷纷投向组织的怀抱，这些在反割头税斗争中体现得淋漓尽致，真如毛主席所写"农民个个同仇"。文中这样描述"锁井镇上，反割头税的人们，把杀猪锅安在朱大贵家门口。这好像在冯老兰眼里钉上一颗钉子。钉子虽小，却动摇着冯家大院的根基"。这是一个叙述性描写，如同画龙点睛，揭示了共产党领导的农民运动的根本价值所在——既捍卫广大农民的切身利益，赢得民众之心，又动摇封建主义势力在农村的政治经济基础。在保定二师发起的学潮中，即使在反动势力的打压下，青年们的思想火种仍然得到保护，反抗的精神依旧被传承，祖国的未来就在这些奋斗者、革命者手中一步步走向现实。

合上书本，我仿佛仍处在那个激荡的岁月，红旗谱亦是英雄谱，从朱老巩这样嫉恶如仇的第一代农民，到朱老忠这样从自发反抗走向自觉革命的第二代农民，最后到运涛、江涛这样注入了无产阶级生命因子的第三代农民，他们告诉我：哪里有压迫，哪里就有斗争，哪里有斗争，哪里就有希望！

锁井镇是那段峥嵘岁月的缩影，见证着农民的斗争汇入中国共产党领导的无产阶级洪流，形成不可阻挡的汹涌之势。在这大势之下，红旗必将飘扬于世界！

我的演讲到此结束，谢谢大家！

◇ **参赛感受**

能够和别人分享我读书的感悟，能够用自己的演讲感染别人，能够将"悦读"的精神传播出去，我感到非常的幸福。"悦读之星"就是这样一个平台，充满活力，充满热爱，充满激情，更充满书香气。回想起在舞台上演讲的每一句，我的心依旧澎湃，《红旗谱》是一个关于觉醒的宏伟故事，能够把故事分享给爱书的人，是我的荣幸。"悦读之星"传递着好读书、读好书的精神，我也会始终铭记这种精神，继续投身阅读，传递悦读精神。

◇ **阅读寄语**

阅读是自己与自己对话、心灵同心灵交流的过程，读书是乐趣，更是精神的追求和修行。阅读就是在不断遇见不同的世界，遇见更真实的自己，遇见所期待的未知。通过阅读，发现自己、发掘内心，每一本读过的书，都会成为自己心里的"书"。

冯丽萍

天津现代职业技术学院 2020 级，在校广播站担任主持人，热爱主持和朗诵。于 2021 年 6 月参加书香天津·大学生校园"悦读之星"评选活动决赛，荣获一等奖。

追　梦

　　大家好！我是来自天津现代职业技术学院的冯丽萍，我演讲的题目是《追梦》，参阅著作是《红军长征史》。我来自甘南藏族自治州，我的家乡就在长征天险腊子口的旁边。那是一个美丽却贫困的山区。

　　春天的家乡，山崖上还铺着厚厚的积雪，在积雪下却潜伏着隐约的绿意。春天像是一个迷路的孩子，身后是冬天，身前是夏天，自己站在中间，不辨节令，不知进退。而对于当年幼小的我，每次进城都要徒步走过一条蜿蜒的山路，两小时的旅途，对于那时的我，太过漫长。每次走得筋疲力尽，我就和同行的爸爸撒娇，"爸爸，背背我！"可爸爸的背上总是背着一个巨大的包裹，手里还拎着袋子，里面是乡亲们带往镇上的东西。渐渐的，我明白了，爸爸的背上，没有我的位置。每次爸爸都鼓励我："你知道红军长征吗？"说着用手指着告诉我，"你看那边是腊子口，可是革命胜迹，当年红军叔叔不但要走路还要打仗。你不是最喜欢玩打仗的游戏吗？来，女儿最棒了，跟着爸爸的脚步慢慢走。"

腊子口？那个时候，我没有明确的印象，因为我长途跋涉不是为了看腊子口，而是要去镇上，看看什么是平坦的马路，什么是用钢筋水泥建造的房子和能在路上奔跑的汽车。爸爸给我指着为数不多的几辆车，"这辆是天津夏利"。这大概就是我对天津最初的印象了。

第一次坐车，是 8 岁那年，父亲带着高烧的我坐上了刚刚开通不久的大巴。我依偎在爸爸怀里，有气无力地问："为什么以前不坐大巴，总是爬山？"爸爸用温柔的声音告诉我："因为以前没有路，而且两侧有严重的滑坡，太危险，你的爷爷就是被泥石流给……"爸爸哽咽了。

我躺在病床上输液，看着输液瓶里的药水一滴一滴地落下来，"滴答滴答"的声音一直在我耳边缭绕，我对爸爸说："输液怎么这么大声音？"爸爸抬头指指房顶说："你看，不是输液的声音，是病房漏雨了。"爸爸一边拿了桶接水，一边对我说："你希望屋子漏雨吗？"我摇摇头，"所以，爸爸必须去修路、补山，建设咱们的村子，爸爸不希望村里的乡亲每次进城都像长征一样，因为爸爸是党员。"

今天的我，再读《红军长征史》，脑海中一幕幕回放着 1935 年 9 月激烈的战斗画面。我懂得了，前辈的长征是为了让我们不再走那艰苦的路。虽然爸爸肩上没有我的位置，但爸爸和那些基层党员已经承载了全村人的希望。在新长征精神的引领下，腊子口再次迎来了一场脱贫攻坚战役的胜利。

如今来到天津求学，是为了有天能接下爸爸肩上的担子。如今的家乡已经从曾经的荒山土岗变成美丽的景区，进入山谷，让人心旷神怡，如同邂逅在如诗如画的世界里。让我不由得想起毛主席追忆腊子口战役而写下的诗篇：

天高云淡，望断南飞雁。

不到长城非好汉，屈指行程二万。

六盘山上高峰，红旗漫卷西风。

今日长缨在手，何时缚住苍龙？

◇ **参赛感受**

作为一名大学生，推荐这本书对我来说非常具有使命感，也是非常有挑战性的选择。我作为参赛者在"悦读之星"的舞台上，我在各位参赛同学的身上学到了很多。在这里，大家侃侃而谈、慷慨激昂，各有各的精彩。但有一点我们都一样，我们喜欢阅读，喜欢演讲。"悦读之星"的舞台，让我们把目光投到了最丰富，也最质朴的文字世界，扛起了一面文化的大旗。我们作为大学生，也理应在文化的传承和创新这条道路上一往无前，始终如一。

◇　阅读寄语

　　总有一些文字,触动心灵。阅读,是生活中最幸福的事,历史的人物与情感,随着文字的跳动,渐渐鲜活。那些遥不可及的故事,在作者的笔下,给我们带来最真实的力量。《红军长征史》这本书就像一束光,当你沉浸在历史的世界中,好似你我也是他们中的一员,这不仅仅是他们一代人的"长征",也是我们这代人的"长征"。阅读的意义不仅仅在于求知,更重要在于思考。以思考在信息浪潮中保持专注与笃定,在笔墨世界中涵养情怀与气质,同样是阅读带给我们的意义。让阅读成为一种习惯,锲而不舍地为自己的思想添砖加瓦,成为更好的自己吧。

高世姣

　　天津师范大学经济学院 2020 级，热爱演讲与音乐，在校内多次参加创新创业大赛和演讲比赛，获得校级一等奖学金与校三好学生，于 2021 年 10 月参加亚运之星英语演讲比赛，获得天津市一等奖；于 2022 年 10 月参加书香天津·大学生校园"悦读之星"评选活动决赛，荣获一等奖。

激活竹枝基因　共筑文化津门

　　"桃花寺外桃花口，杨柳青边杨柳青。七十二沽沽水阔，半飞晴絮半飘萍。"这是印于《天津竹枝词合集》封底的一首竹枝词，直白却不失隽永，让我们仿佛置身于平静的沽水旁，手捧轻盈的飘絮，眺望着那桃花盛开的渡口。本书辑录了天津自建卫以来流传至今的千余首竹枝词作品，这些富有韵律的竹枝词融汇民间俚语，雅俗共赏，描写风土人情，尽显人间百态。它们用生动凝练的语言，记录着天津地方的历史掌故、河海变迁、风物人情、市井烟火，让我们窥探、了解和感受着鲜活饱满的天津。

　　在先贤的笔墨下，我看到了天津的模样。它是津门百咏的作者崔旭笔下的"沽上人家千万户，繁华风景小扬州"；是周宝善笔下的"烟波浩无际，潮汐大河津"；亦是华鼎元笔下的"确实九河归海处，引经据典炳宸章"；是

"舟楫云集,帆杆蔽日"的盛况,映出了"杨柳青垂驿,蘼芜绿到船"的江南水乡景象。"泼墨图成小水西,此中清远足幽栖。重楼复阁宾朋聚,黄菊开时共举觞。"在诗句中我仿佛看到了水西庄的清丽与静谧,又仿佛一并与文人墨客举觞于问津园,赋诗吟诵。

在竹枝的和唱中我听到了书院传来的朗朗书声,是文昌宫的"辅仁会友傍门墙,焰吐星精气象昌";是三取书院的"鹿洞鹅湖敬静殊,须知异派本同途";更是问津书院的"儒家衣钵熟传薪,学海堂前教诲频",它们是天津教育的深厚根基。

一首首鲜活的竹枝词,让我闻到了天津的烟火之气。"借钱吃海货,不叫不会过。"从"冰鲜市场"感受天津人前卫的饮食条件;"值得东坡甘一死,大家拼命吃河豚",是源于河鲜的终极魅惑;"辇下诸公题咏遍,持螯风味忆江湖",是对螃蟹独有的痴迷。作为一个外地人,我被天津美食所折服,从津味海鲜到津门三绝,原来天津"吃货天堂"的美名可以追溯到几百年前。

时代的新,让文字里的天津渐渐褪色,我们不乏天津竹枝词的记载,却缺一场穿越时空的对话让典籍里的天津活起来。我想让这些鲜活的竹枝词焕发时代的新生,做津门竹枝词文创、编排微剧、开发情景体验旅游是我这个学经济的师大学子应该思考的问题。我期待通过一场场引人共鸣的历史回眸激活典籍里的津沽文化,让它不仅能够点亮过去,更能够照亮未来。无论以何种方式赓续天津文化,我们都应忠于历史,属于当代。新时代崭新的天津正像一艘满载憧憬与机遇的海船,但"水路不愁千里远,往来只借一篷风"。

◇ **参赛感受**

翻开《天津竹枝词合集》，我便沉醉于这些富有韵律的竹枝词中，感叹于天津的历史掌故、河海变迁、风物人情、市井烟火，对优秀文化的热爱与尊崇便扎根在我的心中。很荣幸能够站在"悦读之星"的舞台上，以演讲的方式与大家交流文化，弘扬文化。

◇ **阅读寄语**

翻阅书籍，顿觉文韵弥漫；吟读书籍，体会百味人生。古人说道："布衣暖，菜花香，还是读书味道长。"好的书籍氤氲着思想与文化的光芒。书籍可以包括千古历史、世界变迁、人文典故，欢乐莫过于读书，读书之乐，乐在扩眼界。一卷在手，我们可以穿梭时空、尽情沐浴先贤智者思想的惠泽；我们可以游览天下，悠闲领会种种极致的风景。

马紫菲

河北工业大学马克思主义学院思想政治教育 2020 级，"红心铸魂"学生理论宣讲团负责人，长期面向基层作红色文化宣讲，累计百余场，矢志不渝传播红色文化。于 2022 年 10 月参加书香天津·大学生校园"悦读之星"评选活动决赛，荣获一等奖。

靠党群同心，擎盛世江山

尊敬的领导、老师，亲爱的同学们，大家上午好，我是来自河北工业大学的马紫菲，我演讲的题目是"靠党群同心，擎盛世江山"，参阅著作是铁流先生所著的《靠山》。

有这样一群平日里手无寸铁的农民，在日军的"铁壁合围"中，自发组织起来，用土枪、镰刀、铁锤和日军殊死搏斗，以 147 人战死、138 人重伤的代价，守护留给八路军的口粮。

有这样一群农家女子，在江水湍急、无船无桥时，在冰冷的江水中，用柔弱的身躯搭成人桥，载着我军战士抢渡大江。

这是《靠山》中最动人的场景，是党领导人民 28 年艰苦卓绝的斗争中，可歌可泣的真实写照。百年党史征程，军民鱼水情跃然纸上，天地浩然气驰骋纵横——谁是靠山？人民群众是我们党永远的靠山！

近年来,我沿着习近平考察调研的足迹方向,去到了最基层的地方,在那里我看清了如今的靠山。在阜平,习近平曾冒严寒、踏冰雪,进村入户看真贫,发出脱贫攻坚动员令。今天,当地村民还会骄傲地指着自家炕头,说:"你看哪里,总书记盘腿坐在炕上,拉着我的手问我收入多少,孩子上学远不远,看病方不方便。"

"我们搞社会主义就是要让人民群众过上幸福美好的生活,全面建成小康社会一个民族、一个家庭、一个人都不能少。"

"共产党给老百姓的承诺,一定要兑现!"

这是习近平掷地有声的承诺,党的十八大以来,习近平以不停歇的脚步丈量着贫困角落,每到一个地方,他都进村入户,看看群众锅里煮的,摸摸床上盖的,嘘寒问暖,体贴入微。人民群众所想所盼,习近平带领全党念兹在兹,事事落实,这就是人民群众最坚实的靠山。

今年建军节,我在易县政府作十九届六中全会精神宣讲,当地 19 个村子的退伍军人都自发来到会场。当《钢铁洪流进行曲》伴随着国庆阅兵的视频在屏幕上播放时,一位退伍军人沉默良久,眼里泛着泪花,他说了六个字,会场掌声经久不息——他说:"若有战,召必回。"是啊,民心所向,这正是党的最大靠山!

从南湖红船到建国大业,从改革春风到全面脱贫,从全面小康到全新征程,党和人民,水乳交融,互为靠山,永不相负,绘就当今盛世中华。你们看,从前人民群众用小推车将革命推过长江,同学们,同志们,让我们在民族复兴的赛道上奋勇争先,用新时代的万千小推车,推出一个 2035,推出一个社会主义现代化强国,推出一个伟大复兴!撑起这新时代最坚挺的靠山!

◇ **参赛感受**

　　很荣幸能拥有这样的平台，与各大高校的选手同台学习交流、共同进步，至动情处，泪洒台前，真是一件畅快又幸福的事。我以《靠山》一书为参考，深入领悟习近平"江山就是人民，人民就是江山"的情怀，也更理解了《靠山》的深层次含义——"人民群众是党永远的靠山，而中国共产党也将自己锻造成了人民群众最坚挺、最有力的靠山"。我想，在新时代，我们大学生更要自觉听从党和人民的召唤，担当使命任务，从书本中汲取力量，用行动践行"请党放心，强国有我"的青春誓言，在伟大复兴赛道上奋勇争先。

◇ **阅读寄语**

　　读书，也未必求什么颜如玉、黄金屋，我爱的是坐在一室之内，与哪家古人邂逅，与哪辈先贤论道；回首秦月汉关、遥听广陵鱼樵；阖目时倚铁马秋风，春睡中梦赌书泼茶……我们翻一本书，就是过一番不一样的人生。当我奔向书时，万古霜星、山野庙堂皆自奔我而来。我们用读书拓宽有限的生命、逼返单向的时间甚至"起死""问灵"于我神往的先达，是一件多畅快之事啊！

康曦月

南开大学经济学院经济学类 2022 级，在努力学习之余积极参加各类学生工作与文艺活动，现任校团委课指文艺部干事、院团委办公中心干事与班级团支书等职务。于 2022 年 10 月参加书香天津 · 大学生校园"悦读之星"评选活动决赛，荣获一等奖。

不熄的火焰

尊敬的各位领导、老师，亲爱的同学们，大家好，我是来自南开大学的康曦月。今天我演讲的题目是"不熄的火焰"，参阅书目是《周恩来邓颖超通信选集》。

人间四月，海棠花开。古人言它是"淡淡微红色不深"。在年年岁岁的时序更替中，这一簇簇淡淡微红的海棠开开落落，正如周恩来与邓颖超的革命与爱情，这是永不熄灭的火焰。

从战火纷飞的旧世界到百废待兴的新中国。他们东奔西走，聚少离多。从确立共产主义信仰到共同投身革命洪流中，在两万五千里的长征路上，在烽烟滚滚的抗日战争中，他们相依相伴，为着他们共同的共产主义革命理想，前进、前进。

那个年代没有鲜花、钻戒，只有硝烟、烽火，他们用信纸传递的爱情，现在读来依然让人温暖:"望你珍摄,吻你万千;情长纸短,还吻你万千。"他们的誓言,写作"要一同上断头台";他们的关心,写作"为了人民的利益,为了人类进步崇高的事业,请你保护好自己"。展开泛黄的纸张,透过模糊的笔迹,我们看见一首首相濡以沫、白头偕老的情诗,更看见一部昂扬激烈、波澜壮阔的奋斗史。

他们是恋人,更是革命者。他们共享雾霭、流岚、虹霓;分担寒潮、风雷、霹雳。

他们的革命与爱情,纯粹而长久。动荡的革命岁月里,鲜艳的革命旗帜倒映在他们的眼眸,双目对视,他们把彼此镌刻进自己眸中的火焰,把革命融入爱情的火花,用爱情助燃革命的烈焰。从此,这团火褪去些许危险灼人的高温,平添几分细水长流的坚定。这是他们之间不熄的火焰,是爱情,是革命,是生命。

纯粹的热情往往在猛烈的暴风雪中熊熊燃烧,却难以在风雪过后长明如初。但他们做到了,因为浪漫的革命者们永怀坚定温柔的革命志向,绝非仅是拍案而起的冲动激情;而革命者们的浪漫也绝非小情小爱,而是融入为国为民的无私大爱。

青年的我们,也燃烧着理想与爱情的火。怀担当大任之理想,年轻的我们却也迷茫于如何走好脚下的路;盼相知相伴之深情,年轻的我们匆匆折下鲜艳的玫瑰,却在手指被刺破后慨叹"智者不入爱河"。踏进南开园,走到周总理像前,翻开那页页信纸,那纯粹而绵长的热情信仰让曾困惑我的人生谜题迎刃而解。习近平指出:"周恩来同志是不忘初心、坚守信仰的杰出楷模。"作为新一代南开学子,我们将承继杰出校友周恩来总理"为中华之崛起而读书"的宏伟志向,将小我融入大我,在使命与担当中走好人生的路,在理想与热爱中写就生命的诗。

一簇簇淡淡微红的海棠花穿过时间的长河,那是永不熄灭的革命与爱情。它跨越历史，照亮着我们的前路。今日之中国，晨光照耀，红旗飘扬，这盛世如您所愿！今日之我们，意气风发，矢志奋斗，愿以吾辈之青春，捍卫盛世之中华！

◇ **参赛感受**

"踏进南开园，走到周总理像前，翻开那页页信纸，那纯粹而绵长的热情信仰让曾困惑我的人生谜题迎刃而解。"初入南开，我就被周总理像和满园的海棠花树所吸引。通过阅读他们的通信选集，我明白事业和爱情并不冲突。就像我演讲中说道，"把革命融入爱情的火花，用爱情助燃革命的烈焰"，我看到了自己向往的人生状态，这是我参加比赛最大的自我收获。在比赛过程中，我获得了心态和能力的共同成长。从一开始的手忙脚乱到后来的有条不紊；从一开始甚至做不出能看的演示文稿到后来现学现用，得心应手……老师的持续陪伴、同学的安慰支持、舍友的鼓励帮助……通过这次比赛，我感到自己从"新生"真正变成了"大学生"，也在南开园找到了实实在在的归属感，这是非常重要的收获。

◇ 阅读寄语

　　书籍能拓宽我们看待世界的路径，我们从经典中汲取力量、感知美好、寻找答案、看见未来。此次读书活动打开了我阅读红色经典的大门，让我读到革命与改革建设史路途中最鲜活生动的故事，感受生生不息的中国精神，接过中华民族伟大复兴的接力棒。用语言传递思想，用声音传递力量，这是我对演讲的理解。我希望通过这篇"不熄的火焰"，给许多像我一样困惑的年轻人一些有关理想和爱情的灵感，让他们在摸索的过程中看到美好的可能性，看到胜利的曙光。

唐万宇

中共党员，天津医科大学生物医学工程专业 2019
级，连续两年获得国家励志奖学金，曾获天津市"大学
生自信自强年度人物"暨海河自强特等奖学金。于 2022
年 10 月参加书香天津·校园大学生"悦读之星"评选活
动决赛，荣获一等奖。

我们的征途是星辰大海

大家好，我是来自天津医科大学生物医学工程与技术学院的唐万宇，
我演讲的题目是"我们的征途是星辰大海"，参阅著作是《百位著名科学家
的入党志愿书》。

"回国去，回国去，祖国建设需要你。"这是新中国成立初期广为传唱
的一首歌谣，也正是因为祖国建设的需要，无数爱国学子自此踏上归途。
他们之中不乏师从名门，研究成果已然享誉全球之辈。他们辞别导师，临
别亲朋，放弃国外优越的科研条件和丰厚的待遇，白手起家，从零开始。他
们在科研的关键时期暂停一切，与妻儿老小不告而别，隐姓埋名，默默半
生，只因短短的六个字"我愿以身许国"。

1980 年，79 岁高龄的一代宗师严济慈先生在他的《入党志愿书》中庄
重地写道："我虽已年逾古稀，但是我没有迟暮之感。我争取要做一个共产

党员，求得光荣的归宿。"

在共和国不长的历史中，有太多太多的前辈奋战于不同专业的各个领域，坚守在祖国大地的每一寸角落。第一座铀矿，第一个气象观测站，第一台电子显微镜……他们在杳无人烟的荒地里开疆拓土，他们说"祖国的需要就是我的专业"，他们在岁月里化作浪花，在时光里化为星河，终其一生不忘向星辰大海进发，只为党，只为国。

在我的身边，有这样一位特殊的科学家。他是中国临床内分泌学的创始人和奠基人，也是全体天医人的第一任老师。1956年2月2日，朱宪彝老校长光荣地加入了中国共产党，郑重地写下誓言："我决心献出我的一切，做一个名副其实的共产主义战士，为共产主义的伟大目标而奋斗到底。"

1984年12月25日，朱宪彝老校长因突发心脏病永辞人间。临终前，他留下了"四献"的遗嘱，献出所有藏书、全部存款、私人住宅，乃至个人遗体，用实际行动践行了"献出一切"的誓言。在他的影响下，我先后成为造血干细胞和人体器官捐献志愿者，将求真至善的大爱传递。

无声的老师已为我埋下理想的种子，有形的老师更使我坚定了信念。面对突如其来的新冠肺炎疫情，我校各大学医院先后组建八批医疗队，276人驰援湖北，46名队员火线入党，在他们的誓言中，我看到了什么是使命和担当。一年后，我庄严地加入了中国共产党，"从看见光，到成为其中之一发光发热，从此成为一名坚定的共产主义战士"。这是我那时唯一的心声，也是二十载所有初心的凝练。

师长、先辈，甚至是那些永远鲜活于教科书上的名字，那些在共和国历史上留下足迹的影子，影响着一代又一代青年的轨迹。我也坚信，在岁月的长河里，我们终将奔赴属于我们这一代人期许已久的星辰大海。

◇ 参赛感受

能够与"悦读之星"这样一个舞台奇妙相遇，我感到十分幸福。正是这样的一个机会，让我沉下来，再沉下来，于纷杂的学业和生活抽身，重新回到阅读的净土，再次捧起纸质书，一字一句地体味百态人生。如果没有"悦读之星"，也许我不会捧起《百位著名科学家的入党志愿书》这样一本纪实文学，不会发现一撇一捺的笔墨之中竟蕴含着如此深厚的信仰与力量。也正是因为"悦读之星"，得以将这段故事分享，将燎原之火化作新时代的希望之光。

◇ 阅读寄语

一张桌子，一把椅子，一本书，一杯带着清香的红茶，静静坐在窗边，挽起耳边的发丝。轻轻翻开一页书，品味着每一个文字，感受笔墨之间的奥秘。偏西的太阳透过窗户，射进一道金黄、柔和的光，影子倒映在地板上，不禁让人陶醉。读一本好书，可以在文字里倾听不同的故事，也可以与相似的灵魂不期而遇。沉浸在书里，我们可以超越时空，窥见不一样的世界，经历不寻常的冒险，探索不可思议的未知。让书籍成为你生命中的一部分，一起品读。

迟丽君

中共党员，天津体育学院体育教学专业 2021 级研究生，热爱读书和运动，空余时间经常阅读各种经典名著书籍，于 2022 年 10 月参加书香天津·大学生校园"悦读之星"评选活动决赛，荣获一等奖。

万事之道,贵有恒

尊敬的各位评委、老师、同学们,大家好! 我是来自天津体育学院的迟丽君。我演讲的题目是"万事之道,贵有恒",参阅著作《像毛泽东那样读书》。

读书之道,贵有恒。

"贵有恒,何必三更起五更眠;最有益,只怕一日曝十日寒。"这是毛主席在湖南第一师范求学时的自励对联,也是他一生所遵循的读书之道。无论是在戎马倥偬的战争年代,还是在中华人民共和国成立后的和平建设时期,毛主席始终诠释着"贵有恒"的真理。他常用"饭可以少吃,觉也可以少睡,书可不能少读"的话感染着身边的每一个人。人书相伴,人到哪里,书就读到哪里。睡觉的床上、办公桌上、休息室里,甚至厕所里,都摆满了各类书籍。"活到老,学到老,生命不息,读书不止",这正是毛主席的读书之道。

体育之道，贵有恒。

1917 年，毛主席在《体育之研究》中写到 "文明其精神，野蛮其体魄"。后又提出 "发展体育运动，增强人民体质"，历经半个多世纪，党中央不断加强体育事业的推动和发展。从容国团拿下首枚世界冠军，到许海峰射落第一枚奥运金牌；从巩立姣以 20 米 58 的成绩拿下中国历史首枚田赛金牌，到苏炳添 9 秒 83 成为首位闯进奥运百米决赛的中国人；从铿锵玫瑰沉着应战大赛终折桂，到女排英雄顽强拼搏赛场写风流。一代代体育健儿将体育之道外化于训练，内化于精神，向世界展示了中华儿女坚定自信、团结协作、顽强拼搏的风貌。我国体育事业从小到大，从弱到强，在全民健身、竞技体育、青少年体育等各领域都取得了长足发展，走出了一条中国特色社会主义体育发展道路。我们在迈向体育强国的历程中，无不深刻实践着毛泽东主席 "贵有恒" 的真理。

人生之道，贵有恒。

一代人有一代人的长征，一代人有一代人的使命。如今，强国征程已经开启，民族复兴伟业的蓝图已经擘画，新时代青年奋斗正当时。在这样一个大有可为，也必将大有作为的时代，青年人需要秉承 "贵有恒" 的精神境界和 "功成必定有我" 的责任担当，让青春之花绽放在祖国最需要的地方，在重要领域和重要岗位上攻坚克难、施展才华，在承载中国梦的时代使命中谋划人生、成就自我。

"强国之道，贵有恒，使命担当，须有常。" 站在两个一百年的历史交汇点上，让我们不断乘风破浪，在属于我们的赛道上奋勇争先，昂首阔步迎接党的二十大胜利召开，为实现第二个百年奋斗目标，实现中国梦，汇聚磅礴的青春力量！

我的演讲到此结束，谢谢大家！

◇ 参赛感受

　　非常感谢"悦读之星"大赛给了我一个展示自我的舞台,使我有机会能代表天津体育学院参加此次"阅读＋演讲"的读书分享盛宴。通过阅读,我领悟到毛泽东主席"活到老,学到老"的读书精神和"文明其精神,野蛮其体魄"的运动魄力。回首演讲,我怀着满腔热忱将真情流露,邀在座之宾共沐心之所想,此举,似他乡遇故知,令人心旷神怡。望满园苍绿沁书香,如此,少年之幸,国家之幸,民族之幸。

◇ 阅读寄语

　　常读书,凝聚"精气神",勤读书,练就"真本领",善读书,厚植"前行力"。读书不仅是为了更有诗意的生活,也是为了获取知识、启迪心智,照亮奋斗之路,创造美好未来。探索书中的奥秘,使人得到智慧启发,使人保持思想活力,使人滋养傲然之气。故此,在浩瀚的书卷里,在琅琅的书声里,让我们拿起书本,以书为友,以书为鉴,一同感受读书之美,品味学习之乐,把浓浓书香晕染在每个角落,让一缕书香伴着我们同行!

董淼筠

天津财经大学法学院 2021 级。热爱主持、演讲、朗诵。参加各类演讲朗诵比赛，主持多场晚会，经历丰富。于 2022 年 10 月参加书香天津·大学生校园"悦读之星"评选活动决赛，荣获一等奖。

赶考，永远在路上

大家好，我是天津财经大学法学院的董淼筠。我演讲的题目是"赶考，永远在路上"，参阅著作是《赶考，从西柏坡到开国大典》。

18 岁那年，我来到太行山东麓，亲眼见到了有着"新中国从这里走来"美誉的西柏坡。中共中央在西柏坡指挥了三大战役并取得伟大胜利。

1949 年 3 月 23 日，党中央从西柏坡动身前往北平香山。临行前，毛主席对周恩来说："今天是进京'赶考'的日子，我们一定要考个好成绩。"在 2013 年，习近平在西柏坡考察时深刻指出党面临的"赶考"远未结束。每个时代都有要解决的"考题"。

西柏坡时期，我们党面临的是"怎样建立一个新中国"的考题。新中国成立以来，国际国内局势瞬息万变，面对民生大考，从辛苦耕耘也可能颗粒无收到袁隆平成功培育出杂交水稻，让 14 亿人吃得饱、睡得好；面对脱贫大考，党员干部拧成一股绳，在 2021 年完成了消除绝对贫困的艰巨任务，让群众的好日子像芝麻开花节节高……在不断"赶考"的路上，我们党迎难而上，不畏艰辛，取得了一次次优异的成绩。

回想当年，毛主席的那番话就好像一束光，为新中国照亮了前进的路。一灯破暗，百年光明，星星之火点燃华夏大地，中华民族从站起来到富起来，中国换了人间。70 年后的今天，正如书中夏衍所说："一望之下，是一片红旗的海。"

在七届二中全会上，除了提出"赶考"的重大命题，毛主席还高瞻远瞩地向全党发出了"两个务必"的根本要求，即："务必使同志们继续地保持谦虚、谨慎、不骄、不躁的作风，务必使同志们继续保持艰苦奋斗的作风。"我党一直保持着从严治党、戒骄戒躁的作风，从西柏坡到香山，我们取得了全国胜利；从香山到中南海，我们奠定了新中国的基础；从两弹一星到天宫逐月，我们实现了飞天的梦想；从"一带一路"到人类命运共同体，我们开启了全球化发展……这段赶考之路我们走得认真，也走得辉煌。"赶考"也正是我们党励精图治、一心为民的宗旨，"赶考"就是我们党初心的延续！

百年前山河动荡，如今已百姓安康；百年前国弱家贫，如今已国富民强；百年前饥寒交迫，如今已满地粮仓。一百年，伟大的党给人民交上了满意的答卷。如今，我们站在两个一百年的历史交汇点，2021 年 7 月 1 日，习近平在庆祝中国共产党成立 100 周年大会上庄严宣告："现在，中国共产党团结带领中国人民又踏上了实现第二个百年奋斗目标新的赶考之路。"

拆分"赶考"一词，"赶"字意为"步履不停"，"考"字意为"迎接挑战"。要想实现党的十九大描绘的实现中华民族伟大复兴的美好蓝图，答好这张时代考卷，走好第二个百年奋斗目标的新的赶考之路，必须铭记"我们都是答卷人"，时刻保持"赶考"的精神状态，赶考，我们永远在路上！

◇ **参赛感受**

爱上阅读，源于那一次次在思接千载、心游万仞中获得真知灼见、收获精神启迪的生命体验。"悦读之星"是一个将阅读有声化的绝佳平台。低头读书，我在文字留白处掩卷沉思；抬头演讲，观众在声画落幕后品味咀嚼。在笔墨世界中涵养情怀与气质，以沉潜阅读持续丰盈自我的精神世界，是读书之于我的意义；在信息浪潮中保持专注和笃定，在声音纷扰中讲出本我思绪，是演讲之于我的意义。

◇ **阅读寄语**

"立身以立学为先，立学以读书为本。"读书的意义在于让你即便遭遇困难，依然能够勇毅前行，即便知道人生路上总有坎坷，依然能够笑迎挑战。含英咀华，浸润书香，书海中深蕴着灼热的理想信仰、炽烈的家国情怀，阅读是树立崇高理想、涵养浩然之气的重要途径。广泛阅读、深入阅读，是实现学思贯通、知信统一的重要环节。锲而不舍地读书学习吧，持之以恒地用书卷气给自己赋能，让阅读真正成为一种生活方式。

李　奥

天津滨海汽车工程职业学院 2019 级，热爱演讲，在"CCTV 希望之星"英文口语大赛获得二等奖。于 2022 年 10 月参加书香天津·大学生校园"悦读之星"评选活动决赛，荣获一等奖。

家书承千秋，历史永留名

我是来自天津滨海汽车工程职业学院的李奥，我演讲的题目是"家书承千秋，历史永留名"，参阅著作是《百年革命家书》。

家书，历来是记录家风传承最好的注脚，而我们革命伟人的家书更是承载着爱国情怀的重要标志，是我们后人应该学习和继承的榜样。例如我们伟大领袖毛主席的家庭，他的妻子杨开慧在 1921 年加入中国共产党，1930 年 10 月 24 日凌晨带着襁褓中的毛岸青锒铛入狱。在严刑拷打下，杨开慧没有说出一个关于毛主席的消息，敌人迫于压力，表示只要杨开慧承认和毛泽东没有夫妻关系就保她们母子平安，杨开慧却笑着说道："让我和我的丈夫承认没有夫妻关系，你们就等到海枯石烂那天吧！"就这样，杨开慧走上了刑场。那天是 1930 年 11 月 4 日，杨开慧年仅 29 岁。这就是毛泽东的妻子，一位中国革命的女人。后来人们在修缮毛主席和杨开慧的故居时，在卧室内侧墙壁发现了一封用蜡纸包裹着的信，是一个女人在极其孤独、寂寞无助的状态下，写给自己丈夫的信，可惜的是这封信毛主席终生都没有收到，甚至不知道有这样一封信的存在。今天我甘愿作为一名信使，宣读这封跨越时间界限的信——"润之，几天睡不着觉，无论如何，我简直要疯了。许多天没来信，天天等，眼泪。""我想逃避，但我有了几个孩子怎能？""父爱是一个谜，你难道不思想你的孩子吗？""我总不放心你，只要你好好的，属不属于我都在其次，天保佑你吧。"1930年的那个凌晨，杨开慧在牺牲前说过这样一句话："我，死不足惜，唯愿润之革命早日成功！"

作为当代青年，我们更应珍惜当下，向革命先辈们学习，为了中华民族伟大复兴持续奋斗。如今的中国早已是花香满园，这花香里有孩子们的欢声笑语，有学者们的读书琅琅，有人民干部们的砥砺奋进，这花香飘香的青山绿水，枝头上绽放的是国泰民安，我们伟大的革命先辈们，如今这盛世如您所愿，这花香您闻到了吗？

◇ 参赛感受

　　在参赛的这段经历中，我一直十分紧张，天津市众多高校人才济济，每位选手都发挥出色。是老师在身后的期待以及校领导在出发前的嘱托——"孩儿，别紧张咱们要有决心，就是'磕'。"让我坚定地站在了演讲台上，让我不负众望，取得了优异的成绩。我认为这是我人生路中一次难得的历练。

◇ 阅读寄语

　　高尔基先生曾说过："书籍是人类进步的阶梯。"处在青年时期的我不知自己该何去何从时，是书籍让我得到了精神上的沉淀，逐渐变得不那么青涩、浮躁。有人说"腹有诗书气自华"，当一个人有了卓越的学识和眼界后，自身的气质也会让其他人更加钦佩。人间掠过一飞鸿，百口莫辩山水间，充实自己才能让生活更加有意义，让自己成为一个有格局、有视野、有深度的人，我想这就是读书的意义吧！

杨贺新

天津理工大学工商管理专业 2021 级，曾获 2022 年天津市大学生思政公开理论课大赛一等奖、全国高校精英挑战杯创新创意赛道国家级二等奖、书香天津·大学生校园"悦读之星"评选活动一等奖。

重温时代记忆，共创盛世中华

　　大家好！我是天津理工大学的杨贺新，今天我演讲的主题是"重温时代记忆，共创盛世中华"。参阅著作为《国家相册——改革开放四十年的家国记忆》（以下简称《国家相册》）。

　　岁月不居，时节如流。时间的长河中，流淌着国家和民族的历史光华。照片虽无言，历史却有声，《国家相册》中的一张张照片，正是我们走过的痕迹，也是岁月生动的注脚。这些照片以小见大，用小故事、小细节为我们勾勒出时代的大背景，它们让流动的时光和历史有了生命、灵魂和温度。

　　改革开放 40 年来，我国人民生活水平和幸福指数不断提高。从"4 万万人吃不饱"到 14 亿人吃得好，从"解决温饱"到"全面小康"，中国人的饭碗牢牢端在了自己手上；从"凭票购买"到扫码付款，从纸币到多种电子支付方式，中国快速发展的便捷支付吸引了世界的目光。《国家相册》里的黑白照片和彩色照片将这些变迁一笔一画、一帧一秒地呈现在我们眼前，我们看到了恢复高考的历史时刻，看到了被称为"自行车王国"的中国，看到了市场经济的发展，看到了旧币、新币和粮票的"钱"世今生。

从《国家相册》中，我们切身感受到了人民是改革开放的根本力量，而改革开放的最终目的在于坚持以人民为中心，满足人民群众对美好生活的向往，在发展中不断改善人民生活、增进人民福祉。幼有所育、老有所养、劳有所得、病有所医，改革开放在发展中保障和改善民生；"神舟"问天、"蛟龙"深潜、"嫦娥"奔月、"祝融"升空，改革开放在发展中不断提升国家战略科技力量；医疗体制改革、教育改革、政治体制改革、经济体制改革，改革开放在改革中革除痼疾、释放活力。

改革开放40年，以铁一般的事实充分证明，改革开放是党和人民大踏步赶上时代的重要法宝，是坚持和发展中国特色社会主义的必由之路，是决定当代中国命运的关键一招，也是决定实现"两个一百年"奋斗目标、实现中华民族伟大复兴的关键一招。改革开放是一条让梦想开花的中国之路，每一朵花里都藏着一个"春天的故事"，这些永远讲不完的故事汇聚起来，就是磅礴的中国力量。

缓缓翻开《国家相册》，我们站在今天，与历史对望，我们看到改革开放的浩荡春风，拂过神州大地，吹醒了一个国家破土而出的磅礴力量，激发起亿万人民追赶时代的澎湃热情。

历史上的淡淡墨痕，赋予了时代不同的内涵，一张张照片，让流动的历史有了鲜活的色彩。江山留胜迹，我辈复登临，重温时代记忆，共创盛世中华。作为新时代的青年，我们应高举中国特色社会主义伟大旗帜，不忘初心、牢记使命，不断实现人民对美好生活的向往，在新时代创造中华民族新的更大奇迹！

◇ **参赛感受**

在参加比赛之前,我的阅读似乎总是悄悄的,一个人读书,一个人思考,我的故事和我的声音都是悄悄的。在参赛之后,我发现阅读或许更需要声音,当我讲述我的感受时,我在思考如何去说、去讲述时,我有了更深层次的理解。当我听到其他选手的讲述时,我也感受到了共鸣和从未有过的体悟。或许阅读后的交流也是一次阅读。感谢能有机会分享自己的拙见,也感谢这次比赛带给我的新领悟,希望我们的讲述能让更多人开始阅读。

◇ **阅读寄语**

容许我将我读的文字比作风,她拉着我去看无穷的远方、无数的人们;她为我拂去泪水,为我梳理发丝;她与我的灵魂共舞,与我在旷野奔跑;最后她沁入我的心,于是我在无风之地也能吟唱。我因阅读而思考,也因思考而阅读,在书页翻跹中,我不断编织自己对世界的认识,不断绘制对自我和存在的理解。阅读的意义有很多答案,但属于自己的答案或许要自己去寻找、去体悟、去验证,其中的乐趣也在此显现。

王翀翌

　　中共党员，南开大学文学院文艺学专业 2014 级硕士研究生。于 2015 年 5 月参加书香天津·大学生校园"悦读之星"评选活动决赛，荣获二等奖。

点亮生命的灯盏

　　大家好，我是来自南开大学文学院的王翀翌。我演讲的题目是"点亮生命的灯盏"。

　　不知道大家看到我名字的时候，是在猜测后面两个字的读音，还是在猜测它到底有什么含义呢？其实，这个名字昭示的恰恰是我与书的缘分。曾经，爸爸妈妈为了"争夺"对我的合法冠名权相持不下，后来便采取了一个折中的办法，由他们各取一个字。爸爸喜欢诗人曹植，就从他的诗句"鹄飞举万里，一飞翀昊苍"中选择了"翀"这个字。妈妈在她的少女时代对《飘》这本书情有独钟，便将主人公思嘉丽的口头禅"明天又是新的一天"凝练为——含义是"明天"的"翌"字。所以，父母在我生命的最初，便为我打开了通往文学的大门，将书本植入我一生的根系，至今芳香四溢、缭绕不散。

　　今天我要跟大家分享的，正是翰墨飘香中，经典作品独特而隽永的魅力。那么什么是"经典"呢？

意大利作家卡尔维诺在他的《为什么读经典》中为经典作品下了14种定义，令人共鸣尤为强烈的是以下两种：他说，"经典是那些你经常听人家说'我正在重读……'而不是'我正在读……'的书"；他说，"一部经典作品是一本每次重读都像初读那样带来发现的书……"这么看来，即便经典在千千万万人那里有千千万万种定义，但可以肯定的是，它一定是值得反复阅读的、一定是经得起推敲的、也一定是常读常新的。

然而，今天的我们，却悲哀地发现自己处于一个静不下心来读经典的时代。我们发现，强大的交通与网络让我们与这个世界的联系越来越紧密，却也越来越孤独；我们发现，令人眼花缭乱的娱乐产业似乎让我们越来越快乐，却也越来越空虚；我们发现，自己比任何时候都聪明，也比任何时候都轻飘……所以恰恰是在这样的时代，我们最需要经典的救赎。

在座的各位都知道或是读过《边城》，它的作者沈从文一生都在追求一种"优美、健康、自然，而又不悖乎人性的人生形式"。2011年9月，怀着崇敬和一探究竟的心情，我来到了湖南凤凰，这个沈从文心中世界开始的地方。我找到沈从文在听涛山上的墓地，发现它非常简陋，也非常寂寞。巨大的五色石上镂刻着这样的碑文：照我思索，可理解我；照我思索，可认识人。而不远处，人声鼎沸的酒吧一直没有停止喧闹。在那瞬间，我感到有些失落：在已经被完全"物化"的湘西，我要到哪里去寻找那个美丽轻灵如同一曲山歌的翠翠呢？夜晚，一个人坐在岸边，看着穿山绕城飘摆而来的沱江，渐渐释怀。即便现实难堪，但沈从文笔下那个美好的湘西世界我毕竟去过，我依然可以凭借文字在浮躁的现世回访那一份沉静与简单。

所以这就是经典，你迷茫也好、焦虑也好、绝望也好，它永远是你生命旅途的一个个灯盏，可驱散孤独、可温暖灵魂、可将暗夜点亮。阅读经典吧，因为我们是人，是相信生活除了真实，还有价值与美感的人。最后，愿我们都能寻觅到自己所钟爱的经典，并与之一生为伴。谢谢！

◇ **参赛感受**

　　阅读的体验是私人的，千境万象皆入脑海，跌宕起伏尽在心中。而演讲的魅力，来自分享的快乐。因此，读有所思又能宣之于口，则愉悦加倍，是为"悦读"。尤其走出校园，与生活交手，与世事周旋，更知这"愉悦"的难得、可贵。最炙热的时光，在校园。最芳郁的书香，也永远萦回在校园。

◇ **阅读寄语**

　　没有一束风，能像一本好书，吹动灵魂的褶皱；没有一场雨，能像一页诗行，滴落思想的馨香。阅读的力量，如春风化雨，滋养一切于无声。又胜似风雨，潜隐一生于无形。人生漫漫，难免羁绊，但幸好无论何时何地，我们的眼睛依然可以乘上文字的舰船，驶向时间之海、览阅世界万千。

汪佩宗

中共党员,2017年本科毕业于天津师范大学美术与设计学院环境艺术设计专业,现从事艺术／文旅类项目策划及管理工作。在校期间曾获国家级奖学金、天津市人民政府奖学金、校级特等奖学金,于2015年5月参加书香天津·大学生校园"悦读之星"评选活动决赛,荣获二等奖。

"书"理梦想人生　树立瑰丽青春

一本书,可能会使人改变一时的想法,也可能改变一天的心情,更或许会改变一个人的一生。最喜欢的就是在图书馆靠窗的位置,阳光暖暖地洒在身上,捧着一本书,淡然地享受、感悟和感动。喜欢一个来之不易的午后,喜欢图书馆的靠窗旁边,喜欢那一缕缕自认为熟悉的阳光。

记得小时候,我妈逼着我每周都要去姨妈家的书店看书。她总说:"别人家的孩子逼父母送书当生日礼物,你可倒好,有一个书店让你看你都不满足。"于是,就出现了一个捧着《骆驼祥子》的小学生成为一个书店的招牌。那时,我不懂什么是个"封建旧社会",但最起码知道了祥子不是一个骆驼。现在有句话叫做"人丑就要多读书"。当时可没有这句话,有的话我可能自己早就主动去读了。不过幸好,还不晚。

其实,我妈逼着我读书是有原因的。因为我从小患有口吃,所以不怎么爱说话。比如吃饭时想盛第二碗饭也只能通过筷子与碗的敲打来实现。所以，我妈想让"书"成为我的"嘴"，可惜了，我当时只愿意用画笔成为我的"第二语言"。"书"不是我的垫脚石，却是我的指路灯。

因为喜欢画画，所以我的想法只能通过画笔来表达。渐渐的，绘画成为我的特长，而为了提升自己的专业素养，绘画类书籍也就成为自己进步的重要途径。无论是街头的漫画杂志，还是书店的名人画册，每一本书、每一页画都为我的专业学习添砖加瓦。书籍，让我手中的画笔更加流畅，让我眼前的画卷更加宽阔。

一次老师让我上台介绍自己的作品时，我愣是十来分钟就憋出五个字："这是我的画。"就好像是你憋足了一口气要说话，结果却打了一个饱嗝一样的无奈和尴尬。

无意中读的一本《小王子》让我找回自信和坚持的力量，更促使我要改变自己，让自己不再是一个"光做不说"的人。于是，每一本书都成了我练习口才的素材。用嘴"看"书让自己的舌头慢慢生动了起来，慢慢地敢在课堂上读课文，敢积极回答问题，敢于主动说话，敢于骄傲地说出："妈，我要盛第二碗饭。"

渐渐地，读书对我来说就像是一个春日午后，做了一场恬淡而怡人的梦。我特别想与大家分享一下我读书的感受，每次读书就好像是吃了一次自助餐，种类丰富，完全超乎你的想象，让你既有满载而归的实在感，也有吃饱腹撑得难受懊悔感。又好像是在吃一根外表诱人的七彩棒棒糖，除了有糖果的甜蜜，更多的是陈醋般的酸楚、酒精似的浓烈、中药一样的苦涩……越往后感觉越多。到最后啊，就像喝一杯没加糖但加了奶的苦咖啡，苦涩中收获嘴角的那丝醇香。

现如今，我是一名美术与设计专业的在校大学生，在校园中你也可以听到我的声音："大家好，欢迎收听天津师范大学 HIGH.FM 校园广播每周二傍晚与大家不见不散的《爱听读书会》……"我不仅用画笔支撑我的理想，我还用自己的声音向他人传递书籍的力量。

书籍让我学会自信，充实自我，书籍让我彰显青春，规划人生。书籍中的每一段文字都指引我前进的方向，书籍的每一个页码都见证着我的成长与蜕变。"书"理梦想人生，树立瑰丽青春。我将继续用画笔支撑我的理想，继续把书籍的力量向他人传递，继续让书籍伴我书写我的瑰丽青春！

◇ **参赛感受**

首届"悦读之星"就像一本白皮书，等着每一个参赛者去书写描摹。也正因为首届没有模板和参考，所以只需要作为参赛者的我，从"心"出发，去表达自己与书为伴的点滴就可。比赛并不是把读书和学习对等的"压力赛"，而是如其名"悦读"一样的分享会。作为美术类艺术生，貌似和此类比赛没有直给的关联，可大赛打破固有认知和边界的设定，让像我一样的人可以去分享我与书的奇妙关系，帮助我在毕业后的工作生涯中更加从容和自信，为进行"跨界类的工作"给予了信心，更积淀了能量。我深信，阅读和思考的习惯，将继续辅助我之后的成长之路。

◇　阅读寄语

　　阅读是一门奇妙的艺术，不同的书籍即是不同的音符，唤起我们心灵深处不同的和弦。它可以开启我们的想象力、扩展我们的视野、激发我们的思维和情感，带来无穷无尽的乐趣和收获。注重阅读不仅能丰富我们的人生阅历和知识库，更能够提高我们的语言表达能力和思维能力，让我们更加自信和优雅地处理各种情境和交流场合。在这个快节奏和多噪声的时代，我们需要慢下来，重拾对于文字和故事的热爱，用心倾听和品味。愿我们都能保持对于阅读的热爱和信仰，不断挖掘和探索它的深度和广度，以此为基础，让我们的人生更加有趣和充实！

肖　晓

中共党员，天津医科大学医学影像学院医学影像技术专业 2014 级。于 2016 年 5 月参加书香天津·校园大学生"悦读之星"评选活动决赛，荣获二等奖。

《解忧杂货店》读后感

我读过一些日本作家的书，像最喜欢的渡边淳一、夏目漱石、芥川龙之介等。由于不喜欢推理类的小说，以致一直没有拜读过以推理小说著名的东野圭吾的作品，前几日在咖啡店偶然看到《解忧杂货店》，翻开前几页，就发觉有一种潜在的巨大的磁力将我吸向这本书，于是便买了一本。

今日读毕，发觉这本书真的给了我极大的震撼和温暖，这本书并没有烧脑的推理情节，也没有跌宕起伏的感情波折，但是那种人与人之间的温情以及冥冥之中不经意的联系却深深地打动了我。

有时伤害，有时相助，人总是在不经意的时候与他人的人生紧密相连。

书中最让我感动的是，浪矢雄治对儿子说的话，"这些写信给浪矢杂货店的人，都是内心破了个洞，重要的东西正从那个破洞逐渐流失……所以我不但要写回信，而且要好好思考后再写，因为人的心声是绝对不能无视的"。

翔太、敦也、幸平三人意外之中发现他们可以和过去的人通信,使故事有了一种悬疑的色彩,更加引人入胜。其实每一封信都高度集中了我们人生的难题,在人生道路的选择上,我们都或多或少有些迷茫。但三人歪打正着,耐心地回答了寄信者的迷惑并且收到了感谢。最后,三人终于迷途知返。

读完后,我发现其实所有纠结做选择的人心里早就有了答案,咨询只是想得到内心所趋向的选择。所谓的命运还是需要自己一步步走出来的。就像静子,在参加奥运会训练还是陪伴时日不多的男友的选择上,并不是浪矢杂货店直接给出的答复,而是在一次又一次的询问中,自己的内心得出的答案,咨询只不过想让自己的答案更加坚定而已。

书的最后说:"地图是张白纸,这当然很伤脑筋,任何人都会不知所措。但是,不妨换一个角度思考,正是因为是白纸,所以可以画任何地图,一切都掌握在你的手上。你很自由,充满了无限可能。这是很棒的事情。我衷心祈祷你可以相信自己,无悔地燃烧自己的人生。"

希望在未来的人生道路上,我们都可以相信自己,作出最正确的选择。

不知道你们读完这本书后会有什么感受。

◇ **参赛感受**

距离我参加"悦读之星"比赛已经过去了七年，然而时至今日，参赛的场面依旧历历在目，那是我大学阶段最美好的回忆。非常感谢天津医科大学图书馆的老师们给予的帮助与支持，比赛前有老师细心指导，比赛中有老师亲自带领，鼓励加油！希望"悦读之星"越办越好，引领当代大学生阅读更多的有益书籍，开阔眼界，提升自我！

◇ **阅读寄语**

虽然现在由于电子产品的普及而带来的短视频等娱乐方式不断占据着我们的生活，但是阅读仍然是提升自我最有效的途径。所谓"书中自有黄金屋，书中自有颜如玉"。希望我们能够热爱阅读，让阅读成为一生的习惯。

徐　胜

　　2018 年毕业于天津科技大学经济与管理学院，热爱读书，于 2016 年 5 月参加书香天津·大学生校园"悦读之星"评选活动决赛，荣获二等奖。

《平凡的世界》
——只为遇见不平凡的你

　　平凡、普通抑或平庸，这是我一直试图为人生作的精简的定义。但直到我读到一本书——《平凡的世界》的时候，我才知道："平凡，并不等于普通或者平庸，他也许一辈子就是一个平凡的人，但他在许多平平常常的事情中，应该表现出不平凡的看法和做法来。生活，不能等待别人来安排，要自己去争取和奋斗！"

　　《平凡的世界》中路遥从"平凡"去表述人生，表述世界，提供了一个最好的"支点"。因为他就是黄土高原里平凡的一员，平凡到他一生坎坷，世界没有给他一个明显的圆满：年少因贫穷被过继给伯父，青年时求学因为历史原因而被北师大拒绝录取，恋爱时因为门第关系女友离他而去，中年时因为夫妻价值观不一样而离婚，42 岁时因肝病英年早逝。他通过文学表达把他的经历或多或少地投射到他作品中的人物角色上，更让我们鲜活而亲切地感受到其中的喜怒哀乐。

孙少安对家庭有着深深的责任感和奉献感，是农民敢于抗争和奋斗、追求美好生活的代表。孙少平是一种希望与美好的象征，他自尊、自信、自强，面对生活的拷问与诱惑，他有独立的人格；他不甘心平庸，他甚至形成了自己乐观的“苦难学说”；他始终坚持学习，敢于去追逐自己的理想。贺秀莲作为传统农村妇女，其淳朴与善良更是闪现女性的光辉；田晓霞思想独立，对世事有着深刻的见解和看法，在他人危难之际献出了宝贵的生命。仔细分析这些平凡的人，会发现他们即使生活在平凡的世界，却用不平凡的看法和做法过出了不平凡的人生。在“平凡的世界里，需要我们在精神世界里建立起一套丰满的体系，引领我们不迷失不懈怠。待我们一觉醒来，重新跌落在现实的陷阱中时，还可以毫无怨言地勇敢地承担起生活重担”。这是《平凡的世界》教给我的道理。我们只能永远把艰辛的劳动看作生命的必要，即使没有收获的指望，也要心平气和地继续耕种。路遥反问道：“什么是人生？人生就是永不休止的奋斗！只有选定了目标并在奋斗中感到自己的努力没有虚掷，这样的生活才是充实的，精神也会永远年轻！”面对我们今天的迷茫、焦躁与不安，《平凡的世界》一遍又一遍地告诉我们：人活着，就得随时准备经受磨难，不论是普通人还是了不起的人，都要在自己的一生中经历许多磨难，磨难使人坚强！

正如路遥所说：“其实我们每个人的生活都是一个世界，即使最平凡的人也要为他生活的那个世界而奋斗。在这个意义上说，这些平凡的世界里，也没有一天是平静的。”一个人的命运不是随便就能改变的，更何况还要经历百般阻挠。但是只要我们奋斗过，即使青春之花凋零，也是壮烈的凋零！平凡的世界，只为遇见不平凡的你！

苏青玥

天津职业技术师范大学职业教育学院 2015 级，于 2016 年 5 月参加书香天津·大学生校园"悦读之星"评选活动，荣获二等奖。

亦真亦幻的孤独
——品《百年孤独》

生命中有过的所有灿烂，原来终究，都要用寂寞来偿还。今天，我的主题是，亦真亦幻的孤独。

有一位作者，被称为诺贝尔文学奖史上唯一一位没有争议的获奖者，他就是加西亚·马尔克斯，哥伦比亚人，魔幻现实主义作家。今天我要与大家一起分享的就是他最经典的一部作品:《百年孤独》。它讲述了在一个名叫马孔多的地方，一个家族历经七代的那一百多年间发生的曲折离奇的故事。

接下来，我会从"人""语""事"三个方面进行赏析，即人物，语言，故事。

一、复杂的人物

很多人都听过《百年孤独》，它如此经典，但真正读下去的人并不多，原因在于他的人物。

第一代，霍·阿·布恩迪亚;

第二代，霍·阿尔卡迪奥，奥雷连诺；

第三代，何塞·阿尔卡迪奥，奥雷连诺·何塞，十七个奥雷连诺；

第四代，阿尔卡迪奥第二，奥雷连诺第二；

第五代，霍·阿尔卡迪奥；

第六代，奥雷连诺·布恩迪亚。

人物的名字很长，很复杂，还有好多重复的名字。作者反复用同样的名字命名人物，使人经常以为前几章死去的人物死而复生了。虽然他们有各自充满神秘色彩的坎坷经历，有各自的不同寻常，但是到最后你会发现，谁也逃脱不了孤独的宿命。

二、精妙的语言

作者的语言细腻，简明，又环环相扣。毕竟要在一本两百多页的书中讲述完一个一百多年的故事需要极其凝练的语言。

"多年以后，奥雷连诺·布恩迪亚上校站在行刑队面前，准会回想起父亲带他去见识冰块的那个遥远的下午。"——《百年孤独》第一章

小说以这样的方式开了头，短短一句话，不仅蕴含着极大的信息量，实际上还容纳了未来、过去和现在三个时间层面。这样的时间结构，在小说中一再出现，环环相扣，不断给读者造成新的悬念。

三、传奇的故事

一个好的故事，需要丰满的人物来承载。作者笔下的每一个人物都栩栩如生，都拥有自己独特的性格和故事，而我最喜欢的，是奥雷连诺上校，他伴着马孔多这个小镇一起成长，为自由而战，拥有灿烂辉煌、令人叹服的一生。

在战争开始的时候，奥雷连诺带领一群不到 30 岁的年轻人，组织了一次行动，用对手的武器带领小镇居民摆脱了惶惶不安。而当他遭到岳父

阻拦的时候,他掷地有声地回答道:"一点儿也不荒唐。……这是战争。另外请不要再叫我奥雷连诺,我现在是奥雷连诺·布恩迪亚上校"。(《百年孤独》第六章)

之后,他遭到了 14 次暗杀,72 次埋伏和 1 次枪决,但都幸免于难,在 32 次失败的武装起义后,他终于成功地为 20 年的内战画上了句号。

上校果敢,坚毅,头脑敏锐,富有洞察力,他的人生是灿烂的,但是,孤独像诅咒一样纠缠着他。他放弃了战后的退休金,把自己沉浸于在金银作坊打造小金鱼的时刻,以此来怀念他一生中唯一爱过的,他的亡妻。经过这一切,留下来的是一条以他名字命名的马孔多街道。

马孔多小镇诞生的时候,没有人不认识奥雷连诺,但是随着时间的改变,没有人记得他。这样的悲凉不是专属于奥雷连诺上校的,家族里的每个人,要么死于非命,被误杀,被强盗所杀,死于乱军之中;要么孤独终老,把自己关在房间里缝制殓衣,织了拆拆了织,直到生命的最后一刻。

结束语

生命中拥有的所有灿烂,都要用寂寞来偿还。我是这样,我们都是这样,没有一个人能够完完整整地陪伴另一个人走过一生,就像奥雷连诺上校,拥有何其灿烂的一生,也只能目睹亲人、爱人一个个离他而去,孤独地把自己填充进循环往复的制作小金鱼当中。但是那又何妨,结局的孤独并不能掩盖人生过程中的传奇与精彩,我记得吉卜赛人为马孔多带来磁铁和望远镜时的震撼,我记得革命时所有人的豪情万丈,我记得马孔多下的那场四年十一个月零两天的雨……就如同我明白,虽然我独自降临在这世上,孑然一身,并且终归会化为一抔黄土,但是在走向结局的泥泞路上,每个人所能看到的风景取决于他视线的方向,我知道我曾经,也正在追逐更好更亮的月光。

柳一林

南开大学医学院临床医学专业 2015 级，现为中国科学技术大学硕士研究生一年级学生，热爱文学和历史，擅写古体诗，从小参加作文比赛、朗诵比赛、文艺和主持活动，经历颇丰。于 2016 年 5 月参加书香天津·大学生校园"悦读之星"评选活动决赛，荣获二等奖。

民 族 魂

浮云蔽日文星陨，赤胆忠心亮节存。这，便是民族魂。大家好，我是南开大学的柳一林。今天，我为大家讲述一部现实主义与浪漫主义完美结合、极具历史厚重感的压卷之作，那就是屈原的《离骚》。

两千三百多年前，在那片一望无际的荆楚大地，诞生了这样的一个人……他在寅年寅月寅日出生，冥冥之中的巧合仿佛预示着阴阳之正。他倾其一生为合纵抗秦、治国安邦而斗争，却因王室贵族的谣诼诟谇与荆楚国室的天数将终而饮恨投江。他不因官场中心机旺盛的明争暗斗而屈身折节，不因政治上暗无天日的相互掣肘而顾影自怜。浮云蔽日，奸佞当权，他光风霁月，超凡脱俗，视谣言的蜚短流长为牛溲马勃；误入舛途，国运将终，他涅而不缁，矢志不移，用满腔炽烈的爱国情怀书写着不同寻常的人生。就这样，他写下了《离骚》……每逢五月初五，世人为之作粽，犹感汨罗遗风。波涛澎湃的汨罗深处，隐匿着他的灵魂，一颗伟大的民族魂。他，就是屈原。

离，别也；骚，愁也。《离骚》字里行间的氤氲墨香，就仿佛屈原离别愁绪的低吟浅唱。它将我带回到 2 300 年前的荆楚大地，那个枭鸾并栖的年代。黄钟毁弃，瓦釜雷鸣，谗人高张，贤士无名。国祚日益衰微，国人逡巡而畏；内忧外患接踵而随，风雨飘摇楚星欲坠。就在举世皆浊、众人皆醉之时，一位有识之士傲然挺立，他"路漫漫其修远兮，吾将上下而求索""朝饮木兰之坠露兮，夕餐秋菊之落英"。

坠露，落英，她们不获世之滋垢，皭然泥而不滓。而这些我们熟知的意象，却是这位香草美人的全部情感寄寓。玉质霜操者，政治倾轧是徒然；风骨峻峭者，众生排挤也枉然。

"长太息以掩涕兮，哀民生之多艰。"他忧国伤时、悲天悯人，怀揣上报国家、下安黎庶的理想，却又将现实与理想的方枘圆凿尽收眼底。人世间最伟大的情感莫过于悲悯，杜子美"酒肉如山又一时，初筵哀丝动豪竹"的悲叹，郑板桥"衙斋卧听萧萧竹，疑是民间疾苦声"的慨叹，范希文"先天下之忧而忧，后天下之乐而乐"的浩叹，都不禁让人眼眶浸湿。

深入民间，心系苍生，敢于与世俗黑暗做斗争，敢于为天下苍生鸣不平——这，便是有如青茗煮水、大公无私、悲悯圣洁的民族魂。

两千多年悄然过去，星移斗转，物是人非。华夏民族源远流长灿烂历史，百代过客已然化身细小尘埃。在那浩浩汤汤的历史长河中，《离骚》，尘封着亘古的秘密，跨越了时空的距离，留下了时代的印记。

屈原，你似曾远去，又从未远去。你那深沉的爱国情怀、高洁的人格操守、悲悯天下的佛心，早已成为世人心中永恒的丰碑。

也许有一天，红尘紫陌，繁华幕落。

我只愿你，光落归尘。

◇ **参赛感受**

- -

2016 年参加"悦读之星"比赛，迄今已有七年之遥。在那以后，我经历了更多竞赛，奖学金、荣誉称号等一众高光和荣耀时刻，试图将优秀内化为习惯，自顾向前，莫问驻留。但唯独面对"悦读之星"，我却时常转身，拾起那被演讲的坚毅与从容、老师的鼓励与伴同、朋友的支持与帮助共同拥簇的记忆碎片，足以让我回味终生。那是我自信人生的起始、击水三千的开端。感谢"悦读之星"，感谢杨瑞老师，感谢岳鹏，感谢宇婷，感谢生命中的美妙遇见，我的"悦读之星"因这些可爱的人非同凡响。

◇ **阅读寄语**

- -

司各特曾说："没有快乐的人生，是没有油的灯。"但若我们的眼目永远只关注地下，沉醉于物欲崇拜的低级趣味，就永远不知道向上看有多么的快乐。读书，就是一个不停向上瞻望与追随的过程。步入书之圣堂，就把心香燃起、心烛点亮，与贯穿人类历史长河的风流人物隔空对话，让跨越千载的精神文明重获辉光。子曰："儒有博学而不穷，笃行而不倦。"愿大家以书为伴、与书为友，勿为利禄功名所驱使，在人性的光辉与尊严中获得最高级的快乐。

盖 桐

中国民航大学空中交通管理学院 2015 级，现任中国国际航空公司运行控制中心一级签派员，自幼热爱文学与写作，善做中英文演讲。于 2016 年 5 月参加书香天津·大学生校园"悦读之星"评选活动决赛，荣获二等奖。

我与地坛

大家好，我是来自中国民航大学的盖桐，我的演讲题目是"我与地坛"，参阅著作是《我与地坛》。

一座地坛，一架轮椅，一个沉思的灵魂。

第一次接触《我与地坛》是在高中的一篇课文里，在高考结束后的那个夏天我开始阅读这一本纯粹的散文集，史铁生的文字像一方流着智慧和思考的泉眼，泉水汩汩，饮下后顿时觉得胸怀舒畅，四面风来，茅塞顿开。如果你看过史铁生的照片你就会知道，像是一个看过生与死的人认真地看着你，用他发自内心的笑脸向你传递他的豁达与宽厚，告诉你要在你的苦难面前驻足，踏实，相信一切都只是命运的安排，上帝给你多少苦难，你就能向他索要多少精彩的人生。

在这里有必要给大家提一下他人生的一次转折，1971 年，21 岁的史铁生下放陕北的第二年，那天他照常给生产队放牛，走到山里，暴雨夹杂着冰雹劈头盖脸地砸下来,回去之后史铁生就病倒了。数日不退的高烧伴随着腰腿的剧烈疼痛,当地医院治不好又送到北京友谊医院治了一年多,还是控制不住。在得知自己的双腿再无康复的可能时,他自己回忆,每天躺在病床上用眼睛写两个字,一个是瘤,一个是死,要么切掉瘤子,重新站起,要么死去,不然他此时风华正茂又有什么意义?

他曾在书中提到过自己对美国田径运动员刘易斯的崇拜和美慕,他这么说的,"而你看刘易斯或摩西跑起来,你会觉得他们是从人的原始中跑来,跑向无休止的人的未来,全身如风似水般滚动的肌肤就是最自然的舞蹈和最自由的歌……而且在最重要的比赛中他的动作也是那么舒展,轻捷,富于韵律。不怕读者诸君笑话,我常暗自祈祷上苍,假若人真的有来世,我不要求别的,只要求有刘易斯那样一副身体就好"。多么虔诚的话啊,若有来世,他只求一副好躯体,再无其他。

终于有一天他遇见了妻子王希米,用他自己的话说:

我用一把轮椅
摇着摇着
摇到爱情里面
后来就没再摇出来
嗨,希米

书中没有华丽的辞藻,没有繁复的技巧,却有他最深的思考。我们也许无法想象一个双腿瘫痪,每隔几天就要做长达三小时透析的人是如何在休息空隙间写下这些的,但是从他的文字中,我们仿佛可以想象他是如何在地坛的四时之景中摇着轮椅以神思做双腿,静静在这文学和大千世界中畅游的。

在这园子里，落寞寂静的时刻，会有一群雨燕出来高歌，冬日里孩子们的脚印，夏日暴雨降临时，一阵阵灼烈而清纯的草木和泥土的气味，秋日里满园的落叶，春天带着温软和煦的风吹拂着你的发，它就是这样美丽的一座古园，这里，是史铁生灵魂的寄居地，是他思考和沉淀的好去处，而这里，正是地坛。

我相信在座没有一位可以站出来说，史铁生算什么，21岁就双腿瘫痪算什么，尿毒症又算什么，我比他更苦。我想没有。说真的，他的苦难不是三言两语就能描述得明白的，可是他却用比常人多了一万倍的豁达去面对他的痛苦，他说："难道命运给你的那一种不可心，你就恨吗？"

我们是普普通通却心怀梦想的大学生，我们正值青春年少，世界还等着我们去改变，我们没有时间为自己的一点点不顺利而伤心气恼，我们应该去畅想，去感恩，去记录生命中每一个精彩的瞬间，所以就现在，让自己充满力量吧！为了你的梦想，为了你的目标，去奋斗，去争取！每当遇到什么不如意的，就来看看这本《我与地坛》吧，一定记得，他会与你，一同笑看！

◇ **参赛感受**

当时刚上大学，高考之后正好有时间通读《我与地坛》，看见学校里有这个比赛，很想借机直抒胸臆，谁知毕业后真的来了北京。工作后每每走入地坛，古树飞鸟茸茸绿草，便回忆起大一时候的自己和赛场上的盛况。时光飞逝，距参赛那年竟然已有七年了。前几日整理相册看到当时参赛的照片，许多同学、朋友仍有联系，大家都保有阅读的习惯。七年里，我们互相学习交流，共同进步成长。非常感谢"悦读之星"平台！

◇ **阅读寄语**

阅读是最好的积累，也是基本功。若要言之有理、言之有物，需要阅读；若要出口成章，下笔如有神，需要阅读；若要明辨是非曲直，通晓历史兴替，需要阅读。前述的每一项，都是当代优秀青年不可或缺却又亟待加强的能力。读文学可以懂得人情世故，读理论著作是站在巨人的肩膀上眺望，莫要随心随性的选择快消文化作为自己唯一的阅读输入。凝神静气，希望我们都能从阅读中遇见更好的自己。

毛农飞

毕业于天津外国语大学滨海外事学院，现为南通礼臻贸易有限责任公司西非区总经理，热爱文学和健身。读书期间曾多次参加演讲、创业等比赛。于2016年5月参加书香天津·大学生校园"悦读之星"评选活动决赛，荣获二等奖。

梦想与担当

尊敬的各位老师，亲爱的同学们，大家好！

我是来自天津外国语大学滨海外事学院的毛农飞，今天我演讲的题目是"梦想与担当"。

我出生在广袤的黄土高原，其实在有一段时间里，我是不愿意承认自己是属于那片土地的，因为在那个地方还有一个名字叫作：贫穷！所以在我上初中的时候我就无比地清楚，我的梦想就是离开这片贫瘠的土地，于是在高考填报志愿的时候我毅然决然填报了其他省市。上学前我对父亲说，我将来不打算回到这个地方了。那一刻，父亲沉默了！

记得起初我来到这个城市的时候，这里的一切是那么的美，我喜欢看霓虹灯闪烁的样子，喜欢车水马龙的城市夜景，我甚至觉得这一切都是为了欢迎我而特地准备的。但是随着大学生活慢慢开始，我发现自己活得不再像当初那样真实，那样踏实了。在那一刻，我很怀念我的黄土高原。我渴望有一种能让自己的心平静下来的东西，也就在那一刻，也就在那个时候，我认识了一位对我来说最重要的朋友，他叫路遥。他用一本《平凡的世界》填补了我内心所有的空虚与自卑。

他说：我们出生于贫穷的家庭，永远不要鄙薄我们的出身，它给我们带来的好处将使我们一生受用不尽；但我们一定要从我们出身的局限中解脱出来，从意识上彻底背叛农民的狭隘性，追求更高的生活意义。这时我才意识到自己曾经想要逃离的那片土地原来悄悄赐予了我一笔多么宝贵的财富，也就是在那本书之后我才明白自己要担当的还有很多，我应该重新定位一下自己的梦想。

我应该像孙少平一样勇敢地担当起生活中遇到的所有的困难；勇敢地担当起父母的期望；勇敢地担当起自己应该为这个社会尽的一份责任！

寒假的时候，我再次回到曾经我想逃离的那个地方。黄土高原的冬天是萧瑟的，在我看来，却是那么的美，那么的可爱！在与父母的交谈中，我也恍惚地发现父母的头发上也有了一丝丝斑白的迹象。我明白那是岁月在告诫我，他们老了！离家时父母依然眼含泪花！我也很想哭，却不敢哭，我只是坚定地往前走。给我亲爱的父母、我亲爱的黄土高原一个背影！

我忽然意识到，我或许要为我的父母、我的家庭，以及生我养我的黄土高原做点儿什么，我的梦想里也应该包含有这些。因为梦想是担当的结晶。我也总在思考，我们是不是对这个社会抱怨得太多，是不是谈了太多的理想，太多的抱负，而忽视了生活最本真的东西——担当。

于是在后来的日子里，每当我迷茫的时候，我都会翻起《平凡的世界》，然后在心里暗暗地对自己说：毛农飞！你应该有一个成长为一棵大树的梦想，即使你现在什么都不是，但只要你有树的种子，即使你会被踩在泥土中间，你依然能够吸收泥土的养分。而当你长成参天大树的时，遥远地方的人们能够看到你、走进你,你能给人们一片绿色,活着是美丽的风景,死了,依然是栋梁之材! 在全民践行中国梦的今天,你岂能自甘平庸,安于现状! 因为中国梦,黄土高原之梦,你的梦!

你要为西北之崛起而拼搏,要为中华之崛起而奋斗! 这就是梦想与担当!

◇ **参赛感受**

书香盛会,是一种无法言喻的喜悦。而且,在参与比赛的过程中,我感受到了语言的魅力,感知了文字的温度,也展示了自己的思想,同时也从其他选手的演讲中获得了不同的阅读见解,这是一个与众不同的体验,也是一个让我受益匪浅的过程,这次经历是我成长路上的宝贵财富。

◇ 阅读寄语

　　读书是一种永恒的追求和不断成长的过程，它让我们在生活中获得更多的启示和感悟，拓展我们的视野和思维，提高我们的情商和智商。阅读可以帮助我们更好地理解自己和周围的世界，修正我们的人生哲学和人生态度，让我们的内心更加充实和深沉。在阅读中，我们可以发现更多的美和真理，也可以体验更多的快乐和温暖。所以，不管我们身在何处，都应该保持阅读的习惯，让它成为我们生命中的必修课程。在我们面临人生挑战和困境的时候，阅读可以为我们提供支持和慰藉，让我们更加坚定地追寻自己的梦想和信仰。因此，让我们共同热爱阅读，用生活所感去读书，用读书所得去生活吧！

杜羿辰

天津天狮学院电子信息专业 2019 届毕业生，多次参加各类演讲朗诵比赛，经历丰富，于 2016 年 5 月参加书香天津·大学生校园"悦读之星"评选活动决赛，荣获二等奖。

一人一书一世界

尊敬的各位评委，老师，亲爱的同学们：

大家下午好！

我是来自信息与自动化学院的杜羿辰，很荣幸能在今天和大家一起纪念这个读书人的节日，纪念这个世界文学的象征。

一本书，一道人生，一沧海；一本书，一场好戏，一潮生。一本好书，亦师亦友。灵魂的浊污都将被其洗净，是谓，书行天下，淡墨人生。

初次看到这个题目，书香与青春，我不由得想起了我童年时期第一本文字书，圣埃克苏佩里的《小王子》，那时的我幼稚地认为文字是枯燥的，但当我开始阅读之后，我不禁沉醉在了它的字里行间，那是一次绝妙的精神体验，就仿佛打开了一个新的世界，而我也感到自己的思维解脱了束缚，在这片世界中自由翱翔。

从那时起，阅读，就丰富了我的青春，也伴随着我的成长，我渐渐地感受到，书籍已经成为我生命中不可分割的一部分，即便是在我参军之后，训练的闲暇之余，也会一头扎进书籍的海洋，在那世界中放飞自己的灵魂。

我认为，这就是对我而言，阅读的真谛，只有当我们通过一本书，去构建一个世界，并且全身心融入其中，我们才能领悟书中所述，和那些书中的角色一起在新的世界探险，在《失乐园》中寻回信仰，在《老人与海》中对抗逆境，在《源氏物语》中感叹人生如梦，在《钢铁是怎样炼成的》中创造命运的奇迹！

那么，想要融入新的世界，就要先爱上它，然而爱上一本书，也可能，仅仅是因为其中的一句话，就像凯鲁亚克的《在路上》，那句"永远年轻，永远热泪盈眶"不停在我耳边回响。

但是，当我们爱上书籍之后，也正如那句话所说，每个人心中，都有一把青冥剑。是的，即便是同一本书，在不同的人眼中，也会被构建成不同的世界，然而那又如何？我们就是要从这些不同的世界中领悟到不同，在我看来，读一本好书，最重要的，不是要把它的文章一字不落去背过，而是从中找到自己想要的，去理解，去体验，去欢笑，去悲伤，去回味那余音间的韵味，去奏响我们的灵魂之歌！

最后，希望在座的朋友们能在自己构建的书中世界放飞思维，停驻在行云流水之间，在那里，我们会冲破身体的束缚，冲破年龄的界限，正如书中所说，永远年轻，永远热泪盈眶！

我的演讲到此结束，谢谢大家。

◇ **参赛感受**

　　有时闲下来,参加"悦读之星"评选比赛这件事就自然而然地在脑海跃现,由一些非常琐细的场景、经典的语言和熟悉的人串成清晰的一条线。也许很久以后,这段经历都会带给我快乐与思索,而且,我确定它赋予我许多新鲜与宝贵的财富。对我而言,这次比赛让我开阔了视野,对读书有了更深层次的感悟。

　　感谢"悦读之星"的舞台给了我这次机会,愿舞台的天空更加绚烂,愿选手的文采更加精进,愿比赛迸发更多风采。

◇ **阅读寄语**

　　书,让简单的人变得丰富;书,让喧嚣的人返璞归真。一本好书,如美食佳酿,令人回味无穷,流连忘返。读书之乐,乐在悦心,好书是心灵的钙片。读书,可以抒发纠结缠绕的情绪,可以拨开犹豫彷徨的迷雾,可以培养纯真高尚的情操。潜移默化之中,我们的心胸更加宽容豁达。路漫漫其修远兮,吾将上下而求索,读书的旅程永远没有终点,知识的海洋需要不断注入新鲜的源头活水,让我们以书为友,以书为鉴,让一缕书香伴随我们同行!

李　博

中共党员，2019年毕业于天津美术学院国画专业，现为一名教育培训行业的美术老师。热爱文学和音乐，从小参加各类演讲朗诵比赛，经历丰富。于2016年5月参加书香天津·大学生校园"悦读之星"评选活动决赛，荣获二等奖。

我心目中的四美

——读《品味四讲》有感

大家好，这里是 IC 之音 FM97.5，您现在收听的是书香天津·美的沉思，我是来自天津美术学院的李博，今天我想和大家分享一本有关美学的书，这本书是由著名作家蒋勋先生所写的《品味四讲》，接下来我用电子杂志的方式为大家展示这部书，看看这本书是如何将美学落实到了我们衣食住行中来。

其一，游走在美食与艺术中间。

其二，穿适合自己的衣物，那些经过你的汗水、岁月浸泡过的衣服藏着一种怀旧的美。

其三，家，心灵的港湾，无论租用还是久居，去关心，去经营，这才叫作家。

其四，人生有如列车，可快可慢，您做何选择，请放慢您的脚步。

接下来我给大家分享一下我对这本书的感受。

庄子有云：天地有大美而不言，四时有明法而不义，万物有成理而不说。

所有的生活美学旨在抵抗一个字，忙，心灵的死亡，不在忙，你就开始了生活美学。

"美学"和"美术"可以等同吗？

自从读了这本书才知道，美，大概是一门教人热爱生活的学问。

其一，食之美。

美的饮食鼓励我们留给自己一点空间，花些心思去做顿饭和家人一起品尝。不怕麻烦一些，荤素搭配，菜色相宜，让家人从味觉上感受到你的照顾。

在小时候，一听到"糖葫芦喽，糖葫芦喽"，我瞬间就感受到了糖葫芦的酸味，就会颠颠地跑过去，回想起当时的情景，像一幅画，悠远又美好。

其二，衣之美。

美的穿着是我们穿自己的舒适衣物，从穿着上建立一种自己的形象和风格。

我们不要忘记，记忆是一种美感，全新的东西就少掉了记忆的深情，就像我妈妈只有在过年时才会拿出来穿的那件棉衣，美而深沉。

其三，住之美。

小鸟说，我懂得一枝一枝地建造自己的家，因为我知道，这样我才能好好地养育下一代。

其四，行之美。

其实我挺喜欢坐那种绿皮慢火车，无论你的心情多么焦急，坐上这种火车，渐渐的，你的心情也会平和下来。

"闲""停"，一个门，一个月，一个人倚在门旁抬头看月亮，一个人走到亭子前停下了，月亮和亭子都是美的事物，观望一下，我们来时的路是不是太过匆忙。

有一位男士问蒋勋先生，他五岁女儿该学钢琴还是小提琴，这位男士还说已经八年没有休过假，因为工作很重要。蒋勋先生回答说，如果你总是十一点以后回家，那请你记得回去给女儿一个拥抱，我希望她将来走到天涯海角都可以感受到人格健全的力量。

蒋老的娓娓道来绝不止于这些，却都在提醒我们珍惜小物，用心去增添有限物质的无限内涵。

"好""美"或许不在歌剧院，或许不在美术馆，或许不在音乐厅，美，就在我们生活中。

谢谢大家！

◇ **参赛感受**

　　我是艺术专业毕业，虽然自己小时候并没有建立阅读的好习惯，但是美院的学习氛围带动我开始看各种典籍，从古典小说开始一点一点地阅读，再到与专业有关的美学方面的书籍。参加此次"悦读之星"比赛，我分享的是著名作家蒋勋先生的作品《品味四讲》。庄子有云："天地有大美而不言，四时有明法而不义，万物有成理而不说。"这本书给我的启发是：美，是一门教人热爱生活的学问。美，或许不在歌剧院，或许不在美术馆，或许不在音乐厅。美，就在我们生活中。

◇ **阅读寄语**

　　俗话说，读万卷书，行万里路。读书的收益不是一时的，我们不能带着功利之心去学习和阅读，对于学习专业来讲，我比较喜欢查漏补缺，遵从规律，但又不循规蹈矩，愿意多去尝试各种新鲜事物，时刻保持自己的赤子之心。对自己的将来，要抱有信心，用饱满的精神状态投入阅读及生活中去，不断寻求新的体悟，根据反馈不断完善自己，在挫折和磨炼中成长。

　　加油，读书人！

裴慧娟

天津城建大学英语系 2016 级，喜欢朗诵、演讲，现在从事文旅工作，于 2017 年 4 月参加书香天津·大学生校园"悦读之星"评选活动决赛，荣获二等奖。

活　着

我接触《活着》这本书是在一年前，高考那年，二模之后整个人快要崩溃了，我不知道大家在快要高考的时候会不会这样，根本不知道该坚持什么，该怎么坚持。在无比迷茫的时候，我的班主任送了我这本《活着》。我印象最深的是，余华说：人是为活着本身而活着的，而不是为了活着之外的任何事物所活着。

书中叙述者"我"在年轻时获得了一个游手好闲的职业——去乡间收集民间歌谣。在夏天刚刚来到的季节，遇到那位名叫福贵的老人，听他讲述了自己坎坷的人生经历。曾经风光得意的少爷，被别人捏中了软肋，从赌场亲手将自己推入坎坷的生活之中。当生命里难得的温情被一次次死亡撕扯得粉碎，只剩得老了的福贵伴随着一头老牛在阳光下回忆。命运看似不经意，却又念念有词：有因必有果。狠狠地将他由"福"与"贵"之中推倒在稀泥地里。然而，历经种种磨难的福贵，却从这块稀泥地中，一次又一次爬起,一次又一次地走近更完整的自己。他以他的人生经历告诉人们一个道理:生活就是人生的田地,每一个被播种的苦难都会长成为一个希望。

余华在致上海书友会会员的信中说:"很多人告诉我,他们在读《活着》时,眼泪常会不期而至。如果你也遭遇到和他们一样的阅读经验,我想对你说,谢谢。我正是为像你一样善良的人写作。虽然,善良在任何时代都不是会有'走红'的品质,但它是我们的血与肉。我书中的主人公,也都是一些善良的人,他们不断遭遇苦难、失败和死亡。但我绝不是在控诉命运的残暴,相反,我希望你读到的是生命的韧性、力量、爱情、友谊甚至本能焕发的快乐,以及幽默,一切美而朗朗欢笑的东西,它们无视命运的暴戾而独自存在。"

是的,活着不是自暴自弃,不是一味忍受,善良也不是。生命中有些事你也许无法预料,无法改变,但不论活着多么痛苦,你都要开心地活下去,只为了你爱的人和爱你的人,因为开心地活着也是你的责任。当有一天,你可以安静地与家人坐在一起,喝茶聊天,可以看着他们老去或者陪着所爱的人一起老去,或者让你孩子看着你老去,那时你就会发现,你的活着有多么值得。

这本书告诉我们的并不仅仅是"活着",更是坚强地活着,热情地活着,不平凡地活着。我常常会感到迷茫和不知所措,每当这时候,我总会拿出这本书,一遍又一遍地读,我能感受到书中人物对活着的强烈渴望。我要像汪国真诗中说的那样,"既然选择了远方,便只顾风雨兼程……我不去想身后是否会袭来寒风冷雨。既然目标是地平线,留给世界的只能是背影"。我要证明,这个世界有我的足迹!

◇ **参赛感受**

还记得参加比赛时我刚进入大学没多久，来到天津也有许多的不熟悉，幸好有"悦读之星"这样一个平台能让我展示自己，让我更喜欢读书，让我更了解天津，见到更多优秀的小伙伴。喜欢阅读是从小时候跟着爸爸读《三国演义》开始，喜欢演讲是因为遇到了优秀的老师一路指引教导。将书中喜欢的人物故事复述给别人，从书中带来的人生启迪化为自己的语言讲给别人听，阅读和演讲是能让我充满幸福感的事情。很感谢大家能喜欢我的文字，喜欢我的语言，很感谢在这样一场比赛看到、听到不同的见解，望大学生朋友们都可以从书中寻到精神上的满足。

◇ **阅读寄语**

书不仅是生活，而且是现在、过去和未来文化生活的源泉。同一本书不同的人生阶段会读出不同的感受，阅读永远会让人受益，书籍是屹立在时间汪洋大海中的灯塔，指引方向，给人力量。读书虽不能改变人生长度，但是可以改变人生的宽度和厚度，通过读书可以跨越千古，与智者对话，我们虽无力改变人生的起点，但可以通过读书改变人生终点，用有限的生命，接受前人无限的智慧，站在巨人的肩膀上，看更广阔的天地，大胆作为！

李佳蓉

　　天津职业技术师范大学外国语学院 2016 级学生，于 2017 年 4 月参加书香天津·大学生校园"悦读之星"评选活动决赛，荣获二等奖。

生命自有其承受之重
——读《活着》有感

　　余华，从小听着死亡的哭声长大的孩子，放弃了牙医的电钻，用冰冷的视角为我们奉献了一个关于生和死简单而又纯粹的故事。

　　把复杂的东西写得单纯，才能真正体现出作品的智慧，《活着》就是这样一本书。主人公福贵，一个含着金钥匙出生的地主儿子，因为前半生的骄奢淫逸破败了家产。而他真实的生活，就从这里开始了。经历了战争，经历了身边的亲人一个一个离开，经历了一次又一次希望的破灭，福贵用自己的坚强书写着生的希望。他有比其他人更多的理由选择去死，但他知道：活着，是自己的事。

　　有人说，《活着》是一部人性的悲剧，但我们同时也要看到暴力已经被添上了温情，死亡背后是浓浓的希望。客观而冷淡的文字，干净而温暖的叙事基调，余华关注着死亡，描写着死亡，但在描写生命毁灭的同时，他也展示着更多人性的坚韧和人与人之间的温情。作品的主线是福贵的回忆，通过余华简洁凝练的文字，我读到了他的伤心，感受到了他的无奈。游客自白的插入，也使我用更为理性和客观的态度体会现在的福贵因为死亡而体悟到的坚韧和幸福。温情的苦难，微笑地活着，正是一次又一次的死亡坚定了他对生命的执着。

在老年生活里，福贵咀嚼着他人生独有的温情，他将所有的苦难和悲伤都消解于自己的忍耐之中，这样的沉静和客观让我不忍接受的同时也不忍放下，不忍放下对死亡的思考，不忍放下痛苦之余，生命超然的美感。人的一生，无论发生多少无可挽回的事，也只有活下去才是对生命最好的尊重。《活着》真正打动我的正是福贵那一种坦然和平、自足乐观的态度和踏踏实实活着的坚韧。它让我看到了历史长河中小人物的朴实和希望，还有他们经历了太多磨难却依旧对生命充满希望的温情。

一种近乎病态的生活下孕育的苦难，让"活着"这个简单的欲望在福贵的心里逐渐从扭曲变得坦然。他对死亡的无力，是惩罚，也是让他必须"活着"的动力。他对死亡的态度，从最初的恐惧，到平淡，到最后的超脱，无不说明正是死亡让他感受到了生命的意义，也让我们在体会福贵悲惨人生的同时不断反思如何能够好好地活下去。

冯友兰先生说："人必须先说很多话，然后保持静默。"我想说：我们必须读很多书，然后静心思考。《活着》便是一本愿意让你沉静下来思考生死的作品，经历了一生苦难的福贵，用忍耐和坚强谱写了一首生命的赞歌，那么正处于幸福生活的我们又应该怎样对待生活的点点滴滴呢？命运对每一个人都是公平的，我们应该承受生命赋予的责任和苦难，才能获得对抗绝望的力量！

"广阔的土地袒露着结实的胸膛，召唤着黑夜的到来。"我明白，人生路漫漫，我们需要做的就是在那片希望的天空下，承受生命独有的重量，好好地活着。

许雯婕

天津科技大学经济与管理学院 2015 级，热爱中国传统文华，擅长朗诵，于 2017 年 4 月参加书香天津·大学生校园"悦读之星"评选活动决赛，荣获二等奖。

君子大道·大道君子

一弹戏牡丹，一挥万重山，一横长城长，一竖字铿锵，一画蝶成双，一撇鹊桥上，一勾游江南，一点茉莉香。当这些横竖撇捺经过千般组合之后所形成的汉字，就成为中华文化传承的载体，当这些汉字经过万般的组合之后，留给我们的定是流传千年的文化典藏。我们读诗词汉赋，诵论语春秋，在书页的启合之间，便可以架构起我们一个民族的精神与风骨。

惬意的阳光打进图书馆，抬首回眸间，在书架上发现余秋雨先生所著的千年文化，泛黄的书页，深刻的题目，一股厚重的历史感扑面而来。好一个千年文化，古往今来，天地四方，这需要一种怎样的情怀才能将这中华文化说清道明呢？也正是这种好奇心驱使着我跟随余老的笔触去摸清华夏文明的脉络。

书里阐述了中华文明相对于其他文明古国得以延续的原因——人格模式上的君子之道，思维模式上的中庸之道以及行为模式上的礼仪之道。

其中给我感触最深的就是君子之道。那我们又该对君子如何定义呢？余秋雨在书中是这样描述的：比勇士更儒雅，比绅士更正义，较之书生少了几分酸腐之气，比之英雄少了几分鲁莽之气。君子在于可以托六尺之孤，可以寄百里之命，临大节而不可夺也，君子人与？君子人也。

之于君子，他们的德行感染着我。佛学中有一句话说：无缘大慈，同体大悲。我想，这简简单单的八个字就是对君子品行的高度凝练与诠释。虽是无缘众生，但也要大发慈心，以救渡之，视一切众生与己同体，视他人痛苦为自己痛苦，以博爱之心正视生命。扬州八怪之一，郑板桥，洋洋洒洒在余老书中占了很大篇幅，寻访孤儿，赈济百姓，刻图章"恨不得填满普天饥债"以明志，皓首穷经，两袖清风，素衣简餐。此时，又印证了古代中国一句似是而非的定律：木秀于林，风必摧之；堆出于岸，流必湍之；行高于人，众必非之。他做错了什么？又是一计权谋隐匿了一位君子的大爱。他无力反抗，自此之后，将自己的志趣寄情于画纸上的青竹。

之于君子，他们的情怀震撼着我。为天地立心，为生民立命，为往圣继绝学，为万世开太平。北宋大儒张横渠，才高博洽，醒世通儒，教养诸生以千数，他们所肩负的是社会的使命，所承载的是浇铸灵魂的重任。学贵有用，道济天下，利济众生，他们从社会现实入手，力图探求根本的解决之道。若居庙堂之上，则指点江山社稷；若处江湖之远，则感悟民生疾苦。他们的一生，将小家与大家紧密地联系在一起，将家国情怀融进自己的生命，意济苍生苦与痛，情牵天下喜与乐。

之于君子，他们的笔尖触动着我。书中着重笔墨介绍了中国古代的贬官文化。贬官，就是小家与大家之间的割裂，统治者阴惨一笑，御笔一划，笔尖遥指着这座天然监狱。但君子毕竟是君子，朝堂之上郁郁不得志，便用笔来勾勒这残山剩水。"千山鸟飞绝，万径人踪灭"，《江雪》，我们还在牙牙学语时，就晃着脑袋背，多年之后才读懂他背后的故事。宦海浮沉，被贬南荒,他内心装了太多的孤寂与不甘,柳河东区区十个字,就把那种凄凉萧条的景象勾勒于笔下,他仿佛真的就是在江边独钓了千年江雪的老翁,读来令人陡然生寒,也带给我们太多的惶恐与不安。到永州之后,他像鲁滨孙一样,利用他小小的官职,挖井办学,种树修庙。他已不再是朝廷棋盘中一颗无生命的棋子,而是凭借自己独立的文化人格,营造着自己的小天地。但残酷的政治迫害和艰苦的生活环境严重损害了他的健康,甚至到了"行则膝颤,坐则髀痹"的地步,尽管如此,也并未动摇他的政治理想,又是用笔来直抒胸臆:"虽万受摈弃,不更乎其内。"

之于君子,他们的精神早已融入整个中华民族。君子与历史同在,千年不倒。我们用五千年构筑起来的君子风骨,一代又一代,从未泯灭。一个民族的经济可以是浮动的,动态的,但一个国家的文化是自己永远的一张王牌,尤其是拥有五千年历史的中国。我们也正是因为在人格上的独立与坚守,在风骨上的隐忍与坚贞,在胸怀上的博爱与坚毅,才能永葆民族发展的活力。《易经》有云:"君子终日乾乾,夕惕若,厉无咎。"君子每天勤勉于事,真正到危险来临时,也会泰然处之。秋雨先生在写君子之道的同时,也在呼吁,君子人格的重塑啊,他在书中提到,中国文化的前途取决于青年创造者,既然一切文化都沉淀为人格,那么青少年的品行、等级、力量、眼界、气度、心态就是中国的未来。是啊,宣父犹能畏后生,丈夫未可轻少年。作为青年一代,我们的身上也肩负着民族复兴的希望,我们就要把文字的力量内化于心,外化于行,行君子大道,做大道君子。

张　华

天津电子信息职业技术学院 2016 级，上学时期多次
获得学院演讲比赛一等奖及主持人大赛第一名。于 2017
年 4 月参加书香天津·大学生校园"悦读之星"评选活动
决赛，荣获二等奖。

灵魂行者

大家好，我是来自天津电子信息职业技术学院的参赛选手张华，今天
我和大家来分享一本自传体小说《命运之上》，作者叫刘大铭。

1994 年，他刚降生，医生就告诉他母亲，刘大铭患有成骨不全症，这
意味着刘大铭只要稍稍碰一下，就可能骨折，在他 19 岁之前，他一共接受
了大型手术 11 次。

2011 年，刘大铭考上了省重点高中，当得知校长有意拒绝他入学时，
他给校长写信说，"在与疾病抗争的 17 年里，自卑，虚荣，浅薄，人性这些
东西已经磨灭干净，病态的身躯里承载的只剩下我的希望和理想。选择附
中，是我自己的选择，所有的辛酸都要由我承担""人，只要有一种信念，有
所追求，什么艰苦都能忍受，什么环境都能适应"。看到这封信后，校长说：
"我不再把这个少年当作一个需要帮助的弱者，我将他视为生命的勇士！"

刘大铭进入了师大附中。

2012 年 8 月的一天,刘大铭告诉自己的校长,由于地球重力,他的脊椎已变为巨大的 S 型,整个胃部被挤压成细条形,心脏、肺部均无时无刻不遭受巨大的挤压,大家可以想一下,那是什么样的痛苦,什么样的折磨,什么样的生命"酷刑",在这之前,刘大铭和父母一起去了南京某医院治疗,医生检查后告诉他们,想要手术,是一件不可能的事情,"好比是在松软的沙土上打钉子,钉子打进去了,沙土也碎了"。医生的话,如同一张"死刑"的判决。

人如果拥有顽强的意志,便能够突破现实的枷锁,追求到自由的生命的奇迹。刘大铭不相信命运的安排,他把自己的病情简历翻译成英文,向世界寻求手术的机会,终于在三周后获得意大利都灵一家医院的回音。经过长达十个半小时的脊椎手术,他活过来了,刘大铭感慨道:"我反复问内心好久才明白,与其潇潇洒洒视金钱如水,不如坎坎坷坷阅读人生百态。"

2013 年 2 月,刘大铭回到了学校,利用每天放学后的两个小时,完成了他的 17.5 万字的哲理自传体小说《命运之上》,刘大铭又一次创造了奇迹。2013 年 9 月 22 日,人民出版社与他签下出版合约,他也成了与人民出版社签约的年龄最小的残疾人作家。

人,生来不是为了被打败的,刘大铭是,我们也是。在这个世界上,每一个人都拥有成功的权利,只要你的内心有着想要变得成功的渴望和对生命追求的火热激情。

刘大铭用他的实际行动诠释着励志和成功。他是精神上的楷模,他用丰富的文字和弱小的身躯织出了挺拔的精神维度。这正是中国需要的精神,社会亟待的能量。

就像刘大铭所说,在这个世界上,多数人都在他们的一生中遭受着命运或多或少的压迫,但他们从未尝试过改变自己的生活。刘大铭用自己的故事告诉我们,无论经受怎样的苦难,都应该有自己的向往,追求的精神。

所以,永远不要抱怨,永远不要放弃,就像那副对联说的,有志者,事竟成,破釜沉舟,百二秦关终属楚。苦心人,天不负,卧薪尝胆,三千越甲可吞吴。

◇ 参赛感受

参加"悦读之星",对我来讲,是一件很荣幸,也很开心的事情。我在读高中的时候就喜欢上了演讲,"悦读之星"算是我参加过最大的一次演讲舞台,我还清楚记得当时在上台之前,我紧张到不断喝水,而在演讲结束之后又一次次去卫生间的有趣经历。

我不知道当时看到那场演讲的人后来有没有去读刘大铭那本《命运之上》,但是我觉得,哪怕那天台下有一个人记住了那个和病魔抗争,和命运抗争的斗士,从而在未来生活中不会轻易放弃,我的那次参赛分享就意义非凡!

◇ 阅读寄语

我觉得阅读就是让我们每个人去更精准地表达内心最真实的情感。如果你常常觉得自己词不达意，或者在听到别人说出一句话时，觉得这句话如此完美地表达了自己内心的想法，那我们就应该翻书了。就比如面对黄沙万里夕阳西下时，"大漠孤烟直，长河落日圆"一定比"啊，真美"要来得更加生动形象。这就是阅读的意义。

中华上下五千年，流传下来的传世巨著浩如烟海，如《史记》《天工开物》，以及我们熟知的唐诗宋词，四书五经等等，数不胜数，这些是中华文化的根，也是我们中华民族的根，希望我们都能学习先辈智慧，活出精彩人生。

王姿颖

中共党员，天津美术学院书法专业 2015 级本科生，书法专业 2020 级研究生。曾任天津美术学院学生会主席、第十三届研究生支教团团长、中国画学院分团委副书记。在校期间获学业一等奖学金、国家奖学金、天津市王克昌奖学金等。于 2017 年 4 月参加书香天津·大学生校园"悦读之星"评选活动决赛，荣获二等奖。

文化苦旅
—— 一场文化灵魂与人生真谛的旅行

一段节奏紧张的乐符，一袭淡墨晕染的画卷，正是《文化苦旅》这本书，让人时而心跳，时而静默的背景体验，但这幅画卷也铺开了余秋雨先生的旅途，愿今日，你我能共同一品。本以为他记录的只是中国山水风物及壮美河山的随笔，翻开书才知道，他，为什么要给这场旅行加一个"苦"字。

苦，一场漫天荒凉的旅途景色！

这是开篇《道士塔》中最醒目的三个字"我好恨"！道士塔下，他恨的是莫高窟的灿烂文化被看管的道士以极低的价格卖给了国外的冒险家，无数惹人歆美的洞窟曾被道士拎着石灰桶用着极丑的审美去涂白，百年后我们难免看到洞窟惨白的一些怪象，可即便我们现如今再去大喊一声"住手"又会怎么样？毕竟唐代的笑容，宋代的衣冠，早已成了白。

苦，一段中国文人的艰难心路！

我们可能不曾去想，一个巨大的民族悲剧是什么。我骄傲我生活在一个文明古国，我骄傲我每当提起笔就会说起我们宝贵的历史文明，可一座座道士塔，一片片洞窟就这样受屈辱时，人们剩下的，却只有惋惜。一位年轻的诗人曾写道，那天傍晚，当冒险家斯坦因装满箱子的一对牛车正要启程，他回头看了一眼西天凄艳的晚霞。那里，一个古老的民族的伤口在滴血。

苦，一阵麻木的停滞之殇！

"浅渚波光云彩，小桥流水江村"——道尽了江南小镇的魅力，可他也提笔转锋，直指西湖，说道，"也许，我们这个民族，太多的是从西湖出发的游客，太少的是鲁迅笔下的那种过客"。再也读不到传世的檄文，只剩下廊柱上龙飞凤舞的楹联；再也找不见慷慨的遗恨，只剩下几座可以凭吊也可以休息的亭台；再也不去期待历史的震颤，只有凛然安坐着的万古湖山。

艺术苦旅——

一场文化苦旅从灵魂，从心灵，从视觉唤起了新一代文化继承者的醒悟，可作为一名艺术生，艺术何尝不是一场苦旅呢？风起云涌，当下的艺术殿堂的我们似乎保留了个性，却也少了为之疯狂的勇气，时过境迁，新兴艺术层出不穷，却也少了些本应就留住的传统艺术精神，就像余秋雨在自序中写道，如果精神和体魄总是矛盾，学识和游戏总是对立，深邃和青春总是无缘，那么何时才能问津人类自古至今一直苦苦期盼的自身健全？假使文化的脚步沉重了，能使人负重前行。那艺术的行囊简单了，何不让人拿着画笔再沉思片刻。也许艺术的苦旅就是那句摘一片苦心，酿一滴蜂蜜的滋味吧。

最后，我想以这位文豪别人提问时他的回答作为今天演讲的结束。

有人问他读万卷书,行万里路,两者有何关系?他回答,没有关系。路,就是书。

◇ **参赛感受**

在"悦读之星"的决赛舞台上,它早已不只是一场比赛,更是一场文化旅行、一场各高校优秀选手碰撞出的视听盛宴。恰逢读到余秋雨先生的《文化苦旅》,便把对此书的感悟写进了讲稿中,先生笔下的文化苦旅是一次关于文化灵魂与人生真谛的旅行。如果精神和体魄总是矛盾,学识和游戏总是对立,深邃和青春总是无缘,那么何时才能问津人类自古至今一直苦苦期盼的自身健全?假使文化的脚步沉重了,能使人负重前行。那艺术的行囊简单了,何不让人拿着画笔再沉思片刻。也许艺术的苦旅就是那句摘一片苦心,酿一滴蜂蜜的滋味吧。

◇ **阅读寄语**

　　读万卷书,行万里路,两者有何关系?余秋雨的回答是没有关系,路,就是书。书是个好伙伴,它满腹经纶,却喋喋不休,在你渴望时,它前来给予详细指教,但是从不纠缠不休。读书是一种美的享受,有一种独特的,用阅读填充大脑的享受。我们知道的比我们认为知道得多,但比我们想要知道的少。仰观星空,俯察大地,在求知的过程中,越学习就觉得自己越无知。尽情享受阅读那无穷的魅力吧!

刘雨晴

天津师范大学新闻传播学院播音与主持专业 2015 级，于 2017 年 4 月参加书香天津·大学生校园"悦读之星"评选活动决赛，荣获二等奖。

读书，做世界的旅人

在我们播音专业有这样一位德高望重的老艺术家，夏青先生，他经常喜欢讲一句话"读万卷书，行万里路，交一万个朋友"，这句话不仅是我们广义备稿的要理，更是我人生的座右铭。读过万卷书，你的心中会勾勒出世界的样子，可只有行过万里路后，你才会知道，书中的世界和真实的世界是不是有统一的模样。书，作为一种线索或者牵引，催促着我走出家门看世界，于是我爱上了远行。我今年 20 岁，到过 7 个国家，25 座城市，我始终坚持，用脚步去丈量，用眼睛记录文字背后的灵魂。

就在清明假期的时候我去到了被称作中国最美书店的果戈里书店。一进去我就被眼前的精致和美丽吸引了。但让我印象最深刻的是书店每天晚上 8:00—8:30 的朗读者活动，人们挑选自己喜欢的书，在一方小舞台上朗读喜欢的文字，从 2014 年开店以来，两年多的时间从不间断。这样的体验让我明白最美书店的美不仅在于它的装潢，更在于在当今互联网和数字阅读的时代，作为实体书店的它给人们提供了一个享受阅读并且推动阅读的空间，使它有了别样的温度和深度。

就在今年寒假，我加入了国际义工组织，开启了为期一周的义工之旅。我支教的地方是位于巴厘岛登巴萨的一所孤儿院，与我同行的还有来自全国各地的八个伙伴。第一次被邀请听孩子们弹钢琴唱歌，我们一行人就站在原地一动也不动，虔诚地接受艺术的洗礼。那一刻我好像明白了高山流水遇知音的奥妙，明白了卡莱尔所说的"音乐是天使的演讲"。

除了日常的教学内容，那些日子我干的最多的事情就是摄影，我一直用相机尽可能记录他们的生活，而当他们用新奇的目光从我手中接过相机的时候，也让我看到了他们眼中的世界，原来美好可以如此简单和纯粹。义工支教的最后一天，我们买了好多食材，拿出了看家本领，给孩子们做了一桌地道的中国菜。知道明天我们就要离开，孩子们送了我好多手工制作的小礼物，也就是在这个时候，一个女孩提出临走前想给我拍一张照片，在快门按下的那一刻，有四五个孩子上前抱住了我，说实话我当时都没有站稳，于是就有了这样一张照片，后来又有了第二张、第三张……

短短一周的时间，我从未想到过我的身上承载着孩子们如此多的喜欢。一直以来处于被保护的角色，忽视自己也有爱人的能力，是这些孩子们让我感受到，有些爱是你心甘情愿地付出，不计回报；有些爱，你付出，别人一定感受得到。

我想，在这个世界上有两种书，一种是有字之书，那是过来人的智慧结晶，而另一种是无字之书，那是我们的生活。有字之书给人教益启迪，去向往精神生活。而无字之书，让人好奇渴望，去探索天地苍穹。但，无论是读哪种书，只要你用心阅读，用心体验，它都能让你开阔眼界，增长见识，让你发现爱的存在，激发内心原本的善意，它让你在人生的故事里塑造自己独特的生命轨迹。所以去读书吧，去做这个世界的旅人。

◇ **参赛感受**

在"悦读之星"的舞台上，我遇到了一群很棒的"读书人"。与其说是一场比赛，倒不如说是一场别开生面的读书沙龙。我们一起思考，一起交流，一起分享，以书会友，相见恨晚，意犹未尽。读书是一辈子的事情，不止于此，路还很长。

◇ **阅读寄语**

小时候读书不懂书，长大后读书常常会被感动。原来很多年前有人和你是一样的心境，又用那么简洁凝练或优美流畅的文字记录下来。读书不是目的，而是回归独立思考、治愈自我的良药。读书的过程，是让自己变得辽阔的过程。

鲁 划

天津城建大学建筑学 2017 级。爱好演讲、设计、旅游和钢琴，于 2018 年 5 月参加书香天津·大学生校园"悦读之星"评选活动决赛，荣获二等奖。

生活需要一份诗意

一、引诗

结庐在人境，而无车马喧。

问君何能尔，心远地自偏。

采菊东篱下，悠然见南山。

山气日夕佳，飞鸟相与还。

二、启发书籍

各位评委、老师、同学们，大家好！很荣幸能在这里，和大家分享我的诗意生活。

启迪我的就是宗白华先生的《美学散步》了。第一次认识到这本书，是在高中副校长给我们的书单上。当时读《美学散步》，感觉太难懂，很玄妙。

于是,在刚开篇的"美从何处寻"一章就中止了。

但随着阅读量与知识面的扩大,尤其在诗词中,我渐渐认识到意境概念与修身养性的美好。开始重读《美学散步》,眼睛一亮便一发不可收。

也正是《美学散步》的启蒙,将我带入生命境界的大门,让我懂得了什么是个人修养与崇德修身。也为我作为一个建筑设计学习者打下了美学、道德基础。现在就让我们开始这充满诗意和美的历程吧!

三、诗意的、美的历程

(一)中庸中和之道

过犹不及、中庸这些词大家都很熟悉。但古人们所推崇的中庸之中,那一种诗意的、富有美的中和之道也许大家就不那么熟悉了。那么,到底为什么古人如此地推崇中庸中和之道?什么是调和之理呢?我们来看:

自古以来,文人思想家们津津乐道的,就是"文"与"质"的话题。在《论语》中有这么一段故事,士大夫棘子成说,一位君子有了内在本质就够了,仪文外表还有什么用呢?子贡却反驳道,仪文和修养本身是相辅相成的,没有了毛皮的虎豹和没有了毛皮的犬羊,二者之间,有什么区别呢?从子贡的话中,我们可见一位心中有道的君子,不能没有适当的仪文外表啊!

然而,大文人刘向说道,红色的漆不需要修饰,白玉用不着雕刻,宝珠也没必要装饰。为什么呢?只要内在品质充足,就不需要修饰啊!从中我们又可见,品质修养又是多么重要!

同样地,孔子曾道:"文质彬彬,然后君子。"说的就是二者需要平衡,才能达到君子成功做人的境界。

(二)中庸中和之道之于生活

在我们的人生道路上,也有许多事,需要我们去调和、中和。当面对生活的苦与甜、表扬与批责……是否应当给自己一片山林,隐于其中,默想其中至理，领悟生活那一份悠扬、醇香呢？

（三）生活需要一份诗意

1.灵感入口

生活需要一份诗意！一份"群山郁苍，群木荟蔚，空亭翼然，吐纳云气"的灵感入口。坐一处幽亭，接受自然、宇宙之大奥妙，岂不使人沉醉、向往？

2.精神出口

生活需要一份诗意！一份"兰生幽谷中，倒影还自照。无人作妍媛，春风发微笑"的精神出口。面对社会生活多重角色、多重责任之重担。何不给自己一份诗意的挥洒！记得母亲曾道："人忙，但心要不忙。"是啊！心灵需要一片隐逸的山林，与自然冥合，逍遥、自在。

四、呼吁与号召

好树结好果。这样心灵畅怀的诗意生活，你还敢嘲讽"玄"，还敢嘲讽"痴"吗？这样心灵畅怀的诗意生活，你还敢放弃而选择庸碌疲惫的机械化日子吗？

现在，你的生活无需太多，正需要一份诗意！

谢谢大家！

◇ 参赛感受

通过"悦读之星"的平台与大家分享我的阅读体会，不仅让我自身对于"诗意生活"的演讲主题有了更多的整理和思考，还让我结识了更多向往通过阅读让生活增添一份诗意的小伙伴。享受文字，思考生活；以文会友，以友辅仁；何不快哉！

在此，向"悦读之星"的舞台以及台前幕后的师长、同学们表示诚挚的谢意！特别向本校图书馆的各位老师，以及赛前赛后提供各类帮助与关心的指导老师们表示衷心的感谢！

◇ 阅读寄语

面对社会生活多重角色、多重责任的重担；面对生活的诗意及远方的向往——在二者的张力面前——"阅读"诚然是一处精神的出口，是一方甘洌的清泉，是人生岁月中取之不尽、用之不竭的无穷力量！

生活需要一份诗意！一份"群山郁苍，群木荟蔚，空亭翼然，吐纳云气"的灵感入口。生活需要一份诗意！一份"兰生幽谷中，倒影还自照。无人作妍媛，春风发微笑"的精神出口。请记住：人忙，但心要不忙；给心灵一片隐逸的山林，休养生息，再上征程！

徐 嘉

天津大学仁爱学院文法系法学专业 2016 级。从小喜欢传统文化，热爱文学，经常参加各类演讲比赛、朗诵比赛及节目主持。于 2018 年 5 月参加书香天津·大学生校园"悦读之星"评选活动，荣获二等奖。

珍爱生命 呵护万物

读完《斑羚飞渡》，我的心中充满了对于生命的敬意，和"生而为人"的愧疚。这篇小说，作者是被称为"中国动物小说大王"的作家沈石溪，选自小说集《和乌鸦做邻居》。

它讲述了被狩猎队赶到悬崖边的一群斑羚，为了能跳到对面的山崖上，以头羊为首的老斑羚甘愿用自己的身躯做踏板，帮助年轻斑羚逃生的故事。

作者用纪实的笔触描写了一个关于生命的奇迹，这是在偷猎者的逼迫下，面对灭族之灾的斑羚，为了赢得一线生机，为了延续种群，不得不付出的生命的代价啊。

我被打动了，为这充满灵性的生命！

我被震惊了，为这贪婪残忍的同类！

这个故事让我去想，自称"万物之灵"的人类到底对生命都做过什么？

肆意捕杀和环境污染造成的动物种群数量的骤减，已经在世界范围内掀起了保护野生动物的浪潮，可是某些利欲熏心的人类却未停下他们的暴行。

我曾看到，藏羚羊产子的圣地变成血腥的屠宰场，只因为一身价值连城的皮毛。

我曾看到，鲸鱼的鲜血染红大半个海滩。性情温顺的鲸啊，在海中妙曼舞蹈深情歌唱的鲸，陷入人类的围剿，血染海湾，令人惊心。

我曾看到，非洲象被劈开头骨的残骸，要知道它们是像人类一样有着丰富情感的动物啊，目睹了母象被杀的幼象会一直守在母亲的身旁，有的会死于过度悲伤。它幽幽的哀鸣，你们听见了吗？它流下的眼泪，你们看见了吗？

请不要再将这一个个鲜活的生命逼入绝境，为了我们美丽的家园，为了我们赖以生存的自然，为了我们自己。

爱因斯坦说："挖掘我们心灵深处的慈悲，拥抱万物生灵，接受整个大自然及其美丽之处，这样我们就可以完成我们释放自身的使命。"

作家沈石溪的文字，给我开辟了一个崭新的视角去看待生命，他让我感受到在这片广袤的大地上，万物都是平等的，而人类是如此的无知渺小。

地球属于每个生命，而大自然的美正在于生命的多彩！

此时此刻，我脑海里突然闪现出那令人动情的诗歌：

每一片温柔的海浪，

每一缕森林中的水气，

每一只振翅鸣叫的昆虫，

都是神圣的……

◇ 参赛感受

　　回想当时的参赛场景，真的很美好。练习时一遍又一遍地卡音乐，直到现在听到那段配乐，都能准确说出对应的内容，还原当时的情绪。还有我的带队老师一遍又一遍地帮我推敲修改文稿，最后真的是狠狠共情了。感谢那段时光，那场书香盛宴，让我的大学时光多了一份美好的回忆。

◇ 阅读寄语

　　以前在学校，因为有读书的氛围在，好像没有深究读书的意义，也没有多大的感悟。现在工作了，有时间就会安静地看一会书，因为在看书的时候，可以让躁动的内心安静下来。会感觉读书的那一刻，时间是完全属于自己的。在如此快节奏的生活里，留一点时间给自己，选一本喜欢的书，细细品味，做回自己。

郭懿萌

南开大学文学院编辑出版学专业 2016 级。于 2018
年 5 月参加书香天津·大学生校园"悦读之星"评选活动
决赛，荣获二等奖。

中国的脊梁

鲁迅先生说："我们从古以来，就有埋头苦干的人，有拼命硬干的人，
有为民请命的人，有舍身求法的人……虽是等于为帝王将相作家谱的所
谓'正史'，也往往掩不住他们的光耀，这就是中国的脊梁。"老舍的《四世
同堂》里就有那么一群"中国的脊梁"。

《四世同堂》把我们带到了七七事变时的北平城，那个风雨如晦、兵荒
马乱的时代，小羊圈胡同里有一群普通的北平人。面对战争、金钱、死亡，
反抗还是顺从，国家还是个人，种种艰难的选择纷繁交织，人性百态体现
得淋漓尽致。有的人做了汉奸、特务，为虚名浮利放弃了尊严；然而也有的
人，一腔热血勤珍重，誓死不做亡国奴。

日军侵华，国难当头，定有男儿舍弃一切，奔赴战场。他是钱仲石，宁
愿粉身碎骨，也要摔死一车日本兵；他是祁瑞全，不顾家人的挽留，毅然走
出北平参与抗战。他们是郁愤已久的仁人志士，他们是满腔热血的新一代

青年。捐躯赴国难，视死忽如归。他们用鲜血踏出一条民族复兴之路。

出逃之人，马革裹尸，以身殉国。留在北平的人们，也不曾屈服。在北平，有为抗战奔走呼号的祁瑞宣；有潜伏在敌营中探查消息的高第；有为袭击剧院身死的小文夫妇、尤桐芳……他们在"青史"之上，可能没有留下一点痕迹，但是他们用刚毅坚卓、赤胆忠心诠释着属于自己的名号——"中国人"！

在《四世同堂》中，钱默吟先生是一个独特的存在。他是诗人，是战士，是人们的精神导师。抗战前，他每天悠闲自在，浇花，看书，吟诗。战争爆发后，听说仲石和日本人同归于尽，老人连一滴眼泪都没有流出来，只是低吼一声"死得好"！

冠晓荷向日本人告发他，面对眼前的监牢、毒刑、死亡，他不逃。"什么时候日本人问到我的头上来：那个杀我们的，是你的儿子？我就胸口凑近他们的枪刺，大声地告诉他们：对！一点也不错！"他就像谭嗣同一样，宁愿牺牲，也要葆有中国人的尊严；像屈原一样，宁愿投江，也要怀瑾握瑜、守志不阿。

狱中，他受尽凌辱。他的皮被烫焦，牙被打掉，背上满满都是疤痕与脓疮。意识模糊的他嘴里只有一句话："打吧！没的说！我没的说！"逃出牢狱后，还没恢复好，他便只身一人踏上了复仇之路，饮酒栽花的隐士变成敢于流血的战士。

他是人们的精神导师。他鼓励狱中的青年人，出去之后要报仇；鼓励小文夫妇和尤桐芳在剧院炸死日本军官；鼓励小羊圈的人们拒绝"共和面"，为自己的生命作斗争。他在敌人的眼皮底下，支撑着残损的身躯反抗到最后一刻。

原本有些羸弱的老人，变得坚毅起来。他用自己屹立不倒的身躯向全世界证明：中国人不是"东亚病夫"！中国被敌人的鞭子打倒过，一旦他站起来，便是再也不会倒下的雄狮！

"泱泱大国，君子之风。"钱先生在复仇之时，找到了真正的理想。"战前，我往往以苟安懒散为和平；现在，我是用沉毅、坚决、勇敢去获得和平。"在老人的心中，和平才是最终的归宿。日本人害死他全家，他却冷眼看穿了战争的本质，放弃了自己一味报复的念头，选择了人类的终极理想——和平。

为什么中华民族受尽侵略与磨难，却始终能够屹立不倒。正是因为我们有无数个钱默吟、祁瑞全、尤桐芳……"寄意寒星荃不察，我以我血荐轩辕。"他们用自己的铮铮铁骨捍卫着中华民族的尊严与荣耀，用自己坚实的脊梁支撑着无数中华儿女的复兴之梦。殷忧启圣，多难兴邦。不求荣华富贵，只为民富国强。这——便是中国的脊梁！

◇ **参赛感受**

回忆起五年前的事，比赛情景已记忆不深，只记得那段时间很拼的自己。那场比赛我上场次序很靠前，下了台，学校老师开车送我去高铁站，一路狂奔到宁海的中青报大学生记者营，开启了第一次记者之旅。后来做了记者，也更懂得了读书的意义。不管从事什么行业，读书都是终身的事。

◇ **阅读寄语**

　　文字是全世界共通的东西,就像是音符一样。做了记者才感知到,原来记录是那么的重要,每一个文字,都是历史的证据,它们代替着我们走向更远的时间。历史影响着未来,未来也影响着历史。文字可以屈服,人不能屈服。

王雅馨

中共党员，河北工业大学人文与法律学院公共事业管理 2016 级本科生，获英国伦敦大学学院硕士学位，曾任联合国驻华办事处实习生。于 2018 年 5 月参加书香天津·大学生校园"悦读之星"评选活动，荣获二等奖。

相守《我们仨》

大家下午好，我是 25 号选手王雅馨。来自河北工业大学人文与法律学院。很荣幸可以站在这个舞台上，跟大家一起交流分享，今天跟大家分享的主题是杨绛先生的《我们仨》。

相信许多人对这本书的印象还是十多年前，《我们仨》在长城内外、大江南北掀起了一阵读书的热潮，《中国时报》在 2003 年开展的十大好书评选活动中，推荐《我们仨》的理由是："92 岁高龄的杨绛先生以清淡温和的笔调，记录了她与钱锺书先生及女儿钱瑗相守 63 年的人生经历，她让读者与她一同沉浸于苦难中的幸福，以及快乐与忧伤相互倚扶的一生，杨绛先生将自己的经历浓缩于幽默的文字中，也缩影了近半个世纪以来中国读书人生最深沉厚重的人情，以及正值清朗的操持。"

《我们仨》是让我深有所悟的一本书，也是让我深受感动的一本书，他不仅记录了钱瑗与钱锺书先生缠绵病榻的最后两年时光，更是以欢欣的笔触,在平静温和中叙述了钱锺书先生一家三口,时间跨度长达 63 年的家庭生活故事。

正如其名,杨绛先生在《我们仨》中展现的是一个家庭中,三个与世无争,一起做学问的知识分子的生活细节,平凡、普通、温馨。她说:"我们这个家很朴素,我们三个人很单纯,我们与世无争,与人无争。只求相聚在一起,相守在一起,各自做着力所能及的事。"

熟读全书更让我动容的是,青年时代的相濡以沫,到中年岁月的同甘共苦,再到老年岁月的相互扶持。最后在人生的尽头,钱锺书先生说道:"从今以后,咱们只有死别,不再生离。"

世间好物不坚牢,彩云易散琉璃脆,现在我们三个人失散了。在老人的回忆里,我领悟到了失散亲人的痛,也更加明白了,在这个世界上值得珍惜和回味的不是其他,而是亲情。

慢慢的,我越来越发现,不管我们多么爱自己的父母,也不及父母爱我们深,父母是我们这一生最不能辜负的人。人生路上,父母虽然无法陪你走完全程,但他们陪你走过的每一段路必定尽了自己最大的能力去关爱我们。可是我们有时却没有多多留意过他们,多多关注过他们,我们把目光和温情给了好多人,却忘了他们。

杨绛先生在书中说道,"我抚摸着一步步走过的驿道,一路上都是离情,人间,也没有永远"。是啊,有些人的好,就像埋在地下的酒,总要经过很久,离开之后,才能被人知道。这时候只能剩下饮酒的人,寂寞独饮至天明,人生最大的遗憾莫过于此。

◇ 参赛感受

通过校内选拔赛后，在图书馆领导和老师的带领下参加"悦读之星"决赛，并取得二等奖的成绩。此次大赛为大学生提供了分享阅读收获、展示青春的舞台，我也非常希望广大学子与书为伴，与书为友，共同营造书香校园。这次经历也是我成长路上不可或缺的珍贵记忆。

◇ 阅读寄语

"读史使人明智，读诗使人灵秀，数学使人周密，科学使人深刻，伦理学使人庄重，逻辑修辞之学使人善辩。凡有所学，皆成性格。"读书是中国人的传统。行万里路，读万卷书。"读书可以明理得道，可以修身养性。"读书亦可以点亮生活，开阔视野，陶冶情操。

李媛媛

本科毕业于天津外国语大学滨海外事学院，河北师范大学硕士，多次参加主持、朗诵活动，经验丰富，于2018年5月参加书香天津·大学生校园"悦读之星"评选活动决赛，荣获二等奖。

千磨万击还坚劲，任尔东西南北风

大家好我是来自天津外国语大学滨海外事学院的参赛选手李媛媛。今天我带来的"悦读之星"参赛题目是"千磨万击还坚劲，任尔东西南北风"。

"青春如初春，如朝日，如百卉之萌动，如利刃之新发于硎，人生最宝贵之时期也。青年之于社会，犹新鲜活泼细胞之在身。"习近平的青春岁月是一段苦其心志、劳其筋骨的锤炼经历。

《习近平的七年知青岁月》这本书是讲述青年习近平插队陕北黄土高原梁家河的访谈实录，是青年习近平在陕北生活的七年的真实写照，更是青年习近平和梁家河村民同甘苦，共患难的见证。它展现了青年习近平无畏艰苦，扎根农村的优秀品质和不忘初心，砥砺前行的家国情怀。

新时代下的我们是祖国建设的接班人和生力军，因此要求我们要树立远大的理想，坚定正确信念。习近平在梁家河的七年知青岁月则是给我们上了浓墨重彩的一堂课,让我们系好人生的第一粒纽扣,从而去完成吃苦这个人生这个必修课。品味此书,总能感受到习近平为国为民的情怀。

与信仰对话,向楷模学习。本书带来的影响非同寻常。它是我们当代年轻人树立正确价值观的教科书,也是当代年轻人成长的风向标,还是当代年轻人所必须学习的榜样。七年的知青岁月是习近平治国理政思想和新时代中国特色社会主义思想的起点,因此,阅读此书,意义非凡。

一、艰难困苦,玉汝于成

何毅亭在书中提到,习近平是"年龄最小、去的地方最苦、插队时间最长的知青"。习近平在陕北一待便是七年。在陕北条件极其艰苦的环境中生存和生活,首先就要意味着要经受考验和磨难。能吃苦的人,就能磨炼心志,苦难会成为他人生成长的教科书和难得的精神财富。别人是从零开始,而习近平要从负数开始。然而,在这种艰苦的环境中,习近平没有沉迷下去,没有颓废下去,他不各处诉苦,他也不怨天尤人,反而更加让他坚信克服困难的信念,这便使他度过了种种困难,也使他的不怕吃苦的精神得到了升华,克服了陕北的四大难关,立下了大志向。

二、笃信好学,勤思不倦

学习可以增长知识,知识可以对话信仰,信仰可以坚定信念并获得自信。访谈录中不少受访者都谈到习近平的好学不倦。与他一起到延川县梁家河插队的知青戴明说:"近平在梁家河从来没有放弃读书和思考。"他在田间地头休息间隙抓紧读书,干了一天活再累,晚上也要看书到深夜。他博览群书,内容涉及政治、历史、文学、哲学、军事等,他还注重研读马克思主义经典著作和中国经典古籍。作为年轻人的我们更要去传承这种优秀的学习习惯,把读书和思考放在我们的首位。

三、不忘初心，砥砺前行

青年有理想，国家发展才更有希望，青年有信念，民族抱负才得以实现。七年的知青岁月将青年习近平于梁家河原和理想抱负交汇在了一起。这是有历史责任和青年担当的人，才能做出的选择。习近平曾指出："广大青年坚定跟党走，就是初心。不忘这个初心，是我国广大青年的政治选择，也是我国广大青年的人生航向。"要勇于担当这个时代赋予的使命，不忘初心，砥砺前行，勤奋好学，艰苦奋斗，将个人的理想追求与国家发展紧密结合在一起，为实现中华民族伟大复兴中国梦的贡献青年力量。

我想请再坐的大家思考一个问题，假如让你去梁家河插队当知青，你会如何度过这七年岁月。

我的分享到此结束，谢谢大家。

◇ **参赛感受**

我非荣幸能够代表学校参加"悦读之星"比赛，分享《习近平的七年知青岁月》的读书感悟。在比赛中，我不仅欣赏到精湛的语言艺术和演讲技巧，更感受到了知识的光芒与阅读的力量。作为新时代大学生，我们应勤于读书、乐于分享，在读书中保持思想活力，滋养浩然正气，为实现中国梦增添青春力量。

◇ 阅读寄语

习近平指出，我们应该"要真正把读书当成一种生活态度、一种工作责任、一种精神追求，一种境界要求"。作为新时代的大学生，我们要积极参加阅读活动，成为一个爱读书、读好书、善读书、会用书的时代新人，为中华之崛起而读书，为中华民族的伟大复兴而读书！

白梦柯

中共党员，天津体育学院公共事业管理 2016 级，天津体育学院硕士，热爱阅读，从小擅长演讲与朗诵，曾多次参加演讲朗诵比赛，并取得佳绩，于 2018 年 5 月参加书香天津·大学生校园"悦读之星"决赛，获得二等奖。

《平凡的世界》：苦难里开出信仰的花朵

若选择一本"人生之书"，《平凡的世界》当名列许多人的书单榜首。于我而言，这本我曾无数次在被窝里挑灯夜读的作品具有非凡的意义；正因如此，我愿写下一点浅显的阅读感受，遥敬作者，与君共勉。

纵观路遥一生，尽是颠簸苦楚，但他将自己所有美与爱的追求都献给了生养他的那片黄土地。《平凡的世界》将视角聚焦于陕北黄土塬上普通人民的生存与生活、苦难与抗争，对这段社会变革期的历史中的情感与人性之美进行了深情礼赞。《平凡的世界》之于我最大的意义在于，作为一本"人生之书"，它总能在我面对关于现实与理想、自我与社会、付出与收获等困惑时给予我深刻启迪。

"少年心事当拏云，谁念幽寒坐呜呃。"这本现实主义著作高扬着理想主义的旗帜，处处可见人性在苦难面前的坚韧和美丽。全书围绕孙氏兄弟的成长之路展开：作为生产队队长的孙少安有"务弄庄稼"的好本领和实践生产责任制的大魄力，却在面对自己的感情问题时畏缩不前。面对情愫深深的青梅竹马田润叶，他只能斩断情丝，和外乡人秀莲结婚；他想法大胆、眼光精锐，创建砖窑厂时处处为乡亲谋福利，在逆境中虽有沉沦但最终坚强再起，是中国农民面对改革不甘现状的先锋人物。

孙少平则与兄长是两个完全不同的个体。如果说少安的魄力来自黄土地的磨砺，那么孙少平的成熟则来源于书本与知识的滋养。他是农村里受人尊敬又格格不入的"文化人"，却打小工、钻煤窑，从不以做底层工作为苦，而是在大亚湾的煤炭世界里用书籍为自己撑起一片晴朗天地。土地是农民的道场，煤矿则是他的归依之处。他与田晓霞的恋爱如此不落尘俗，却猝然终结于晓霞之死。这种意料之外又情理之中的情节展开让悲剧氛围达到高潮——也让孙少平在痛彻心扉后得以重生。

路遥纪念碑上刻着"像牛一样劳动，像土地一样奉献"——这也是贯穿《平凡的世界》全书的主旨。无论是出生农家的孙家父子，还是衣食无忧的田福军、李登云、田润叶，甚至是在后半部分失去双腿的李向前，都始终把"劳动才有意义"作为人生信条。底层出身的路遥对劳动有着深刻的理解和实践，因此他在书中描绘的多个劳动场景也就显得格外真实动人：黄原揽工汉的工地劳作、大亚湾煤矿的地下作业、孙少安办砖厂的辛勤操劳——无不展示出作为一名劳动者的生存尊严与价值。

信仰的力量超越苦难，成为灰暗生活里仅有的一抹亮色。信仰存在于孙少平熬夜苦读的小小灯盏里，存在于孙少安夫妇渴望着"住进新窑洞"的梦想里，存在于金秀、兰香清苦充实的中学生活里，存在于田晓霞投身新闻事业的坚定决心里……人的韧性和干劲让他们走上自己选择的人生道路，改变双水村、原西县、黄原地区人民的命运，从而给正处在转型期的中国提供源源不断的精神动力。这种"敢与命运争高低"的品格流露正是民族文化精神的体现——那是一种源远流长的力量，人总要做点什么来走出命定的道路，人总是要用血泪和汗水来书写自己的答案。

而今，路遥在《平凡的世界》里极度彰显和赞扬的精神已经渗入中华民族的血脉，经过改革开放与现代化建设的中国人民把苦难化作内在的力量，实现了自我的超越和民族的进步。

《平凡的世界》里有一段引用了叶赛宁的诗："不惋惜，不呼唤，我也不啼哭。一切将逝去，如苹果花丛的薄雾。金黄色的落叶堆满我的心间——我已不再是青春少年。"在我的成长经历里，《平凡的世界》始终散发着温暖柔和的光辉，抚慰我时而茫然时而烦躁的心绪。它是真正意义上的"成长小说"，始终一路繁花相送，引我坚定前行。

◇ **参赛感受**

　　阅读教会人思考，演讲带给人力量。"悦读之星"是我在本科阶段第一次与不同学校不同专业的同学们同台竞技，也是第一次将阅读与演讲、爱好与特长相结合。比赛时听到很多选手都把阅读和自己的专业结合起来了，在提升自身能力、开阔眼界的同时，也让我真切感受了不同专业的文化和魅力，每一本书，或薄或厚都蕴含着丰富的内涵，这些都进一步激发了我的阅读兴趣，让我更加希望自己可以在阅读中涉猎不同领域，在书籍中找寻心灵的栖息地。

◇ 阅读寄语

　　我热爱阅读很大程度上是因为可以在阅读别人文字的同时，去感受不一样的生活和世界，我还爱把一本书翻来覆去读好几遍，在作者的思想世界里一遍遍畅游。阅读带给我思想上的自由、进步和成熟，带我探索未知的世界。把阅读当成生活的一部分，让它陪伴自己的工作、学习和生活，我们不需要刻意追求阅读带给我们什么，只要在这个过程中能够更好地认识自己和感知世界，就会拥有智慧、信仰和丰富的心灵，拥有创造无限可能的机会，拥有强大的自己和无畏的勇气。

韩舒伊

天津科技大学经济与管理学院 2017 级，热爱文学，擅长朗诵、播音，于 2018 年 5 月参加书香天津·大学生校园"悦读之星"评选活动决赛，荣获二等奖。

林徽因的人间四月

曾经有这样一个女子，生在江南，宛如白莲；曾经有这样一个女子，钟灵毓秀，优雅安静；曾经有这样一个女子，曾执笔写下"你是爱，是暖，是希望，你是人间的四月天"。她便是林徽因。

每个哭闹着来到人间的新生命，给一个家庭带来的一定会是莫大的欢喜。于林家而言，小徽因的出生亦是如此。"大姒嗣徽音，则百斯男"，其祖父林孝恂从《诗经·大雅·思齐》中抽字取同音，命名徽因，寓意美善、美德之意。尽管婴儿尚在襁褓，我们无法参透她的命运，可冥冥之中，这个小女孩注定会拥有不平凡的一生。

所谓诗酒趁年华。在那个还不算开放的年代，林徽因亦不是久居深闺的小家碧玉。16 岁的她跟随父亲林长民漂洋过海来到另一片大陆，饱览了世界上那些著名的山川大河、历史遗迹，结识了许许多多著名的文史学家。可她并不高傲，只是默默地把这份珍贵的阅历倾注在她所热爱的文字之中，让我们倾慕于她用一支笔书写在枯木上的春满华枝，黑夜里的天心圆月。

人生若只如初见，这梦起于江南，又该归于何处？姣好的容颜、曼妙的身姿、优雅的举止言谈，是上天对于江南女子独有的恩赐，朦胧烟雨与油纸伞下的姑娘相互映衬，构成了世间难得的美景。而生于杭州的林徽因更像是坠落凡间的天使，宛如一朵白莲，出淤泥而不染。她的绝代风华与纯净美好，令她的仰慕者如过江之鲫，同样的，也令很多青年自愧不如，望而却步，只留下几位同样优秀的天之骄子伴其左右。但她爱得清醒，也爱得平静，她懂得分寸，深知自己心中所想。她让徐志摩怀想了一生，让梁思成宠爱了一生，让金岳霖默默地守护了一生。静守淡泊流年，不理繁华万千，究竟是以何种姿态行走于世，才会叫人不会忘记，恐怕连她自己都道不清。

或许大家都认为，这样一个充满诗意柔情，又有绝代佳容的女子的生命之中，爱情应该高于事业，然而，当她一点一点地探索出自己对建筑的那一份热情，便把自己的一生都托付给了建筑事业，和她的丈夫梁思成一起为了建筑事业不断努力，哪怕自己疾病缠身，也未曾停歇。她不是那个只会风花雪月的弱女子，对自己所执着的事业，远不如对待爱情那般冷静从容，只因她心中那份真诚。

一个如白莲般淡定从容的女子，满腹诗情才气，理智于爱情，忠诚于事业。她曾言：我说你是人间的四月天，笑响点亮了四面风；轻灵，在春的光艳中交舞着变。她是白落梅在《你若安好便是晴天》一书中的林徽因，从此，每个人间四月，都会想起她的绝代芳华，以及一树一树的花开和那呢喃的燕。

滕晋帆

南开大学滨海学院 2021 届毕业生，热爱阅读和户外运动，于 2018 年 5 月参加书香天津·大学生校园"悦读之星"评选活动决赛，荣获二等奖。

生活，究竟是为谁而活？

"生命的过程，无论是阳春白雪，青菜豆腐。我都得尝尝是什么滋味，才不枉来走这么一趟啊！"

三毛是一个被人们过于神化的普通人。她只是活得够真，她和她的故事一再地向我们提出一个困惑着绝大部分人的问题：生活，究竟该为谁而活？

"人，真是奇怪，没有外人来证明你，就往往看不出自己的价值。"但三毛并非如此。为了那一抹黄色，从此落户荒凉的沙漠，居住在时不时就能欣赏到"飞羊落井"奇观的简陋小屋，还有一群借不到东西就怒说"你伤害了我的骄傲"的奇葩邻居，物资匮乏，身体状况不好，时时都在病中，这些都没有让三毛失去对生活的热爱和对生命的好奇，三毛的坚强一方面是因为她的先生荷西的爱，最重要的还是她自己乐观阔达的个性。撒哈拉威人在三毛笔下就如那撒哈拉漫天的黄沙，迷人又嫌人，热情又不请自来，单纯又愚昧，贫瘠又骄傲。谁能说看完不深深爱上这样有趣洒脱的奇女子？但凡游子都有归期，而三毛是尘世的游离，她不是游子，是上天赋予撒哈拉的魂。于她而言，生活是为了喜爱之物而活。

前段时间，我送给自己一个让我感到无比满意的成人礼礼物——沙漠之旅。虽不是撒哈拉，但也给了我生命的力量。刚刚步入广袤的大漠，这死寂的沙海，雄浑，静穆，板着个脸，总是给你一种单调的颜色：黄色、黄色，永远是灼热的黄色。因为刚刚下过雨，我有幸在沙漠留下了坚实的脚印。当我用一天的时间，完成十公里的徒步，才明白，年轻时最有意义的，不是活在象牙塔中观望外面的世界，而是勇敢地离开象牙塔，去挑战这未知的世界。

跟当地居民聊天时，我问他们为什么会来到这里？有一个爷爷告诉我，为了守住这里，他愿一生与黄沙为伴。那一刻，我心头一热，幸福或许就是这样，头上有灿烂星空，心中有可爱之人，脚下有热爱的土地。无论在都市，还是大漠，守住一座城，留住一片沙。于他们而言，生活是为了固守这茫茫大漠而活。

那么作为青年的我们，又应该为什么而活？要我说，该是为了民族的伟大复兴而活！青年兴则国家兴，青年强则国家强。这是"长江后浪推前浪"的历史规律，也是"一代更比一代强"的青春责任。广大青年要勇敢肩负起时代赋予的重任，志存高远，脚踏实地，在实现中华民族伟大复兴的中国梦的生动实践中放飞青春梦想。中华民族伟大复兴的中国梦终将在一代代青年的接力奋斗中变为现实。

是的，生命，是为了民族的伟大复兴而活！

◇ 参赛感受

　　大学生活应当是青春昂扬、一往无前的，十分荣幸能有机会来到"悦读之星"这个舞台，是"悦读之星"给了我一个突破自我的机会，让我可以在阅读中体悟文字的魅力，在文字的组合拆解游戏中重塑文字的力量，把阅读和演讲坚持下去。在这里也遇到了很多优秀的小伙伴，希望我们都可以在今后的学习生活中永远如初生的雄狮，不怕，不认，不回头。

◇ 阅读寄语

　　阅读真正改变的是一个人的气韵，更具象和实际的，是改变一个人的心智结构。就像培根先生曾说，读书足以怡情，足以傅彩，足以长才。其怡情也，最见于独处幽居之时；其傅彩也，最见于高谈阔论之中；其长才也，最见于处世判事之际。"书中自有颜如玉，书中自有黄金屋"，读书是能够改变我们自身的一种生活方式，一种习惯。一切阅读的期待都在路上，一切书籍的下文都在彼岸，请坚信，每一次与文字紧紧相拥就是阅读的意义。

李筱睿

天津医科大学口腔医学院口腔医学（"5+3"一体化）
2018 级。于 2019 年 5 月参加书香天津·大学生校园"悦
读之星"评选活动决赛，荣获二等奖。

生命分外美丽，我们不必害怕
——读《医生的修炼》有感

牛顿曾说："我不知道世人怎样看我，但我自己以为我不过像一个在海边玩耍的孩子，不时为发现比寻常更为美丽的一块卵石或一片贝壳而沾沾自喜，至于展现在我面前的浩瀚的真理海洋，却全然没有发现。"十二三岁时的心性觉得作业能够拿到 A、成为班干部的一员，这些就是最美丽的贝壳，足够让我欢呼雀跃。可时间悄无声息地冲刷着我们每个人，那个只喜欢捡贝壳的我被一步步推到海的面前，抬起头，那些波光粼粼的是新的面孔、新的领域。当然兴奋了，也跃跃欲试要去发现"新的贝壳"。可没有那么容易，新奇之后是铺天盖地的落差感，酸涩与失落将想要去海面之下看看的勇气毫不留情地腐蚀，我变成了一个折叠的我。时间的匆匆流逝，我还是懂得努力的，却总是少点什么。这个我犹豫、胆怯，看到海面的波光粼粼也不敢去触摸，只是害怕自己伸出手的笨拙会让大海轻视。

　　这样黏糊糊的心思每个人都有过，是在你明明了解一件事却害怕太难，浅尝辄止的时候吗？是在你明明很想参加新活动却害怕出错而焦虑的时候吗？是你明明有很多想说的却因为没有被听见而沉默的时候吗？这，是那些被折叠的我们。这个我开始走一步看一步，不断安慰自己，无论怎么样，我依然可以去做那个只知道拾贝壳的我，这样也很好。高考之后，我报考了天津医科大学，因为医生救死扶伤，一身白衣多帅气。我会为自己多了解了一条医学知识而兴奋不已，为自己写出一个思路大纲而暗自高兴，却很少去思考医学代表什么，医生代表什么。

　　直到我读到《医生的修炼》这本书。书中的阿图医生是一名外科医生，他在不完美中探索着行医的真谛。结束医学生的苦读，进入行医生涯，从菜鸟到纯熟运用一把刀，这之间是不能简简单单用医学知识来填满的。医生将针管刺入病人体内，熟练操纵着他们体内的生物、化学等一切反应，打开他们的身体，这个过程看起来只需要掌握人体构造、生理反应。但当一名医生被推到奄奄一息的病人前，死神近得仿佛触手可及，医生见血的亢奋、脸上皱起来的眉头、担心出错的焦虑和坚定不移的信念，都在告诉你医学是如此复杂与不确定。很多次，阿图医生都说"手术能成功，完全是靠运气，简直就是一次在黑暗中的摸索"。当结果未知，当希望渺茫，你会放手一搏吗？当生命只有一次，当生命过分美丽，你会放弃吗？我突然就明白了那些曾让我感到无地自容的"波光粼粼"，都是每个人用力活着的证明。勇敢去面对那些自己害怕的，不放弃每一次生的希望，生命不会因为姿态笨拙而轻视你，相反，正是千姿百态才让它广博温柔。

　　医者，修炼自身，救人救己。当我们想到医学和它卓越非凡的神奇法力时，首先闯入的除了药物手术，应该是以人为本，是科学，是战胜脆弱和神秘的勇气，是去和痛苦对抗，是抓住那些不确定并全力以赴。生命需要呵护，健康促进发展。实现国民健康，是国家富强、民族振兴的重要标志，也是各族人民的共同愿望。医生修炼自身，国家设立医师节，提出"健康中国"，完善医疗体系，加强医疗科技创新；还有那些热爱生活的人们，这些都在告诉你我，生命过分美丽，不要只囿于尺寸桌隅，不要只顾拾贝壳而忽略大海，也不要因为在大海的广博面前黯然失色而只去拾贝。

无论白日下还是黑暗中的摸索，当鲜活的生命在你面前，有什么正在崩塌，有什么正在破土。将那个折叠的你释放吧，从现在去尝试，去用心看大海的起伏，去发现每一条专业知识背后的含义。生命如此美丽，医学如此神圣，我们不必害怕！

"你可曾动情地燃烧，像那颗不肯安歇的灵魂一样，为了答谢这一段短暂的岁月。"

◇ **参赛感受**

虽然距离"悦读之星"的比赛已经过去了五年，但我仍记得当时和在场的各位老师同学分享了以"生命过分美丽"为主题的读书心得，《医生的修炼》是一本很值得人们阅读的书籍。五年本科医学学习生涯弹指一挥间，在医学知识里徜徉的日子仍然闪亮而多彩，好像透过万花镜看世界，仁心、爱心指引着我继续前进。感谢"悦读之星"比赛带来的感动与收获！

◇ 阅读寄语

希望大家可以在当今繁忙的工作和快节奏的生活中依旧保持爱读书的习惯，让读书成为生活中不可或缺的一部分，丰富我们的精神世界。让书籍成为你连接这个世界的门票吧！

马　婧

天津师范大学教育学院 2017 级，现从事教育工作。喜欢阅读和书法，也热衷于用文字和语言表达所思所想。于 2019 年 5 月参加书香天津·大学生校园"悦读之星"评选活动决赛，荣获二等奖。

坚卓立教　无问西东

各位老师同学，大家好，我是马婧，来自天津师范大学教育学院。

自从学了教育学，身边总会有人问我，教育到底是做什么的呢？教课吗？那时候我突然发现，自己好像给不了他们一个贴切又完美的答案，于是我开始上网查，开始翻书，找到了一个官方的解释，教育是教育者有目的、有计划、有组织地传授知识技能，使受教者身心发展的活动。这个答案让我觉得满足又苍白。

于是我开始探索、寻找，读《西学东渐记》，开启留学之门的先辈给了我答案。中国留学生之父容闳、中国首批留美幼童，他们开启大门，迎接曙光。2018 年，在热闹的华尔街上，一位中国小姐姐正在用琵琶弹奏《龙的传人》，周围站着一群泪流满面的华人；2019 年春节，央视的快闪合集中，《我和我的祖国》音乐响起，旁边的华人热泪盈眶。他们当中，有不少为求学而走出国门的留学生。曾经听到一位留学美国的学生讲她的经历，她说刚到美国的时候，在课堂上提起中国，大家讨论的话题是人权、环境污染。几年后，她学成回国，谈起现在美国课堂上的中国话题，变成了请中国学生来讲一讲阿里巴巴、"一带一路"。我觉得感慨又骄傲，越来越多的海外留学生，选择学成归来，更有越来越多的外国友人，选择来到中国求学。在留学先辈与当代青年中，有外交家、建筑师、大学校长，为祖国鞠躬尽瘁。他们告诉我，坚卓立教，为了能做祖国的屏障和盾牌。

读《南渡记》，书中知识分子给我答案。时穷节乃见，七七事变后，读书人"我辈书生，为先觉者"的浩然正气给风雨飘摇的教育事业注入一剂强心针。报国心，遏云行。1938年的昆明，在战机频频轰炸的西南一隅，萌发出希望的种子。西南联大被比喻为流星，短暂却耀眼。看《无问西东》，第一次感觉心灵受到撞击，是"静坐听雨"一段，昆明的骤雨打在教室的铁皮屋顶上，声若雷鸣，教授一次次提高音量，学生们仍然听不见。教授索性在黑板写上四字："静坐、听雨。"然后坐下，肩头已被雨水打湿，他就那么坐着，眼神恬淡、从容，看着满屋青年学生。在昆明乡间的山沟里，浑身泥泞的师生，仍然能够从容地上课，地质学、哲学、文学……当敌机轰鸣而过时，大声朗诵泰戈尔的诗。这便是《南渡记》中知识分子的写照，亡国之际，长衣布衫的北平知识阶层所表现出的气节与品格令我震撼。即使在最困苦黑暗的岁月，教育也不曾被抛弃，它会被捡起，被擦拭，被奉于神坛。他们告诉我，坚卓立教，为了以浩然正气，护中华文脉。

我来自一座西北的城市，虽然只有二十余年生活经历，我却也在那里看到了教育事业翻天覆地的变化，从黑板到电子交互白板，从讲授到翻转课堂、合作学习，从新课程改革到长期发展规划纲要，我看到教育工作者在这条路上所做出的种种努力，也看到每一位开路人的不易。

坚卓立教，风雨无阻。感恩，有千万先辈开启传输世界文明的先河；感恩，有无数英雄在曾经的艰苦岁月负重前行；感恩，有祖国保驾护航，守护希望。当青年人充满了力量的时候，这，就是最好的中国。继往圣绝学，他日若能有幸成为一名教育工作者，定不辜负这时代。

◇ 参赛感受

如果让我推荐一个大学里最喜欢的活动给学弟学妹们，我一定会首推"悦读之星"。深刻的阅读感悟，精彩的灵感碰撞，纯粹的思想表达，这里是许许多多爱阅读、愿分享的青年人的聚集地。当自己的阅读体会经过一次次深入、沉淀、雕琢，最终开花结果的已经不再是一份简单的参赛作品，更是一次心灵的成长。有幸参与"悦读之星"并成为一颗"小星星"，感恩我的大学时代里，开出的这朵花。

◇ 阅读寄语

抬头可观文，低头能观心。读书是一件长效的事，读世界上的任何一本书都不能直接给人带来好运，但它会让你悄悄地成为自己，以认知的方式去探测世界的广袤。无论何人，无论何时，都需要循着浪漫微光探索自己的生命道路，而那些曾经融入血肉的文字，在岁岁年年里，终会成为迷途时披在身上的光。去做意气风发的青年，看山看海，也做理智勤思的青年，读书观文。吹灭读书灯，一身都是月，诸君共勉。

冀叶芃

中共党员，本科毕业于河北工业大学，研究生毕业于英国爱丁堡大学。本科期间，曾任河北工业大学理学院主持人、朗诵队队长，班级文艺委员。积极参与各类演讲朗诵赛事，曾获河北省经典诵读大赛一等奖。于2019年5月参加书香天津·大学生校园"悦读之星"评选活动决赛，荣获二等奖。

忠歌一曲忧天下，浩然正气满神州

——读《苦难辉煌》有感

为什么，深重苦难中的中华民族总能够浴火重生？为什么，荆棘前行的中华民族总能够创造辉煌？从万里长征的慷慨悲歌到浴血抗日的英勇壮烈，从两弹一星的隆隆回响到嫦娥探月的自豪喜悦，激励中华民族不懈奋进、砥砺前行的正是爱国主义的伟大光辉。在书的开篇，金一南老先生这样写道："我们曾经是奴隶。否则不会有从1840年到1949年中华民族的百年沉沦。我们也拥有英雄。否则不会有从1949年到2050年中华民族的百年复兴。"而今天，我便通过这一篇篇饱含深情、激荡人心的不朽诗篇，来阐释《苦难辉煌》这本书中伟大的爱国情怀。

南宋著名爱国诗人陆游的这首诗，题为"金错刀行"。诗中无论是"丈夫五十功未立"的喟叹，还是"意气相期共生死"的表白，无论是"一片丹心报天子"的誓词，还是"岂有堂堂中国空无人"的宣告，无不是以诗人的民族自豪感和正义必胜的自信心为底蕴。这种光鉴日月的爱国主义精神，正是中华民族浩然正气的体现。这，就是封建士子的爱国情怀。

"祖国沉沦感不禁，闲来海外觅知音"，这是秋瑾此行日本的缘由。"金瓯已缺终须补"，那时列强瓜分中国，堂堂礼仪之邦，却是衣冠委地，词人一拍桌案，声音陡然一扬："为国牺牲敢惜身？"一句反问，慷慨激昂，掷地有声。"休言女子非英物，夜夜龙泉壁上鸣"，把秋瑾以身许国的决心和敢做雄飞的魄力，展现得淋漓尽致。这，就是革命志士的爱国情怀。

《沁园春·长沙》这首词，是伟大领袖毛泽东与祖国大好河山的心灵感应和魂魄沟通，更是时代驭手面对漫漫征途的精神标高与终极追求。"怅寥廓，问苍茫大地，谁主沉浮？"——这，就是伟大领袖的爱国情怀！

一首首爱国诗歌，一座座历史丰碑。一代代血脉传承，一个个梦想起飞。让我们像书中说的那样："勿忘昨天的苦难辉煌，无愧今天的使命担当，不负明天的伟大梦想。"筚路蓝缕，国家担当；救图存亡，兴邦自强！

◇ **参赛感受**

- -

　　时隔四年，2019年夏天的那场比赛仍令我记忆犹新。感谢"悦读之星"这样一个平台，让我展示锻炼了自己，同时也让我不断发现自己的不足，得以成长进步。我虽不记得那位选手的名字，但她的演讲却如同在炎热夏日钻入人心底的一股清流，冷静、克制，却又那么深入人心，让整个燥热的会场立马安静清爽了下来。和其他人激昂慷慨的演讲形成鲜明的对比，仿佛四两拨千斤，不动声色，赢得了全场的震撼。那是我第一次认识到，原来演讲还有这样一种形式。以文会友，以友辅仁，有幸到此，与有荣焉。

◇ **阅读寄语**

- -

　　阅读不仅仅是一种娱乐活动，更是一种精神上的探险。在书籍的世界里，我们可以学习新的知识，发现新的观点，以及感到作者对生命、人类和世界的深刻理解。通过阅读，我们可以获得无数的启示和指导，为我们的人生增添色彩。在这个充满喧嚣和嘈杂的世界中，让我们抽出一些时间，坐下来，沉浸在阅读的世界里。无论你喜欢的是小说、诗歌、历史、哲学还是其他的文学体裁，让文字的魔力带领你进入一个全新的境界，探索未知的领域，丰富自己的内心世界。愿你的阅读之旅充满启发和愉悦，为你的人生增添无限的价值和意义。

孙　颖

天津工业大学广播电视编导专业 2018 级，曾任天津工业大学人文学院辩论队队长、校辩论队副队长。于 2019 年 5 月参加书香天津·大学生校园"悦读之星"评选活动决赛，荣获二等奖。

一隅一巷，诗意栖息

各位老师，各位同学，大家好。

我是来自天津工业大学的参赛选手孙颖，今天我有幸为大家演讲的主题是"新时代，新阅读"。一隅一巷，诗意栖息。读书，这样一项朴素的实践活动，在当下时代，究竟该有着怎样弥足珍贵的价值？邹静之在创作剧本《一代宗师》时，把尘世间事物的意义分为三重境界：见天地，见众生与见自己。适逢新中国成立 70 年，今天我尝试着从这三个维度，为大家诠释一下新时代读书的价值。

第一重境界是见天地，之所以说读书让我们看到天地，是因为它让我们"既能看到世界的边界，又能穷其一生看不到世界的边界"。"看到世界的边界"，指的是我们能通过读书在纷繁的人世间守住道德的底线，知晓万物的尺度。4 月 15 日，巴黎圣母院起火，代表着法兰西艺术文明最高成就的巴黎圣母院大面积被烧毁。那天我晨起看到新闻时，为蒙难的文明而心痛。可当我打开微博，却有些不和谐的声音。如果他们读过《巴黎圣母院》，明白雨果先生笔下卡西莫多撞钟人的坚持，他们是不是就能认识到艺术与文明是整个人类共同的成就。读书，让我们在纷繁的人世间具备一双清晰的眼瞳和长在自己脖颈上的大脑。

而"看不到世界的边界"，指的是通过读书能够让我们在自由意志的感召下，宕开许多人生新的象限。某一个假期，我和身边几位共同爱好文学的朋友相约登泰山，在玉皇极顶一路吟诗作对，窥探那里一地细碎的文化。我们承受痛苦时会想到"十年生死两茫茫，当时只道是寻常"，我们感慨岁月不永时会说"欲买桂花同载酒，终不似，少年游"，我们碰上山雨欲来时会说"莫听穿林打叶声，何妨吟啸且徐行"，读书让我们变得自由，让我们把对书的喜爱抬起到了山巅之上，植入到了我们心中。

第二重境界，见众生，指的是我们能通过读书感受万物的疾苦，看见世间的苍生。我是一个辩手，支撑我辩论的源泉，是书带给我的知识。我们之所以会对战争有深刻的体会，是因为我们在《西线无战事》中读到"死者的遗嘱不是报仇，而是永远不再有"；我们之所以会守护艺术，是在杨绛先生翻译的兰德的诗句中知道了"我爱大自然，其次是艺术"，是读书让我们看到了芸芸众生，变得有血有肉。

第三重境界是见自己。"认识你自己"是人类永恒的使命。我有时晚上睡觉前会抄一会儿经书，《心经》里的文字，让我在一次次入寐前审视我自己，认识我自己。壮丽 70 年，奋斗新时代。在新中国成立 70 年来临之际，读书在新时代有着弥足珍贵的价值。我发现当今时代，"读很多书""有文化修养"和"能把文化修养内化为自己的行动"是三件不同的事，唯有把文化修养润泽到行动中，才能发挥读书在新时代的价值。

木心先生在《云雀叫了一整天》中写道，"岁月不饶人"，而阅读让我们打破绝对时空观的囚圄，做到下一句"我亦未曾饶过岁月"。我的演讲到此结束，谢谢大家的聆听。

◇ **参赛感受**

世事倥偬，那场比赛已经是几年前的事。但我仍然记得，作为观众的我，认真倾听过其他选手的讲述：有西南联大的情怀，有不同学子的家国期望；作为选手，我讲述过我的故事，我说我们要相信阅读，相信能在世间诗意栖息。感恩我的尹老师像伯乐一样发现了并不好的我，给了我很多的支持和感动。一切像是一场梦，离开这场梦后，我带着这些感动，走入了真实的生活中。我们曾一起对抗这个世界，直到与真实的生活狭路相逢——这是一件多美好的事情啊。在生活的泥圩里，我们升起了星星。

◇ **阅读寄语**

阅读是一件很幸运的事，很幸运自己是一个深受阅读恩惠的人。阅读让我见天地：认识到天地的广大，保持人生无限的可能性，怀抱探索的精神。也让我见众生：会深深地让我秉持善念与良知，对这个世界上的少数派保持尊重与共情，很多远方的人们开始与我有关。同时它开始让我看见自己：甚至是不那么好的自己，是一半又一半的自己，让我知道人性的复杂，却仍然会思考如何怀抱善良生活，继续做我自己。新的朋友们，欢迎来到这里的世界，欢迎来探索自己的伊萨卡。

杨一帆

天津农学院旅游管理 2017 级，从小作为主持人和学校演讲比赛必选学生参与众多比赛，经验丰富并多次获得市级奖项和国家级奖项。于 2019 年 5 月参加书香天津·大学生校园"悦读之星"评选活动决赛，荣获二等奖。

《四世同堂》之外的热血中国

尊敬的各位领导老师，亲爱的同学们，大家下午好。今天我演讲的题目是"四世同堂之外的热血中国"。

首先我想要跟大家介绍一下《四世同堂》这本书。这本书的作者是老舍。这是一部百万字的鸿篇巨制，以至于我刚刚拿到手的那几天，总是把它当枕头。但是，当我真正地走到章节中去时，我意识到，我竟然把整整一个时代、一个社会枕在了脖子下面。没错，它值得这么高的评价。

战争是一台人肉收割机，战场上血肉横飞，沦陷区哀鸿遍野。老舍先生笔下的这则故事发生在北平，但是北平却并没有因为这个"平"字而得到和平。北平不平。

1937 年七七事变，日军的铁蹄践踏着古老的北平。小羊圈胡同十几户居民的平静生活就此打乱。身为四世之尊的祁老太爷是一位倔强、正直，令人尊重的长者；八国联军打进北京的阅历，使他懂得了国家民族大事上的是非、爱憎。儿子祁天佑上敬父母，下佑子孙，是一个正派的生意人，结果却反受日本人敲诈勒索，游街示众，被逼投河自尽。长孙祁瑞宣，是一位中学英文教师，师德让他明白，即使在极端困难的条件下也坚决不为日寇做事。而全家的宝贝，祁老爷的曾孙女儿妞妞，在日本投降前夕被活活饿死。小羊圈胡同的其他人或抗争，被出卖，或苟且偷生、认贼作父；有人被屠杀，有人被逼疯……这条胡同发生的一切，成为中华民族英勇不屈的缩影。一个民族落后，将会遭到怎样的结局，我想，这也正是老舍先生想要告诉我们的。

可能有些人会认为：我和他们不一样，我生活在一个和平年代，我只要管好自己的发展就可以了，没有必要时刻惦记着国家的兴衰。是这样吗？

国破家必破，这是我在《四世同堂》中看到的一个道理。小说本来说的是一个家族的荣辱与兴衰，而在老舍先生的笔下，它成了国家命运的一个时代投影。"覆巢之下，安有完卵？"一个四世同堂的大家族尚且在战争中走向瓦解，更何况那些千千万万的小家和小我呢？弱国无强家，我们只有把个人的荣辱、家族的兴衰和国家的命运系在一起，才能真正地求得生存之道，真正地求得民族复兴！

我们民族，即使带着鞭痕，也能顽强地生存；我们国家，即便身携创伤，也能立足世界之林；中华儿女，即便鲜血淋漓，也能傲世独立，重振民族之魂！

同学们，我们不是生活在和平年代，而是生活在一个和平的国家！叙利亚的居民们整日都在饱受战火的袭击，而身为中华儿女的我们，在祖国的庇护下，安康太平。也许中国的护照现在还不能带你去世界上任何一个地方，但是当灾难和战争来临的时候，相信我，它能从世界上任何一个地方，带你回家！

谢谢大家！

◇ **参赛感受**

　　作为一名普通的大学生,首先我认为这个平台是一个很好的交流机会。众多高校的学生能够通过"悦读之星"这样一个舞台来展示自己并分享自己读书的感受和对人生的感悟,对于大学生自己而言,这是一个很好的交流平台,同时对于图书本身的文化传播价值而言,这也是十分值得推崇的。快节奏的生活中,人们越来越多地依靠视频音频乃至电影、电子书去了解文化,很少能有人愿意静下心来感受纸质文化带来的书墨香气。但这场活动的出现,让我们重新感知了书本文化的底蕴,并且让我们在慢下来的节奏中找到属于自己的人生感悟。

◇ **阅读寄语**

　　很喜欢老舍先生在《四世同堂》中描述的一句话:"人是活的,要见机而作,不能先给自己画好了白线,顺着它走!"本人现在任职的工作是一个随时拥抱变化的工作,这意味着要随时接受变化并迎接挑战。正如老舍先生的启发,人的一生很长,如果提前给自己画好了白线,那这一生注定乏善可陈。我喜欢具备挑战的生活,不断地跳出生活规划的白线,去见识更好的山川和自己,去感受书本里描述的万里山河。读万卷书,行万里路,感谢文化给予的涵养,让我的人生拥有无数的可能。

王 霄

中共党员，天津中医药大学中医学八年制 2017 级，曾获国家奖学金、校"十佳大学生"奖学金、"天中之星"奖学金、连续四年校一等奖学金、勇搏励志奖学金，获评天津市优秀学生、三好学生、校优秀共产党员等荣誉称号。于 2019 年 5 月参加书香天津·大学生校园"悦读之星"评选活动决赛，荣获二等奖。

怀尝惜今，追梦今朝

风雨砥砺，岁月如歌。我们迎来了新中国成立 70 周年，又恰逢五四百年，在这样一个具有历史意义的节点，我思古人，实获我心。

卡夫卡曾写道："我们只该读会咬痛、螫刺心灵的书。书如果不能让人有如棒喝般震撼，何必浪费时间去读。"罗家伦先生所著的这本《逝者如斯集》给我的触动恰如卡夫卡所描述。阅读此书，灵魂着实有如被螫刺之感，久久不能平静。

罗家伦先生是五四运动的健将，《新潮》的发起人之一。本书是罗先生的一本怀人录，书中辑录其忆往思故之文字三十余篇。其中涉及政治的英杰，记述了学术的群体，统归于五四的精神，指向着近代中国的变迁。

读这本书好像是泛舟于时间的洪流之中，一重一重世间的层峦叠嶂激湍奔涛,在我们民族的生命中经过。这段时间是历史上一个极不平凡时代的新序幕,而先生们临大节而不可夺的风格,威武不能屈的傲骨,潜心修学、发愤忘食的精神在动乱中显得愈发耀眼夺目,那是一种可以跨越时代的,无形而伟大的感召力量。

回首往昔,风雨飘摇,内忧外患的近代中国,洋溢着爱国热情的青年们不畏列强,前仆后继,用满腔热血和钻研实干为振兴中华民族而努力奋斗。着眼当下,那时有志之士们的真知灼见,依然为我们当代青年所受用。

在学术研究方面,我犹记书中蒋梦麟先生的一句话:救国之要道,在从事增进文化的基础工作,而以自己的学问功夫为立脚点。是的,空谈误国,实干兴邦。我们应谨记于此,志存高远,脚踏实地,着眼于当下,刻苦钻研,勤于探索,不迟于空想,不骛于虚声。

在大学教育方面,罗家伦先生指出:"大学生应当有大学生的风度。体魄健强,精神活泼,举止端庄,人格健全,便是大学生的风度。不倦地追求真理,热烈地爱护国家,积极地造福人类才是大学生的职志。"此等良言可以跨越时间的阻隔,应为我们牢记于心,且践行于身。

人是创造历史的原动力。逝者如斯,忆往思故,通过阅读了解前人在动荡中求学之不倦,风骨之峻峭,眼光之长远,从而见贤思齐,不断自省。

从 1949 年起,70 年来,新中国以令世界惊叹的速度生长着,如今的祖国如竹苞矣,如松茂矣。在这一中国速度的背后,是几代青年人的无私奉献,勇敢创新。因此,作为新时代的青年,我们应不负前贤之努力,继往开来,将自己的梦想与实现中华民族伟大复兴的中国梦紧密相连。

忆往昔,先辈青年无畏向前,看今朝,吾辈追梦奋勇争先!

◇ 参赛感受

在每天往复于教室和各类赛场的忙碌时光中，我最私密而放松的时刻都夹在厚厚的书籍里，所以当我站上"悦读之星"评选的舞台上时，一点也不觉得紧张和慌乱，我似乎变成了那样一本书，有被指尖无数次摩梭的书脊，散发着淡淡的墨香，舞台上的灯光把我封面上烫金的书名照亮，我与"读者"共享喜乐哀伤。比起赛事那更像是一场书页纷飞间思想与情感的聚会，他们说阅读世界是为了更好地"悦读"自己，阅读自己是为了更好地"悦读"世界。

◇ 阅读寄语

"我害怕阅读的人。一跟他们谈话，我就像一个透明的人……一本一本的书，就像一节节的脊椎，稳稳地支持着他们。"或许读书并不是让人站得更高，看得更远，而是为了思考和洞察。书籍更像是一个放大镜，让人更细致全面地去审视生活。读书、自主读书、终生读书，跳出舒适圈，和伟大的灵魂对话。真正的阅读，是知行合一，是知命不惧，是日日自新，是一把斧凿利刃，能一次次劈开我们冰冷、傲慢、自恋与自怜的内心。

尚宇菲

中共党员，天津大学教育学 2018 级硕士生，天津大学教育学院博士，于 2019 年 5 月参加书香天津·大学生校园"悦读之星"评选活动决赛，荣获二等奖。

说"涵"：寡言君子的时代斯文

——读《西南往事》

一位校长，两座城市隔海峡，三生有幸栽得水木清华，两所高校溯同源。被称作"清华大学终身校长"的梅贻琦，不仅创造了清华大学的黄金时代，而且在危难之际主持西南联大校务、办学成效卓著，使西南联大做到"绝徽移栽桢干质，"并且"复神京，还燕碣"。梅贻琦因治校才能、人格涵养而受到名家政要异口同声的赞美，甚至被誉为时代圣贤与社会斯文的象征，这主要体现在以下方面。

涵养：谦谦君子，温润如玉。涵养指学问、道德上的修养。作为西南联大的掌校人，梅贻琦的涵养体现在无私奉献，他秉持和谐的思想，主持校务时顾全大局，公平公正；体现在淡泊谦逊，他坚持"吾从众"的民主作风、从不以"领导核心自居"；体现在他的廉洁律己，他虽为政要却不恃权享乐，与西南联大师生在边陲同甘共苦。

涵容：兼容并蓄，海纳百川。涵容即包涵、宽容。梅贻琦治校举措中，教授治校与学生自治的民主管理方法是对于师生在校园中主体地位的肯定，学术自由则是对师生多种多样的思想兼容并包。在时局动荡时期，他总是以勇气、耐心、信心和智慧，用自己的巧妙周旋来保护西南联大师生的周全。

涵肆：躬耕实干，行胜于言。涵肆，取潜心竭力之意，是梅贻琦尽心于教育事业的写照，他始终秉承"行胜于言"的理念，爱干实事，肯干难事，能干大事，是知行合一的典范。从学成归国任教、掌校清华，到掌校西南联大，再到清华原子科学研究所的创建与发展，都是他对"生斯长斯，吾爱吾庐"的身体力行，也是他潜心竭力发展教育的见证。

涵衍：水木清华，源远流芳。涵衍即包容延续，在逻辑学上有推出、导出、继承之意。在此用涵衍来解析梅贻琦治校措施的意蕴，是分析梅贻琦在西南联大推行的治校措施对于在这里学习的学生所产生的影响，既包括西南联大整体自由民主的大环境产生的熏陶，又包括梅贻琦自身对学生产生的潜移默化的影响。

西南联大的成功经历是多种偶然因素整合出的特殊现象，是"一代之盛事，旷百世而难遇"。透过梅贻琦的治校理念及其体现出的人格魅力，我们可以从联大治校方式和精神赓续等角度总结经验并加以改造和实践。同时也要注意，在探索史料中西南联大遗风、体会大学的应然状态时，当以此为激励，因地制宜地探索发展路径，而非幽怀追远或是厚古薄今。着眼当前、鞭策自身，在新的时代背景和语境中不断自我提升、不懈思考探索，才是真正为国家、为社会做有益之事的方式。

◇ 参赛感受

　　2019 年是梅贻琦先生诞辰 130 周年。彼时我作为研究生一年级的学生，以初学者的身份进入高等教育学研究领域。带着对教育家的敬重和对教育史的兴趣，我阅读了有关西南联大的书籍，其中有一本就是梅贻琦先生的日记汇编《西南往事》。在书香天津的比赛舞台，我有幸以撰写书评和讲演汇报的形式致敬先贤。感谢主办方提供的平台，感谢天津大学图书馆的赵老师、王老师和秦老师对我的参赛指导。

◇ 阅读寄语

　　读书是一个以文字为中介的"对话过程"：其一，我与历史的对话，文字是历史经验的累积或历史叙事的呈现，阅读就是在当下通过文字理解历史。其二，我与作者的对话，文字是作者观点和体验的载体，阅读就是回溯作者的经历和心境并与之共鸣共情。其三，我与自己的对话，阅读就是将文字转化为思考和体悟嵌入自己的内心世界，在反思与追问中进行自我提升。由此掩卷之后便可以史为鉴、以人为镜、叩问内心，不断开阔眼界、精进能力。

马　进

中共党员，现任天津市武清区城关镇后庄村党支部副书记，天津大学仁爱学院法学系 2018 级，多次获国家级、省级演讲朗诵类赛事奖项。于 2019 年 5 月参加书香天津·大学生校园"悦读之星"评选活动决赛，荣获二等奖。

一位烈士对母亲的诉说

大家好，我是来自天津大学仁爱学院的马进，今天我演讲的题目是"一位烈士对母亲的诉说"。

不久前，偶然得知，由部队作家李存葆所著的中篇小说《高山下的花环》被评为"中国改革开放四十周年最有影响力小说"。

该小说以对越自卫反击战为背景，描写了云南边防部队某指导员在战前、战中、战后的生活，战争后，烈士们被葬在中越边境的山岳丛林中，后人为他们献上了高山下的花环。在这场战争中，有一位 18 岁的少年烈士，被埋葬在这里。可是他的母亲却始终不相信儿子牺牲的事实，直到 20 年后，他的母亲第一次来到墓地才含泪相信了这一切，这让我想起了《妈妈，我等了你二十年》这首诗中英雄的灵魂对他白发母亲的诉说。

妈妈！妈妈是你吗？那一定是你，我好像又听到那熟悉的脚步声，看到了您因为思念而多生的白发。

妈,您知道吗? 您的儿子,一个刚满18岁的儿子,是在捍卫祖国领土的战场上,迎着敌人罪恶的子弹倒下了。妈,我跟你说,我倒下的时候,我的枪刺都是指向敌人阵地的那边的。我多想向你证明,我,作为一个军人,没有给你丢脸。

妈,您的哭声是那样辛酸,妈你别哭,儿子没有怨你啊,想我的时候就抚摸那枚勋章吧,就像小的时候抚摸我的脸庞一样啊。

妈妈,即使时光倒流20年,我还要做军人,妈,我不求别的,我只求下个清明我的妈妈能够再来抚摸我的墓碑,因为我的妈妈没能再剩下多少20年了。

2018年3月2日凌晨2点,故事中的烈士母亲度过了她人生中的最后一个20年,再也不用和儿子阴阳两隔了。我的母亲今年50岁了,每次离家的时候,母亲总是叮嘱我很多,我总是觉得妈妈很烦,但是看完这个故事后,我就在想,我的妈妈还剩多少个20年呢,我还有多少机会与母亲促膝长谈呢?

18岁的我们生活在一个和平的年代,不需要再担心战争的威胁,而18岁的赵占英却在老山对越自卫反击战中献出了自己的生命。我仍然记得书中梁三喜说的:"中国是我的,也是你们的,"在新中国成立70周年之际,我们更需铭记历史,珍爱和平,做新时代的爱国者。因为,中国是我们的! 让我们向英雄致敬,向孕育英雄的伟大母亲致敬!

我的演讲完毕,谢谢大家。

◇ **参赛感受**

"悦读之星"可以说是我大学演讲生涯的一个起点，从这里出发，开启了我大学的演讲朗诵赛事生涯。"悦读之星"给了我很大的自信和勇气，让我能够不断地挑战和突破自己，我也从这次比赛之中进一步领会到了阅读的意义，阅读让我在面对困境时思考得更加全面，心态更加的平和，我能更好地感悟生活，又能用生活中的感悟去读书，它也让我在今后的演讲中能够赋予文字更多的灵魂，在这一过程中，我发现我能感染更多的人去热爱读书，感悟生活，我想这就是阅读的魅力所在吧。

◇ **阅读寄语**

读书带给了我们什么？两千多年前塞涅卡就说过，我们何必为人生的片段而哭泣，我们整个生命都催人泪下，催人泪下的不仅仅是坎坷，更多的是生命的壮阔。每一个生命都有追求极致绽放的权利，即便我不美，不富裕，甚至我不健全，但是我的内心是丰盈完整的，当我们走近一个强大又柔软的内心世界的时候，我们既是在看别人，也是在看我们自己，这不仅仅是一个读书的过程，也是一个读人的过程，我们也许物资匮乏，但是读书让我们的灵魂野蛮生长。

陶梦瑶

　　2021 年 6 月毕业于天津理工大学中环信息学院，热爱文学、音乐，从小参加各类演讲朗诵比赛，经历丰富，于 2019 年 5 月参加书香天津·大学生校园"悦读之星"评选活动决赛，荣获二等奖。

有月相随，梦想花开

　　董卿曾在"朗读者"的某一期中，朗诵过这样一段话：青春是用来奋斗的，不是用来挥霍的。只有这样，当有一天，我们回首来时路，和那个站在最绚烂的骄阳下，曾经青春的自己告别的时候，我们才能说，"谢谢你，再见"。

　　接下来就请大家随我一起走进英国小说家毛姆的《月亮与六便士》，走进主人公思特里克兰德，满地都是六便士，他却抬头看见了月亮。

　　小说里，思特里克兰德发出了一句灵魂质问："做一个有名的外科医生，娶一位人人美慕的漂亮妻子，有一份收入丰厚的工作，这难道就是所谓的成功吗？"而他，本来就有这样的人生。可是，某一天，他在桌子上留下了一张纸条，然后神奇地消失了。

　　他去了法国，他的妻子、朋友、同事都以为他在外面有了情人才抛妻弃子。其实，他只是人到中年，突然从那种标配人生里醒了过来，从世俗的枷锁中挣脱了出来，他发现这并不是自己想要的人生，于是，转过身去，他要寻找属于自己的月亮。在那个远离工业文明的小岛，他像是找到了内心的某种平静，一如既往地将全部精神、心力和热情都投入绘画创作中。在临死前，他拖着沉重的病躯终于完成了他最满意的创作。然而，他对待自己作品的方法是"用火烧了它"，他不期待死后留名，他的月亮从始至终都只是绘画本身而已。

有的梦想，想着想着，就忘了，而有的梦想，明知前途坎坷，也会义无反顾地、坚定地不断靠近。

看完这本书，我想到了我姐姐，她也执着、坚定着她的月亮。她的绘画天赋像是与生俱来的。她在努力工作和考研的过程中，从未放弃过自己深爱的绘画艺术。是的，月亮和六便士不该是一个选择题。有多少人能像思特里克兰德一样为追逐梦想，上穷碧落下黄泉，又有多少人仅仅是抬头望一眼月亮，又马不停蹄地追逐六便士？然而，这本书告诉我，人除了眼前的苟且，还要有诗与远方。在庸常的物质生活之上，还有更为迷人的精神世界，这个世界就像头顶上夜空中的月亮，它不耀眼，却散发着宁静又和平的光芒。我们生活在残酷的现实里，但我们也不能停止梦想，不要身在碧海深处，让蓝天变成了回忆。我不会像思特里克兰德那样放弃六便士，为了月亮不顾世俗抛下一切。但我会和我姐姐一样选择六便士的同时，不停止追逐我的月亮，即使不能实现，我的内心也会坚定如初。这世界从来不是通过多数与少数来判断对错，更不该以自己站在多数的那一面而扬扬得意，如果你与世界不一样，请给自己多一分勇气，多一分坚定，用你的"疯狂"抓住你的月亮！

趁现在还年轻，趁我们还青春肆意，去读毛姆吧，去看看查尔斯们的过去、现在和未来，再选择自己的人生！让世间所有的美好，都不被辜负！

谢谢大家！

◇ **参赛感受**

- -

　　"悦读之星"的舞台可谓群英荟萃,各美其美。前期准备漫长、枯燥,却充满了紧张与期待,从学校里的层层选拔,再到站在舞台中央感受聚光灯,此刻的自己就是世界的中心。耳边没有声音,眼前没有景象,沉浸在故事的叙述中,陶醉于内心的想法中,没有束缚,没有羁绊,只有对这本书的热爱与"独到见解"。"悦读之星"的舞台给了我展示自己的机会,也给了我超越自我的勇气,是一次非常有意义且值得纪念的体验。

◇ **阅读寄语**

- -

　　时光总像林花谢了春红,脚步太匆匆,在追寻梦想的路上,何妨吟啸且徐行。每个人都有自己的梦想,我也相信大家正在追逐梦想的路上奋力前行,或许坦然,或许迷茫,或许无措。书中自有答案,书中自有黄金屋,书中自有颜如玉。都说"读书破万卷,下笔如有神",从今天开始,多读书吧,读一读书中的长安花,读一读书中的大漠孤烟,读一读书中的小桥流水。青春短暂,却如烟花般绚烂,总要在"读万卷书""行万里路"中逐渐成长。愿学弟学妹们都能在书中汲取力量,在人生的舞台上大放异彩。

李垠萱

2022 年毕业于南开大学滨海学院。曾多次参与阅读推广活动，创立的"领读——当代青年阅读行为习惯提升计划"项目致力于为青年搭建更清晰、准确的阅读社群。于 2019 年 5 月参加书香天津·大学生校园"悦读之星"评选活动，获得二等奖。

颂《青春之歌》，展青春风采

尊敬的各位评委老师、亲爱的同学们：

大家好！我是来自南开大学滨海学院的李垠萱。今天我演讲的题目是——"颂《青春之歌》，展青春风采"。

我是一名"00 后"，刚刚踏入大学校门时的你们是否也像我一样常常在想该如何度过大学四年？怎样才算不负韶华？怎样谱写如歌曲一样悠扬的青春旋律？你是否也像我一样探求、思索过青春的意义呢？今天，我向大家推荐的书籍是杨沫的《青春之歌》。在这本书中我找到了"青春之问"的答案。

《青春之歌》是一本带有一定自传色彩的书，以九一八到一二·九这一历史时期为背景，正如作者杨沫在书中所说——"我的整个幼年和青年的一段时间，曾经生活在国民党统治的黑暗社会中，受尽了压榨、迫害和失学失业的痛苦，那生活深深烙印在我的心中，使我时常有控诉的愿望"。在那时，社会极其动荡，日本军队的大肆侵略和卖国政府的不抵抗，使一些人的信仰开始动摇了，有人不问政事，有人灯红酒绿，也有人攀炎附势。这，是最坏的时代。国难当头，爱国青年在对政府失望的情况下开始自发组织救亡图存运动，"为生民立命，为万世开太平"，那个时代，爱国青年演绎了最"燃爆"的青春，展现了最热血的担当！

作为一名成长在新时代的青年人，享受着知识的滋养，自由的浸泡。当我们自由自在地在操场上奔跑时，可否想到，八十多年前，同为青年人的他们在做什么？奔跑，是的，和我们同样在奔跑。不过，我们是在绿茵场、塑胶跑道上奔跑。而他们，那些前辈是在大街上奔跑，在车水马龙间奔跑，在大刀间奔跑，在那些罪恶的卖国贼间奔跑。我们是为了自己的幸福，而他们心中"无我"，是为了全民族的幸福！说到青年，最具代表性的便是五四运动了。百年里，五四精神激励着一代代的青年。习近平曾勉励青年"得其大者可以兼其小"，"小我"同"大国"本应同声相应、同气相求、同命相依。"国家不可一日无青年，青年不可一日无觉醒"，100年前如此，当今亦如此。

说说我自己吧，我成长在八一军旗下，父亲是部队中的一名军官。在家里，父亲也经常给我讲部队的"三大纪律，八项注意"，依稀记得小时候在父亲的带领下进入装甲车时的热血沸腾，更记得担当国旗升旗手时的激情澎湃。我想这大概就是传承于血脉中的青春之情吧。同学们，朋友们。不再回头的不只是那古老的辰光，也不只是那些个夜晚的星群和月亮，还有我们流逝着的青春。青春是什么？难道是整日沉迷于网络游戏、短视频中吗？难道是无休止地追名逐利、追求骄奢淫逸的生活吗？难道是甘愿虚度光阴、做一个所谓的"佛系青年"吗？我想说：我们青年拒绝平淡，告别无为。请祖国放心，吾辈当谨记历史，自强不息；吾辈必当勤勉，持书仗剑耀中华！愿以吾辈之青春，护卫这盛世中华！新时代的青年们，让我们共同铭记历史所启示的伟大真理，正义必胜！和平必胜！人民必胜！

◇ **参赛感受**

能站在"悦读之星"的舞台上，首要感谢图书馆的老师们，感谢他们坚持不懈地走在阅读推广的道路上。在活跃的校园中为同学们搭建了一个能够枕典席文的安静角落。读书不难，但从阅读到"悦读"之间却横隔千山万里，"悦读之星"给读者们提供了交流思维和情感的平台，将更多的好书传播向更广泛的维度。我们都是读者，我们也都是阅读推广人。阅读推广，一直在路上。

◇ **阅读寄语**

曾看过一家书店的题词：读无用的书，做有梦的人。书分有用和无用，有用的书关乎生计，无用的书关乎心灵。读书养心性，读本入心的"无用"书，就像是汩汩清泉滋润荒漠，枯藤攀上花枝。城市病里，尘世喧嚣，生活琐碎，只有到书馆去，到书中去，彼处安静的才有巍峨高山，潺湲流水，鼓乐钟声。捧本好书，能带杯淡茶更好，肆意躲在角落，忘忧、忘物、忘我，这才是最惬意的归处。

路 雯

中共党员，天津科技大学法政学院 2018 级本科生，现为西南大学 2022 级硕士研究生，热爱阅读和演讲，多次参加各类演讲朗诵比赛并取得优异成绩。于 2019 年 5 月参加书香天津·大学生校园"悦读之星"评选活动决赛，荣获二等奖。

诗词入梦，处处梅花
——读《几生修得到梅花》有感

尊敬的各位评委老师，亲爱的同学们：

大家好，我是来自天津科技大学的路雯，今天我演讲的题目是"诗词入梦，处处梅花"。

十年无梦得还家，独立青峰野水涯。
天地寂寥山雨歇，几生修得到梅花。

此诗为南宋末年谢枋得《武夷山中》，也是今天我为大家分享的这本《几生修得到梅花》书名的由来。提到中国诗词大会，想必大家都会想到陈更吧。一袭蓝衣，如空谷幽兰的她在这个节目上的表现从容优雅，绣口一吐便是锦绣篇章。一颗诗心让她闪耀夺目，也让她蟾宫折桂。

作为北大工科女博士，却不忘潜心研读诗词。陈更在参加诗词大会期间，撰写了《几生修得到梅花》，我将它带到书案，甫一开卷，便觉一个熟悉又温暖的灵魂向我招手。书分上下篇，上篇鉴人，下篇品文，记录了她的读诗心路。从古至今，多少诗词名篇在评论家笔下被反复品鉴，但陈更以自己细腻的情感为每首诗词注入了灵魂，在这条前人走遍的路途上另辟蹊径，读来风姿别具，新人耳目。

在上篇两个时空的邂逅中，我们跟随陈更带着少女情怀的诗意灵魂窥探到先贤墨客的心灵深处。梦回大唐，与"诗仙"纵酒。提到李白，想必大家想到的都是"且放白鹿青崖间，须行即骑访名山"的豪迈奔放、清逸超脱。但大家是否感受到了他的疲惫和英雄梦想呢？"戍客望边色，思归多苦颜。高楼当此夜，叹息未应闲"。李白凭诗仙之心，与明月清风对饮，仰视宇宙之深远，俯植根基于大地。俯仰之间，悲欢离合而已。陈更眼中的李白，是不需要梦想的，他已经把自己活成了梦想，带着大唐的气势风貌一起，永垂不朽。此外，陈更领我们与快意恩仇陆放翁、戎马倥偬辛弃疾等灵魂相交，跨越遥远的时空，使这些陌生的形象跃然纸上，与我们把臂交游。而在下篇素心读诗词中，我们跟随陈更带着诗心寻觅诗意。读钱起的《归雁》"潇湘何事等闲回，水碧沙明两岸苔"，飞花山涧，落叶飞鸟皆有情。万物都满含诗意和灵性，陈更将诗境作此解——通万物而感天地，盈温情于人心。她的笔触似春日融融，又似秋风高爽。读其书，仿佛与她携手，越千百时光，煮茶斟酒，扶栏听风，与诗人把酒言欢，观梅花葳蕤。几生修得到梅花？诗词入梦，何处非梅花？

若有诗书藏于心，岁月从不败美人。诗词成就了一位风花雪月的工科女博士。而我作为一名法学生，在严谨枯燥的法条之间，诗词便是我的一方净土。慢读细品，伏案沉吟，不为功利，只为温暖灵魂，带着诗心做一个生活艺术家。在这个人心浮动的世界，我们要通过阅读来找到自己内心的平静，在传统文化中找到自己灵魂的栖居。让诗词，这千年以来民族情感的天下归心，给予自己浮躁中的平静、繁杂中的温情，邂逅更加美好的自己。

最后，我想用自己的一首拙作为我的分享作结：

半生碌碌半生乏，不识白鹿与青崖。

但得诗词入梦处，人间何处不梅花。

◇ **参赛感受**

2019 年 5 月，非常有幸能够参加这一精彩的阅读盛典，在我的大学时光中留下一段难忘且美好的回忆。尽管时隔四年之久，但备赛时的艰辛、比赛时的紧张、等待成绩时的焦灼仍记忆犹新。从学院初赛、学校复赛再到市级决赛，这一路走来感谢《几生修得到梅花》一书给予我强大的自信，感谢身边老师与同学给予我无悔的支持。同时，感谢书香天津·大学生校园"悦读之星"评选活动为我提供了一个展示自我的平台，更让我从其他优秀选手中学习到了阅读的品质和演讲的风范。悦读之星，不负此行！祝愿此活动届届出彩、越办越强！

◇ 阅读寄语

《几生修得到梅花》这本书记录了作者陈更在读诗过程中对诗词的所思、所感、所悟。以前读诗，是 2D 的世界，跟着陈更读诗，是 3D 的享受。这本书更像是一篇散文诗，没有矫揉造作的句子、故弄玄虚的铺垫，读她的书，仿佛拉着你的手，带你一步步穿越回过去，摆上茶、斟满酒，倚在窗子边，听着诗人给你讲他们的故事，而窗外梅花开得正好。几生修得到梅花？即便修不到，能赏一赏也是极好的。在当下忙碌浮动的社会，人们都在追求内心的平静，期盼能够诗意地栖居。而诗词是能教人安静、教人温情的。品读诗词，能在两个时空的交流与对话中唤醒心灵，进而成为更美好的自己。

于　阔

天津财经大学商务英语专业 2019 级，热爱文学和音乐，从小参加各类演讲朗诵比赛，舞台经验丰富，于 2020 年 12 月参加书香天津·大学生校园"悦读之星"评选活动决赛，荣获二等奖。

中华新时代，改革谱新篇

大家好，我是来自天津财经大学人文学院的于阔，今天我演讲的题目是"中华新时代，改革谱新篇"。参阅著作是《国家相册——改革开放四十年的国家记忆》。

在新华社中国照片档案馆中，珍藏着自 1892 年以来的上千万张历史照片。如果说，私人相册是一个家庭的个体记忆，那么，国家相册则是一个民族的集体记忆。翻开它，你会发现，有这样一页散发着璀璨光芒的篇章，那就是 1978 年，中国改革开放伟大进程的开始。

1978 年，有这样一位总设计师，他手执画笔，构思了一幅当时看起来似乎艰难无比的画卷——改革开放。40 年如白驹过隙，正是邓小平当年的这一幅画卷，燃起改革的火种，穿越岁月的风尘，成为决定中国命运的关键一步。相册之中，从"一国两制"的确立，到社会主义市场经济的推行；从南方谈话，到科学领域点燃了学术的火焰；从高考制度的恢复，到北京申奥成功见证中国脚步。政治、经济到科教、民生、文体，中国的各个领域发生了翻天覆地的变化。邓小平曾说："什么事情总要有人试第一个，才能开拓新路。"但是，新路的开拓，可不是那么一帆风顺的。

厉以宁教授这样讲，"中国改革的失败可能是由于价格改革的失败，中国改革的成功必须取决于产权改革的成功"。大概在 1986 年下半年，中央决定试试股份制，在一些企业做试点。但后来因为政治形势发生变化，试点停止了，又回到放开价格的主张上。然而，放开价格不能试点，消息一出来，物价猛涨。老太太在街上听说要涨价了，就赶紧买一大包肥皂扛回去，怕涨价。什么东西都抢购，整个经济就乱了。结果到了 1988 年，又回到了从前，暂不放开价格。回想过去的经验，我们才明白，中国走放开价格的路是行不通的。到了 20 世纪 90 年代初邓小平南方谈话，中国的改革才走到正常的路上来。所以，改革不是那么容易的，要经过反复的试验，走曲折迂回的道路，这才是中国的改革开放历史。

当我们翻开历史，叹惜中华当年，国弊民穷，时局动荡；又见改革开放40 年以来，祖国昌盛，如画山河，巍然屹立。我们从站起来到富起来，巨龙咆哮，涛声今日依然，中华换了人间。港珠澳大桥一桥飞架连三地，天宫傲寒逐明月，一带一路惠中西，全面小康民幸福。改革开放，使中国人认识到了，只有中国特色社会主义才能发展中国，才能让人们过上安定、幸福的生活。我想告诉和我一道躬逢盛世的青年人，在这 40 年当中，我们的国家发生了怎样惊人的变化，我们祖国母亲是如何一次次理鬓梳妆、重新焕发出迷人的光彩。

中华新时代，改革谱新篇。今天，站在改革开放 40 年的崭新历史起点上，我们作为当代大学生，欲以创新精神磨砺无悔青春，我们必将成为这场伟大变革的实践者、推动者、创新者，以科学发展的壮阔叙事，续写改革开放新篇章，书写中华民族的光辉未来！

◇ 参赛感受

杜甫先生曾有言:"读书破万卷,下笔如有神。"阅读是我一生之乐趣,而 2020 年的我又正好遇到了"悦读之星"的舞台。参赛时一次次对稿件的打磨、一次次对镜演练的时光是我一生中不可多得的珍贵记忆。感谢"悦读之星",点燃了我心中的红色火种,带着这股力量,我开始寻找黑龙江革命老区的红色奇迹, 开始用脚步丈量这个伟大的时代。我相信,在我读过的书里,在我走过的路中,每一页、每一步都是成长的刻度,悟修身之道,明待人之礼。

◇ 阅读寄语

脚步丈量不到的地方,文字带你遨游;无法亲身经历的人生,书籍带你相遇。阅读和思考,可以让精神突破现实与身体的桎梏,使人虚心,较通达,不固执,不偏执。书也许不能帮你解决眼下的难题,却可以给予你冲破困难的力量。曹雪芹先生曾有言:"世事洞明皆学问,人情练达即文章。"读书,是让自己变得辽阔和豁达的过程,能拥有看世界的独特眼光,使人具有长期对抗孤独的能力。所以,别抱怨读书苦,那是你去看世界的路。

武文婧

　　天津大学中国语言文学 2020 级，在生活里喜欢阅读和创作，于 2020 年 12 月参加书香天津·大学生校园"悦读之星"评选活动决赛，荣获二等奖。

人生不惧踽踽独行

　　大家好！我是来自天津大学的武文婧，我演讲的题目是"人生不惧踽踽独行"，参阅著作冯骥才《艺术家们》。

　　这是个美好的时代，有新奇的技术、便利的生活。我们动动手指就能购物、吃饭、浏览各种信息，生活好像变得很简单。

　　一天开始，你像往常一样，上课、下课、上班、下班。一天结束，路人从你身边走过，车流的声音擦过你的耳朵，生活似乎只是简单的重复，一切都和昨天、前天没什么不同。

　　究竟是生活变得简单了？还是我们，变得单薄了？

　　尼采说过，一个人知道自己为什么而活，他就能忍受任何一种生活。那我们不妨问一问自己：我为什么而活呢？为了柴米油盐？为了出人头地？还是为了荣华富贵？如果这是你的答案，你就辜负了你的人生。

　　我们应为理想而活。

有人会对你说，人要在社会里生活，只有遵守"社会规则"才能顺风顺水，抛开社会，理想只是空中楼阁罢了，它带不来名，带不来利，能带给你什么呢？

最近有一个词很流行，大家都自嘲说自己是"打工人"。在现实生活中，你我背负着庸庸碌碌，被琐碎的凡尘滋扰、束缚，我们觉得筋疲力尽，暮色沉沉，没有办法再坚持了。可我们的心里总有一个声音，它对你说，你千万不要忘了自己为什么出发。

这个声音，就是理想。它是知来处、明去踪，是初心不忘，是爱你所爱，是义无反顾！或许我们仍然平凡，理想却让生命拥有重量。那些把"融入社会"作为幌子，附和扭曲价值观的人，最终只会沦为物欲的奴隶。

书中的艺术家洛夫，为了迎合市场，放弃了自己的艺术理想打造"商业画"，被市场抛弃后只能绝望投河。那些抛弃理想，追名逐利，却丢盔卸甲的人，又何尝不是现实中的洛夫呢？

正如冯先生在书中所写："被美照亮灵魂的人，才是真正的富翁。美的敌人不只是丑，还有俗。"当理想被欲望压在脚下，彻底变成一个俗人，才是一个人灵魂的悲剧。

为了避免理想蒙尘，有的人想要做"隐士"。逃避是懦弱的，理想值得我们为之勇敢。捍卫理想，重要的是如何让自己有在激流之中岿然不动的力量，如何驱赶庸俗对自我的污染，如何抵抗孤军奋战的落寞。

"当一片狂潮铺天盖地席卷而来时，关键看你是否站得住，你是否像一块石头那样有足够的重量使自己稳如泰山，有够粗的根脉深深扎在自己的土地里。时代的潮流是不可逆的，但你，不能盲从。"

我们不能被所谓"潮流"打得晕头转向，要保持清醒，坚守理想，"扎在自己的土地里"，哪怕前路要踽踽独行，我们也能像罗伯特·弗罗斯特那样说："我选择了人迹更少的一条，从此决定了我一生的道路。"

◇ **参赛感受**

尽管已经时隔两年有余，参赛时的激动、紧张和期待依然鲜明而强烈，感谢"悦读之星"的舞台，它让我可以站在灯光之下，和同样怀有对文学热忱之心的朋友们分享故事、传递感动；它更让我深刻地体会到文学并不是孤独的航程，而是烛照万千心灵的事业。时节如流，舞台上的十分钟已经成为我弥足珍贵的回忆，而我也将带着这个舞台赋予我的信心和从容、带着它氤氲浓厚的不散书香，向前路走去。

◇ **阅读寄语**

阅读无常法，却自有力量。于茫然之时，它便是明晰方向的航标；于怅然之时，它便是聊以慰藉的陪伴；于黯然之时，它便是重整旗鼓的后盾。我一直有这样的信念，就是从文字之中汲取开辟生活的勇气，在书本之中洞见指引心灵的启示。一本书，一段文字，一个故事，一种经历，不仅牵动着我们的喜怒哀乐，也让我们在自己的生活之外得以看到更大的世界，正所谓读书而见众生，每一次百转千回的体味琢磨，都在增加我们人生的厚度。所以，去阅读吧，生活常新，也要有书香常伴。

汪　茹

天津外国语大学汉语国际教育专业 2018 级本科生，
北京师范大学国际中文教育学院硕士，英国曼彻斯特大学
孔子学院志愿者。于 2020 年 12 月参加书香天津·大学生
校园"悦读之星"评选活动决赛，荣获二等奖。

学思合一,致知力行

大家好,我是来自天津外国语大学的汪茹,我的演讲题目是"学思合一,致知力行"。参阅著作是《读大学究竟读什么》。

这本书的作者并非授业解惑的学者大师,在出版此书的 2007 年,也只是个初出校园的青年。我之所以读完这本在图书馆无意看到的"旧书",大约在那时,我潜意识中对大学生活刚好产生了几分茫然。通读之后,我有了一些感悟与自省。

大学,是一砖一瓦的建筑,是一草一木的园林,是一字一书的求索,也是一师一友的成长。读大学,究竟读什么?

惜取少年时

互联网一代,网络是助力学业的帮手,也是打劫时光的帮凶,它的角色由你设定。浪费的金钱也许尚可弥补,浪费的青春却无可追溯。读大学,读懂时刻"惜取少年时",把时间用在刀刃上,毕业时才不会因碌碌无为而遗憾。

智者不袭常,敢为天下先

看到别人睡懒觉,自己也吃起早午餐;知道同学要考研,就开始盲目加入备考行列;听说别人甜甜的恋爱,恨不能立刻"脱单"。跟来跟去,跟丢了自己。读大学,读懂拥有独立人格,学会独立思考。从自身实际情况出发,才不会迷失前进的方向和最终的目的地。

独处亦有清欢事,未必人生尽相知

爱情是不期而至的,友情也是可遇不可求。宁可一时不得,也要宁缺毋滥。《致橡树》隽永的诗句中,那不攀附、有尊严的情感,才令人心向往之。读大学,读懂独处亦有别样的乐趣。独处让人更冷静、更高效、更无须迎合。大好年华,即使一个人去阅读、健身,去提升自我修养,只要有一片冰心,不怕前路无知己。

纸上得来终觉浅,绝知此事要躬行

我时常憧憬走出校园,步入职场,但始终觉得在"学"与"用"之间,缺少一个连接。大学以一种特别的方式为我补上了这缺失的一环。

今年3月以来,新冠肺炎疫情蔓延的态势出现逆转。"外防输入"成为重中之重。天津滨海国际机场承担部分入境航班分流任务。面对入境检验检疫的人力缺口,利用语言专业优势,天外志愿翻译突击队冲在与入境旅客对接的绝对一线。新闻报道中,我认不出突击队员们被防护装备遮挡的容颜,但他们胸前闪耀的校徽,让我见证了最美的天外蓝。

突击队的事迹让我热血沸腾,在家上网课的我多想胁下生翼,加入他们的行列。"学术、知识不能只是在嘴上,要联系实际,做到知行合一、格物致知、学以致用","时间之河川流不息,每一代青年都有自己的际遇和机缘，都要在自己所处的时代条件下谋划人生、创造历史"。这是习近平对当代青年的寄语。面对第二个百年奋斗目标的新征程，我们青年一代面临新的机遇和挑战。读大学，读懂学术和知识终须转化为能力，服务于国民，服务于社会。个人价值的实现只是小小的成功，为国为民的服务才是知行合一的真正大成。

《读大学究竟读什么》并没有赋予我真正的"大学秘籍"，我甚至未必认同作者的所有观点。它更像一把钥匙，帮我打开了思考和规划的大门。我一边学习别人的解题思路，一边在题目下面写出：惜时、独立、等待、行动！这是此刻我的答案。

阅读之妙处即在于此，它不是简单的复制和抄袭。而是先有认识和了解，后进行思考和内化。读大学，我要读的还有很多很多。对于终点，请给我一点时间继续探寻，但可以明确的是，阅读一定是我的起点和不竭的动力。

◇ **参赛感受**

"悦读之星"评选活动让我印象深刻，在这里我遇见了来自天津市各高校的优秀选手，在这里我领略了大型赛事的专业性。备赛期间，我克服了在公众面前演讲的恐惧，我也感受到了图书馆老师的负责与热情。我爱阅读，也爱图书馆，在阅读中我发现了更精彩的世界。非常感谢这次演讲比赛给我展示自己阅读成果的机会，让我和更多热爱阅读的人同台交流。

◇ 阅读寄语

　　著名文学家冯梦龙曾经说过："要知天下事，须读古人书。"可见阅读对于拓宽我们知识面和增长我们见识的重要作用。通过阅读大量优秀的书籍，我们可以知道更多人的观点，从而让自己的大脑变得更加的充实。在这个快节奏的社会中，我们容易变得浮躁，也容易变得暴躁。但是通过读书，我们可以让自己的内心得到一点安慰，在书的世界中，我们可以感受安静与美好，从而帮助我们减少浮躁的情绪。加入阅读，享受阅读，遇见更大的世界，遇见更多的快乐。

贺文聪

中共预备党员，天津农学院水产养殖学 2020 级，自幼热爱写作、绘画，多次参加中、英文演讲比赛并获得荣誉，2021 年获得国家奖学金。于 2020 年 12 月参加书香天津·大学生校园"悦读之星"评选活动决赛，荣获二等奖。

珍惜韶华　不负青春

尊敬的老师、亲爱的同学们：

大家好！

我是来自天津农学院水产学院的贺文聪。我演讲的题目是"珍惜韶华 不负青春"，参阅著作是《习近平谈治国理政》第三卷。

《习近平谈治国理政》第三卷《发扬五四精神，不负伟大时代》中谈道："不论是成就自己的人生理想，还是担当时代的神圣使命，青年都要珍惜韶华、不负青春，努力学习掌握科学知识，提高内在素质，锤炼过硬本领，使自己的思维视野、思想观念、认识水平跟上越来越快的时代发展。"

"青春虚度无所成，白首衔悲亦何及。"当年，习近平在和我们年龄相仿时，本有留在北京当工人的机会，但是他没有选择舒适、安逸的生活，而是直面艰难，义无反顾地选择到条件最艰苦的梁家河插队。在那里，无论压力与艰辛，都没有让他放弃最初的理想。

习近平曾经回忆说："15 岁来到黄土地时，我迷惘、彷徨；22 岁离开黄土地时，我已经有着坚定的人生目标，充满自信。"正是在艰难岁月里的学习、思考、实践、创新，才使得他有了坚定的目标，并持之以恒为之奋斗，通过"打铁"将自己变成了"铁打的人"。

春光不驻，韶华不负。回想老一辈无产阶级革命家年轻的时候，他们身上无不体现着革命必胜的豪情和不懈奋斗的决心：长征路上，毛泽东突破敌人的围追堵截后，展现的是"更喜岷山千里雪，三军过后尽开颜"的豪情；梅岭山中，陈毅面对"围剿"危急形势，展现的是"后死诸君多努力，捷报飞来当纸钱"的凛然；皖南雪中，方志敏被重重围困之时，展现的是"一朝红日起，依旧与天齐"的自信。

习近平曾经寄语青年："广大青年要坚定理想信念，志存高远，脚踏实地，勇做时代的弄潮儿，在实现中国梦的生动实践中放飞青春梦想，在为人民利益的不懈奋斗中书写人生华章！"这是当代青年为之奋斗的神圣目标！

"心中有阳光，脚下有力量。"作为站在新的历史起点上的热血青年，我们一定要树立坚定的理想信念，磨炼百折不挠的意志品质，在建设中国特色社会主义的道路上披荆斩棘，斗志昂扬，为实现中华民族伟大复兴的"中国梦"而不懈努力！同学们，让我们共同奋斗吧！

◇ **参赛感受**

在书香天津·大学生校园"悦读之星"评选活动中，我遇到了天津市各个高校优秀的同学们，并和大家成了朋友。感谢这样一个平台、一次活动，能和志同道合的朋友们讨论、交流，也让我更加体会到书籍带给人的无穷力量和精神价值。同时，这份荣誉给了我坚持阅读的更大动力，让我在忙碌的生活中不忘给书籍留一片天地，在喧嚣的世界中让自己保持一份沉静。

◇ **阅读寄语**

古往今来，书籍滋润了一代又一代人，我们在书籍的摇篮里茁壮成长。习近平曾寄语首届全民阅读大会："阅读是人类获取知识、启智增慧、培养道德的重要途径，可以让人得到思想启发，树立崇高理想，涵养浩然之气。"作为新时代的中国青年，我们应每天留给自己一点沉浸阅读的时光，与伟大的头脑为伴，与圣贤为友，与经典同行。读书者，正青春。

安家兴

中共党员，天津医科大学临床医学院 2018 级，在校期间不负芳华、发光发热，热爱播音，为爱发声。于 2020 年 12 月参加书香天津·大学生校园"悦读之星"评选活动决赛，荣获二等奖。

致敬最美逆行者

一人、一文、一平方米，却承载万千爱意——好久不见朗读亭，欢迎来到武汉！在全国仅有的三座朗读亭里，江城武汉便是一个定点，因为这是一座涅槃重生的英雄城市，这里有千千万万白衣为甲的逆行者。这里有无数人走进朗读亭里说出心声，献给心中最牵挂的人。今天呢，在这里我想和你们分享承载着中国人共同记忆的《武汉抗疫日记》，致敬最美逆行者！

2020 年 1 月 29 日，90 多岁的爷爷在我出发去医院前，红着眼圈，颤颤巍巍地对我说，"你在武汉，我不放心，我就你一个孙子，你在那里，我心里难过"。这是武汉医生杜科业的日记，或许报道中你看到的他们英勇无畏，而在日记里，他们也是被牵挂的普通人。

这个女孩，是我的学姐杨良慧，她是第一批援鄂医疗队中的一员，得知她对口支援武汉时我满是骄傲但也很担心。大年初二，万家灯火，在这本该阖家团圆的日子里，她积极响应医院号召毫不犹豫地收拾行李，父母见状立马把她拦下，劝她慎重想一想，因为他们不愿风华正茂的女儿有任何生命危险，但父母无法体会一位医者肩上救死扶伤的使命，最终她硬是将背影留给家人，踏上了支援武汉的征程，她说"患者比父母更需要我，我要在最难的时候守护好他们"。良慧学姐质朴的表达触动了我的心灵深处，我能为身边的人做些什么呢？

我最初学医的决心来自父亲给的爱。高考那年，高强度的学习让我有些吃不消，一场车祸更是雪上加霜，我身上多处被擦伤。为了不影响我的情绪，父亲每天接送我回家，他还当起了我的家庭医生给我进行日常伤口的清洗。他处理伤口时很细致。我本以为那是最黑暗的日子，但父亲无微不至的照顾与心理辅导让晦暗的日子变得明亮。那晚回家的路上，父亲脱口而出这一生的遗憾是不能成为一名救死扶伤的医生。这时我看到他深沉的眼神里对我寄予的期待。那天后他的遗憾成为我前行的动力，我想着等有一天他老了，我作为医生可以减轻他的病痛，可以成为一个让他骄傲的医者。

但看到守护患者的杨良慧，看到"抱着希望的星，一路走下去"的田璐，看到"我是先锋，我义不容辞"的刘欣蕊，看到 37 位闻令而动、不怕牺牲、日夜奋战、逆行武汉的最美临医人，我，学医不再单单是为了让父亲不遗憾，而是要始终秉承着健康所系，性命相托的医学生誓言，以热诚的心思、坚毅的勇气践行医学生的初心和使命，要像最美临医人一样把自己的理想与祖国的发展紧密联系在一起！因为我的梦想便是成为最美临医人！

我宣誓：

我志愿献身医学，热爱祖国，忠于人民，恪守医德，尊师守纪，刻苦钻研，孜孜不倦，精益求精，全面发展。

我决心竭尽全力除人类之病痛，助健康之完美，维护医术的圣洁和荣誉，救死扶伤，不辞艰辛，执着追求，为祖国医药卫生事业的发展和人类身心健康奋斗终生！

◇ **参赛感受**

- -

感谢2020年书香天津·大学生校园"悦读之星"评选活动，回首，还历历在目，一群热血、热爱阅读的青年聚在一起，共享阅读盛宴，这里的每一位评委老师，以最饱满的状态去激励我们前行。这里的每一位选手带着最虔诚的心，和日复一日的苦练，在舞台上闪闪发光，抒发着我们与书，与书里人的故事。回想这次比赛，我仍然热血澎湃，始终坚定，让青春在党和人民最需要的地方，绽放生命之花的无畏信念。

◇ **阅读寄语**

- -

古人把知识比作精神食粮，个人认为，是太恰当的比喻，就好比我们吃的一餐饭，不会一下子让我们从一个呱呱坠地的婴儿，变成一个意气风发的少年，但我们吃的一餐又一餐，无数餐饭，融入我们的身体里，变成身体的养分就可以。所以不积跬步无以至千里，不积小流无以成江海，知识的魅力就在于：它不会让你跑得很快，却能让你在风暴来临的时候，稳稳地扎下根。在流水时代，唯有要求自己，精进自己，通过阅读，去感受心流，觅一方静处。

孙浩津

天津仁爱学院 2020 级。连续两年荣获校级"优秀学生干部"荣誉证书及奖学金；荣获共青团表彰"优秀团员"荣誉证书；2020 年书香天津·大学生校园"悦读之星"演讲大赛校级一等奖；于 2020 年 12 月参加书香天津·大学生校园"悦读之星"评选活动决赛，荣获二等奖。

志存高远，筑梦中国

大家好，我是来自天津大学仁爱学院文法系英语五班的孙浩津，今天我演讲的题目是"志存高远，筑梦中国"，参阅著作是《习近平的七年知青岁月》。

年轮记录了树的岁月，化石雕刻了光阴的诉说，时光向前，来到了我们身边，我们又能在历史长河中留下什么？青春不是人生的一段时期，而是心灵的一种状态，这种状态不分年龄，它可以跨越时代的川河，也可以在浓云密布的日子里，依然让我们抓住瞬间的阳光闪烁，更是指引人们志存高远，脚踏实地，不懈奋斗，从而以经历化动力，以小我化大我，进而投身于中国特色社会主义伟大实践中，为美丽中国梦奉献自己青春的磅礴力量！

青春是用来奋斗的，奋斗的青春最美丽。1969 年 1 月，年仅 15 岁的习近平来到陕西省延川县梁家河大队插队落户，开启了他的知青岁月。在此期间，他肯刻苦，即使经历了一天的体力劳动后，晚上熬着夜，点着煤油灯也要把书看完；他肯学习，为了给村里建沼气池，他亲自从陕北出发，到四川认真学习，后来成功建成第一口沼气池；他肯吃苦，寒风刺骨的冬天里，脚踩冰水，用镐头使劲地一下一下挖冻土，带领大家打好了井……即使后来离开陕北，有了光明的前途，他依旧选择到基层工作，按照现在人的想法，家里帮忙安排个好工作，做些轻而易举的事情岂不更好吗？为什么要到又苦又累的基层呢？习近平选择走这条路，与他"为老百姓办实事"的理想抱负是有直接关系的。

理想信念是青春远航的动力引擎。实现中华民族伟大复兴是我们这一代的目标，我们的中国梦因一代一代人的志存高远而伟大，又因一代一代人的努力而精彩！

一个国家的进步，印刻着青年的足迹，一个民族的未来，寄望于青春的力量，广大的青年朋友们，让我们在实现中国梦的生动实践中放飞青春梦想，在为人民利益的不懈奋斗中书写人生华章！我的演讲完毕，谢谢大家！

◇ 参赛感受

很感谢"悦读之星"活动让我收获了喜悦与成长。通过这次比赛,我从各位选手中学到了更多演讲方面的知识与技巧,在和选手们交流过程中也分享与收获了很多书籍,正是"悦读之星"这个平台,给了我将文学读物与演讲相结合的机会。同时,十分感谢帮助过我的各位图书馆老师们,是他们在我参赛的过程中耐心地帮助我,指导我,才会有我一次次的成长。"悦读之星"像是我人生旅途中一缕灿烂的阳光,给予了我养分,照耀着我前行,很荣幸遇见"悦读之星"这个舞台,华灯之下体验一场书香之旅。

◇ 阅读寄语

世纪老人冰心曾说:读书好,好读书,读好书。我认为这是一句至理名言。我们常说:书中自有黄金屋,书中自有颜如玉。读书看上去深奥难懂,抑或者被认为浪费时间,其实恰恰相反,好的书籍可以让人深入其中,洗涤我们的心灵,让我们明辨是非。艺术来源于生活,读书更是品味生活,它与我们的日常息息相关。通过读书,我们可以遨游于科幻世界,通过读书,我们可以畅游在知识大海,通过读书,我们可以乐游于古今中外。阅读,无疑为我们平淡无奇的生活带来无限希望与快乐。因此,让我们爱上读书,让阅读伴随我们一同成长。

杜　晓

中共党员，天津美术学院美术史论专业2018级本科生，天津美术学院硕士，热爱阅读与演讲，从小参加各类主持、演讲活动，于2020年12月参加书香天津·大学生校园"悦读之星"评选活动决赛，荣获二等奖。

以家人之名

大家好，我是来自天津美术学院的杜晓，我演讲的题目是"以家人之名"，参阅著作是《我们仨》。

"从今以后，咱们只有死别，不再生离。"这是钱锺书先生对杨绛先生的深情告白，我再没听过比这更动人的誓言。《我们仨》一书，是杨绛先生撰写的一部家庭生活回忆录，字里行间承载着63年生活的点点滴滴，从柴米油盐到一餐一饭，从只言片语到书信往来。

还记得女儿阿圆出生时，钱的书三天两头往医院跑。他在杨绛床前说："我做坏事了。"他打翻了墨水瓶，弄脏了房东家的桌布，弄坏了门轴，砸碎了台灯。而杨绛先生每每都笑眯眯地说："不要紧，我会洗，我会修。"亲人之间的联结是这世上最不寻常的遇见。一封封书信，一张张明信片，一幅幅速写。这是一本会让你看了流泪的书，但不要怕，因为它够温暖，你流泪，是因为它的炙热融化了你心中的冰山。想起小时候，父亲工作繁忙，周末变成了一家人难得的团聚时光。小学门口有位阿姨卖的烤红薯香味诱人，每到周五下午放学后我们一家人总会一人手捧一个红薯伴着夕阳回家。后来，红薯摊会消失、夕阳的颜色会改变，可我不会忘记我们仨一起吃过的甜。越是美好的东西，越需要安静的力量去守护，书中带给我们的温暖不是烈日当头的暖，而是冬日寂静的午后静静洒在摇椅上的那一束光。

有人说《我们仨》这本书太哀伤，因为阿圆先"回去"了，锺书也先"走"了，只剩下杨绛一人，孤独地留在本是"家"的"客栈"。也有人说这本书哀而不伤，苦难的经历一笔带过，欢喜的点滴却被细细描摹。杨绛先生在书中这样写道："我们这个家，很朴素；我们三个人，很单纯。我们与世无争，与人无争，只求相聚在一起，相守在一起。"每一个人都会面对孤独，面对生离、死别，人生走到最后终归是一场自己与自己的旅程。世间哪儿有什么完满，牵动嘴角笑容的必是那心底的爱意。我们习惯把往日的温情反复回忆，或喜或悲，某些瞬间我们以为自己可以独自前行，殊不知赋予我们勇气和力量的仍是父母家人的爱。

由梦而记，也由梦而醒。杨绛先生的一生，将近一个世纪，一百年无情而漫长，而她始终如一。她教会我们以家人之名，感受平淡日子的闪亮；以家人之名，赋予喧嚣尘世的通透；以家人之名，心怀向上而生的希望。我们仨就是万千家庭的缩影，"两处春光同日尽，居人思客客思家"。"家"是中国人的精神纽带，是炎黄子孙走不出的万里长梦。"天下之本在国，国之本在家。"家与国，始终是中华文明五千年绵延不绝的支撑所在，是中华文化传承发展的精魂所系，是中华民族攻坚克难的信念所铸。

"多少沧桑付流水，常念家国在心怀。"

"我一个人，怀念我们仨。"

◇ 参赛感受

参加"悦读之星"比赛不但让我收获了鲜花与掌声，也让我站在聚光灯下完成了一次蜕变，以前读书不善思考，匆匆读完便算是读过。但当我开始提笔写下一些感悟才真正体会到阅读带给人的酣畅淋漓。钱锺书先生说过："如果不读书，行万里路，也只是个邮差。"所以书中未必有黄金屋，但一定有更好的自己。通过书籍发现志趣所向，形成对社会、人生的广阔视角，是我们能从这场阅读盛宴中收获的意义和启发。

◇ 阅读寄语

人间实苦，唯爱永存。《我们仨》这本书中遍布着温暖的趣味，字里行间流露出深厚而诚挚的感情，让人十分触动。在当今物欲横流的时代，亲情、友情、爱情成为稀缺，人心浮躁时谁又能真正关注自己的亲人、爱人。在漫长岁月中经历聚散分离但始终相互支持，《我们仨》更像是一朵出淤泥而不染的莲花，独自绽放，静静飘香。

丁亚堃

中共预备党员，天津理工大学日语系 2020 级。追崇文学、音乐、电影等一切美的艺术，以及主持、朗诵、演讲、脱口秀等语言文化。于 2020 年 12 月参加书香天津·大学生校园"悦读之星"评选活动决赛，荣获二等奖。

一路扶贫，一路爱

尊敬的各位老师，亲爱的同学们：

大家下午好！我是来自天津理工大学的丁亚堃。今天我演讲的主题是"一路扶贫，一路爱"。

习近平在《摆脱贫困》一书中专门写有"建设好贫困地区的精神文明"一章。"扶贫先扶智，治贫先治愚"，让贫困地区的孩子们接受良好的教育，是扶贫开发的重要任务，也是阻隔贫困代际传递的重要途径。今天我想给大家讲述一个来自河南省教育扶贫工作小组的故事。

2020 年注定是不平凡的一年，庚子钟声还未响遍九州山河，病魔之势却已蔓延大江南北。山河有恙，让本就处在决胜阶段的脱贫工作难上加难。为了让贫困家庭的孩子们接受优质教育，工作组组长郝然校长深刻落实了习近平提出的"精准"二字，对贫困学生实行"承包到师，责任到人"的工作方式，与当地村委会结合，获得了贫困学生的第一手资料。并在摸排落实每个学生在家上网课的情况时，得知西六村建档立卡户小刘妈妈由于身患尿毒症，导致家庭经济困难。是郝然校长，第一时间和移动公司相关负责人员协调联系，公司向家长免费赠送了两个月的手机流量，保证小刘能顺利收看网课。为了使孩子学习更加便利，她还联系了村委会相关领导，提供良好的学习场所，布置了电脑、暖气、饮水机等。网课期间，村子不能进，郝然校长就和孩子们保持电话联系，叮嘱孩子们认真上网课，疏导孩子们的心理。郝校长说，看着孩子们欣喜如初的笑容，听着孩子们讲述上网课的收获，是她最大的满足。

郝校长领导的教育扶贫工作小组，人人时刻奔赴在扶贫一线，用星星点点的善和绵绵不绝的爱，带给贫困家庭温暖。

"杨老师，小韩今天没到校""杨老师，听说小韩妈妈这两天开始做透析了"，一听到关于小韩的事，小组中最年轻的教师杨欣赶紧联系小韩家长，话语之中透露出的，是她满心的焦急与关切。杨欣老师虽然没有自己的孩子，却总把每个学生当成自己的孩子一样去爱，尤其是贫困学生小韩，她更是时刻放在心上。小韩生活上遇到困难了，杨老师便从自己家里拿来所需用品让孩子用；学习上遇到难题了，杨老师就联系各科老师帮他补习。

同样，工作小组成员吕文武老师，虽身有残疾，行动不便，但他一听说要开展扶贫工作就主动请缨，请求到扶贫第一线，在为贫困学生送课的路途中，常常能看到他蹒跚而又执着坚定的身影。

郝然校长领导的教育扶贫小组自工作开展以来，取得了令人欣慰的成效：小韩同学能按时完成作业了；小刘同学由极其自卑变得乐观开朗起来；小张同学已经能安静地坐在教室里听课了；还有小姚和小黄同学多次被评为三好学生……

这个工作小组的故事其实就发生在我的身边，小组组长郝然校长就是我的母亲。母亲用切身行动诠释了一路播种，一路收获；一路扶贫，一路爱。教育的本质是一棵树摇动另一棵树，一朵云推动另一朵云，一个灵魂唤醒另一个灵魂。母亲她们纵然脚下泥泞，仍在贫瘠的土地上拓荒，洒下的汗水叫师德，埋下的种子是复兴。母亲和其他老师们把别人的幸福当成自己的幸福，将鲜花无私奉献，用己之荧光，只为增辉中华复兴梦的日月山河。母亲用了近三十年的时间，改变了许多贫困儿童一生的命运。有如此标杆在身边，我新一代青年又怎会有曲影？今天我站在这个舞台上，就是想大声地向这个世界宣告：

语言，是我与这个世界互动的方式，选择日语专业，是因为对英语已经有着较深了解的我，想再多学一点，再进一步地融入这个世界，用我的三十年，用不同的语言向全世界去传递当今中国富强的力量，向国际观众呈现一个充满希望的中国形象。接过上一辈的时代接力棒，一路富强，一路爱，用我的星星之火，为中华点亮朗朗乾坤。

◇ **参赛感受**

- -

　　阅读是最小单位的自由，也是最大的我。感谢"悦读之星"，让我与各位天涯共此时。灯光会熄灭，演出会结束，掌声会停止，但关于我们的故事永远不会落幕。

◇ 阅读寄语

　　人们总是从书中的字句里，选取自己心爱的意义，但字字句句的最终意义都是指向自己——用生活所感去读书，读书所得去生活。阅读好比网络时代的一座风雨长亭，当短视频、热门模板等向我们席卷而来时，开辟一方风止雨停，庇护我们在信息爆炸中游刃有余。最后，想和大家分享一段小诗：

　　你能看见那废墟，就能看见繁华的罗马。

　　我用一生守护着书页的废墟，因为在废墟里，能看见罗马。

陈长方圆

　　天津商业大学理学院数据系数据科学与大数据技术专业 2001 班。在学习和工作方面：踏实努力、勤奋学习，成绩位于专业第九名，在社团和学生组织中积极工作，于 2020 年 12 月书香天津·大学生校园"悦读之星"评选活动决赛，荣获二等奖。

以青春之我，筑青春之国家
——观《摆脱贫困》有感

　　大家好！我是来自天津商业大学理学院大数据 2001 班的陈长方圆，今天我演讲的题目是"以青春之我，筑青春之国家"，参阅著作是习近平的《摆脱贫困》。

　　前段时间有幸看到这本书，书中一篇名为《弱鸟如何先飞》的文章给了我很大启发。它虽是当时围绕闽东如何脱贫展开论述，但放在今天，作为大学生的我也从书中悟到了不少至理。

　　"弱鸟可望先飞，至贫可能先富，但能否实现'先飞''先富'，首先要看我们头脑里有无这种意识。"这让我联想到学生与学业的关系，同学们来自五湖四海，受教育水平和基础不尽相同，但同样是面对全新的大学课程，有人就以"家乡教育不行，我基础不好"作为不好好学习的理由。就如书中说，地方贫困，观念不能贫困。如果把学业基础薄弱也看作一种"贫困"，那首先端正态度、拥有优化自我的意识观念，是否就是我们实现"弱鸟先飞，至贫先富"的第一步呢？

有了"先飞"的意识，接着就是"飞洋过海的艺术"和"丰满羽翼的办法"，我将其理解为自我完善的途径与方法。就如书中通过分析闽东地区的优势与短板来寻找发展契机一样，我们要做的也正是扬长避短。荆岫之玉，必含纤瑕；骊龙之珠，亦有微颣。美玉龙珠尚且如此，何况是大学生呢，而于我个人来说，过分的自信让我对于自己的缺点有所忽视，看完这本书，我也不由得重新审视自己的不足。

最后归结到"鸿鹄之志"。人各有志，而大学生作为社会的预备力量，拥有远大志向尤为重要，我也不由得思考，什么是志在高远，难道是大富大贵、名利双收吗？难道一定要成为科研的顶尖人才或社会各界精英吗？《摆脱贫困》又一次给了我答案。

"衙斋卧听萧萧竹，疑是民间疾苦声。些小吾曹州县吏，一枝一叶总关情！"身为区区小官，却投身于地区扶贫事业的他，何尝不是志在高远？高校毕业放弃高薪工作去乡村支教，只为实现教育脱贫的他，何尝不是志在高远？十年间始终如一地为贫困户义诊，用毕生所学，守护一方平安的他，何尝不是志在高远？

他们为何放弃万里前程去到贫困乡村？是为了中国贫困的地方越来越少，为了每个孩子都知识自由精神富足，为了每一个贫困户都不会因为没钱治病而丢了性命。

因为他们坚信：在全面脱贫的道路上，功成不必在我，功成必定有我。

也许你会说你没有勇气做这样一件大事，那么，作为大学生的我们是否能努力学习，用所学知识为脱贫提供对策呢？是否能避免不必要的消费，为滞销的农产品减少负担呢？

　　2020 年是决胜全面小康、决战脱贫攻坚的收官之年，突如其来的新冠疫情，确实对脱贫工作产生了影响。但国家从来没有停下脱贫攻坚的脚步，共同富裕路上，一个也不能掉队。

　　读书可以明理，读史可以鉴今，《摆脱贫困》这本书教会我滴水穿石的道理、弱鸟先飞的契机，更是感受到了中国共产党对人民的关心和尽心。

　　我也相信在 2021 年，中华民族千年夙愿终会实现，出色完成脱贫任务的中国必定以更加雄伟的姿态屹立于世界的东方！

　　我的演讲到此结束，谢谢大家！

◇ 参赛感受

　　我很荣幸能代表学校参加第六届书香天津·大学生校园"悦读之星"评选活动，在赛事的整个准备过程中，我不断地收集资料，丰富讲稿，持续地观看优秀演讲视频，学习演讲的台风和技巧，这个过程不仅锻炼了我对呈现更好作品的耐心，同时也丰富了我的相关知识。赛场上，我见识了来自各个学校优秀选手的精彩演讲，临近上场时，辅导老师贴心地缓解我的紧张情绪，让我发挥出应有水平，这些过程和经历对我来说都无比珍贵，我也从中受益匪浅。

◇ 阅读寄语

毛姆先生曾说："养成阅读的习惯等于为你自己铸造一个避难所，几乎可以避免生命中所有的灾难。"在步入大学校园之初，最令我期待的便是拥有浩瀚书海的图书馆。我认为好的书本就是我无声的老师，也作为精神食粮不断滋养着我。阅读带给我的绝不仅仅是快乐。感谢天津商业大学图书馆让我接触到这么多富有深刻内涵的书本，也让我能够尽情表达我的观点态度。让我们一起见证阅读的力量！

宋小双

2022 年毕业于天津职业大学医疗设备应用技术专业。毕业后由于自己酷爱舞蹈，通过自身努力成为一名舞蹈老师，投身少儿业余舞蹈培训工作当中，将舞蹈的种子播撒到每一个孩子身上，让孩子得到全面的发展。于 2020 年 12 月参加书香天津·大学生校园"悦读之星"评选活动决赛，获得二等奖。

逆风挺立，与国同行

尊敬的各位老师：

大家好！今天我演讲的题目是"逆风挺立，与国同行"。

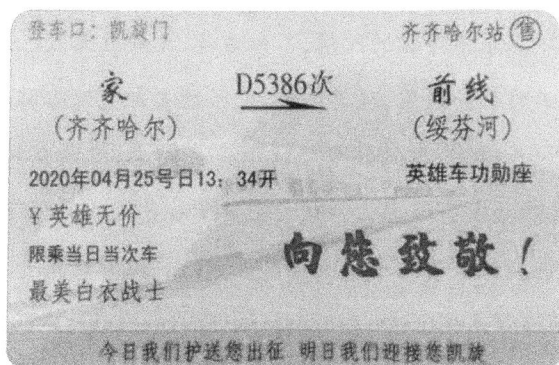

火车票大家都不陌生，今天的故事我想从一张火车票说起。这是一张2020年4月25日的火车票。当我看到这张车票上的内容的时候，不由得心潮澎湃。这是齐齐哈尔市第一医院的126位医务工作者，在全国抗疫工作取得阶段性胜利的时候，再一次逆风而行，奔赴前线，支援绥芬河口岸跨境输入疫情医疗救治工作。他们有的稚气未脱，有的两鬓斑白，有的初为父母，虽然口罩遮住了他们的脸庞，但依然能看到他们带着盈盈笑意且毫无畏惧的眼神。火车票上赫然写着四个大字"英雄无价"。

在这126名医疗队员中，有这样一个人，他叫于铁夫，在绥芬河口岸发生输入性疫情后，他毅然报名参加医疗队，奔赴牡丹江医学院附属红旗医院开展医疗救治工作。牡丹江是他的家乡，他的父母、弟弟都生活在那里，但这次特殊的"回家之旅"，"过家门而不入"的于铁夫却没有告诉住在当地的父母，因怕老人担心，他选择了隐瞒。在牡期间，于铁夫除了完成日常查房工作，还要检查病历，帮助管床医生采集患者病史。对于患者提出的咨询问题，他总是和蔼可亲地细心解答。

在当时情况紧张，医疗资源相对匮乏的前提下，他总是第一个冲在前面，将风险留给自己，把希望带给他人。一次次"我先来"，一句句"干就完了"，是他常说的口头禅。永远"自告奋勇"的于铁夫，活跃在科室各项日常工作中，他像一只永不停歇的陀螺，不知疲倦、无私且无畏……

然而，在工作告一段落，隔离休整时，于铁夫却突发心脏骤停，最终因抢救无效离世，而此时，隔离休整还没有完全结束，他放在背包里准备给女儿的六一礼物还没有送出去，亲爱的妻子和年迈的父母还没有来得及好好拥抱，于铁夫便带着太多的不舍离开了这片他曾经战斗过的热土，只将最美笑容留在了人间。

何为英雄，为何无价？于铁夫一生守护在患者身边，以生命去守护生命，他，便是人民的英雄。他以自己的实际行动践行了一名医者"敬佑生命、救死扶伤"的崇高职业精神,无论身处何方,他始终以一名医者的担当和铁汉的刚毅,践行着自己保家卫国的初心和使命。

这一程,"逆行"前进;这趟车,英雄无价。英雄列车承载着126位白衣战士踏上战场,或许人们称赞他们是白衣"敢死队",可哪有人不惧死亡?只不过面对来势汹汹的病魔,他们把祖国和人民的安危看得比自己的生命还重要,把浓浓的爱国之情化作坚定的报国之行。

小小火车票,承载着悠悠爱国情。它是一枚印记,见证着126名战士匆匆赶车的身影;它更是一种精神,象征着126名战士的无畏与坚定。其实,这张车票,也是一个缩影,一个代表。我们见过太多温暖,亲历太多感动。请战书上密密麻麻的红手印,医护人员脸上深深的勒痕,"逆行"战士写给家人的信……它们和这张车票一样,讲述着英雄的故事,有一股震撼人心的力量。透过它们,我们更加真切地感受到——什么是不畏艰险的勇毅,什么是挺身而出的担当,什么是与国同行的爱国情怀。

哪有什么岁月静好,只是有人替我们负重前行,身为新时代的青年,我们要向无数逆风挺立的抗疫英雄学习,把自己的小我,融入祖国的大我,与时代同步伐,与人民共命运。新时代的历史任务将由我们来完成,我们也将在历史的长河中谱写自己的青春。时代向前,青年向上,与国同心同行,让青春在祖国和人民最需要的地方绽放绚丽之花!

◇ 参赛感受

当我踏进大学的校门，我就意识到这里的舞台很大，机会很多，我很感激"悦读之星"这个舞台，它让我从中更加深刻地认识了自己，更体会到了读书的乐趣。读书更像是在和自己对话，每一行字都对应着当下的状态，一遍遍改动稿件，一次次模拟演练，纵使眼前迷雾蒙蒙，我仍然相信有美丽的风光。当我站在聚光灯下，抬眼望去是向前赶路的自己，是坚定自信的自己，很荣幸能与"悦读之星"有一个美好的相遇。

◇ 阅读寄语

在书中我们可以看到不同的人生，不同的生活，书籍教会我用不同的视角去看待问题与挫折。读书可以使人不卑不亢地活着，能使人心灵干净，一本书读完可能很快就忘，但雁过留声，它会在不经意间影响着你，推着你向前进步。百战归来再读书，当我们做完事情后再去读书反省，会有更深的理解。所以，读书吧，让我们去认识自己，让它给予我们力量。

张 杰

天津传媒学院 2018 级，热爱文学和演讲，从小参加各类演讲朗诵比赛，经历丰富，于 2020 年 12 月参加书香天津·大学生校园"悦读之星"评选活动决赛，荣获二等奖。

不忘初心，追梦前行

大家好！我是来自天津传媒学院的张杰，我演讲的题目是"不忘初心，追梦前行"，参阅著作是《我们走在大路上》。

《我们走在大路上》的第十五篇章里有这样一段话："在中国，每一个人都是追梦人，每个单位企业都是梦之队。只有爆发出实现梦想的力量，梦想才有成真的可能。"

大家现在可以回想一下，你还记得自己的梦想是什么吗？和大家分享几个故事。

皮世伟是一名 23 岁的消防员，从 17 岁进队到现在已经六年的时间了，他说他的梦想是保家卫国，让社会安稳、人民幸福。没有人知道，这个普普通通的年轻小伙六年来不辞辛苦地坚守在岗位上，无数次危险关头，他穿着被大火烤得滚烫的防火服，冲在队列最前面，执行完一场任务又要立刻赶往下一个火场。当问到他为什么总是冲在第一线，他的眼睛开始发光,他说"在人民最需要的时刻挺身而出,是我的职责所在"。

塔日根夫是我的老师,他说他的梦想是希望能教出德才兼备的学生。他总是耐心地帮助我们解答各种问题,小到鸡毛蒜皮,大到人生规划,只要能帮上忙的他都会尽自己所能,我们大家都亲切地叫他"塔爹"。让我印象最深刻的是去年的合唱大赛,塔老师是我们班的指导老师,那几天塔老师都是发着烧带我们彩排,临赛前那天,塔老师手插着针、吊着盐水瓶就走来教室了,只为赛前为我们做最后一次指导,他说"他放心不下自己的孩子们"。

在我们的身边,到处都是追梦人奔跑的身影:有为千家万户奔走的快递小哥,为城市环境而劳作的环卫工人和为人民出行而忙碌的出租车司机……千千万万的劳动者在自己平凡的工作岗位上努力奔跑,无数普普通通的人生"小目标"汇聚成民富国强、民族振兴的"中国梦"。无数各行各业的"追梦人"燃烧自己,筑起了新的巅峰。中国高铁,总里程 2.9 万千米,世界第一;中国高速公路,总里程 14.3 万千米,世界第一;中国水电、风电装机规模,世界第一;中国核电在建规模,世界第一。这一项项世界第一的数据正因一位位勇担责任的"追梦人",才成就了如今的盛世中华。

奔跑的路不止在那里,也在心里,每个人都是奔跑者,我们每个人都是追梦人。奔跑不息,中国万岁!

◇ 参赛感受

　　感谢"悦读之星"这样一个舞台，是它给了我一个将阅读和演讲结合的机会。经典是文化的精粹，是人类文明的积淀，是一份宝贵的精神财富，利用这份宝贵的精神财富，让我们在读经典中养德行，不仅丰富了我们的知识，更重要的是教会我们应该做一个怎样的人，同时增强了民族的自信心和自豪感。

◇ 阅读寄语

　　书，让简单的人变得丰富；书，让喧嚣的人返璞归真。古人讲，布衣暖，菜根香，还是读书滋味长。一本好书，如美食佳酿，令人回味无穷，流连忘返。快乐莫过于读书，读书之乐，乐在大开眼界。一卷在手，我们可以穿梭时空，尽情沐浴先贤智者思想的惠泽；我们可以遨游天下，悠然领略种种极致的风景。

赵 魁

中共党员，天津中医药大学中西临床医学 2019 级，热爱志愿、公益和红色文化，于 2020 年 12 月参加书香天津·大学生校园"悦读之星"评选活动决赛，荣获二等奖。

长征精神之为国为民

大家好，我是来自天津中医药大学的赵魁，我演讲的题目是"长征精神之为国为民"，参阅著作是《习近平谈治国理政》。

不知道大家听到"长征"二字，是否会和我一样回忆起毛主席曾经写过的那首诗——红军不怕远征难，万水千山只等闲。五岭逶迤腾细浪，乌蒙磅礴走泥丸。金沙水拍云崖暖，大渡桥横铁索寒。更喜岷山千里雪，三军过后尽开颜。当大家和我一起回忆完这首诗的时候，是不是在为自己心中已经走完了一条小小的长征路而自豪呢？长征精神是坚持独立自主、实事求是，一切从实际出发的精神；更是顾全大局、严守纪律、紧密团结的精神；但我今天想和大家分享的是为了救国救民，不惜付出一切牺牲的长征精神。

2020 年 1 月，一场突如其来的新冠肺炎事件席卷全国。新冠病毒可以"人传人"成为定论，也有医护人员因感染新冠病毒而不幸牺牲，但是武汉告急,需要全国的医生前去支援。去吧,吉凶未卜,谁知道会发生什么?万一有个意外,家里老小又该如何?不去吧,国家有难,前人尚知"苟利国家生死以,岂因祸福避趋之",为了救国救民,前方危险又有何惧?于是四万多医护人员逆行武汉,他们不惜牺牲一切,只求护国护民。

在这次新冠肺炎防控阻击战中,有许多感人的故事,我想和大家分享其中一例。他,大年初二晚上仍在挑灯夜战天津疫情防控的工作,当天晚上他接到上级领导的通知,第二天便出征武汉,72岁的他抵达武汉后,第一时间扎进红区。他主张中医药全方位参与防治,于是采用中西医结合、以中医为主治疗模式的江夏方舱医院才实现了病人零转重、零复阳、医护人员零感染。胜利的背后,是他因为工作错过午餐而自己泡面,是他即使因为过度劳累复发胆囊炎,术后仍不顾自己身体虚弱而投身于工作。他便是我们的校长——张伯礼院士,宁负自己,不负人民,这便是一种为国为民而不惜牺牲的长征精神。

习近平曾说"每一代人有每一代人的长征路,每一代人都要走好自己的长征路",因此,我们想要走好我们这一代的长征路,就必须始终把人民和国家放在心中的最高位置,真正地做到"为天地立心,为生民立命,为往圣继绝学,为万世开太平"。

作为一名医学生,我的长征路便是努力成为像校长一样的人,当国有危难,自己也能身着战甲,为国为民。

◇ **参赛感受**

感谢"悦读之星"提供的舞台,让自己都能够在书籍中感受红色文化并汲取红色力量,每一次阅读、每一次写演讲稿,都是自己心灵不断净化的一个过程,让自己能够感受到榜样的力量,并不断带着他们的期望,在生活中走得更远。

◇ **阅读寄语**

古人云:书中自有黄金屋,书中自有颜如玉。阅读近现代红色相关书籍,不难发现,书中承载了为国为民的长征精神、伟大抗疫精神等,让我们不断思考今日所居太平,皆是一代又一代人努力奋斗的结果,在书中汲取的力量,必将转化为生活中前进的动力。

薛心悦

中共预备党员，天津医学高等专科学校护理专业2020级学生，热爱朗诵和读书，在校期间参加各类演讲朗诵比赛，于2020年12月参加书香天津·大学生校园"悦读之星"评选活动决赛，荣获二等奖。

悦读书香　青春风采

平凡，乃生活本色。每个人，对于这个浩渺的世界来说，都十分渺小、脆弱。这个世界亦是平凡的，悲与欢、生与死、世事的变更，于历史的长河来说，无非是些平凡事。对于平凡，我素来都是这样认为的，直到读了这本书——《平凡的世界》，才恍然大悟。

小说讲述了1975—1985年，这十年间双水村三户人家的故事，通过人物之间的故事闪现出时代生活的变化。这本书给我的感受有三：

"在平凡的生活中，蕴含着动人的诗意和丰沛的社会内容。"

"人生充满了苦难，在与其不断的搏击中，人才会活得更充实、更有价值。"

"对于所有试图改变现状，改变命运的人来说，必然会遇到阻力和困难，人生既是一场奋斗，同时也需要心灵的抚慰，精神的超越，道德的提升。"

《平凡的世界》一书中，他们每个人的经历都给人一种思考，在那种恶劣的环境下，他们的愿望是那么简单。路遥说："生命从苦难开始，只有在苦难中才能诞生灵魂的歌声。"的确，生命总有缺憾和苦难，人们的种种挣扎和奋斗就是为了弥补这些缺憾和苦难。而个人的精神意志、周围的亲情和爱情无疑在作品中成为挣扎和奋斗的支撑点，是最后走出苦难，诞生灵魂之歌的基础。

2020 年注定是不平凡的一年，有来势汹汹的病毒，更有数不清的暖人事迹。大量的医护人员、公安干警、社区工作者，舍小家为大家，一直坚守在抗疫一线。在他们当中涌现出大量仁人志士，我校也涌现出一批有责任、有担当的青年学生，他们尽己所能、奉献社会，冲在防控最前沿。我校优秀毕业生郭珺随医疗队逆行而上，奔赴武汉，长时间奋战在战斗一线。他们夜以继日、不畏艰险，圆满完成救治任务。他们用行动彰显着新时代青年的责任和担当，充分展现了新时代青年的青春风采。

而身为医学生的我们，也是义不容辞。我校王家鑫、张亚龙、吕亚青等同学都加入自己家乡的志愿者队伍当中，他们说："身为医学生，我们有责任为社会贡献一己之力，让自己的生命更有价值。"

这个世界以平凡而起，平凡而终，留下的是每个人那一抹不平凡。路遥的这部长篇巨作《平凡的世界》给所有人带来光明和希望。正如书中讲到的："生活不能等别人来安排，要自己去争取和奋斗。"命运对每个人都是平等的。你可以贫穷但你不可以平庸，你可以笨拙但你不可以懒惰。

并肩战斗，有你有我。众志成城，中国必胜！在这个没有硝烟的战场，涌现出许多无私、催泪、英勇的一幕，他们是平凡的人，却在这一刻成为"最美"。

要知道，通往春天的道路布满泥泞，然而平凡的世界依旧充满阳光。

◇ **参赛感受**

- -

　　能够有幸参加"悦读之星"活动，我是幸运的。因为我深知：每一次经历都是一份收获。从第一次上台时的紧张，再到决赛时的自信，在这段时间里，我成长了很多。语言的学习只有交流才能进步，而演讲是对交流沟通能力、临场应变能力的考验，其实，我们每个人都可以积极应对，比赛正是一个很好的锻炼自我的机会，我们都应该珍惜这样的机会，锻炼自己，展现自己的风采。

◇ **阅读寄语**

- -

　　王安石说过"读书谓已多，抚事知不足"。人类文明之所以能够薪火相传，离不开书籍的力量，离不开千百年来我们对于知识的崇尚。如今，科技的发展让获取知识的渠道不断拓展，但书籍，作为传承知识的重要途径，仍然有着不可替代的作用。在书中，你可以见识不同的人，看到不同的生活，得到不同的生命感悟，脚步丈量不到的地方，文字可以；眼睛看不到的地方，文字可以。正是因为如此，我们更应当清醒地认识到，读书明智的重要性。

王丹慈

天津天狮学院外国语学院 2019 级。性格外向，活泼开朗，爱好阅读和运动，演讲比赛经历丰富。于 2020 年 12 月参加书香天津·大学生校园"悦读之星"评选活动决赛，荣获二等奖。

把握当下人生，留住最美时光

大家好！我是来自天津天狮学院外国语学院的王丹慈，我演讲的题目是"把握当下人生，留住最美时光"。参阅著作是杨绛的《我们仨》。

我们每一个人，都可能会遇到这样的问题：面对衰老，面对死亡，面对病痛，面对与最爱的人分离，我们应该如何选择？我想，杨绛先生的这本《我们仨》，会带领我们寻找到自己内心深处最真实的答案。

92 岁高龄的杨绛用平和朴实的语言记录了他们一家 63 年家庭生活聚散的点点滴滴，没有说教，没讲大道理，没有跌宕起伏的剧情，只是行云流水地讲述了他们一家三口这些年的生活，苦难经历一笔带过，欢喜的点滴却被细细描摹。在写这本书时，杨绛的丈夫、女儿都已离开了人世，但她的笔调却哀而不伤。她说："我们仨，从此失散了！"她又说："我不能走，我得留下来帮他们打理现场。"这个经历了近一个世纪动荡的老人，在书中写下了自己对丈夫、女儿的思念，对岁月的缅怀，对人生的叹息。

　　给我印象最深的就是本书的第三部分"我一个人思念我们仨"。她用质朴的文字回忆了过去种种，为我们展现了他们仨的美好时光。虚写死亡，实写生活。我想，她是不愿去回忆与亲人最后的离别悲痛，只想记住从前一起温馨生活的美好。杨绛先生在文中写道："船在水里，当然会走的。"是啊，时光就如流水般，纵然万般舍不得，也阻挡不了它的流逝，于是杨绛就这么一程一程地送着船，一脚一脚地在驿道上走着。终于，"我们仨"相失在驿道上，留下一路离情，留下杨绛一人。看书中平淡的字句所迸出的美好，会感动，会流泪，可我知道，杨绛先生一个人思念他们仨的心情，是需要用很久的时间和深厚的阅历才能领悟得清。

　　世间好物不坚牢，彩云易散琉璃脆。看惯了童话与喜剧的我们，很难接受这样的结尾，很多读后感都被泪水浸透。但，这就是人生啊，笑中有泪，泪中有笑。世间哪儿有什么完满，牵动嘴角笑容的必是那心底最值得怀念的回忆。一生很长，期间遭遇与经历可谓难料，我们只有珍惜好当下，把握住现在，保持对生活不断追求的热情，才能更好地提高参与度和幸福感，留住生命中最美好的时光，不负每一份期待，也不负每一份热爱！

　　谢谢大家，我的演讲完毕。

◇ 参赛感受

能代表学校参加"悦读之星"评选活动是我的荣幸，同时我也非常感谢学校的老师们给我这次证明自己实力的机会。比赛虽然结束，但杨绛先生对我的启发才刚刚开始，正如我的演讲标题"把握当下人生，留住最美时光"一样，我们只有认真努力，把握住现在，不断阅读充实自我才能以最好的状态迎接未来。这次比赛是成长道路上的闪光点，更是一种鞭策，我会继续努力，持续阅读，不断提升演讲水平，用文字以及抑扬顿挫的语调记录书籍的美好。

◇ 阅读寄语

世界上没有一条路是重复的，也没有一个人的人生是可以替代的。阅读打开了我们个人的空间，带给我们不同生活体验的同时，让我们意识到人生道路的多样性。阅读一本好书，犹如遇到名师，犹如辨明真理，犹如传道授业，犹如心智开蒙。所以无论如何，总要把有些时间留给读书呀！让阅读成为我们一种必不可少的生活方式，以沉潜阅读持续丰盈自我的精神世界。有书可读的时光，才是最美好的时光。

郭佳佳

天津天狮学院食品工程学院 2019 级，热爱文学和运动，从小喜欢参加各类演讲朗诵比赛，经历丰富，于 2021 年 6 月参加书香天津·大学生校园 "悦读之星" 评选活动决赛，荣获二等奖。

青年朋友们,请奋斗起来

尊敬的评委老师,亲爱的同学们,大家好!我是天津天狮学院 2019 级食品工程学院的郭佳佳,今天我演讲的题目是"青年朋友们,请奋斗起来",参阅著作《习近平与大学生朋友们》。

阅读《习近平与大学生朋友们》一书,好似聆听习近平对我们的殷殷嘱托,"生逢其时,重任在肩"。

"你们年轻人,处在一个伟大的时代,有着这么伟大的目标,生逢其时,为之奋斗吧!看你们的了。"每每读到此句,我总是心潮澎湃,虽一人前行,却仿佛引领百万雄兵。是啊,"青年兴,则国家兴;青年强,则国家强;青年一代有理想、有担当,国家、民族才会有希望"。今年,恰逢中国共产党成立 100 周年,大家还记得一百多年前那场伟大的爱国主义运动吗?还记得那群义无反顾的热血青年吗?他们用"爱国,民主,科学,进步"的思想刺痛了那个时代习惯了黑暗的眼睛;乘着一艘宣扬新民主主义革命的巨轮踏浪而来；载着"五四精神"的青春与激情一路披荆斩棘。那惊醒国人的气魄、震撼中国的意志、永垂不朽的精神，皆留待今之青年传承。

习近平谈到鲁迅先生曾说过一句话："青年所多的是生力，遇见深林可以劈成平地的；遇见旷野可以栽种树木的；遇见沙漠可以开掘泉田的"。诚然，青年所多的是生力，为什么对国家的未来发展这么重要哪？朋友们，为什么哪？因为我们年轻呀，因为我们还有许许多多的机会，因为我们年轻人敢拼、敢想、敢闯。朋友们，身为新时代青年，我们个人的茁壮成长正是祖国蓬勃发展的缩影，一路相伴走来，我们见证着祖国的发展，也必将全程参与祖国的未来！而作为新时代中国特色社会主义建设的中流砥柱，我们青年人责无旁贷！

少年勤学，青年担岗，中国青年，国之栋梁！我借用鲁迅先生的一句话在此与诸位共勉："愿我中国青年都摆脱冷气，只是向上走，不必听自暴自弃者的话，能做事的做事，能发声的发声，有一分热发一分光，就如萤火一般，也可以在黑暗里发一点光，不必等候炬火，此后若没有炬火，我便是唯一的光。"愿我们的青春以梦为马，不负韶华；愿吾辈不忘初心，砥砺前行；愿今之青年全力以赴，铸我万丈河山表里澄澈，待后世观摩！

谢谢大家，我的演讲完毕。

◇ **参赛感受**

- -

　　我们生在红旗下，长在春风里，目光所至皆是华夏，五星闪耀皆是信仰。欣逢盛世，当不负盛世，愿以吾辈之青春，捍卫盛世之中华。这是我在获奖后的第一感受，很为自己感到欣慰，当得知自己的成绩时，我的第一反应是：清澈过的爱，只为你。

◇ **阅读寄语**

- -

　　去读书，看世界，也找自己。用生活所感去读书，用读书所得去生活。书本看似艰深难近，其实却和生活息息相关。颜如玉，黄金屋，蒙蒙杏花雨，翦翦杨柳风，诗书方寸之间却有天地四方，初读不懂，再读知味，走出千百度后蓦然回首才可见惊鸿，又用这悟出的几分道理发现更多近在眼前的诗意，寻到更为险远的景观。于是书与人生相辅相成，是长者言，是海上灯塔，是孤独中的一味清欢，是漫长岁月里无穷尽的力量。

曾子瑶

天津美术学院中国画专业 2020 级。于 2021 年 6 月参加书香天津·大学生校园"悦读之星"评选活动决赛，荣获二等奖。

忆百年初心，续时代新篇

各位评委老师、同学们，大家好！我演讲的题目是"忆百年初心，续时代新篇"，参阅著作是《中国共产党简史》。百年党史，是一部开天辟地、敢为人先、顽强拼搏的革命史与奋进史；是一部人类历史画卷中辉煌壮丽的伟大诗篇；也是中国人民在长期奋斗中培育、继承、发展起来的历久弥新的民族精神史！"茫茫九派流中国，沉沉一线穿南北，烟雨莽苍苍，龟蛇锁大江。"《觉醒年代》中开篇的浮雕式版画将我们拉回到那个年代：一张张激愤的面孔、一次次顽强的抗争……阴云密布的五四运动前夜，在我校张耀来老师的版画作品中表现得淋漓尽致……风雨飘摇中，南湖上的一艘红船给我们带来了希望。陈独秀、李大钊、鲁迅、毛泽东……他们敢为人先、坚定理想、百折不挠，为中华民族探寻出路、呕心沥血。"红船精神"——中国革命精神之源，一直激励和鼓舞着全党不断战胜前进道路上一个又一个困难和挑战！"五岭逶迤腾细浪，乌蒙磅礴走泥丸。金沙水拍云崖暖，大渡桥横铁索寒。"沈尧伊先生的连环画《地球的红飘带》向人们展现了红军血战湘江、突破乌江的英勇无畏，四渡赤水、巧渡金沙的过人胆识，强渡大渡河、飞夺泸定桥的勇往直前，翻雪山、过草地驰骋二万五千里的坚定信念。"长征精神"——中华民族精神的最高体现，检验了真理，唤醒了民众，开创了革命的新局面！"一唱雄鸡天下白，万方乐奏有于阗……"董希文先生创作的油画《开国大典》画面上，蓝色的天空和鲜红的柱子、旗帜形成强烈对比；人民群众如火的热情汇聚成红旗翻飞的海洋。这般气势恢宏、气象万千，正是新纪元历史画卷的主调！

从热火朝天的社会主义改造到岁月峥嵘的社会主义建设，从春潮澎湃的改革开放到启航新征程的中国特色社会主义新时代，中国人民凭借着英模精神、劳动精神、工匠精神……实现了从站起来到富起来，再到强起来的社会主义伟大腾跃。中国共产党带领人民用自己的拼搏奋斗汇聚起共和国奔腾向前的历史潮流，用自己的执着坚守构筑成中华民族永不褪色的精神丰碑。

新时代，我们初心如磐、一往直前！走得再远，从未忘记先辈们走过的过去，从未忘记为什么而出发。作为新时代的艺术青年，我们探访革命圣地，手绘红色建筑，"画"说时代楷模，颂扬劳模精神。在遥远的过去与无限的未来之间，我们一手托举历史，一手传递未来。在学思践悟中砥砺初心，在学深悟透中锤炼本领。以笔绘史，传承红色文化，弘扬伟大精神！

如磐的初心，如椽的画笔，万水千山最美，中国道路！

◇ 参赛感受

非常荣幸能够拥有参与"悦读之星"比赛的机会，在比赛的过程中我受益良多，也很感谢老师们的帮助与付出。早在很小的时候，我就对演讲有着很浓厚的兴趣，这样的期望扎根在我的脑海里，也终于通过这一次比赛实现愿望，不仅让我对文字蕴含的力量有了更深的感悟，也让我对演讲有了全新的认知。我开始明白在演讲中最能打动人心的永远是真诚，是自我的表达，是发自内心的感动与热爱。思想通过文字沉淀，通过演讲飞扬，实在是太好不过的一件事。

◇ 阅读寄语

文字是思想的载体，每一次阅读都是与作者灵魂和思想的一次交流。每当我翻开书页，就如同打开了一坛馥郁芳香的美酒，或甜美醇厚，或辛辣刺喉，每一种滋味都是一种收获，每一次品读都有不同体验。雨果曾说过，书籍是造就灵魂的工具。通过阅读，我们可以了解不同人看待社会，看待世界，看待人生的态度。那些无法通过双脚到达的地方，思想却可以通过书籍跨越时间、国界开出烂漫的花朵，这样看来，阅读是多么美妙的一件事。人生很长，唯有思想的厚土可以承载有深度的灵魂。

吴衍宇

天津理工大学社会工作专业 2019 级，获评天津市"大学生自强之星"、天津市优秀学生干部，入选天津市青年马克思主义者培养工程高校班学员、天津市青年宣讲团成员。于 2021 年 6 月参加书香天津·大学生校园"悦读之星"评选活动决赛，荣获二等奖。

敬最可爱的人　筑最可爱的家

大家好！我作品的题目是"敬最可爱的人　筑最可爱的家"，参阅著作《谁是最可爱的人》。这本书记录了 20 世纪 50 年代，中国人民在党中央的领导下进行抗美援朝的伟大壮举。那时，初入朝鲜战场的中国人民志愿军，以轻步兵为主，他们面临的是一场实力悬殊而又非常陌生的立体战争，地面、地下、空中以及前后方同时、交互进行的战争，无不显示着当时西方世界对中国的傲慢与偏见。

朝鲜上空凶悍无比的美军飞机，黄海海面领先时代的航母编队，陆地上重机枪、榴弹炮，这些都拦不住志愿军的钢铁意志。在这场实力极不对等的战争中，志愿军粉碎了"大炮主义""飞机迷信"，打出了让敌人百思不得其解的"东方精神"。

就是这个战场上发生了一段故事。1950 年冬，朝鲜正经历百年不遇的严寒,-40℃的气温,大雪纷飞。第九军团的战士们接到了一项艰巨的任务,要在长津湖伏击美第八集团军,这是一场扭转被动局面的关键伏击。每一名趴在雪地里的战士都一动不动。他们枪口对准公路,身上仅穿单衣。谁也不知道他们究竟在风雪里伏击了多久,最终却没有等来发起冲锋的一刻,清扫长津湖战役战场时,那令人震惊的一幕冲击心灵,20军59师177团6连全连125名战士已全部牺牲!!

人们在一名叫宋阿毛的战士的衣服口袋里找到一张纸条,上写道:"我爱亲人和祖国,更爱我的荣誉,我是一名光荣的志愿军战士。冰雪啊!我绝不屈服于你,哪怕是冻死,我也要高傲地耸立在我的阵地上!"彭老总接到纸条的时候老泪纵横。

我的外曾祖父便是那十九万七千余名"最可爱的人"之一,他牺牲在抗美援朝战场时,年仅36岁。家中留下了三个不到10岁的孩子,牺牲时甚至都来不及留下一张照片,从小我便只能从书本、影片中,幻想他奋不顾身、以身许国的壮烈身影。家中长辈常常提起外曾祖父和他的战友们的故事,就像书中写的那样:"亲爱的朋友们,当你坐上早晨第一列电车走向工厂的时候,当你安安静静坐到办公桌前计划这一天工作的时候……朋友,你是否意识到你是在幸福之中呢?你也许很惊讶地看我这是很平常的呀,!可是,从朝鲜归来的人,会知道你正生活在幸福中。"

生逢盛世,不忘先烈,这就是我的家风。在外曾祖父的感染下,祖父、外祖父、父亲纷纷穿上了军装,饮水思源,三代报国,奔赴在祖国最需要的地方。作为一名烈士的后代,更是一名新时代青年,我要以青春之我、奋斗之我,为祖国建设添砖加瓦,为民族复兴铺路架桥,争做堪当大任的时代新人。

◇ **参赛感受**

- -

感谢遇见，感谢相遇。在"悦读之星"的舞台上，我收获颇丰，深感奋斗正当其时。时代的画卷，将在踔厉奋发中铺展；未来的华章，将在笃行不息里书写。在"悦读之星"的舞台上，我们可以充分展示自我，绽放青春风采；可以分享阅读感想，结识良师益友。在阅读和学习中厚积薄发、集腋成裘，在阅读与演讲中与智慧共鸣，与良师同行，彰显青春风采。

◇ **阅读寄语**

- -

朋友们，带着梦想去阅读吧！在阅读和学习中不断提升自我、超越自我，帮助自己树立远大目标，明确人生奋斗方向。在学习和生活中踔厉奋发、勇毅前行、团结奋斗；在阅读中锤炼意志品质，立志做有理想、敢担当、能吃苦、肯奋斗的新时代好青年，让青春在全面建设社会主义现代化国家的火热实践中绽放绚丽之花。心怀梦想，不负青春！

杨晨旭

　　天津滨海汽车工程职业技术学院康复学院学生，高中时期为播音生，有较强的专业素养，于 2021 年 6 月参加书香天津·大学生校园"悦读之星"评选活动决赛，荣获二等奖。

红船精神，代代相传

尊敬的各位评委老师：

　　大家下午好，我是来自天津滨海汽车工程职业学院的学生杨晨旭，今天我演讲的题目是"红船精神，代代相传"，参考书目为作家黄亚洲所著的《红船》。

　　一条船，一条不平凡的船，它是宣告中国共产党成立的红色之船，是承载着中国共产党人初心和使命的母亲船，2017 年 10 月 31 日，党的十九大闭幕仅一周，习近平就专程从北京前往上海和浙江嘉兴，瞻仰上海中共一大会址和浙江嘉兴南湖红船，站在南湖岸边，习近平深情地说，小小红船承载千钧，播下了中国革命的火种，开启了中国共产党的跨世纪航程。

　　这一切还要从 1921 年 7 月 23 日说起，中国共产党第一次全国代表大会在上海法租界望志路 106 号秘密举行，后来被迫转移到嘉兴南湖。盛夏的南湖，微风阵阵，在一艘中型画舫上，一位年轻女子悠然地坐在船头。

她就是会议代表李达的妻子王会悟。王会悟一手撑着油纸伞，一手拿着书，环视四周目光警觉，原来船里坐着的正是出席中国共产党第一次代表大会的会议代表们，到了下午，湖面上不时地传来了咿咿呀呀京剧唱段的声音，与外面悠然平静的氛围不同的是船舱内刻意压低的讲话声、叫好声、鼓掌声。突然间，轰隆隆的马达声，从不远处传来，一艘汽艇贴着水面飞速开来，造价高昂的汽艇向来都是军警专用，难道是警察？王会悟心头一紧，脸上依旧保持着镇定的笑容。汽艇越来越近，王会悟向后一靠，"咚，咚咚"，敲了三下舱门，这敲门声是他们事先约定好的暗号。此时船舱内压低的讨论声戛然而止，代表们迅速收起文件，所有人的心都提到了嗓子眼儿。只一刹那，汽艇飞驰而去。王会悟抬起脸，长长地舒了一口气，她小声说，是来游湖的，没事了。从中午 11 点一直到下午 6 点，大会通过了《中国共产党党纲》，选举产生了党的领导机构，正式宣告"中国共产党成立。"全世界无产者联合起来，全世界无产者联合起来！代表们刻意压低，却难掩激动的声音，在小小的船舱里，久久回响！从此这条看似普通的小船有了永载中国革命史册的名字——红船。红船精神所蕴含的开天辟地、敢为人先的首创精神，坚定理想、百折不挠的奋斗精神，立党为公、忠诚为民的奉献精神，都成为中国革命的精神之源。

秀水泱泱，红船依旧。这条永不停泊的小船引领了中国革命、建设、改革的新航向，它见证着中国共产党领导下大国的沧桑巨变，诉说着永远说不完的伟大传奇，让我们携手并肩，凝心聚力，将红船精神一代又一代地传承下去，同心共筑中华民族伟大复兴的中国梦。

◇ 参赛感受

能代表学校参加"悦读之星"的比赛，我感到无比自豪，感谢这样一个机会。如果说当初作为一名播音生要讲好中国故事，讲好世界故事的话，那么现在作为一名医学生要时刻牢记为祖国的医药卫生事业发展和人类身心健康奋斗终生。当然，无论怎样都应以红船精神为初心，正是因为一百年前那些青年的高声呐喊才有了我们今日的盛世中华，而吾辈之青年者要以实现中华民族伟大复兴为己任，为天地立心，为生民立命，为往圣继绝学，为万世开太平。要永远铭记开天辟地、敢为人先的首创精神，坚定理想、百折不挠的奋斗精神，立党为公、忠诚为民的奉献精神，并永远发扬下去。

◇ 阅读寄语

读好书，好读书；书山有路勤为径，学海无涯苦作舟；读书破万卷，下笔如有神。这是属于中华民族骨子里的浪漫。点点文字，写出人生的真谛；片片言语，绘出生活的篇章；段段历史，记录曾经的美好。清晨午后，沏一杯清茶，品一本好书，走进书中和作者来一次悠然的邂逅。用阅读筑起梦想的高塔，用阅读端正前行的道路，用阅读拂去心灵的尘埃，也用阅读灿烂人生！

刘佳敏

天津城市职业学院商贸系连锁经营管理专业 2020 级，热爱主持和演讲，从小参加各大演讲朗诵比赛，并取得优异成绩。于 2021 年 6 月参加书香天津·大学生校园"悦读之星"评选活动决赛，荣获二等奖。

清澈的爱只为中国

大家好！我作品的题目是"清澈的爱只为中国"，参阅著作是《青春之歌》。在建党一百周年之际，很开心能够在这里给大家分享红色书籍。

首先和大家分享一则故事，就发生在我的身边，故事的主人公我们称他为范警官，也正是因为他，让我第一次近在咫尺地感觉到"00 后"奉献青春的平凡而伟大。

2019 年高考，范警官被新疆的一所警察学院录取，圆了他从小到大的从警梦。在送他去新疆之前，他告诉大家，在签定向就业协议的时候，入学手册中明确告知了他们学院会有很高的伤亡率，随之附带的是一张自愿捐献器官协议，他签好协议，做好将心脏献给有需要的人的准备。这一切，他并没有告诉妈妈。我问他原因时，他说："就像妈妈为了不让我担心，也并没有告诉我，她的癌症已经复发并且开始扩散了。"他不知道放弃了在家乡念一个不错的本科学校，可以不远离父母的决定是否正确，不知道放弃了一个未来稳定生活的决定是否明智。他说，就让我和妈妈一直心照不宣地互相隐瞒吧。为了妈妈的期望，为了从小到大的从警梦，为了能够报效祖国。他只能把一切交给心。那也是我第一次见到小时候骨折都没掉下一滴眼泪的他哭得像个孩子，这一刻让我重新认识了他。

"宁缺毋滥，风雨无阻，护卫国旗，重于生命。"这是范警官在国旗护卫队下庄严的誓言。"愿国泰民安，警徽闪耀。"这是大年三十，范警官在警察局值班以及身处一线工作时的真实感受。

"从警之路，无怨无悔。"这是 2021 年 4 月末最后一次在天津肿瘤医院范妈妈复查时，托朋友转告儿子的话。此时的范警官正在南疆执行任务，而范妈妈在天津等待了八天的复查结果后，也踏上了归家的列车。路上，范妈妈看着窗外的风景，看着儿子的照片，在列车上永远离开了这个世界……后来，范警官说，妈妈的一生，他知之甚少，而他的一生，也再也来不及告诉妈妈了，从此以后他只能在梦里和母亲相见。

"在这片旗帜下，我愿意为祖国和人民献出我的一切，包括生命。"还记得范警官被新疆警察学院录取时说过的这句话。范警官只是当代"00后"中，为国报效的一个小小缩影。

爱国，始终是青春的底色，爱国的少年心，总是相通的，自古英雄出少年，少年时，唤起一天明月，照我满怀冰雨；少年时，算平生肝胆，因人常热。身处新时代，有时很难想象战争时期那些年轻士兵为何而死，如今猛然顿悟，他们是为我而死。宁洒热血，不失寸土。

"清澈的爱，只为中国。"这是 18 岁烈士陈祥榕的战斗口号。部队问烈士的妈妈有没有什么困难，英雄母亲说："我没有什么要求，我只想知道榕儿战斗时勇不勇敢。"这种爱，无关年龄，都是一份边关有我在，祖国请放心的勇敢担当。赤胆忠诚，皆为祖国。

正是渴望爱情的年纪，肖思远钱包里一直珍藏着一张漂亮女孩的照片,为了祖国倒下,他的爱情巍巍昆仑作证,莽莽雪山作证!"走在喀喇昆仑,我们就是祖国的界碑,脚下的每一寸土地,都是祖国的领土。"这种爱,无关年龄,都是一腔"党叫干啥就干啥"的赤胆忠诚。

大人们常说,我们这一辈孩子,生在新中国,长在红旗下,实现中华民族伟大复兴的中国梦,已经成为全体中国人民的时代梦想。那么作为新时代的大学生,我们应该做一些属于我们青年人的事情,问问自己来到这个世界到底有什么意义。你所站立的地方,正是你的中国,你是什么,中国便是什么,你若光明,中国便不会黑暗,倘若盛世将倾,深渊在侧,我辈当万死以赴。山知道我,江河知道我,清澈的爱,只为中国。

我的演讲到此结束,谢谢大家。

◇ **参赛感受**

很荣幸能够参加"悦读之星",向大家讲述我心中的故事,并在比赛一栏中写下我的名字。从选稿到定稿,从配乐到制作幻灯片,这一路的艰辛离不开老师、同学和自己的努力,站在台上的那一刻,所有付出都是值得的。每一次上台都是一种历练,成绩则是一种收获。参与便是成长,星光不问赶路人,岁月不负有心人,获奖是新的起点,在今后的日子里,我将继续砥砺前行,努力成为更好的自己,以梦为马,不负韶华!

◇ 阅读寄语

看到这样一句话：读书不是为了某一时刻的熠熠生辉，而是为了人生的每一时刻都有自己的底气。你读的书越多，就会发现，你身边的人都是优秀且不带优越感的人，他们明亮但不刺眼，自信又懂收敛，让你向往的同时又给予源源不断的正能量。山鸟与鱼不同路，而读书能让我们与强者同行，与智者同频。读书的妙处不在所得，而在所思。我们应该随心而读，在字里行间总会有收获，得到内心的一份愉悦和宁静。

徐　程

天津中医药大学针推学院 2018 级，热爱阅读和音乐，在校期间参加各类演讲比赛，于 2021 年 6 月参加书香天津·大学生校园"悦读之星"评选活动决赛，荣获二等奖。

站起来——勿做"沉默的羔羊"

大家好，今天我演讲的题目是"站起来——勿做'沉默的羔羊'"，参阅著作是老舍先生的《四世同堂》。读完这本小说，书中几个家族的命运牵动着我的神经，思绪也随之卷入了他们几代人的离合悲欢，时而握着拳、皱着眉，时而又拍手叫好，让我久久不能忘怀。

我憎恨着那时侵略中国的日本帝国主义，向我们挥舞着罪恶的屠刀；我厌恶着像冠先生、瑞丰、蓝东阳那般投敌的汉奸、走狗，狰狞地扑向自己的同胞；我怨着当时那怯懦无为的民国政府，守不住偌大的北平城；我也怒其不争地看着那明哲保身的祁老人，以及像他一样众多被压迫着不敢发声的平民百姓。但是，毕竟还有一群我热爱和尊敬的人，当中有信念坚定的祁家老大瑞宣、老三瑞全，有从未被汉奸父母同化的冠家小姐高第，有不失气节的钱先生父子，也正是因为有了他们，那个黑暗的时代才有了希望！

　　书中令我最难忘的是钱家老二——钱仲石。故事里的这个家庭虽然姓"钱",可却不爱钱,与世俗污秽、金银铜臭没有半分的牵扯,他们反抗得最迅速、革命得最坚决、抵抗得最彻底,而结局也最为悲壮,让人肃然起敬。钱家老二虽然没有"具体地"出现在读者面前,从他登场到死去,都是借其他主角展现出来的。首先是他的外貌性格形象,老舍先生通过冠家小姐高第对他的情愫写出,他"长相英俊可爱,喜欢机械和汽车",在高第心里"哪怕是个汽车夫,也比跪下向日本人求官做的强得多",这是女孩子暗自倾心的"英雄",这段描写让我对仲石的角色充满了好奇;之后便是从他的父亲钱默吟老先生和瑞全的对话得知他去革命了,这是值得骄傲的事!我的儿子——一个开汽车的——可是会在国破时"用鲜血去作诗"!"我丢了一个儿子,而国家会得到一位英雄"!他的形象瞬间高大了。这位始终没有正式登场的年轻人,竟是如此的果决勇敢,毅然成为小羊圈胡同里最早奔赴战场的战士。钱仲石就这么死了,还没有正式"亮过相",没有半句台词,仿佛一个微末的"小角色",被作者急匆匆地用壮烈的死亡把生命画上了句号,但他确实是一位真正的英雄。

　　我非常热爱和佩服钱家老二,所以更不愿去面对接下来钱家的悲惨命运——钱老先生入狱受刑、钱老太太自杀、钱家老大病故;钱仲石是《四世同堂》里第一个死去的角色,他的死给我带来了极大的震撼,这是书中其他角色所没有的。在我看来,虽然作者"轻描淡写",但他的死亡却"重于泰山",与北平沦陷之初,人们的彷徨徘徊、不知所措形成了鲜明的对比,彰显了爱国青年誓死不做亡国奴的伟大民族气节,给了张牙舞爪的日本侵略者行动上和精神上的沉重打击。也正是因为钱仲石的牺牲,才鼓舞了瑞全、高弟,惊醒了中国千千万万还在"沉默"的人,掀起举国抗战、共赴国难的热潮! 也正是因为有这些英雄们,我们才能够迎来抗战胜利!

　　战争带给我们的只有伤痛和死亡,面对它,我们要像仲石、瑞全那样英勇反抗,不惧困难地站起来,绝不做"沉默的羔羊",这样我们的国家才能够更加繁荣昌盛!

◇ **参赛感受**

- -

　　能够参加"悦读之星"这个比赛,我是非常开心和激动的,也非常感谢能够有这样的机会来锻炼自己。有一个这样大的舞台,让我意识到了自己的潜力,也意识到了自己对演讲的热爱。不仅如此,她也让我认识到了更多有才华,志同道合的朋友。希望这个舞台能够越办越好!

◇ **阅读寄语**

- -

　　人生如书,要用心灵去历阅;山川如书,要用双脚去"走"读;日月如书,要用灵魂去感悟;祝福如书,要用快乐来阅读。希望我们每天都能与书相伴,与书为友!

张　杰

天津传媒学院体育学院运动与文化艺术学院 2018
级，热爱文学和演讲，从小参加各类演讲朗诵比赛，经历
丰富，于 2021 年 6 月参加书香天津·大学生校园 "悦读之
星" 评选活动决赛，荣获二等奖。

红军渡，长征源

大家好，我演讲的题目是"红军渡，长征源"，参阅著作是《红军长征史》。

现在播放的这首《红军渡，长征源》大家可能没听过，但他唱的正是我的家乡江西于都。在我看来，我的家乡于都就是一本红军长征史，很多人也许不知道，于都就是红军长征出发地，像长征广场、长征大桥以及长征第一渡，几乎所有的地方都是以长征命名的。

长征第一渡，当年红军在这里渡过了第一条河。就是这条河，一条算不上十分壮丽或者说秀美的河流，看上去很普通，但它是 1934 年红军长征必须渡过的第一条大河。

八十多年前，34 万于都人民在于都河畔，共同保守着一个天大的秘密。当时河上是没有桥的，只有架设浮桥才能过河。为了拿出架桥材料，于都人民有的锯断房梁，有的拆掉家门和床板。还有一位 70 岁老大爷送来了棺材板,红军不收,老人急了说,你们命都不要了为老百姓打天下,我这几块寿材算什么?

当架桥工作稳步推进的时候,国民党军发现了桥的存在把桥炸毁了,周边许多百姓也被炸死了,这下该怎么办? 红军和百姓都没放弃,在接下来的四天里,一到晚上于都百姓就开始搭桥,等红军通宵渡完河,天亮了再全部拆掉,反反复复拆搭 15 次。就这样,8.6 万名红军战士全部顺利过河,而敌军竟毫无察觉。

34 万于都人民,共同为红军守住了这个天大的秘密,我想这无疑是一个奇迹啊! 正如 1961 年那首《十送红军》歌词里写的一样“恩情似海不能忘,十万百姓泪汪汪”,架桥的背后是于都百姓拿出家里所有材料架起的连心桥,是于都百姓对红军难以言说却饱含真挚和不舍的真实情感。

二万五千里长征,是为人民出发、依靠人民胜利的伟大壮举,是红军与人民永结同心的见证,见证了中国军人的血性,也见证了中国人民铁一般的意志和抗战到底的决心!

走在新长征路上,我们应该时刻思考:我是谁? 为了谁? 依靠谁? 我想于都人民为红军架桥的故事,给了我们最好的答案。

◇ **参赛感受**

感谢"悦读之星"这样一个舞台，我有幸连续两年参加这个比赛，但是这次的比赛使我对忠诚于理想，坚定于信念，不怕牺牲，勇于胜利，坚韧不拔，团结互助的伟大长征精神有了一次更加全面生动的理解。尤其在日常生活中，这种精神更是不可或缺的，遇人有难，我们要伸出援助之手，不能只顾自己的利益，对他人置之不理。只要有了这种精神，我坚信我们一定可以为祖国的建设出更多的贡献，我们的国家必定会更加强大。

◇ **阅读寄语**

书，让简单的人变得丰富；书，让喧嚣的人返璞归真。读书之乐，乐在悦心。好书是心灵的钙片。读书，可以抒发纠结缠绕的情绪，可以拨开犹豫彷徨的迷雾，可以培养纯真高尚的情操。潜移默化之中，我们的心胸更加宽容豁达。读书让我汲取了战胜困难和挫折的勇气和力量。

黄新宇

天津电子信息职业技术学院数字艺术系动漫专业2019级，热爱演讲与朗诵，连续担任两届中国"互联网＋"主持人，分别斩获市级和国家级奖，多次荣获朗诵演讲类市级奖项。于2021年6月参加书香天津·大学生校园"悦读之星"评选活动决赛，荣获二等奖。

百年回声

　　大家好！我是来自天津电子信息职业技术学院的参赛选手黄新宇，我的作品题目是"百年回声"，参阅著作是《中国共产党简史》。

　　一百年前，寂静的南湖之上烟波浩渺，在一艘红船上，十几名党员将革命的火种带向全国各地，开启了中国共产党的跨世纪航程，而这段百年史浸满太多屈辱的泪水，又流尽了太多华夏儿女的青春热血。

　　"为有牺牲多壮志，敢教日月换新天。"我敢说中国共产党的党史就是一部可歌可泣的英雄史。

　　"砍头不要紧，只要主义真。杀了夏明翰，还有后来人。"这是共产党员夏明翰在临行前写下的一首气壮山河的就义诗。夏明翰，湖南衡阳县人。1927年，在湖南组织并参与了秋收起义。1928年，由于叛徒出卖，夏明翰不幸被敌人逮捕。在阴暗潮湿的监狱中他用半截铅笔忍痛为家人写下了三封诀别信，在给母亲的信中，他这样写道：

> 亲爱的妈妈，别难过，别呜咽，别让子规啼血蒙了眼，别用泪水送儿离人间。儿女不见妈妈两鬓白，但相信你会看到我们举过的红旗飘扬在祖国的蓝天！

两天后，夏明翰被敌人执行枪决。他的一生短暂而辉煌，但他的革命业绩和崇高精神不仅辉映历史，而且激励后人，化作一座永恒的丰碑在历史长河中熠熠生辉。

从星星之火，到燎原烈焰；从万里长征，到星辰大海，无论是血雨腥风的战争年代，还是筚路蓝缕、鼎力创新的革命建设时期，每当我们站在历史的风口浪尖上，总有一批又一批英雄挺身而出，在国之危难时引领人民走出黑暗，走向光明。

如今弹指一挥间，中国共产党与中华民族已风雨同舟了一百年，在这一百年里，神州大地发生了翻天覆地的变化。看！那"一带一路"如双翼扶摇，大国重器傲视群雄，京津冀一体化深入推进、长江经济带横贯东西……这一切都在悄然地改变着中国，改变历史，改变世界。这些变化离不开光荣而伟大的党，更离不开可爱又可敬的共产党员们，是他们定位了中华民族伟大复兴的历史坐标，是他们成为大时代考题中民族的英雄。

少年负壮气，奋烈自有时！当红色的火炬移交到我们这一代人手上，也一定会高擎起时代的圣火，继承伟人遗志，与祖国同向同行！一百年前，梁启超的一句"少年强则国强"，犹如一道利剑，划破黑夜长空，惊醒世人，无论是百年前为国家前途奔走呼号的热血青年，还是百年后为抗击疫情冲锋陷阵的年轻勇士，历史和现实都一次次地向我们证明：中国的命运与中国少年的命运始终是紧紧联系在一起的。我们定当沿着先辈之足迹，持着革命先烈之精神,怀着共产主义之信仰,以个人之前途命运系之于中国之未来,我坚信,我泱泱中华定能生生不息,浩世长存!

◇ 参赛感受

当学院老师找到我,让我去登上这样一个舞台时,我倍感荣幸。对我而言,我非常享受每次登上舞台的机会,而"悦读之星"更是一个特殊的平台,是一次将阅读和演讲巧妙的结合。写稿时我的思绪总是一次次回想起我们国家所经历的种种曲折,而登台时那种分享感悟的喜悦和登上舞台的兴奋,都让我收获良多,虽对结果抱有遗憾,但整个比赛过程我都享受其中,不枉是一段值得回忆的经历。

◇ 阅读寄语

如今大量的电子阅读和网络小说深深地影响着我们每一个人,我们有多久没静下心品味一本纸质书籍了呢?阅读纸质书籍的感受,我认为不需要浮夸的辞藻,就只是简单的享受,简单的感悟,和安静的思考,如果恰好能遇见可以分享交流的人,那再好不过。无数名言警句都在告诉人们阅读的重要性,但在这个碎片化信息的时代,它们就像其他无数警句一样,我们都听过,但不再重要,不再能让我们深思。那么作为新时代青年的我们,能完善自我,提升自我,审视自我,放低姿态,感染他人,足矣。

李佳鑫

天津商务职业学院国际贸易学院 2021 级，热爱文学，喜欢朗诵，于 2021 年 6 月参加书香天津·大学生校园"悦读之星"评选活动决赛，荣获二等奖。

永葆赤子之心，赓续民族之梦

大家好！今天我演讲的题目是"永葆赤子之心，赓续民族之梦"，参考作品是《习近平的七年知青岁月》。

《习近平的七年知青岁月》是由中共中央党校出版社所出版的一系列采访记录，采访团共采访了 29 人，这些受访者都是习近平七年知青生活的见证者和同行者。这本书讲述了习近平同志在知青时期"苦其心志、劳其筋骨、饿其体肤、空乏其身"的历练故事。

刚拿到这本书，我就花了三天的时间对全书进行了通读，书中的一字一句都让我充分感受到了榜样的力量。感受到了年轻习近平的赤子之心。

提起延安，大家一定都不陌生，它是中国人民心中的革命圣地，在华夏儿女心中留下深刻的印象。出生于传统革命家庭的习近平，对延安这个圣地更加心向往之。1968 年底，正是知青上山下乡时期，年仅 16 岁的习近平也站在队伍当中，负责报名的老师十分诧异，他上学早，还不到插队的年龄,在校表现又是那么优秀,明年是有机会留在北京工作的,这显然比去西北农村好得多。但就是这样,习近平依然坚决地递交了申请。1969年初, 习近平同志和北京八一学校的二十多名学生一起乘坐知青专列去了陕北延安农村,开始了七年的知青生活。初到梁家河村的习近平独自面对着穷乡僻壤的陕北农村,从未喊苦喊累。白天放羊,晚上看守着牲口。下雨刮风在窑洞里铡草,200斤的麦子还要铲得满满的, 十里山路不换肩,肩膀被扁担压烂了,就用衣服垫着继续干活。习近平同志始终认为自己是人民的一部分,是黄土地的一部分。1974年,习近平带领村民在陕西修建了第一口沼气池。在村里,他不仅组织开展扫盲班,给村民们来了外面的"洋学问",更是实实在在从村里的父老乡亲手里学会了山里的"土学问"。习近平在七年知青生涯中,从未放弃读书和思考,甚至是痴迷阅读,更是敢于尝试,敢于改变。

青年习近平不怕吃苦,勤奋好学,敢于创新的精神,在保持旺盛的求知欲和不断进取的上进心的同时还能脚踏实地沉下心。榜样的力量是无穷的。星星之火,可以燎原。我们要向青年榜样看齐,为祖国奉献自我,彰显新时代中国青年胸怀报国之志。

习近平提出的"勤学、修德、明辨、笃实"的要求,已成为当代青年道德修养的八字格言。我们年轻人坚信,梦想越大,奋斗就越艰难。我们始终有一个坚定的决心,努力学习,敢于承担责任.我们以强烈的政治责任感和历史使命感, 始终保持着分秒必争的态度,也始终保持着顽强拼搏的精神,我相信,民族复兴的中国梦一定会在奋斗中成为现实。

一代人有一代人的使命,一代人有一代人的担当。吾辈,出生在红旗下,成长在春风中,目光所向皆为华夏,五星闪耀皆为信仰,我们要朝着红旗指引的方向前进,用奋斗坚定前进,用奋斗开辟未来。永葆赤子之心,赓续民族之梦。

◇ 参赛感受

　　我非常喜欢阅读，也非常爱演讲，很感谢"悦读之星"这个平台，是它给了我把读书以来的沉淀展现出来的机会，当我走上舞台时，我是松弛的，是享受的，是真正把阅读书籍之中的所思所想展现给大家的，同时能够与各高校志同道合的朋友们一同交流学习，与各位选手一起同台竞赛也让我受益匪浅，借助本次比赛的契机，未来我将继续锤炼自己的本领，期待与大家在未来的赛场上再见。

◇ 阅读寄语

　　阅读是快乐的，是幸福的，青年习近平到陕北插队，只带了两个行李箱，里面装的全是书；"白天劳动、晚上看书"成为他知青岁月的生活常态，留下"30 里借书、30 里讨书"的故事，用书中梁家河老乡的话说，"近平读书有'书瘾'"，已经到了痴迷的程度。回顾我的人生成长，也都有书的相伴，是书籍中的知识带给了我不同的世界，是书籍中的人物带给了我不同的经历，我很感谢与它们的相遇，热爱读书，喜欢阅读，将会带给你不一样的感受。

江 垚

天津工业大学法学院 2020 级。天津市优秀学生干部，"第十二届宋庆龄国家奖学金"获得者。热爱文学、演讲、舞蹈和绘画，多次获省级演讲朗诵比赛奖项，主持过市级双拥文艺晚会，获得华东六省一市拉丁体育舞蹈冠军。于2021 年 6 月参加书香天津·大学生校园"悦读之星"评选活动决赛，荣获二等奖。

碧血丹心永向党

大家好！

我是来自天津工业大学的江垚。很荣幸能够在这里，与大家交流学习，畅谈读书感悟。今天，我要推荐习近平的《论中国共产党历史》一书。

欲知大道，必先为史。

中国共产党的历史是我们最宝贵的精神财富。

遥想鸦片战争一声炮响，打开了古老中国的大门，从此中国人民陷入水深火热之中。

民族危亡之际，她！挺身而出——

五四运动，她勇于突破，肩负"反帝反封建"的重任，带领人民争取自由；

南昌起义，她果敢无畏，打响武装反抗国民党反动派的第一枪；

遵义会议，她力挽狂澜，第一次独立自主地运用马克思主义解决自身的问题，挽救了中国革命；

14年抗战，她顽强，她不息，她努力，她等待，她始终怀着必胜的信心，哪怕抛头颅洒热血也在所不惜，终于取得了"中国人民站起来"的伟大胜利！

她！就是我们伟大的党——中国共产党！

作为当代大学生的我们，虽然没有亲身经历过那百年奋斗，却沐浴在党的光辉下茁壮成长。

沧海横流方显英雄本色。我要在实际生活中磨炼自己的品格，以舍我其谁的勇气砥砺初心，以敢于担当的精神扛起使命，在党和人民需要的时候，主动站出来，作出一名青年学子应有的贡献！

一百年风霜雨雪，烟云散去，明亮的党徽依旧熠熠生辉；

一百年抗战奋斗，烟云散去，鲜红的党旗依然高高飘扬。

在喜迎建党百年时，面对耀眼的党徽和飞扬的党旗，我再次庄重地举起右拳——

党啊，亲爱的党，革命代代如潮涌，前赴后继跟党走。儿女真情诉衷肠，碧血丹心永向党！

◇ **参赛感受**

- -

　　阅读是人类历史上永恒的话题。阅读之于个人，如漫漫人生里的灯盏，照亮奋斗之路；阅读之于社会，如历史进程中的星光，辉映壮美的文明之虹。

　　因为阅读，我们汲取知识，不断成为更好的自己，也因为阅读，人类文明得以延续，创造更美好的世界。感谢"悦读之星"为我们提供了这样一个机会和平台，相互交流学习，畅谈读书感悟，让我们徜徉在阅读的海洋中，觉醒思想，净化心灵，收获内心最深处的充实和温暖。

◇ **阅读寄语**

- -

　　中国共产党人依靠学习走到今天，也必然会依靠学习走向未来。不积跬步，无以至千里；不积小流，无以成江海。读书学习是一种生活态度、一种工作责任、一种精神追求。让我们共同在爱读书、勤读书、读好书、善读书中提高思想水平、解决实际问题、实现自我超越，让智慧之光照亮我们每个人的前行之路！

王文博

　　天津滨海职业学院机电工程系 2019 级，曾担任天津滨海职业学院学生会主席，在校期间先后获得天津市人民政府奖学金、国家奖学金，多次参加学院各类竞赛并取得好成绩，于 2021 年 6 月参加书香天津·大学生校园"悦读之星"评选活动决赛，荣获二等奖。

坚定理想信念，走好新时代的长征路

　　大家好！青春向党，礼赞百年。我演讲的题目是"坚定理想信念，走好新时代的长征路"，参阅的著作是《平"语"近人——习近平总书记用典》。

　　我想问问大家什么是理想信念？习近平在《平"语"近人——习近平总书记用典》一书中给我们讲了一件事。湖南汝城县沙洲村，三名女红军在长征途中，向一位老人家借宿，这位老人叫徐解秀。临走的时候，三位女红军看到老人家十分穷苦，为了表达感谢，就把仅有的一床被子剪下半条给老人留下了。后来老人反复说，什么是共产党？共产党就是自己有一条被子，也要剪下来半条给老百姓的人。

　　坚定理想信念，坚守精神追求，是中国共产党人安身立命之本。那什么是理想信念呢？理想信念就是人的志向。古人说："志之所趋，无远勿届，穷山距海，不能限也。志之所向，无坚不入，锐兵精甲，不能御也。"在革命、建设、改革各个历史时期，有无数共产党员为党和人民事业英勇牺牲了，支撑他们的就是"革命理想高于天"的精神力量。

八十多年前，那群衣衫褴褛、骨瘦如柴的战士，背着沉重的装备，是怎样一步一步从山脚，开始丈量那些人迹罕至的雪山？是什么让他们承受着缺氧、严寒、饥饿，依然一往向前？是什么让他们坚信希望一定在前方，胜利一定在前方？那就是信念。

就因为这份理想信念，红军踏过了雪山草地，抗联杀出来白山黑水，我们在茫茫戈壁上建起了航天城，我们把人间天路修到了青藏高原。从百废待兴到河清海晏，也就短短的几十年。

所以，信念有什么用呢？信念就是希望，信念就是力量，信念让我们变成了不一样的我们，信念让中国走到了现在。

有人曾提出疑问，今天的年轻人还用"长征"，还能"长征"吗？答案当然是肯定的。因为长征除了是脚步的丈量，更是精神的洗礼。我们的人生目标会有不同，职业选择也有差异，在成长和奋斗中会收获成功和喜悦，也会面临困难和压力。只有把自己的小我融入祖国的大我、人民的大我之中，与时代同步伐、与人民共命运，才能更好实现人生价值。

天津航天长征火箭公司就是这样一支团队。在这个团队中有我许多学长，其中一位名叫张盼，他从事的是长征五号贮箱焊接工作。在接到天问1号火星探测器任务时，他主动请缨，在面对自己并不擅长的点焊工序时，他没有退缩，连续工作12个小时后，设备到达极限，人也到了极限，离开点焊设备的时候，他走路都有些困难了。但是他说在天津航天长征火箭公司有这样一句话"后墙不倒""以国为重"，每一发火箭的总装、总测背后都是上百人的轮番坚守。正是这"航天强国"的信念支撑着这个团队完成了无数艰巨的任务。

作为青年一代，我看到脚下是新时代的长征路，接过历史的接力棒，站在中国共产党百年历程的新起点，青春向党是历史和时代的召唤。让我们"把个人理想融入国家和民族的事业中"，在实现中国梦的新长征中，不惧风雨，勇挑重担，让青春在党和人民最需要的地方绽放绚丽之花。

◇ 参赛感受

在比赛中，我是一名选手，更是一名听众、一名学习者。所有的参赛选手将书籍内容与自身的实际情况相结合，用青年人特有的激情诠释着书籍带给我们的力量。聆听每一位选手的演讲，犹如沐浴春风，让一颗心沉浸在文字宁静的世界里，给心灵以慰藉和滋润。通过"悦读之星"的比赛，将静态文字与动态演讲结合，使书中的人物鲜活起来，传递的精神也更加饱满，同时比赛也是一个很好的锻炼我们自己的机会，我们都应该珍惜这样的机会，抓住这样的机会，锻炼自己，展现自己的风采。

◇ 阅读寄语

一卷在手，我们可以穿梭时空，尽情沐浴先贤智者思想的惠泽；我们可以遨游天下，悠然领略种种极致的风景。你读过的书，宛如你走过的路，带给你丰富的经历。它可能会在生活中给予你方向，帮你"挺过人生中艰难的时刻"，它磨砺你的灵魂，坚毅你的品质，充盈你的智慧，塑造你的人格。

书籍是有力量的。我们吃下的五谷杂粮滋养了我们的身躯，我们读过的书籍都会成就你期待的自己。我们阅读他人的书籍，其实都是在阅读自己、认识自己。所以读书吧，做一个寻求问题答案的人！

胡新婕

天津医科大学临床医学院 2018 级。连续四年获得学院一等奖学金，积极参与各项活动，大学期间共获 43 项荣誉，荣获西部温暖计划项目"优秀志愿者"等奖项。在书香天津·大学生校园"悦读之星"评选活动决赛中，荣获二等奖。

百年风华，初心如磐

大家好，我作品的题目是"百年风华，初心如磐"，参阅著作是《红岩》。

和平的年代听不到枪声，光明的世界看不到黑暗。而在老一辈革命者的记忆中，仍深藏着中国革命的故事。有人将回忆编成书，于是，历史的回音代代流传。

他们穷尽一生用坚如磐石的信念支撑着那被敌人残害到皮开肉绽的躯体；他用共产党的信念挨过敌人的威逼利诱、严刑拷打，用双手为同志们挖出一条秘密通道；她用共产党的钢铁意志战胜了竹签钉指的酷刑……他们忠于自己的信仰，忍受苦难，他们团结着，坚信着，为那一面红旗，为那共产主义的真理，为那不朽的红岩精神！

红岩精神是爱国，团结，奋斗，奉献。我作为一名医学生，一名中共预备党员，时刻牢记"健康所系，性命相托"的誓言。报考临床专业更多的是受到了父亲的影响。面对突发事件时，父亲积极响应党的号召，带头报名了党员突击队，翩翩白衣化作请战书上的签名。父亲说："和平年代，再次听到祖国母亲的呼唤，党员必须冲在前面。要知道，有困难，党员上！"父亲的做法让我再一次重温入党时的誓词，随时准备为党和人民牺牲一切。

我作为基层党组织架构中一颗小小的螺丝钉，必须发光要热，我秉承着"爱心传递温暖"的理念，积极报名各类志愿服务活动，极力发挥临床专业技能，参加了西部温暖计划，担任天津太阳村义工，在社区党群服务中心为老人义诊，量血压，以及带领我支部的积极分子到天津特殊教育学校开展健康知识宣讲等。走在新时代的征途上，我努力发光发热。

在党的领导下，中国从过去饱受战乱屈辱与落后苦难，到现在两弹一星、杂交水稻、神舟五号、探月工程、北斗卫星、四通八达的高速铁路公路网，各种辉煌成就震惊世界。随着祖国事业的蒸蒸日上，文化、教育、卫生、体育、信息、金融等各行各业也大踏步向前发展，这其中不乏九千多万党员奋斗的缩影。

民族复兴，征途漫漫，回首已是建党百年，我将接过前人的接力棒，继续传承红岩精神。不久的将来，我这朵小浪花必将会奔腾流入民族振兴的滚滚洪流之中。

百战方夷项，年少从傍来，风劲角弓鸣，华光犹冉冉。

初日照杨柳，心远地自偏，如上九天游，磐石屹不移。

◇ **参赛感受**

- -

感谢书香天津·大学生校园"悦读之星"评选活动，让我再一次感受到阅读和演讲相结合的魅力，让我有机会追溯红岩精神，饱含深情地讲述共产党坚如磐石的革命信念。在参赛过程中遇到很多优秀的演讲者，学习到他们演讲的精彩之处，参赛后我看了更多演讲方面的书籍和文章，了解其中的含义，丰富知识，汇总提炼出更多的精髓，让我能够更好地开拓思路。

◇ **阅读寄语**

- -

一日学习，终身学习。在这样一个信息时代，只有不断更新自己的知识体系，拓展自己视野，才能保持自己的竞争力。一个人经过广泛阅读后拥有了宽广的眼界，在一次次知识更新中打破旧有思想，最终拥有宏大的人生格局。

成怡洁

天津科技大学软件工程专业 2020 级，热爱播音主持和朗诵，曾多次参加朗诵演讲比赛。于 2021 年 6 月参加书香天津·大学生校园"悦读之星"评选活动决赛，荣获二等奖。

读《平"语"近人——习近平总书记用典》，做时代新人

咬定青山不放松，立根原在破岩中。千磨万击还坚劲，任尔东西南北风……品读着《竹石》的经典诗句，让我们一同走进《平"语"近人——习近平总书记用典》第十一集《咬定青山不放松》。这一章围绕"理想信念"主题，解释时代新人应树立理想信念的原因，应树立怎样的理想信念，掌握理想信念的科学方法。这一章蕴含着"有志者事竟成"的哲理，激励着我们时代新人树立崇高理想，拥有家国情怀。我们新时代大学生应不忘爱国初心，牢记报国之志，为实现中华民族的伟大复兴而奋斗。

"长风破浪会有时，直挂云帆济沧海""官兵一致同甘苦，革命理想高于天"，坚定的理想信念迸发出巨大的力量。从古至今，越王勾践卧薪尝胆，司马迁发奋著书，祖逖击楫中流，茫茫戈壁上的航天城，青藏高原的人间天路……都深刻反映了树立远大志向的重大意义；革命战争年代，回首中国工农红军走过的历程，艰险如泥，雄关如铁，那些衣衫褴褛、骨瘦如柴

的战士，缺氧，严寒，饥饿，但依旧一往无前。无数的革命先烈、仁人志士，为了民族的解放事业抛头颅、洒热血，经历了一次又一次的危机、一次又一次的挑战，这都是因为他们有牢不可破的信念。

"苟利国家生死以，岂因祸福避趋之""人生自古谁无死，留取丹心照汗青"，诠释着中华民族的优秀传统文化和民族精神。我们新时代大学生也应树立正确的理想信念，用青春书写华彩乐章。就像书中所讲的"中国核潜艇之父"黄旭华爷爷，黄老一次在深海中试验，这个试验的危险系数极大，只要有一小块钢板出了问题、一条焊缝出了问题、一个阀门的泄露，都有可能艇毁人亡，但黄老依旧镇定自若，做出正确的决策和判断。黄老身上"自力更生、艰苦奋斗、大力协同、无私奉献"的精神是我们当今时代应树立的正确理想。他的人生正如深海中的潜艇，无声，但有无穷的力量！

"千淘万漉虽辛苦，吹尽狂沙始到金""千磨万击还坚劲，任尔东西南北风"。只有坚定信念，我们才能做到"虽九死其犹未悔"，撑起中华民族无所畏惧的明天。"事者，生于虑，成于务。"现在，我们比历史的任何时期都更加接近中华民族伟大复兴这个目标，更有信心和能力实现这个目标。在这个千帆竞发、百舸争流的时代，伟大的中国共产党始终坚持走社会主义现代化道路，而我们时代新人也应发扬艰苦奋斗的精神，求真务实，兢兢业业，做新时代的创造者和奋斗者。

最后，我想用蒲松龄的自勉联结束今天的演讲："有志者，事竟成，破釜沉舟，百二秦关终属楚；苦心人，天不负，卧薪尝胆，三千越甲可吞吴。"相信只要我们坚定理想信念，培育高尚品格，练就过硬本领，勇于创新创造，矢志艰苦奋斗，谱写新时代的青春之歌！以优异的成绩向中国共产党百年华诞献礼！

谢谢大家！

◇ **参赛感受**

首先非常荣幸可以参加"悦读之星"的比赛，让我重拾对阅读和演讲的兴趣。指尖摩挲过一页又一页，每一次阅读都是对生命自我的思考。稿子修改过一遍又一遍，每一次演讲都是对自我意识和情感表达的释放。感谢有这个平台，可以将我所读所想通过演讲的形式发挥出来。在这次比赛中，我是一名选手，更是一名听众，我看到选手们对阅读和演讲的热爱，用青年人特有的激情诠释着书的故事与精神。感恩我们相聚一堂，以书润心，与志同行！

◇ **阅读寄语**

钱锺书先生说过："如果不读书，行万里路，也只是个邮差。"读书，是人生最好的修行。脚步丈量不到的地方，文字可以，我们无法到达的地方，文字载我们过去，我们无法经历的人生，书籍带我们相遇。当我们用闲暇时间用来读书，以书中壮阔瑰丽的风景，倾听内心深处的声音，享受独处时光，坐看庭前花开花落，笑看天边云卷云舒。当灵魂穿越千年，当思想历经千山万水，心便灿若日月，生命便多了层意义。我们不惧岁月之长，书中文字常伴于心，更觉长风浩荡。

吴　阳

天津城市建设管理职业技术学院会计专业 2020 级，热爱古典文化和阅读，从小学开始参加各类演讲朗诵比赛，经历丰富，于 2021 年 6 月参加书香天津·大学生校园"悦读之星"评选活动决赛，荣获二等奖。

百炼成钢

大家好，我演讲的题目是"百炼成钢"，参阅作品是《钢铁是怎样炼成的》。

什么是"钢"呢，书中说"钢是在烈火里燃烧、高度冷却中炼成的，因此它很坚固"。那怎么炼呢？书中又说："我们这一代人也是在斗争中和艰苦考验中锻炼出来的，并且学会了在生活中从不灰心丧气。"这句《钢铁是怎样炼成的》中的经典名句，广为流传，深入人心。

在主人公保尔身上，我看到了这个过程。看到了他有为共产主义事业而英勇奋斗的崇高理想，心中有一把无法熄灭的革命烈火，也正是这把无法熄灭的烈火，才使得他在与敌人以及各种困难的斗争中成长为一名具有钢铁意志的无产阶级革命战士。读过全书，我脑中浮现出一个画面，一个战士向我走来，这个战士为革命事业拼搏了一生，他饱受折磨，可他的内心却是幸福洋溢的。因为他说："人最宝贵的是生命，它给予我们只有一次，人的一生应当这样度过：当他回首往事时不因虚度年华而懊悔，也不因碌碌无为而羞愧。这样在他临死的时候就能够说'我已把我整个的生命和全部精力都献给最壮丽的事业——为人类的解放而斗争。'"这一股永垂不朽的精神，这一把永不熄灭的热火鼓舞着他走下去，连牺牲生命都不足以来描述的爱国之心，任何语言都形容不了他炽热而执着的心。

新时代的我们要不负青春，不负韶华，不负时代。而保尔的经历就是勉励我们新时代青年最好的例子。他用行动燃烧着他的人生，正是因为心中坚定的共产主义信念，才给予他一次次倒下，又一次次爬起的力量，他是那个时代青年人的楷模，更是我们这一时代青年人的榜样！

时光荏苒，时过境迁，保尔所处的时代一去不返。但保尔坚定的共产主义思想依旧镌刻在我们的心中。

走近这一百年的历史，我们看到，在战火纷飞的年代，常有"最后一块布做了军装，最后一口饭做了军粮"这样可歌可泣的故事；在建设与改革的风雨洗礼中，有着罗布泊的巨响，有着一位老人在南海画的圈，有着人民子弟兵救灾抢险的辛勤背影，有着医护人员白衣擐甲抗击疫情。凭借钢铁般的意志，中国共产党团结带领广大人民攻克了一个又一个难关，谱写了气吞山河的壮丽史诗，创造了一个又一个彪炳史册的人间奇迹。

今天的中国，万象更新！2021年，"十四五"开局之年，全面建设社会主义现代化国家新征程由此开启！这一年，中国共产党迎来了建党一百周年；这一年，中国全面建成小康社会；这一年"天问一号"火星着陆……无数重要的时间节点，让每一个中国人充满期待！

千秋伟业，百年只是序章。新的征程已经开启。在民族复兴的道路上，还有很多"娄山关""腊子口"有待攻克，还有不少"雪山""草地"有待跨越。中华儿女心怀坚定的信念、钢铁般的意志、创新的精神，定能再奏凯歌，再创辉煌。

我们是社会主义事业的建设者和接班人，我们一定积极地将小我融入大我，心怀国之大者，学史明理，学史增信，学史崇德，学史力行，让我们以优异的成绩向伟大的中国共产党百年华诞献礼！

◇ **参赛感受**

十分荣幸遇见"悦读之星"这样一个舞台，是它给了我一个将阅读和演讲结合的机会。我爱阅读，也爱演讲，阅读使我认识世界，开阔视野，我追随着笔者的思绪沉浸其中；演讲使我敞开心扉，释放思想，慷慨激昂间发现全新的自己。在比赛中，我是一名选手、一名听众、一名学者。选手们用青年人特有的激情诠释着对祖国、对党的热爱。无论是满腔热忱的理想宣言，还是发自内心的真情流露，都在我内心深处掀起阵阵波澜。有幸到此，共襄一场书香盛宴。

◇ 阅读寄语

　　人生如书,要用心灵去历阅;山川如书,要用双脚去"走"读;日月如书,要用灵魂去感悟;祝福如书,要用快乐来阅读。通过阅读,人们往往能体验更开阔的人生境界。当职业发展遇到一时挫折,可以从那些伟大人物传记里受到"艰难困苦,玉汝于成"的激励;当工作生活面临一时困境,可以从各类书籍中获得"柳暗花明又一村"的启迪。阅读,是一件最重要的小事。它不为金钱,不为名利,但通过书籍你会得到一颗颗闪亮的碎片,这些碎片积少成多,随着时间慢慢沉淀,它们会变成你身体的一部分,变成生活的光。正如赫尔曼·黑塞所说:"世界上任何书籍都不能带给你好运,但是他们能让你悄悄成为你自己!"

曹文灿

天津城建大学工程造价 2019 级，热爱写作和摄影，喜欢用文字、声音去表达对生活的热爱。于 2021 年 6 月参加书香天津·大学生校园"悦读之星"评选活动决赛，荣获二等奖。

恰是百年风华

大家好！今天，我演讲的题目是"恰是百年风华"，参考书目《习近平与大学生朋友们》。

从 1921 到 2021，中国共产党走过了百年。这是用鲜血、汗水、泪水、勇气写就的百年，是筚路蓝缕、披荆斩棘、艰苦创业、砥砺前行的百年，是苦难中铸就辉煌、转折中开创新局、奋斗后赢得未来的百年。站在"两个一百年"奋斗目标的交汇点上，我想讲讲我与党的故事。

2001 年，我 1 岁，党 80 岁。听妈妈说：自我还在娘胎里起，外婆就爱给我唱"没有共产党就没有新中国"，这首歌谣一直萦绕在耳边，陪伴我从童年走向少年。

2011 年，我 11 岁，党 90 岁。那年，我为党绘画庆生，当时我在左上角画了一个明媚的太阳，妈妈在圆里画上了镰刀和锤子，她说这就是党徽，作为少先队员的我就是在党的照耀下茁壮成长的。从那时起，我就更加坚定,中国共产党就是中国人民的太阳。

今年我21岁,我的党100岁了。我不再是那个懵懂无知的少年,我递交了入党申请书,进入了校薪火班,在不断学习中对党有了更加深刻的认知:

1921年,为拯救民族危亡、争取民族独立,中国共产党诞生了,从建立起,党就确立了"为中国人民谋幸福,为中华民族谋复兴"的初心和使命。历经28年浴血奋战,我们终于在1949年迎来了新中国的成立,实现了从"东亚病夫"到"站起来"的伟大飞跃。

1978年,十一届三中全会开启改革开放新征程。邓小平同志用解放思想,实事求是的指导思想,带领国人不断前行。2010年,中国成为世界第二大经济体,实现了从"站起来"到"富起来"的又一次伟大飞跃。

今年,是中国共产党百年华诞,以习近平同志为核心的党中央,举旗定向,谋篇布局,近年来我们取得了令人瞩目的成就:反腐败斗争取得压倒性胜利,现行标准下农村贫困人口全部脱贫……

岁月峥嵘,不忘初心。从"站起来"到"富起来"再到"强起来",一路风雨兼程,孕育出党的百年风华。作为新时代的大学生,我常常思考我能为中国未来做些什么?《习近平与大学生朋友们》这本书给了我答案。

在书中,习近平多次鼓励青年人要"自找苦吃"。的确,在实现中国梦的伟大进程中,有太多优秀党员将青春留在了基层,将一生奉献给了大山。感动中国的黄文秀,用生命助力乡村脱贫攻坚;时代楷模的张桂梅,用信念帮助数千女孩走出深山……年轻人理当以他们为榜样,勇挑我们肩膀上的责任。

我们生在红旗下,长在春风里。今天,一个生机盎然的社会主义中国已经巍然屹立在世界的东方,14亿中国人民正在中国特色社会主义伟大旗帜的指引下,满怀信心地走向中华民族伟大复兴。在中国共产党百岁生日到来之际,祝福我亲爱的党生日快乐,祝福我们伟大的祖国繁荣富强。

◇ **参赛感受**

于书本中汲取力量，于舞台上演绎心得。这是一场关于读书的盛宴，我们带着从书中撷取的果实，在聚光灯下烹制自己的"菜肴"，各种香味交织在一起，弥漫了整个校园。读书与演讲，是一个从输入到输出的过程。《习近平与大学生朋友们》一书如海上明灯，为青春中迷茫无措的我指引方向。恰逢建党百年，作为青年党员，我将在全心全意为人民服务中践行初心使命，坚定理想信念，走在前列、做好表率，让书本带来的力量贯穿一生。

◇ **阅读寄语**

俗话说"书中自有黄金屋"，与书为友，可以知晓天下，可以淡泊得失，可以修身养性。历史是最好的教科书，无论向前走多远、取得的成就有多么辉煌，都不能忘记走过的路。闲暇时捧起一本好书，去体会"天平山上白云泉，云自无心水自闲"的怡然，去享受"春风得意马蹄疾，一日看尽长安花"的欣然，去获得"一蓑烟雨任平生"的淡然。

陈一诺

天津商业大学英语专业 2020 级，天津商业大学演讲社社长、英语系助；曾获天津市高校资助育人宣传大使、天津市大中小学演讲比赛一等奖；大一、大二学习成绩专业第一。于 2022 年 10 月参加书香天津·大学生校园"悦读之星"评选活动决赛，荣获二等奖。

微光汇聚，照亮中国

微光汇聚，照亮中国，各位评委老师、同学们，大家下午好，我是来自天津商业大学的陈一诺。

时间指针拨回到 1949 年。阅兵仪式上的中国人民解放军正接受毛泽东主席等党和国家领导人的检阅，一声"毛主席万岁"响彻整个天安门广场。

且看当下，神舟飞天，蛟龙潜海，中国共产党带领中国人民实现了从站起来到富起来再到强起来的伟大飞跃，阅兵场上的"为人民服务"响彻中华大地，我们常说百年建党伟业，恰是风华正茂，回顾这前赴后继的百年历史，"人民"二字穿越时空，历久弥新。

在过去的十九大报告中，"人民"这个词出现了 203 次，这是党和国家对每一位中国人民的挂念。你看，重庆谈判、多党合作、政治协商，哪一次不是中国共产党心系人民、心系国家。建国大业已经完成，中国一路风雨兼程，以更加昂扬的姿态屹立于世界民族之林。

2022 年是中国共产主义青年团成立一百周年，也是党的二十大召开之年。这一年，我们见证了北京冬奥会的热血沸腾，也见证了冬残奥会的顽强拼搏；我们看到青年志愿者们投身一线，更听到青年一代的响亮声音。这是不平凡的一年，也是值得铭记的一年。这一年，中国共产党将继续扎根人民、为了人民、依靠人民。

基辛格先生曾说"中国人总是被他们之中最勇敢的人保护得很好"，而这些最勇敢的人不就是那一群召之必来、来之能战、战则必胜的普通人吗？他们是党员、是医生、是护士、是青年志愿者，是千千万万个平凡而又伟大的人，他们、我们，每一个人都是一束微光。微光会吸引微光，微光会照亮微光，无数微光汇聚在一起，照亮的是整个中国！

◇ **参赛感受**

- -

很幸运能够有机会代表学校参加"悦读之星"评选，于我而言，本次比赛是一个机会也是一个挑战，我终于能够有机会站在更高的舞台，让世界听到天商青年的声音。我热爱演讲，热爱阅读，我喜欢温柔又有力量的文字和语言。在本次评选的舞台上，我认识了更多优秀的人，也听到了更多精彩的故事。我看到参赛选手思想的高度、内容的深度，同时也明白了自己前进和努力的方向。遇见"悦读之星"三生有幸！

◇ 阅读寄语

"我读过很多书,但后来大部分都忘记了,那阅读的意义是什么?""当我还是个孩子的时候,我吃过很多食物,现在已经记不清吃过什么了。但可以肯定的是,他们中的一部分已经长成我的骨头和血肉"。读书让我即使没有富庶的生活,仍有富庶的生命。我未入繁华之境,未听过喧嚣声音,但书本给了我所有的智慧和感情,就算最终跌入烦琐,洗尽铅华,同样的生活,却有不一样的心境,我想这就是阅读的意义。

张家瑞

天津大学汉语言文学专业 2020 级，担任学院学生会主席和团支部书记。热爱阅读，钟情文学，有着丰富的演讲经历，于 2022 年 10 月参加书香天津·大学生校园"悦读之星"评选活动决赛，荣获二等奖。

愿化作震碎旧世界惊雷

尊敬的各位领导老师，亲爱的同学们，大家好！我是来自天津大学的张家瑞，我演讲的题目是"愿化作震碎旧世界惊雷"，参阅著作是《张太雷画传》。

百年前，在中国共产党的领导下，一股青春力量焕发生机，救中国于危难之中，而从常州出发的他，是这群力量中的领路人。他是中国共产党早期的重要领导人之一、无产阶级革命家、忠诚的共产主义战士、中国共产主义青年团的创始人之一、广州起义的主要领导人，他要"谋将来永远的幸福"，把短暂的一生献给中国革命事业，他就是张太雷。《张太雷画传》这本书完整地记述了张太雷短暂但是极其波澜壮阔的一生。

张太雷自幼在亲属的资助下，先后考入北京大学法科预科、北洋大学法科。1920 年 6 月，北洋大学为张太雷签发了毕业证书。此时，张太雷已经自觉走上职业革命家道路。此后再无机会回到天津领取毕业证书。这张证书至今被保存在天津大学档案馆。1921年2月，他发回家书，"我先前本也有做官发财的心念，但我现在觉悟：富贵是一种害人的东西，做了官，发了财，难保我的道德不坏""求学问是一种最快乐的事"，信中他劝慰妻子，"我们现在离开是暂时的，是要想谋将来永远幸福……"家书中无法言明的"学问""幸福"，正是张太雷多年求索的共产主义理想。苟利国家生死以，岂因祸福避趋之。只有走十月革命的道路，才能救中国！"

在五四运动中，张太雷成为天津学生爱国运动的骨干，奔走在演讲、游行的队伍中。在共产国际的舞台上，年轻的张太雷为年轻的中国共产党振臂高呼，他的青春与才华也在此绽放。

1927年12月11日3时许，张太雷发布"暴动，夺取政权"的口令，三声枪响击破了城市的寂静，起义部队向广州市各要点发起突然袭击，张太雷一直奔走在起义前线。12月12日，张太雷以激昂的声音宣布："广州苏维埃政府成立了！"宣讲声夹杂着群众的掌声，持续了一个多小时。会议刚结束，张太雷乘车赶赴大北门指挥战斗。车行至半途，他不幸遇袭牺牲。

壮志未酬身先死！张太雷在29岁的年纪，为探索中国革命道路献出了年轻的生命，成为中国共产党历史上第一个牺牲在战斗第一线的中央委员和政治局成员。

瞿秋白听闻张太雷遇害，悲痛万分，写下了《悼张太雷同志》，以此评价他——是中国革命最好的领袖。他牺牲时，还是希望自己的鲜血，将成为中国苏维埃革命胜利之源泉。

下次你路过，人间已无我。但我的国家，依然是五岳向上。一切江河依然是滚滚向东。民族的意志永远向前。向着热腾腾的太阳，跟你一样。

英雄永垂不朽！张太雷同志就是在那个启蒙年代里为了共产主义理想而奋斗终身的人，就是鲁迅所言"毁坏铁屋子的人"。作为新时代的天大人，我们要学习张太雷同志不拘于时，积极学习先进科学的思想；还要学习他敢为人先,勇于反抗国民党专制统治的进取精神;更要学习他胸怀天下的品质,为国为民的无私奉献意识。

张太雷同志曾说:"愿化作震碎旧世界惊雷,为天下人谋永远的幸福。"希望我们能继承革命先辈遗志,不懈奋斗,构筑美好明天!

◇ 参赛感受

正如莎士比亚所说:"生活里没有书籍,就好像没有阳光;智慧里没有书籍,就好像鸟儿没有翅膀。"而"悦读之星"评选活动就是照进我阅读世界的一束光。能够有机会登上"悦读之星"这样一个舞台,我无比幸运,也令我获益匪浅,可以说这是对我阅读和演讲的一次重新塑造。在参赛过程中,我有机会深入了解张太雷以及中国共产党的浴血奋斗史。同时,我可以在舞台上分享我的阅读思考,引领各位读者共同探寻阅读世界。

◇ 阅读寄语

著名作家余华曾经这样诠释阅读,"最好的阅读是怀着空白之心去阅读,赤条条来去无牵挂的那种阅读,什么都不要带上,这样的阅读会让自己变得越来越宽广,如果以先入为主的方式去阅读,就是挑食似的阅读,会让自己变得狭窄起来"。阅读是需要静心、需要认真、需要坚持的事。水滴石穿,每个人都是通过一字字、一页页、一本本的阅读了解这个世界、读懂人心,构筑起精神的桃花源。请相信,书中有斑驳的昨天,有精彩的今天,更有锦绣的明天。

马思政

天津城建大学建筑学专业 2021 级，热爱运动和音乐，从小参加各类演讲朗诵比赛，经历丰富，于 2022 年 10 月参加书香天津·大学生校园"悦读之星"评选活动决赛，荣获二等奖。

赓续百年灯火，挺起青春脊梁

大家好，我是来自天津城建大学建筑学院的参赛选手马思政，今天我演讲的题目是"赓续百年灯火，挺起青春脊梁"，参阅书目为樊国安的《暗夜灯火——打开历史尘封的红色记忆》。

我想先请大家思考一下，如何去定义民族脊梁这样一个听起来有点高大上的词语。但我想答案是没有非议的。鲁迅说过："我们从古以来，就有埋头苦干的人，有拼命硬干的人，有为民请命的人，有舍身求法的人……这些人构成了中国的脊梁。"而就在 87 年前，曾有这样一份刊物，有这样一群出版人，似《新青年》的启蒙，类《湘江评论》的呐喊，用真理为我们照亮航程，以檄文进行着斗争，它犹如黑夜里的一盏灯火，为我们留下了永不褪色的红色记忆与革命精神。

同学们，困难可曾让你跌落低谷，挫折可曾使你意志低沉？你又是否畏首畏尾，得过且过？而在一百多年前，中华民族可真真切切地到了危急时刻。内忧外患,中国已是百足之虫,死而不僵。于此时,一个人从风雨中走来,他看见了所有,记下了所有,也将改变所有……

还记否,有一种信念叫"星星之火,可以燎原",有一种豪迈叫"红军不怕远征难,万水千山只等闲";还记否,有一种清醒叫"丢掉幻想,准备斗争",有一种态度叫"军民团结如一人,试看天下谁能敌";还记否,那些年的峥嵘岁月和那个救民于水深火热之中的伟人——毛泽东。

从秋收起义开始,反围剿,长征,抗日,内战,他和他的战友一步一步地撑起了整个民族,是那个时代的民族脊梁。

其实脊梁并没有离我们很远,就在 2020 年的那个夏天,我国的南方多省遭遇了严重的洪涝灾害,在危急的时刻,我们总能看到一些逆行的人,一个始终都坐在救援冲锋舟最前面的身影,永远地被定格在了这个夏天,这个人就是陈陆。他带领消防员救援大队连续奋战,成功转移群众两千余人,而在营救过程中,陈陆英勇牺牲。洪水汹涌,他是浪尖上的逆行者;大雨过后,他是天空中最灿烂的霞。

作为新时代青年的我们,也许早已不需要牺牲生命,但想要立于时代之巅,我们就必须挺起我们的脊梁!今天的中国,是如此青春无限,又是如此朝气蓬勃,从航空航天到海洋探索,从田间地头到楼宇林立,从创新创业到脱贫攻坚,处处可见青年的身影,故今日之责任,早已不在他人,而全在我少年啊!

同学们,嘹亮的号角已经吹响,就让我们以"路漫漫其修远兮,吾将上下而求索"的探索精神,以"春蚕到死丝方尽,蜡炬成灰泪始干"的奉献精神,以"长风破浪会有时,直挂云帆济沧海"的豪情壮志,做中华民族最坚挺的青春脊梁!

◇ **参赛感受**

- -

　　能够参加"悦读之星",我感到十分荣幸和感激,我爱阅读,也热爱演讲。阅读让我坐在房间一角就能探索更广阔的世界,让我收获了见识和思考,而演讲让我站在舞台上抬头释放思想,挑战自我。在两种截然不同的形式切换当中,持续的阅读学习和思考复盘给我的心智提供了足够的营养补给。在我们的人生道路上,探索新的方向不光只是埋头苦干,还要不断丰富我们的思想和精神世界,才能在更广阔的世界里挥洒自如。

◇ **阅读寄语**

- -

　　读书,就好似品尝着一杯好茶,慢慢地咀嚼它的清香,百尝不厌,韵味十足,感悟颇多。股股清香滋润着心灵,灌溉知识的种子,洗濯着纯洁的灵魂,使我的生命变得意义非凡。从书中渐渐散发出来的那一股股清香,令人回味,更令人陶醉。它是使我久久不能忘却的阅读魅力,使我感受到阅读给予我的喜悦。少年强则国强,少年富则国富。"为中华之崛起而读书"是周总理那个时代读书的意义,这也帮助我明确了自己读书的意义——读书不仅仅是我自己掌握科学知识,更是为了国家的繁荣富强而读书! 我要树立远大理想,刻苦学习,争做新时代的好青年!

刘蕊敏

中国民航大学外国语学院 2020 级，热爱演讲，喜爱舞台，具有丰富的演讲和播音主持经历。于 2022 年 10 月参加书香天津·大学生校园"悦读之星"评选活动决赛，荣获二等奖。

不忘初心跟党走，牢记使命谱新篇

大家好，我是来自中国民航大学的刘蕊敏，我的演讲题目是"不忘初心跟党走，牢记使命谱新篇"，参阅著作是《学习贯彻习近平总书记在庆祝中国共产党一百周年重要讲话系列评论》。

首先，我想先给大家介绍一个人。他叫张玉华，1937 年 4 月入党。在大阅兵和春晚的现场，每一次就算坐在轮椅上，也要被搀扶着站起来，敬一个标准的军礼，自从退休后，他年年把工资的一大半捐给贫困地区，可自己的手表，从 20 世纪 70 年代戴到了去世。别人说，张爷爷是个英雄，可他说，在他的心中有三个妈妈，第一个是他的生母，第二个是养育他的人民，而第三个妈妈，就是党。2021 年 9 月 14 日，老将军永远地闭上了双眼。在他离世前，他说："我的后代，要永远跟着共产党走，终身为共产主义奋斗！"他将自己的一双眼角膜捐献给有需要的人，取出了那枚留在腹中 77 年的子弹，并给希望小学捐去了最后一笔钱。他只是万千共产党员之中的一员，可是透过他的思想，我们可以看到中国共产党的初心和使命。

回首百年的沧桑历程，我们看到，边塞苦寒，大漠风沙，环境恶劣难忍；租界横生，受制于人，落后就要挨打。洋务运动，戊戌变法，辛亥革命的道路遍布荆棘；赣水闽山的蜿蜒小道，万里长征的雪山草地，中国共产党一一踏过。我们深深地知道，是那艘小小红船上播撒的革命火种，是遵义会议上悬崖勒马、高屋建瓴的指导方针，是 14 年浴血奋战、决不投降的冲锋号角，是为人民服务的初心，让那声"中国人民从此站起来了"回响至今。

展望如今的发展道路，边疆站着的是中国人民解放军，他们驻守着祖国的防线；大漠沙尘不再肆虐，以右玉精神为首的治沙理沙精神，让毛乌素沙漠绿树成荫。

今天的中国，实现了 4G 迈进，5G 超越；坐上中国的高铁，立着的硬币不会倒下，可以稳稳当当带你奔赴任何地方；西气东输，南水北调，多地联动，区域发展。全面小康，脱贫攻坚，数字经济，共享单车……这么多成就，足以慰藉先烈的魂灵。

而民航业的人们也在用行动诉说着他们的情怀。国产大飞机 C919 的适航许可，凝聚了几代民航人建设民航强国的初心。如今，这条真正具有中国特色的社会主义发展道路越走越宽敞，二十大的召开更让我相信，中国共产党定会不负众望，带领中国人民向着中华民族伟大复兴的中国梦继续昂首阔步，勇毅前行。

百年征程波澜壮阔，百年初心历久弥坚。党的接力棒跨越百年传递而来，下一个百年的奋斗已亟待启程。正如梁启超所言，故今日之责任，不在他人，而全在我少年。不忘初心，紧紧跟随中国共产党的领导，相信今时今日此时此刻的我们，都将是这时代琴弦上环环相扣的音符，我们将亲手谱就一曲"请党放心，强国有我"的华彩乐章。

◇ 参赛感受

非常感谢"悦读之星"活动，使我有机会和天津市其他高校的参赛选手同台竞技，积累演讲经验，分享自己的所思所悟。在忙碌的学习生活中，我们很少能静下心来读一本好书，这次比赛也让我再次感受到阅读的无穷魅力，足不出户便能领略到大千世界的多姿多彩。在学好专业知识的同时，我要利用好自己的课余时间，通过阅读来丰富自己的课外知识，从书本中汲取力量，获得精神上的丰盈和提升。

◇ 阅读寄语

阅读的价值不仅在于收获知识，还能够提升独立思考的能力和自信的态度。在这个海量碎片化信息充斥的时代，很多人通过浏览短视频来获得短暂的娱乐体验，而手捧书卷的深阅读却能带来思想的沉淀和心灵的慰藉，让我们多一些理性思辨，少一些轻信盲从。愿同学们以书为媒、与书为友，阅读有思想、有筋骨、有内涵的优秀图书，从书籍中获得启发，到实践中检验真知。

梁　哲

天津工业大学马克思主义学院 2022 级硕士研究生。曾任天津工业大学团委副书记（兼）、天津工业大学第 23 届研究生支教团团长等职务，于 2022 年 10 月参加书香天津·大学生校园"悦读之星"评选活动决赛，荣获二等奖。

"典"亮新时代

——在《平"语"近人——习近平总书记用典》中感悟传统文化，追寻伟大足迹

尊敬的各位评委老师，亲爱的青年朋友们，大家好！

我是天津工业大学马克思主义学院 2022 级硕士研究生梁哲，我学习研读的书目是《平"语"近人——习近平总书记用典》。这本书对习近平引用过的名言、典故进行讲述解读，从用典之义、用典之史到用典之行，将中华优秀传统文化、革命文化和社会主义先进文化有机统一起来，变成了贴近现实生活的故事，让典籍诗句映入我们的眼帘，更将文化自信扎根在我们的心里，下面我来谈一谈在这本书中的学思践悟。

这本书我早在本科阶段便有所研读，在长时间的学习和思考过程中，我感受到了"一枝一叶总关情"中习近平全心全意为民的大国领导人风范；体会到了"咬定青山不放松"中青年人要时刻坚定理想信念这一必要

遵循；感悟到了"腹有诗书气自华"中将优秀传统文化作为中华民族的"根"和"魂"的生动表述。但其中，我印象最深刻的便是"国无德不兴"中习近平呼吁青年人立德、修德、兴德的重要论述。

"国无德不兴，人无德不立。"这是习近平重要论述《青年要自觉践行社会主义核心价值观》中的用典。一年前，我作为研究生支教团志愿者赴贵州省开展支教工作，我将书中"兴民德"专题"见善则迁，有过则改"这一用典作为教育教学的基本思想，联系至总书记所讲的"记住要求，心有榜样，从小做起，接受帮助"，探索到了兴学生之德的方法途径，将党的理论创新融入语文课堂，让社会主义核心价值观的种子在学生的心中生根、开花、结果，而这正是习近平利用优秀传统文化典籍创新丰富党的理论形式，让理论思想飞入寻常百姓家、根植青年党员心中的生动体现。

作为一名马克思主义理论学科学子，在马学马、在马研马的理想信念时刻扎根于我的心里，在马行马，追寻时代领袖伟大足迹的使命任务时刻摆在首位。我于今年暑期走进浙江安吉、福建宁德和下党，开展"循着伟大的足迹"社会实践活动，感悟"弱鸟先飞、滴水穿石、久久为功"的思想伟力，在这里，我更加真切地感受到习近平"利民之事，丝发必兴；厉民之事，毫末必去"这一为民情怀的生动实例，认识到了"政之所兴在顺民心，政之所废在逆民心"的现实写照，百姓们在习近平的正确指引下探寻到了新生活模式、新发展态势，集结于乡村振兴，走向共同富裕的康庄大道上。

"以古人之规矩，开自己之生面。"这本书打开了我引经据典，文化自信联系理论实践的新道路，让我更加坚定地循着时代领袖的伟大足迹而接续奋斗，作为新时代青年党员，马克思主义理论学科学子，曾经的西部地区教育一线战斗者，我定将牢记习近平"未来属于青年，希望寄予青年"这一深切嘱托，坚定文化自信、追寻伟大足迹，以实现中华民族伟大复兴为己任，用中国青年的志气、骨气与底气点亮属于我们的新时代！

◇ **参赛感受**

作为一名马克思主义理论专业硕士研究生，能够在"悦读之星"的舞台上阐述自己的学习心得与阅读体会，是对我学习成果的莫大肯定，通过此次阅读活动，我总结了在《平"语"近人——习近平总书记用典》一书中的学思践悟，也回顾了自己的研究生支教团工作经历与实践经历，重新梳理了个人成长过程、提升了干事创业本领，同时也将中国共产党全心全意为民的生动实例分享给青年群体，振奋了自己，也触动了他人，在未来，我也将继续坚持阅读传统文化典籍，坚持学好马克思主义，同广大青年一道，共同投身到建设祖国的时代洪流中。

◇ **阅读寄语**

《平"语"近人——习近平总书记用典》打开了我引用文化典籍，文化自信联系理论实践的新道路，让我更加坚定地循着时代领袖的伟大足迹而接续奋斗，对于青年群体来讲，书籍、典故对于提升个人修养、理论指导实践具有重要意义，我们也应在刻苦学习、成长成才的过程中，坚持学好中华优秀传统文化，坚持学习贯彻习近平新时代中国特色社会主义思想，坚定不移走好中国特色社会主义道路，汲取传统文化力量，担当建设国家重任。

盛雨禾

天津职业技术师范大学 2022 级，热爱文学，擅长交流，于 2022 年 10 月参加书香天津·大学生校园"悦读之星"评选活动决赛，荣获二等奖。

青春接力，与祖国同行

大家好！我是来自天津职业技术师范大学的盛雨禾，我演讲的题目是"青春接力，与祖国同行"，参阅著作是《细节中的新中国史》。

在演讲之前，我想先问大家几个问题。

新中国成立之初，百废待兴，您了解第一次大规模工业化生产的"156 项工程"吗？改革开放后，科学技术飞速发展，"863 计划"出台的前前后后细节是什么？进入新时代，小康社会已全面建成，您知道"精准扶贫"理念背后的故事吗？

这些"大事件"中的"小细节"，都可以从《细节中的新中国史》这本书翻阅而来。从新中国成立到改革开放再到踏上新时代征程，中国共产党带领全国人民发愤图强、艰苦创业，创造了"当惊世界殊"的辉煌成就……合上书页，不禁思绪万千，我出生于山东一个平凡而普通的家庭，祖孙三代青春接力，与国家同呼吸、共命运，一起走过砥砺征程。

　　我的爷爷，生于 1942 年。家里是土生土长的农民，日复一日赶着驴车下地，面朝黄土背朝天，生活压得人喘不上气，却得不到一顿温饱。本以为就这样了，1949 年新中国成立，土地改革让"耕者有其田"，人民翻身做了国家的主人。爷爷的时代，虽然物质并不丰富，但投身于火热的社会主义建设，青春的热情却从不匮乏。中华民族，是真的站起来了！

　　我的父亲，生于 1969 年。迎着改革开放的春风，他坐上拥挤、颠簸的中巴车，走出了乡间狭窄的羊肠小路，参加高考，通过知识改变了命运，成为一名受人尊敬的医生。父辈的生活，在一年又一年的奋斗中丰满起来，桌上荤素食物的浓郁香味，电视机里飘出的愉快歌声，马路上川流不息的滚滚车轮，老乡们脸上的爽朗笑容……中华民族，是真的富起来了！

　　我，生于 2004 年。怀揣梦想，我坐上了复兴号高速列车，离开家乡来到大都市求学，立志成为一名光荣的人民教师。追溯时光，我见证了"天路"闪耀在青藏高原之上，见证了上海世博会的完美亮相，见证了太空"万里穿针"的神技展示，见证了"精准扶贫"的伟大壮举！我正在见证我们的新时代，它正熠熠生辉！中华民族，是真的强起来了！

　　一部新中国史，三代人共同见证，接力奋斗，复兴伟业，一山更比一山高！家国的细节，生活的细节，都在昭示着：每个人的前途命运都与国家和民族的前途命运紧密相连。

　　当前，正是党的二十大召开之际，也是我辈青年奋进新征程之时。接过青春的接力棒，我充满奋斗决心。你瞧，新时代的画卷正在徐徐展开，只待有志之士擘画出最为灿烂的一笔！你，害怕路遥吗？你，害怕艰辛吗？不！我们青年风华正茂、挥斥方遒，我们中流击水、浪遏飞舟！

◇ 参赛感受

"悦读之星"是我第一个演讲的舞台，与我人生中许多个第一次交合。在"悦读之星"的舞台上，我第一次以"输出"的方式读书，站在台上分享经历，分享朴实的感受，分享自己的观点与看法。同时，这也是我第一次走上演讲的舞台，激发出演讲的潜能。如何表现，如何绘声绘色，如何克服恐惧，都成为我思考的命题。从读书的经验里淬炼思想，把写就的文稿交给舞台打磨，感谢"悦读之星"，让我发现了全新的自己。

◇ 阅读寄语

王安石说过："读书谓已多，抚事知不足。"人类的文明能够薪火相传离不开书籍的力量，离不开千百年来我们对于知识的崇尚。如今，科技的发展让获取知识的渠道不断拓展。书籍，作为传承知识这种古老的途径，逐渐式微。我们需要重温，淡雅韵致，油墨书香，纸质的粗糙感被摩挲、翻动。我们需要感受，光与影交织在书页的皱褶中，悄然漾起一波涟漪，那文学的世界，诗意的世界……正是因为读书在成为过去，我们才更应当认识到，读书明智的重要。

窦楚翔

天津外国语大学亚非语学院 2021 级，校青马工程第五期学员，亚非语学院土耳其语专业 210610 班班长，亚非语学院学生会主席团成员。曾获得校长奖学金、渤海道德奖学金、校优秀共青团干部、天津市造血干细胞优秀志愿者等荣誉。于 2022 年 10 月参加书香天津·校园大学生"悦读之星"评选活动决赛，荣获二等奖。

往事以知今，大道利天下

——读《习近平外交思想学习纲要》有感

各位同学、各位老师，大家好！我是天津外国语大学的窦楚翔，所学专业是土耳其语，今天的演讲我想从一个土耳其语单词开始。Çay，在座的老师同学知道这个单词的含义吗？

Çay，它的中文含义就是——茶。

茶，作为重要的中国文化符号，一千多年前就与瓷器、丝织品一并，铺起绵延漫长的古代丝绸之路。这枚神奇的东方树叶，到达博斯普鲁斯海峡两岸，落地生根，成为土耳其人不可割舍的家常饮品。跨越空间与时间，它仍然延续着最初破土萌发之地赋予的乳名——茶。中华民族的对外交往风范，数千年来一以贯之，温润如玉，友善互利，从不依仗武力和征服，在潜移默化中将华夏文明的影响力传播到世界各地。

时空转换到风云激荡的 19 世纪末 20 世纪初，迷茫和困顿中的东方大国，此时成为被西方列强分而食之的丰腴羔羊。即便有顾维钧这样的卓越外交官在巴黎和会上纵横捭阖。他将盗窃金表与盗窃国土相较，将中国山东与西方的耶路撒冷类比，让中国在巴黎和会上取得绝对的舆论优势，但他无法阻止《凡尔赛和约》最终对中国主权和利益的肆意践踏。这样的屈辱直接导致一个觉醒年代的到来。最先醒来的国人，开始谋求从培养优秀的人走向寻求正确的路。

行正道的中国终于在 1949 年迎来新生，新中国成立后，万隆会议，中法建交，恢复联合国席位，尼克松访华，邓小平先后访日、访美，中美建交等事件，写就一次次新中国外交大手笔。改革开放让外交领域与国际接轨。和平发展、外交为民、做负责任大国、新型国际关系等概念与时俱进，一步一个脚印走到"新时代"，新中国外交思想的集大成者——习近平外交思想耀世而出。

冷战结束后，日裔美国人福山宣称，历史将"终结"于西方的市场经济和民主政治，他的老师亨廷顿则表达了对东、西方文明冲突的忧虑。西方主流观点对国际秩序的构想，从未跳出"西方化"或东西对抗的窠臼，西方政治家在国际政治中的表现也时时体现出这种惯性的狭隘。

习近平外交思想打破陈旧叙事，这部闪耀着中华优秀传统文化智慧的新时代中国外交方略，继承新中国外交优良传统，超越冷战思维与零和博弈的旧观念，辩证看待"自我"与"他者"、"多元"与"一体"，以深邃的历史眼光、博大的天下情怀思考关乎人类前途命运的重大课题。

于是，我们看到一场场新闻发布会上，"外交天团"从容应对，自信传递中国声音；国际对话中，中国外交官一针见血，据理驳斥西方大国的傲慢无度；经济文化交往中，"一带一路"令丝路花雨再纷飞；交通物流环节，中欧班列驰骋互利共赢之路；维护世界和平场域，中国永远是和平的倡导者和坚定捍卫者……

回到我所学习的专业，千年前，一杯清茗润泽了丝路两端的两颗明珠。古丝路带来的文化融合，使得土耳其和我国维吾尔族都有一句含义近似的古老谚语：犬吠，但驼队继续前行！

大变局下的国际秩序，各种不和谐音旁逸斜出。但只要坚定正确的方向和构建人类命运共同体的宏大愿景，大国崛起的王道外交，已经为站在十字路口的犹疑者指明前路。满载和平和友谊的驼队将风雨无阻，继续前行。

◇ **参赛感受**

读书可以让人保持思想活力，让人得到智慧启发，让人滋养浩然之气。"悦读之星"这个舞台，为我们提供了在求学生涯中阅读好书、学习新知、展示风采、交流思想的宝贵机会，同时也让我深入学习了习近平外交思想，这部闪耀着中华优秀传统文化智慧的新时代中国外交方略，它以深邃的历史眼光、博大的天下情怀，思考关乎人类前途命运的重大课题。此次参赛，也激励着我要不断从经典著作中汲取力量，厚植爱党爱国情怀，用实际行动践行"请党放心、强国有我"的青春誓言，成长为有理想、敢担当、能吃苦、肯奋斗的新时代好青年。

◇ 阅读寄语

心灵只有经过书香的润泽，才会更加丰富厚重、更加富有温情、更加拥有质感。读书是一种享受生活的艺术。五柳先生曾说，"好读书，不求甚解，每有会意，便欣然忘食"。捧起书本，徜徉于书海之中，感悟人生的真谛，领略祖国语言的美好。一本好书，如美食佳酿，令人回味无穷。古今中外皆浓缩于尺牍，千山万水尽了然于卷帙。与经典为友、与圣贤为伍、与智慧同行，享受阅读的快乐，在书香的润泽中放飞自己的心灵，在书香的伴随下从容行走。笔下豪抒凌云壮志，文中畅游万古河山，风华正茂读书时，盼与君共享，最美人间四月天。

刘　璐

　　天津仁爱学院英语专业 2022 级。爱好阅读、羽毛球和网球，热衷参加各类演讲、辩论比赛，通过语言表达自己，于 2022 年 10 月参加书香天津·大学生校园"悦读之星"评选活动决赛，荣获二等奖。

接续百年党史，奋进时代新篇

　　尊敬的各位评委、老师，亲爱的同学们：

　　大家好！

　　我是来自天津仁爱学院的刘璐，我演讲的题目是"接续百年党史，奋进时代新篇"，参阅著作是《中国共产党历史通览》。

　　正值祖国七十三华诞，喜迎二十大之际，我拜读了李忠杰先生的力作《中国共产党历史通览》。唐史有云："以史为鉴，可以知兴替。"作者引领我回望中共百年党史筚路蓝缕的伟大征程，我对党的初心和使命有了更加深刻的认识，并从党的百年奋斗历程中汲取到青年奋进的力量。

　　1921 年的中国，风雨如晦，鸡鸣不已。马克思主义，如初升的旭日，光芒万丈，照亮了中华民族伟大复兴的道路。南陈北李，相约建党，众志成城，南湖启航。中共一大，在万马齐喑的民族至暗时刻，吹响了救亡图存的号角，昭示了中国共产党人开天辟地，敢为人先的首创精神。

与中共六大时隔十七年，终于，在1945年，我们迎来了党的第七次全国代表大会，书中这样写道，朱德总司令在会上说："这次，开会有一个特点，就是在我们自己修的房子里开会，过去是租的人家的房子秘密开会。"确实，党的一大到五大，都是在租的房子里秘密开的，六大更是被迫在莫斯科召开。而七大则是第一次公开在自己修建的房子——延安杨家岭大礼堂召开的，这是中国共产党壮大的具体体现，也是我们党走向独立自主进程的重要标志。

深深打动我的，是书中所展现的、走过一百年艰难历程中——中国共产党显示的一种令人惊异的韧性和生命力。在今天，我们看到百年前嘉兴南湖的小小红船越过急流险滩，穿过惊涛骇浪，已然成为领航中国前行的巍巍巨轮。在中国共产党的领导下，我们全面建成小康社会，打赢脱贫攻坚战，开启全面建设社会主义现代化国家的新征程，中国已然从一个积贫积弱的国家蜕变为世界第二大经济体，自信地站在世界的舞台，担当大国使命，领航世界发展。

一百年，正青春。作为一名新时代的中国青年，我们正站在"两个一百年奋斗目标"的历史交汇点上，我深刻地认识到青年肩上的责任，中国共产党是伟大的马克思主义政党。我立志向这个伟大、光荣、正确的组织靠拢，将个人命运与党、与国家紧紧联系在一起，在火热的青春中放飞人生理想，在拼搏的青春中成就时代华章。

党的二十大召开，以习近同志平为核心的党中央擘画新蓝图，实现新飞跃。中华民族这艘巨轮又将劈波斩浪，驶向复兴的光辉彼岸。中国共产党未来可期，中华民族未来可期，中国新时代的青年未来可期！

◇ 参赛感受

　　我非常荣幸能够进入"悦读之星"评选活动决赛，与全市高校学生同台竞技。演讲是文笔战，同样也是心理战。"悦读之星"这个舞台完美诠释了这句话，阅读经典让我们学会思考，让我们能够沉静下来，将书中的感悟在舞台上用文字表达。脚步丈量不到的地方，文字可以；眼睛看不到的地方，文字可以。舞台之上文字翻飞，我们克服紧张情绪，用充满文字魅力的演讲给人们内心带来无穷的力量，用充满文字魅力的演讲尽情地表达独一无二的自己。

◇ 阅读寄语

　　读书不仅能够让我们掌握一定的专业技能，更重要的是，能从其中看到解决各种各样人生问题的方向。林语堂曾说："人终其一生，无非就是在不断探知自己的人生到底有什么样的意义而已。"怎样在信息爆炸中游刃有余？怎样在知识负担和求知渴望中找到平衡？唯有读书。从来没有人为读书而读书，而是在书中读自己，在书中发现自己，或是检查自己。世界上任何书籍都不能带给我们好运，但是，它们能够让我们悄悄成为自己。我们应该试着静下心去读书，用读书所得去生活，去丰富自己。

李筱瑞

天津市大学软件学院软件工程专业 2021 级。热情开朗、兴趣广泛，爱好阅读、朗诵与演讲，于 2022 年 10 月参加书香天津·大学生校园"悦读之星"评选活动决赛，荣获二等奖。

看《人世间》感知生命的厚重

于人间烟火处，彰显道义和担当；在悲欢离合中，书写情怀和热望。

著名作家梁晓声先生的作品《人世间》讲述了个人命运在时代背景下的变迁：从 20 世纪 70 年代起，人们经历了上山下乡、知青返城、出国潮、工人下岗等一系列社会运动。在泥沙俱下的命运洪流中，真实的城市底层生活既有温情也躲不开残酷。以周秉昆和郑娟为代表的"光字片"里的普通好人，他们那份善良、包容，和经历了那么多苦难和恶之后，依然用善的方式跟世界交流的这一份气度，被人尊重。

书中周父、周母用如山的父爱和如水的母爱筑起了周家这个温馨的"场"，让我们感受到了暖；周秉昆和郑娟真挚的爱情打动了我们，让我们相信"好的爱情能够抵挡人生的疾苦"；"六小君子"之间的友情在艰难岁月中呈现的一抹亮色点亮了我们内心对朋友、对友情的渴望与珍重；书中无数个人物命运在时代的大开大合中的跌宕起伏，让我们感知到了生命的厚重。

　　周家三代人的故事,也是千万个中国家庭的缩影。老周家的每一个人在命运旋涡中挣扎的故事,最终汇聚成一部记录平民往事的厚重史诗。秉义是完美的,周蓉是理想化的。但全书的重心,却更多地放在了最没出息的秉昆身上。他成绩不好,但他善良憨厚;他做不到远走高飞,但他留在老母亲身边,为全家人撑起了一片名字叫作"家"的天。《人世间》这部作品跨越50年,让我们看到了越来越美好的百姓"小家"生活,也见证着国之"大家"一步步走向富强。《人世间》的点点滴滴与我们息息相关,不仅让人怀念激情满怀的青春岁月,更激励当代的人们积极向善向上,正视苦难、热爱生活。

　　回首新中国对国家富强、人民幸福的复兴道路的艰难求索,多少世事沧桑、多少悲欢离合、多少翻天覆地、多少苦尽甘来。《人世间》用家庭、用正直、用奋斗、用梦想,超越苦难、抚慰创伤,抒写了家国情怀。

　　"好人生比好年华更重要。"我觉得这句话也非常符合当下的我们。经历过去三年的历练,我们更懂得生命之可贵,祖国之伟大,我们与其怨天尤人,不如沉淀下来,学习更多的知识。体会岁月冷暖,感知生命厚重,苦过、甜过、爱过、恨过、哭过、笑过才是《人世间》。

◇ **参赛感受**

演讲与其说是一门技巧,更不如说是一门艺术。在这个过程中,要准备和注意每一个细节环节,要发散思维、精神抖擞、富有情感,然后才能感染观众。知识和见识是非常重要的,只有丰富的知识阅历,才能形成心中丰富的材料,演讲时才能随心所欲,就地取材,滔滔不绝。能将此生挚爱的读书与演讲结合并呈现给专业的老师和同学们,是我莫大的荣幸。

◇ **阅读寄语**

乔治·马丁说过,"读书可以经历一千种人生,不读书的人只能活一次"。脚步丈量不到的地方,文字可以;无法达到的地方,文字载你过去;你无法经历的人生,书籍带你相遇。"如果不读书,行万里路,也只是个邮差"。别抱怨读书的苦,那是你去看世界的路,书中未必有黄金屋,但读书会带给你更多人生的可能。所以,去阅读吧,让精神突破现实和身体的桎梏,来一场灵魂长足的旅行。

王艺彤

天津天狮学院电子商务 2021 级，热爱文学、声乐、舞蹈，多次参加国家、省市级演讲、写作、声乐比赛并获奖，创作和舞台经验丰富，于 2022 年 10 月参加书香天津·大学生校园"悦读之星"评选活动决赛，荣获二等奖。

投身时代，实现自我
——读《红日》有感

大家好！

我是来自天津天狮学院 2021 级经济管理学院的王艺彤。今天，我演讲的题目是"投身时代，实现自我"，参阅的著作是《红日》。

"战争的硝烟还未散尽，被战火烧得已经残破不堪可看上去却依旧鲜艳的红旗高高地插上了孟良崮的峰顶。"脑海中的画面最终定格在了这里。当我放下《红日》这本书时，心情久久不能平静。一瞬间，我仿佛置身于那个战火纷飞的年代，在那段血雨腥风的战争岁月里，我看到了！我看到了先辈们，我看到了杨团长，我看到了千千万万的中国青年为了民族的解放事业，前赴后继，用生命和鲜血铸就了新中国的开篇。他们的青春已融入新中国建立的历史洪流中，如今的我们应当铭记那段历史，更应从中汲取前行的力量！

我们这一代人生逢其时，强大的国家在背后给予了我们每一个人自由选择的权利，实现自我、创造价值的机会。

习近平号召青年要学习老一辈革命家，"把学到的本领奉献给祖国和人民"。环顾当下，"95后"人大代表用直播收集意见，让科技造福群众；中国航天工程科研团队中35岁以下的年轻人超过了80%。这些代表着新时代青年力量的奋斗者将个人进步付与时代，以个人成长助力中国。

我也想向那些勇敢无畏的先辈一样，以自身行动投身时代，实现属于自我的价值。我希望成为屠呦呦那样"身处忧患困穷而志不屈"研发抗疟新药的人；我也希望成为袁隆平那样"留取三尺卧榻，梦成万千稻香"数十年坚持不变初心的人；我还希望成为毛相林那样"脱贫攻坚20年"用"天路"带领万千村民走出贫困的人，投身这个时代祖国最需要的地方，脚踏实地，不断努力，尽吾辈所学为实现中华民族的复兴伟业贡献一己之力。

我曾夜读尼采，他说："重要的不是永恒的生命，而是永恒的活力。"在中国，这活力，是共产党人那永不懈怠的精神状态和一往无前的奋斗姿态；是坚韧不拔、锲而不舍的民族精神，是坚持真理、坚守理想，践行初心、不负人民的奋斗历程。时代的责任赋予青年，时代的光荣也属于青年！同学们、青年们，《红日》中的英雄们投身于属于他们的时代，前仆后继，无怨无悔，谱写了属于他们的壮丽篇章。而我们作为这个时代"最朝气蓬勃""最富有活力、最具有创造性的群体"，党和人民对我们寄予厚望。让我们在中国共产党的领导下，传承革命精神，一路前行，投身时代，实现自我，为实现中华民族的伟大复兴添砖加瓦！

我的演讲完毕，谢谢大家。

◇ 参赛感受

　　庆幸在这样一个时间让我遇到了"悦读之星",给了我一个将阅读与演讲结合、将声音与形体结合、将思想与行动结合,展现风采的机会。我喜欢阅读和写作,也钟情于表演,更愿意将自己的所读、所思通过作品的形式分享给他人,而这次大赛恰恰给了我这样一个机会。感谢组委会为我们搭建这个展示和交流的平台,也感谢校图书馆老师在赛前的指导和付出。

◇ 阅读寄语

　　古云:以人为鉴,可以知得失,以史为鉴,可以知兴替。斯为鉴者,当可为人知、可以物存。书籍无疑是最为切题合意之物,阅读则得以就其以人鉴己、以古鉴今之道。今时之中国,四海安定,国运昌盛,书籍类目样式繁多。风光万花乱人眼,审慎选择成为必然,书评、读后感可为重要参照,而书籍之所以可为鉴,其文、义必是合于形而顺于势,此之谓"经典"。故,择经典而读实为阅读之善法。此乃余之阅读心得,期与君共勉。

孔馨垚

　　天津农学院工程技术学院 2020 级，活泼开朗、积极向上，热爱阅读和演讲，有丰富的舞台经验，于 2022 年 10 月参加书香天津·大学生校园"悦读之星"评选活动决赛，荣获二等奖。

百年辉煌映初心　勇担使命向未来

　　有这样一群人，在面对死亡和危险时，他们的本能反应不是躲避，而是逆行而上；有这样一群人，在屡遭失败和挫折时，他们绝不轻言放弃，而是勇往直前；有这样一群人，在默默无闻地坚守岗位，即使你不知道他们的名字，他们也甘愿奉献。

　　他们都有着一个共同的名字——中国共产党。

　　近期，拜读了《中国共产党百年辉煌》一书，我受益匪浅。

一、百年伟业铸辉煌，勇毅前行国运昌

　　从石库门到天安门、从小小红船到巍巍巨轮，中国共产党团结带领亿万人民经千难而百折不挠、历万险而矢志不渝，书写了中华民族几千年历史上最恢宏的史诗。党的十八大以来，以习近平同志为核心的党中央团结带领全党全军全国各族人民有效应对严峻复杂的国际形势和接踵而至的

巨大风险挑战，以奋发有为的精神把习近平新时代中国特色社会主义向前推进。集中力量实施脱贫攻坚战，在中华大地上全面建成了小康社会；开展抗击疫情人民战争、总体战、阻击战，并取得世界上最好的成果……正是因为中国共产党的带领，才成就了如今的辉煌，党的光辉将永远温暖人间，照耀大地。

二、百年逐梦新征程，青春奋进新时代

"人生万事须自为，跬步江山即寥廓。"读《中国共产党百年辉煌》一书，既是重温中国共产党的历史沧桑，也让我从中汲取了智慧和力量，勾起了我对一次实习经历的回忆。

那是 2022 年暑期，我参加了大学生"扬帆计划"实习实践活动。我的工作地点在基层政府，带我们实习生的是一位"90 后"姐姐，她刚刚成立了家庭，年轻又有活力。开始工作后，我发现无论是正常工作的时间还是中午休息的时间，她总是在办公室里忙碌着，好像永远停不下来，当时的我心里有着大大的问号，她拼命工作为了什么，她到底能收获些什么？

直到有一次，我随姐姐到镇里的桃园参加新农学堂活动，一段对话，让我心里的疑惑和不解有了新的答案。在活动进行期间，路边一位正在干农活的大娘向着姐姐走来，她激动地握住姐姐的手，说着她在镇里交的保险因姐姐的帮助，理赔款很快就到账了，那种幸福和喜悦溢于言表。一旁的我在大娘和姐姐的灿烂笑脸中，看到了希望，看到了踏实做事带给人的成就感。这一刻，我知道了，原来她所做的一切都不是徒劳，我们做出的努力，都会换个样子在下个路口和我们见面。那一刻，我被深深地感动了，是啊，使命一词于姐姐这样的基层工作者而言，就在他们日常工作的一砖一瓦中，在父老乡亲们的满意认可中，在他们自己坚定的信念中。闪闪发光的党徽在她的胸前显得格外耀眼，而她也显得更加温柔而有力量。是啊，

中国共产党百年来,正是因为千千万万这样的基层党员干部,才成就了现在的伟大事业。

经过锻炼,我除了在工作能力上有所提高,也对今后的人生有了新的感悟。"读万卷书,行万里路",作为农业院校的学子,作为新时代青年,在"远眺的前行路"中,要"自讨苦吃",脚踏实地,迎难而上,根据所学政治理论知识和实践经验,为三农事业和乡村振兴事业贡献出自己的一份力量,用理想信念和执着虔诚书写无愧于时代使命的青春篇章、续写党的新辉煌!

◇ **参赛感受**

比赛过程中,每一位选手在舞台上都饱含青春向上的活力,举止动作挥洒自如,他们用慷慨激昂的措辞将他们的阅读感悟表达得淋漓尽致。在这里,我是一名选手,更是一名听众、一名学习者;在这里,我又挑战、刷新了自己并从中超越了自己。总之,能够参与此次阅读盛会,我倍感荣幸。

◇ 阅读寄语

　　读书使人眼界开阔,看庭前花开花落,望天上云卷云舒;读书使人智慧,心胸豁达,得之坦然,失之淡然。春天到了,我们阅读,从此春天不寂寞,心灵不荒芜。阅读不仅使我在工作能力上有所提高,也对今后的人生有了新的感悟。"读万卷书,行万里路",作为农业院校的学子,作为新时代青年,在"远眺的前行路"中,要脚踏实地,迎难而上,为三农事业和乡村振兴事业贡献出自己的一份力量,用理想信念和执着虔诚书写无愧于时代使命的青春篇章,续写党的新辉煌!

卞佳骏

　　天津科技大学文法学院 2021 级，图书馆学生馆员，共青团图书馆弘文支委书记。多年来以"服务师生读者，建设书香校园"为目标，多次荣获中国图书馆学会、教育部中国大学生在线和市教育两委相关嘉奖，于 2022 年 10 月参与书香天津·大学生校园"悦读之星"评选活动决赛，荣获二等奖。

学史明理迎盛会，青春向党铸忠诚

——读《火种——寻找中国复兴之路》有感

尊敬的各位评委老师您好：

　　我是来自天津科技大学的卞佳骏，我作品的题目是"学史明理迎盛会，青春向党铸忠诚"，参阅著作是《火种——寻找中国复兴之路》。

　　这本书娓娓道来地描绘了中国共产党创始初期的奋斗史与寻路史，以 20 世纪前三十年历史作为深挖的背景，在纷繁复杂中抽丝剥茧地真实反映了共产党人如何在众多寻找中国复兴之路的党派中脱颖而出，找到适合自己生存、发展的道路，找到中国复兴之路，从而带领中国人民创造了一个又一个奇迹，成为国际共产主义运动和世界社会主义运动的中流砥柱。

　　对于中国共产党的百年历史，正如作者刘统所说："就像一列奔腾向前的火车,途中不断有人上车,有人下车。每个历史阶段都有杰出人物,他们也都是在一定历史条件下,起到不可磨灭的作用。"

踏遍青山人未老,风景这边独好。一百年前,蔡元培、陈独秀提倡新文化,启蒙青年的头脑,让科学和民主深入人心;五四运动中青年和民众的觉醒,大家都在寻找思想和出路;李大钊、陈独秀等一批知识分子接受了马克思主义,懂得了首先要砸烂一个旧世界,才能建立一个新世界。经过一个漫长的酝酿和探索过程,中国才产生了共产党……

没有一蹴而就的伟人,更没有先知先觉的伟大,只有在失败中奋起,苦难铸就辉煌。《火种》的开篇,是著名民主人士黄炎培在开国大典上,面对红旗飘扬,想起不久前在上海为了阻止国民党偷运黄金而牺牲的儿子,他吟诵道:

> 为了革命牺牲,是人民英雄们。
> 英雄永垂不朽,立碑中华之门。

在刘统先生的笔下,我看到了以林觉民、彭湃、张太雷等为代表的无数志士仁人为了探索救国救民的道路,心甘情愿,义无反顾地踏上了革命征途。

捐躯赴国难,视死忽如归。书中描写的人物,是那么鲜活、生动、立体而饱满。其中最让我动容的是南昌起义、广州起义的领导人恽代英,在和同志接头时不慎被捕,在狱中他带领狱友们奋力斗争,写下了义薄云天的《狱中诗》:

> 浪迹江湖忆旧游,故人生死各千秋。
> 已摈忧患寻常事,留得豪情作楚囚。

很多人都没有亲眼看到黎明,牺牲在了最年轻的时候,我们脚下每一寸安宁的土地上都曾洒满热血,"他们为谁而死,他们为我们而死"。

"历史是最好的教科书",读罢《火种》,一段段往事、一位位先烈原本模糊的形象变得那么的清晰、丰满,我们切身感受到了他们对党忠诚、信仰笃定的共产党员本色,更深切体会了信仰和初心的力量。

时光荏苒,星火代代相传,牢记使命,不忘筚路蓝缕。我们要牢记习近平"青年一代有本领,有理想,有担当,国家就有前途,民族就有希望"的殷切嘱托,在实现中华民族伟大复兴中国梦的生动实践中放飞青春梦想。

请党放心,强国有我,请党放心,强国有我!

◇ 参赛感受

最是书香能致远,转眼已经是第三年与"悦读之星"活动结缘了,不管是参与者还是组织者,我们"让书香溢满科大校园"的初心不曾改变。甲子文枢轻工,科大不辍书香,一座书声琅琅的科大校园,亦是享誉沽上的巍巍学府。

在其中,我们阅读经典、阅读思想、阅读文化、阅读精神;我们扎实学养,洗涤灵魂,启迪心智,陶冶性情。初心如磐向未来,书山逐梦正青春,愿更多学子共享读书之乐,愿"悦读之星"品牌蒸蒸日上,愿"书香天津"惠及万户千家!

◇ 阅读寄语

　　矗立海河之畔,胸怀渤海浩荡。生机勃勃的科大校园,回荡着大师的声音,传承着智者的思想。天下家国,民生物理,治平敬业能专;通贯古今,切磋中外,立己达人兼全。在享受捧卷阅读的幸福中,我们与历史对话,与智者交流,追寻哲人的足迹,聆听大师的教诲。同学们,让我们立即行动起来:在平日的生活中留一点时间给读书,多一份光阴去思考——读书,能让贫乏和平庸远离我们! 能让博学和睿智启迪我们! 能让历史和时间记住我们! 让科大之精神永世传承!

李妙沙

　　天津滨海职业学院商务英语专业。拥有良好的英语语言能力和商务知识背景，曾多次参加朗诵演讲比赛和英文口语大赛。于 2022 年 10 月参加书香天津·大学生校园"悦读之星"评选活动决赛，荣获二等奖。

改革开放创造发展奇迹

　　青春献礼二十大，强国有我新征程！大家好！我是来自天津滨海职业学院的李妙沙，我演讲的题目是"改革开放创造发展奇迹"。参阅著作是《奇迹是如何创造的——中国经济改革和发展 40 年轨迹》。

　　1978 年，改革开放的一声春雷震响在古老的东方，将沉睡的中国唤醒。小岗村的 18 个红手印，蛇口工业区的"开山第一炮"，多哈敲响的中国"入市锤"……一个个改革开放的历史印记标识着 40 年辉煌。

　　我想问问大家一小时能干什么？

　　对于我的父亲而言，四十多年前只有 13 岁的他，靠双手和镰刀一个小时能割一小垄麦子，即使"快手"的爷爷一天也割不完一亩。如今，父亲指挥两台收割机一小时能收完 20 亩小麦。父亲说，1992 年村里开始出现拖拉机等现代农机，割麦子的时间越来越短。很难想象，以前一家六口要干半个月的活，现在只要一小时。

　　一个小时，在 1978 年中国能创造的 GDP 仅为 3 700 亿元，到 2021

年增至 114.37 万亿元。

一小时里的中国变迁，折射出一个东方大国的历史性跨越。

看似寻常最奇崛，成如容易却艰辛。

40 年风云激荡，每一轮大发展、大飞跃，都起始于深化改革和对外开放的重大突破。

仰望浩瀚寰宇，"嫦娥"奔月、"天问"落火、"羲和"探日，宇航员漫步太空，中华民族对宇宙的浪漫遐想照进现实；逐梦万里海疆，"深海勇士"号、"奋斗者"号、"海斗一号"等深海探测装备，揭开海底世界神秘面纱；俯瞰神州大地，立体交通网络逢山开路，遇水架桥，天堑变为致富通途……科技成就灿若繁星，创新成果熠熠生辉，这充分展现了科技创新对经济社会发展的支撑和引领作用。在这其中都需要更多高素质技术技能人才，需要更多能工巧匠、大国工匠的支撑。而进一步巩固脱贫攻坚成果，助力乡村振兴，也需要职业教育发挥助力技能人才保障的作用。

前不久在天津举办的首届世界职业技术教育发展大会上，我院优秀毕业生刘苗，在校期间组建团队，以小巧的机器人为载体，以北塘地区丰富多彩的渔民生活为背景，以发生在当地渔民家中真实故事为原型，改编并设计了一幕机器人舞台剧，获得新华社等多家媒体报道。现在职业院校正在通过产教融合、校企合作培养大批智能制造、人工智能领域等所需要的高素质技术技能人才。

胸怀理想、志存高远，技能在身、百业可为，高素质技术技能人才正在点亮"中国智造"的未来。作为青年一代，我们要始终以搏击者的身份，以奔跑者的姿态，继续跋山涉水，砥砺前行。青春作为，时不我待！我辈坚信，在以习近平同志为核心的党中央领导下，我们一定会为世界贡献更好的中国方案，向世界展示更强的中国力量，为世界创造更多的中国奇迹！

青春献礼二十大，强国有我新征程！

◇ **参赛感受**

参加天津"悦读之星"比赛，是我人生中非常有意义的一次经历。这个比赛不仅是一个展示自己阅读和演讲能力的舞台，更是一个激励自己不断成长和追求卓越的机会。在比赛中，我不断挑战自己的极限，通过阅读和思考，尝试用生动有力的语言将自己的见解和感悟传递给评委和观众。通过这个比赛，我不仅锻炼了我的演讲能力和语言表达能力，而且让我更加深刻理解了书籍中的内容和内涵，拓展了我的思维和视野。在比赛中，我学会了更加自信地表达自己的看法和观点，也学会了更好地倾听他人的声音和理解他人的观点。我相信，这次比赛会对我未来的发展产生积极的推动作用，也将成为我人生中难以忘怀的一段经历。

◇ **阅读寄语**

阅读是一种无声的对话，一次精神的冒险。在书中，我们可以与历史名人谈心，与伟大思想家交谈，与作家共鸣，与诗人共赏。每一本书都是一扇门，推开它，我们就可以进入一个崭新的世界，探索未知的领域。阅读不仅可以丰富我们的知识，还可以拓展我们的思维，激发我们的创造力，启迪我们的灵感。正如高尔基所说："书籍是人类进步的阶梯。"只有通过阅读，我们才能不断拓宽自己的视野，提升自己的素养，增长自己的智慧。因此，让我们在平凡的日子里，不断地汲取知识，享受阅读带来的快乐，让我们的生活更加充实，更加有意义。

悦读与人生

YUEDU YU RENSHENG

■ 天津市全民阅读活动办公室 编

二

天津出版传媒集团

天津教育出版社

TIANJIN EDUCATION PRESS

图书在版编目（CIP）数据

悦读与人生. 二 / 天津市全民阅读活动办公室编.
天津 : 天津教育出版社, 2024. 7. -- ISBN 978-7-5309-
9022-3

Ⅰ. G252.17-53

中国国家版本馆CIP数据核字第2024ME4372号

悦读与人生(二)

YUEDU YU RENSHENG ER

出 版 人	黄　沛
作　者	天津市全民阅读活动办公室
责任编辑	田　昕
装帧设计	郭亚非

出版发行　天津出版传媒集团
　　　　　天津教育出版社
　　　　　天津市和平区西康路 35 号　邮政编码　300051
　　　　　http://www.tjeph.com.cn

经　销	新华书店
印　刷	天津中图印刷科技有限公司
版　次	2024 年 7 月第 1 版
印　次	2024 年 7 月第 1 次印刷
规　格	16 开(787 毫米×1092 毫米)
字　数	250 千字
印　张	19
定　价	149.00 元(全二册)

序

当你打开这部《悦读与人生》时,展现在眼前的是一幅美丽的青春画卷,听到的是一群朝气蓬勃的大学生吹响的时代主题号角,演奏的是一曲曲歌唱伟大祖国的不朽赞歌。

这里没有喧嚣和浮躁,没有时间的虚无缥缈,体现的是新时代大学生为实现中华民族伟大复兴而奋斗的梦想与担当。

天津高校大学生校园"悦读之星"评选活动以"书香天津·全民阅读"为宗旨,由天津市新闻出版局、天津市教育委员会、天津市全民阅读活动办公室、天津市高等学校图书情报工作委员会主办,天津市各高校图书馆承办,多家媒体单位协办,读者之星(天津)网络科技有限公司提供技术支持。

大学生校园"悦读之星"评选活动,创办于2015年,首届评选活动以"悦读青春　书香浸润·立德树人　共筑梦想"为主题,共有23所高校参加,总决赛的现场设在天津市国展中心,也是全国书展演讲中心。在书的海洋里,举办大学生校园"悦读之星"决赛在国内尚属首创,现场气氛热烈,座无虚席,活动受到了广大市民读者、学生读者的欢迎,亦成为全国书展的一道靓丽风景线。

首届活动成功举办后,参与高校从2015年的23所发展到2023年的53所,涵盖天津区域的本科院校、高职院校、独立院校、军事院校等。

紧扣时代主旋律,制定鲜明的主题,是每届评选活动的首要工作。特别是国家重大纪念日,或落实中央重要会议精神,均邀请专家学者进行有针对性的深入研究，制定活动主题，并根据主题推荐阅读书目，做到有的放矢展示阅读成果，彰显青春正能量。如 2019 年的主题是"庆祝新中国成立 70 周年·让书香溢满校园"、2020 年的主题是"新时代·阅读点燃梦想"、2021 年建党 100 周年的主题是"初心如磐向未来"、2023 年为全面落实党的二十大精神，主题是"奋进新征程·阅读新未来"。

每年一届的评选大学生校园"悦读之星"活动现已列为各校重要活动之一，每届活动各校均争相承办。各校由图书馆牵头，充分发挥文化育人功能，联合校宣传部、学工部、教务处、团委、学生会等多部门，成立评选"悦读之星"活动推动组，利用校园网、微信公众号、微博、校园广播、海报宣传栏等多种渠道进行宣传，从而推动了校园文化建设，学校掀起了多读书、读好书、善读书的学习热潮。

评选活动与企业合作伙伴共搭平台，充分利用现代信息技术，提高活动信息化水平。读者之星（天津）科技有限责任公司，在全国阅读推广活动中成绩显著，深受好评。主办单位经友好协商，利用他们的阅读推广平台进行作品征集，在每所学校设置征集入口，同时实现作品分享、展示、投票，大大提高了工作效率。活动以互联网裂变的方式，通过学生、老师、家长、亲友、"朋友圈"向社会传播，产生了广泛的社会影响。线上平台使评选活动连续进行，每届活动的作品也得到完整保存，留下了珍贵资料。

围绕"悦读之星"评选，各校开展了形式多样的专题活动。如 2021 年是中国共产党成立 100 周年，也是"十四五"开局之年和"两个一百年"历史交汇的关键节点。为深入学习贯彻习近平新时代中国特色社会主义思想，引领当代大学生正确认识党的历史，天津医科大学图书馆请专家推荐"红色经典"图书，建立了"悦读之星"专题借阅展架，方便学生随时借阅；报送的演讲稿由党务干部、思政老师审阅、把关，从而提升了文稿质量。南开大学图书馆联合校团委在寒假期间举办"读爱国书，行爱国路"专题实践活动，切入大学生校园"悦读之星"评选，挖掘了一批高质量稿件和选手，将评选活动与学生社会实践紧密结合起来。天津师范大学图书馆创新比赛形式，组织口才与演讲名师、专业播音主持人对学生选手进行培训和打磨,在决赛阶段以导师战队的打擂形式进行比赛,学生代表组成的大众评审和专家教师组成的专业评审共同为选手打分评比,深受同学们的喜爱。天津工业大学图书馆和博雅书院联手组织了形式多样读书活动。天津理工大学图书馆由校党委副书记、副校长及有关职能部门负责人和学生代表参加的现场评选,引起学生高度重视,增强了同学们的参与度。总之,各校在校级评选阶段不断创新,选手们激扬文字,碰撞思想,创造了一场场精彩的分享盛宴。

每年的"悦读之星"总决赛,是各校也是选手们期待的重要时刻,这一天各校精心评选的 1 名选手在指导老师及相关负责人的带领下参加市级总决赛。活动现场庄重、热烈,配备电子显示大屏幕,音响设备均属一流。选手们着装整齐,有的还穿民族服装,军事学院的学生穿军装,无数志愿者统一着装在现场服务,好像是过一个盛大的节日。专家评委提前就位,对选手们从演讲内容、语言表达、演讲效果、姿态表情、手势动作等多方面综合评审,对表现优异的选手及组织单位予以表彰。

大学生"悦读之星"评选活动,得到有关媒体的广泛关注,每届活动结束后均被《中国新闻出版广电报》《中国出版传媒商报》《天津日报》《今晚报》《中国教育在线》等多家媒体报道并转载。总决赛视频在"读者之星"阅读推广平台长期展示,部分优秀作品在天津音乐广播"音乐朗读者"节目及天津经济广播"相约清晨"节目以专题形式播出,扩大活动影响力。

大学生是推动全民阅读的主力军,天津高校大学生校园"悦读之星"评选活动,彰显了大学生阅读增智的良好学风和积极向上的青春活力,有力推动了全民阅读活动在高等院校的深入开展。通过 9 年的不懈努力,书香天津·大学生校园"悦读之星"评选活动已成为全民阅读习惯的倡导者、全民阅读风尚的引领者和全民阅读氛围的推动者,并在全国形成了示范效应。2019 年以来,中国图书馆学会阅读推广委员会举办了全国大学生"悦读之星"读书演讲风采展示活动;山东省高校图工委举办了"齐鲁学子心向党,青春建功新时代"庆祝建党 100 周年全省高校学生主题演讲比赛;四川省高校图工委举办了四川省高校"品红色经典,抒爱国情怀"演讲比赛。天津高校大学生"悦读之星"评选活动,如同一台播种机,已经在全国各地开花结果。

2021 年中国共产党成立 100 周年之际,中共中央宣传部在全国评选"全民阅读优秀品牌"项目,天津的大学生校园"悦读之星"演讲活动,在全国各省市报批的 100 余个项目中脱颖而出,成为全国 15 个优秀品牌项目之一,并被授予了荣誉证书。

《悦读与人生》经过一年多的搜集、整理、校勘,终于付梓了,这里首先要感谢天津师范大学图书馆党委书记接励研究员,是她在第八届"悦读之星"评选值年期间提出了"五个一"提升工程,并争取在举办第十届"悦读之星"评选和庆典活动时全部完成。对接励研究员之于书香天津·大学生校园"悦读之星"贡献表示由衷的感谢!还要特别感谢"悦读之星"评选活动的直接领导,天津市委宣传部张德旺和孙宏航处长,两位前任和现任处长为开展评选活动和《悦读与人生》的出版倾注了大量心血,他们在各个方面把关,提出了诸多可以借鉴又充满正能量的意见,使每届活动搞得有声有色,也使《悦读与人生》增光添彩。在这里对两位领导表示衷心的谢忱!感谢天津高等教育文献信息中心历任主任对"悦读之星"评选活动的大力支持,自第七届"悦读之星"评选活动以来,中心也加入了"主办"阵列,并在中心经费非常紧张的情况下,拨出专项经费支持评选活动顺利开展。

感谢"读者之星"(天津)科技有限公司李硕总经理及其团队,作为技术支持企业,对评选活动提供技术力量,更对各高校开展活动提供无私技术支持,特别是他们为大赛保存了完整的活动资料,《悦读与人生》得以出版,他们做出了一定贡献。感谢各高校图书馆及有关职能部门的领导对大学生校园"悦读之星"评选活动的组织及推动,没有各校的积极参与,天津不可能取得评选活动的优异成绩,也不可能出版硕果累累的精美的《悦读与人生》。

还有许多感谢就不一一列出了,这里有媒体朋友、有出版社、有书店、有企业公司和集团,《悦读与人生》的出版都有他们的一份功劳。

　　《悦读与人生》由天津师范大学图书馆组织编辑,汇集历年的演讲成果,涉及工作繁杂,既要编排有序、分类得当,又要对刊发的稿件内容把关,实属不易,对各位编辑老师辛勤的付出表示崇高的敬意。

李广生

2024 年 5 月 12 日

(李广生,研究馆员,天津市高等学校图书情报工作委员会常务副秘书长,中国情报学会科研诚信工作委员会委员,天津市阅读推广大使)

目 录

CONTENTS

爱读书　读好书　善读书

——让青春在阅读中绽放绚烂之花

南开大学图书馆　张丽　林红状　王渊

"南开大学具有光荣的爱国主义传统,这是南开的魂。培养社会主义建设者和接班人,首先要培养学生的爱国情怀。"习近平来校视察时的殷殷嘱托为新时代立德树人指明了方向。南开大学图书馆牢记习近平嘱托,以阅读推广助力新时代爱国主义教育。而每年培养选送优秀学子参加书香天津·大学生校园"悦读之星"评选活动,已成为南开大学图书馆铸魂育人的重要途径。

自书香天津·大学生校园"悦读之星"评选活动举办以来,南开大学图书馆积极参与,每一届参赛的南开学子都借这一平台展示了自己的青春风采,共取得 3 个一等奖、4 个二等奖、1 个三等奖。同学们在阅读中享受乐趣,并在比赛现场的演讲中讲述自己与图书的缘起,畅谈自己在书中遇见的广阔天地,分享自己阅读后的思考与成长,切实增强了历史自觉,坚定了文化自信,展现了南开青年爱国奋斗、公能日新的蓬勃精神和建功新时代的使命担当。

选手们以《边城》为例,分享经典著作的阅读感悟,称其是点亮生命的灯盏;读《离骚》感悟"深入民间,心系苍生,敢于与世俗黑暗做斗争,敢于为天下苍生鸣不平"的民族魂;读《目送》分享父母子女之间不必追的缘分;在《四世同堂》里,读懂"一腔热血勤珍重,誓死不做亡国奴"的中国脊梁;翻开《周恩来旅日日记》,与南开杰出校友、19 岁的青年周恩来相遇,立志"为中华之崛起而读书";在《我们仨》中体会相互照顾,相互成全，平和、温馨、和睦的家风；在《可爱的中国》中，倾听方志敏烈士倾诉对祖国母亲的衷肠；在《周恩来邓颖超通信选集》中，看见相濡以沫、白头偕老的情诗，更看见昂扬激烈、波澜壮阔的百年奋斗史。

南开"悦读之星"们的进步和成长，也是南开大学图书馆以阅读推广工作促文化育人工作成效的集中展现。南开大学图书馆以书香天津·大学生校园"悦读之星"评选活动为契机，通过阅读演讲比赛的形式，使南开学子养成爱读书、读好书、善读书的习惯，使同学们浸润书香、畅游书海，让青春在阅读中绽放绚烂之花。

一、以"丽泽"阅读文化品牌活动厚植"悦读之星"成长沃土

"两泽相丽，互相滋益"，"丽泽"一词，取自南开大学图书馆馆藏年代最早的古籍《丽泽论说集录》，寓意师生共享文献资源，交流思想学识。近年来，南开大学图书馆充分利用南开深厚的文化底蕴、优质的图书资源、

强大的师资队伍和朋辈互学的良好氛围,着力打造了"丽泽"阅读文化品牌,以讲座、课程、展览、南开读书节等活动为载体,通过文字、声音、影像等多种方式,开展全方位、立体化的阅读推广活动,注重文化浸润、感染、熏陶,实现润物无声,入芝兰之室久而自芳的文化育人效果,为"悦读之星"的培养营造了丰盈沃土。

"丽泽讲堂"邀请学养深厚的文化大家、知名专家学者分享阅读经历、人文智慧和艺术创作,与在校学生碰撞思想的火花。国家图书馆原馆长韩永进讲授"文化自信·文化自觉·文化强国——典籍文献的魅力与力量";国家级教学名师陈洪教授畅谈金庸小说的传统文化底蕴;书香天津全民阅读推广人、南开大学文学院张静教授带师生品读中华诗教的当代传承;南开大学京剧传承基地刘佳教授与专业剧团的表演艺术家讲授"京剧党课"。"丽泽师生共读"交流活动,推介《高山下的花环》《百年南开爱国魂》等优秀图书作品,搭建师生分享阅读思想的教育平台,师生通过共读经典,感悟中华民族奋勇前行、生生不息的精神力量。"丽泽悦享"主题定制活动根据学校各学院、部门学生的不同需求,定制更有针对性的阅读文化活动。"名家读经典"通识选修课程发挥名师引领作用,进行经典书籍阅读推广,培养学生跨学科阅读思维和文化素养。"庆祝中国共产党成立 100 周年党史画作暨文献展"等每年图书馆举办的数十场主题书展、文化展览和在每年世界读书日期间开展的"南开读书节"活动,更成为学生汲取精神养分的有益平台。此外,图书馆还充分发挥学生主观能动性,推出"主题图书策展人"招募计划,邀请学生独立自主策划举办主题书展,同时指导支持学生社团丽泽读书协会组织开展"寒假读书打卡""相约星期四"等读书实践活动。

　　"丽泽"阅读文化品牌系列活动融汇了爱国精神、传统文化、阅读智慧、育人理念与南开品格,吸引和带动了校园内热爱读书的南开学子,营造了浓厚的书香氛围,所有参与品牌活动的老师天然地成为同学们的阅读导师,每一场阅读文化活动都是同学们培养阅读思维、加强思想交流、锻炼演讲能力的训练场。这些都为"悦读之星"的成长与脱颖而出提供了丰盈的养分。同时,"悦读之星"活动阅读＋演讲比赛的形式也对"丽泽"阅读文化品牌系列活动形成有益补充,成为南开大学图书馆文化育人的亮点。

二、以协同育人合力搭建"悦读之星"实践平台

　　"悦读之星"评选活动不仅是一场读书演讲比赛,也是大学生思想政治教育的生动形式,是"三全育人"的集中体现。在开展"悦读之星"评选活动过程中,南开大学图书馆与校内多部门协同合作,构建协同育人、实践育人体系,形成育人合力。

多年来,图书馆与学校党委学工部、研工部、校团委等部门紧密合作,共同举办书香天津·大学生校园"悦读之星"校级选拔赛。团队老师指导同学们提高文稿质量、规范仪态仪表、提升演讲水平,同时充分发挥组织优势,扩大"悦读之星"活动的教育影响力。活动更得到了校党委宣传部的指导和各专业学院、社团组织的大力支持。党委宣传部在学生演讲内容的规范性和传播性方面给予专业指导。专业学院的支持使不同专业领域的学生走上"悦读之星"的舞台,呈现不同的精彩。南开大学丽泽读书协会、南开大学演讲团、南开大学主持团等优秀的学生社团组织也积极参与,在为"悦读之星"活动献计出力的同时也实现了自我教育和自我成长。

为增强活动育人效果,持续营造阅读氛围,图书馆将"悦读之星"评选与学生社会实践相结合,已连续多年与校团委联合举办"以文化人读南开书"社会实践活动,鼓励学生利用寒暑假精选精读图书馆馆藏好书,由图书馆提供阅读书单,参与该项社会实践的同学阅读书目后,提交文字版的阅读感悟或者朗读音频、演讲视频。这既是在全校范围内对"悦读之星"活动的大力宣传,也为"悦读之星"系列活动的正式举办积蓄了力量。在过去的四年中,"以文化人读南开书"寒假社会实践活动每年都会有近千条的实践立项,收到几百篇读书稿件,有数十位同学因此和"悦读之星"活动结缘,在活动中展示了自己的读书演讲风采,更在读书实践中常怀报国之心、为国之责、强国之志,积淀人生的底气,激发智慧的灵感。

三、"悦读之星"化身阅读推广人传递书香力量

浸润于南开的"丽泽"书香中,陶铸于师长同伴的引领交流中,让每届参赛选手的"悦读之星"闪耀之旅没有止步于比赛结束的刹那辉煌。怀着对阅读的热爱,对分享所读所思所感的激情,他们化身阅读推广人,将书香的力量传递到校园内外。

　　《中国共产党简史》《红星照耀中国》《可爱的中国》《青春之歌》《像毛泽东那样读书》《百年革命家书》《复兴之路》《给青年的十二封信》《有个学校叫南开》……"悦读之星"们带来的百余部读书演讲视频，向师生们生动地推荐了展现百年党史、时代风貌和南开精神的优秀书籍；在图书馆开展的读书分享会上，他们与同学们分享自己读书和比赛过程中的所思所得；在图书馆微信公众号的"丽泽·书缘""书卷有声"等栏目中，他们则以文字、声音向大家分享自己的阅读感悟。2023 年的世界读书日，也是第十三届南开读书节开展期间，一部由"悦读之星"们倾情录制的荐书视频《如果我是张伯苓校长，我会推荐这本书》向社会发布，将南开创始校长张伯苓教育思想和南开精神的传承弘扬融入对优秀书籍的推荐分享中，以阅读推广的形式激励广大南开师生和青年人爱读书、读好书、善读书，在新时代传承南开"爱国三问"，为实现中华民族伟大复兴的中国梦贡献力量。

　　南开大学"悦读之星"们的阅读推广之路不仅在校园之中，他们也走出象牙塔，走进天津音乐广播《音乐朗读者》栏目，用声音推进全民阅读，面向社会开展阅读推广服务。2020 年的南开大学"悦读之星"周文静在节目中分享了书籍《掬水月在手》，介绍了叶嘉莹先生"白昼谈诗夜讲词，诸生与我共成痴"的诗词人生。在《音乐朗读者》2023 年 4 月主题"亲爱的朋

友"中,南开大学"悦读之星"张宁、李潇然朗读了中国现代诗人林徽因创作的诗歌《笑》,用精彩的声音传递了诗中所描述的笑的美好:在露珠与花影间,阳光的气息扑面而来;在轻歌和柔波中,纯粹的美丽尽现眼前。

书香天津·大学生校园"悦读之星"评选活动已经走过了八个年头,许多参赛同学也已经毕业离校走上工作岗位,但一届届的南开学子们通过阅读获取知识、启智增慧、培养道德,书香校园氛围日益浓厚,"悦读之星"发出的光不断传递、汇聚、壮大,愈发耀眼。相信星光不负阅读人,让我们一起奋楫星海、踔厉奋发,在阅读中汲取精神养分,以更昂扬的姿态迈向新的征程。

书香润泽心灵，阅读成就未来

天津大学图书馆　秦伟　赵红

自 2015 年开始，天津大学图书馆参与了每一届书香天津·大学生校园"悦读之星"评选活动，共获得 2 个一等奖、6 个二等奖、5 次优秀组织奖。2017 年，天津大学图书馆承办了"书香天津·大学生校园'悦读之星'汇报表演赛"和"书香天津·大学生'读者之星'杯微书评大赛"。历届书香天津·大学生校园"悦读之星"评选活动激发了大学生的阅读兴趣，营造了浓厚的书香校园氛围。参赛选手们的演讲特色鲜明，慷慨激昂，涤荡人心，让人不由自主产生共鸣。

　　2017 年"书香天津·大学生校园'悦读之星'汇报表演赛"一等奖获得者许慧同学展示的"一慈一让,星斗其文",带读者走进沈从文的《边城》世界,她从容自如地娓娓道出书中故事和自我感悟。2021 年一等奖获得者马欣宇同学带着"觉醒的力量——读红旗谱有感"给我们讲述了有关"觉醒和反抗"的故事,他充满活力充满激情地演讲,让在场评委和观众感受到坚持党的领导的重要性及意义。赛后他表示能够将"悦读"的精神传播出去,自己感到非常幸福。"悦读之星"传递着好读书、读好书的精神,他会始终铭记这种精神,继续传递悦读精神。

　　不仅是历届参与比赛的选手通过书香天津·大学生校园"悦读之星"评选活动获得成长,天津大学"悦读之星"的组织团队亦因此一步步地成熟。从前几届的单兵作战到如今的与校内其他部门机构联合,组织架构趋于完善,阅读推广模式得以创新,阅读的深度与广度得以延伸。

　　基于书香天津·大学生校园"悦读之星"评选活动,天津大学图书馆联合党委宣传部、党委学生工作部积极搭建平台,辐射全校学院(部),开展校内"悦读之星"评比活动。

　　近四年来，每次接到市级比赛通知后，图书馆均联合学校党委宣传部、党委学生工作部先向全校学院（部）发布校内评比通知。各学院（部）先是组织院（部）内初赛，推选出优秀选手进入复赛，之后图书馆邀请专家或评委对学院（部）推荐的选手作品进行筛选，然后选出部分优秀选手晋级校内总决赛，最终经历三轮比赛后脱颖而出的选手将代表天津大学参加市级评选活动。书香天津·大学生校园"悦读之星"评选活动将阅读和竞赛结合起来，增加参与者对于阅读的兴趣和积极性，激发选手的阅读热情。天津大学"悦读之星"组织团队会邀请相关专业老师为推荐选手进行培训，从选手的文稿、演示文稿内容的校对到纠正选手演讲时的体态，事无巨细，指导老师陪着选手一遍一遍地演练，直到参加市级比赛的那天，力争展现出最完美的状态。这些体验，让选手们得到自我提升与突破，对他们来说，这必将是一次难忘的经历，助推他们继续在人生的道路上踔厉奋进。

同时，天津大学图书馆还会举办内容丰富、形式多样的阅读推广活动，如"知史爱党　知史爱国　师生共读"主题读书教育活动、主题书展、相关讲座、知识竞赛和书画体验等。图书馆举办这些活动希望全面、多角度激发学生乐于阅读、热爱阅读的意识，提高他们的阅读能力和阅读素养，增强学生的文化认知和自我提升的意识。

2022年的寒假，天津大学团委、天津大学图书馆、天津出版传媒集团津读书苑特别策划，联合平津战役纪念馆、天津出版传媒集团旗下各家出版社、果麦文化传媒股份有限公司共同举办"津彩寒假，好书共读"活

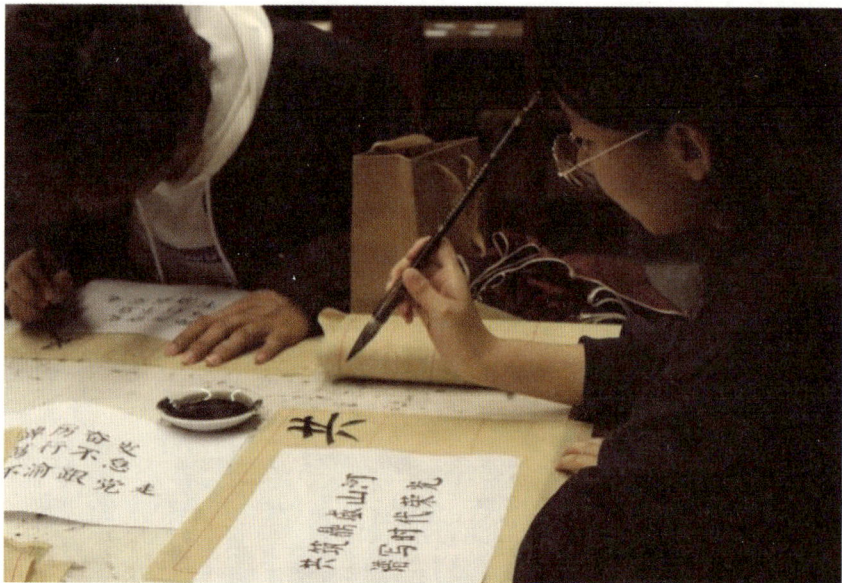

动。邀请 10 位优秀图书作者或编辑作为特约领读人，以大咖领读、编辑伴读、好书荐读的形式，陪我们度过了小年、春节、元宵节。10 期共读活动，在领读人的引导下，同学们带着问题进行深度阅读，加深对图书的理解，逐渐培养了有效的阅读方法。跟着"大咖"读好书，拓宽了阅读边界，增加了阅读深度。

天津大学举办书香天津·大学生校园"悦读之星"评选活动，拓宽学生阅读范围，开发学生阅读潜能，丰富他们的知识和阅读经验，促进交流与合作，促进其全面发展，推动天津大学书香校园建设，引领学校阅读新风尚，丰富学校文化内涵，培养学生做新时代优秀人才。

青春激昂同奋进，书山逐梦恰芳华

——天津科技大学图书馆"悦读之星"品牌打造纪实

天津科技大学图书馆　孙鸿　王博

天津科技大学图书馆自 2015 年起参与书香天津·大学生校园"悦读之星"评选活动，八年寒来暑往，八载书香芳华，天津科技大学图书馆始终坚持以引导广大读者爱读书、读好书、在经典中汲取奋进力量为目标，打造校内外相结合，凝聚多方合力的"悦读之星"品牌推广之路。

书香满园，成绩斐然，天津科技大学图书馆在历届书香天津·大学生校园"悦读之星"评选活动中荣获一等奖 1 次，二等奖 6 次，多次荣获优秀组织奖、最佳组织奖、优秀团队奖等团体荣誉称号……追星赶月不停留，越来越多的"悦读之星"在天津科技大学涌现。

难忘 2020 年 12 月，天津科技大学图书馆承办了 2020 年书香天津·大学生校园"悦读之星"市级总决赛，来自全市 43 所高校的两百余名师生齐聚一堂，大赛现场隆重热烈，五个小时的时间里，43 名选手依次登台演讲，分享阅读感悟。舞台上精彩纷呈、紧张激烈，掌声经久不息。与会领导、嘉宾和参赛单位师生对我馆筹备组织和"悦读之星"品牌打造工作给予高度认可，天津日报、天津市教育委员会、津滨海等十余家官方媒体、平台纷纷对活动进行报道，营造了"全民阅读·书香天津"的良好氛围。

服务师生读者，建设书香校园。天津科技大学图书馆多措并举，力求让"悦读之星"惠及每一位热爱读书的科大学子。图书馆每年牵头以"悦读之星"为主线开展打造读书月系列活动，凝聚党委宣传部、学工部、团委、研工部等校内多部门合力，以多种读者喜闻乐见的形式开展活动，引导莘莘学子走进图书馆，享受阅读，浸润书香，提高图书馆文献资源利用率，促进图书馆服务向纵深发展，累计开展了读书会、主题书展、讲座等线下活动 48 次，知识竞答、征文、微书评征集、手稿征集等线上活动 65 次，单 2022 年全年活动点击量累计达 16 000 余人次，累计参与量达 1 100 余人次，书香溢满科大校园。

　　天津科技大学图书馆还将学生的风采展示平台搭至校外，建了"悦读之星"图书馆学生实践队，以每年在市级和校级"悦读之星"活动中获奖的学生为骨干，立足高校图书馆"立德树人"根本任务，围绕"校、地、企"三个层面，不断丰富"三全育人"和阅读推广活动形式，打造"实践育人"品牌，受到了各界群众广泛好评及良好的社会反响，从海河两岸到南

海之滨,从基层社区到偏远山区,"悦读之星"们的足迹踏遍大街小巷,莘莘学子书香韶华在实践中度过,激情汗水在实践中挥洒,青春梦想在实践中放飞……

"悦读之星"实践队累计在天津市东丽区、滨海新区、西青区和陵水黎族自治县46个基层乡村社区开展活动52场,累计百余名学生参加过实践活动,惠及1 300余名基层群众。同学们怀着将科大书香送进千家万户的热情,以书法、相声、益智游戏等多种形式宣传习近平新时代中国特色社会主义思想,分享读书感悟,力求在全民阅读的良好氛围下讲好党史故事,赓续红色基因,厚植爱国情怀,为全民阅读建设贡献科大力量。

2022年暑假,图书馆学生实践队走出天津,来到我国最南端的县级行政区划——海南省陵水黎族自治县。图书馆学生实践队以天津科技大学与海南省人民政府签订的省校合作协议为平台,全力支持"科教兴琼"战略,引导在琼学子把所学的知识与社会紧密衔接。实践队积极与陵水共青团通过"流动少年宫"开展暑期公益行,走进少数民族聚居的偏远乡村,针对青少年开展阅读推广、益智游戏、科普宣传等形式多样的实践活动,服务乡村"双减",丰富青少年假期生活,为乡村文化建设注入新的活力。

相关活动先后受到共青团中央、中国青年网、新华网、《天津日报》、《今晚报》、《每日新报》、天津发布(天津市人民政府新闻办公室)、北方网、《天津教育报》等数十家媒体、官微、官网报道240余次,取得了良好效果。活动连续两年入选中国图书馆学会"全国高校图书馆阅读推广工作优秀案例",荣获全国百场百所百名读书特色推选"优秀特色活动奖",实践队获评校级"三下乡优秀团队",实践队队长被市委教育工委、市教委授予"新时代、实践行先进个人标兵"……同时,天津科技大学图书馆与东丽区图书馆、天津科技大学文法学院、外国语学院共同建设学生实践和阅读推广基地,还吸纳了包括读者之星(天津)网络科技公司为主的社会力量,形成"校、地、企"共同推进"全民阅读·书香天津"的良好态势。

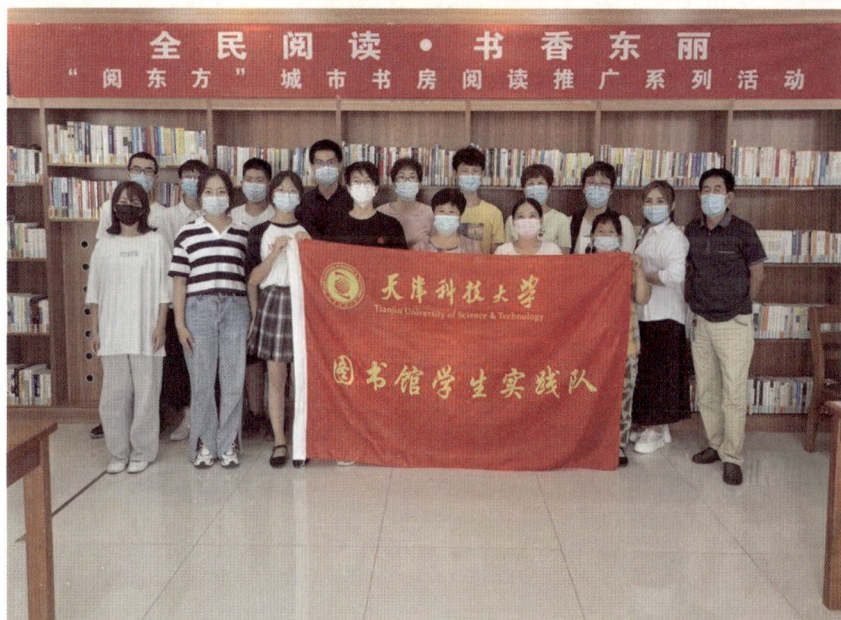

　　回首八年"悦读之星"之路,图书馆人豪情满怀。征程万里云鹏举,敢立潮头唱大风。站在新的起点,全体科大图书馆人一定会以"功成不必在我,功成必定有我"的担当,深耕"全民阅读"沃土,紧密围绕书香天津"十四五"发展规划,继续服务师生读者,在书山学海中放飞青春梦想,谱写"悦读之星"新篇章!

悦读天工，赋能未来

天津工业大学图书馆　李超　尹晓慧　武晓东

习近平指出："图书馆是国家文化发展水平的重要标志，是滋养民族心灵、培育文化自信的重要场所。"多年来，天津工业大学图书馆致力于书香校园建设，持续提升师生阅读兴趣、阅读能力，引导激励青年学生爱读书、读好书、善读书，切实增强历史自觉和文化自信，多措并举营造书香校园良好氛围，引导师生以奋发向上的精神风貌与学校高质量发展同频共振。历年来，在天津市全民阅读活动办公室、天津市高校图工委及天津市高等教育文献信息中心主办的书香天津·大学生校园"悦读之星"评选活动中，天工图书馆共斩获1个一等奖、4个二等奖、1个三等奖、6个网络人气奖及2018年度最佳组织奖。

在2020年度的总决赛上，我校纺织科学与工程学院的吴娟同学发挥出色，以93.78分的好成绩荣获一等奖。吴娟同学向大家分享了习近平《摆脱贫困》一书，结合自己的亲身经历，讲述了扶贫干部们无私奉献、忘我牺牲的使命与担当；讲述了党对人民的承诺始终如一、说到做到；讲述了身为一名侗族女孩，在这本书中获得的勇气与力量。

她说:"作为一名土生土长的侗乡人,一名新时代的纺织学子,我会认真学好专业知识,铭党恩,听党话,跟党走。为家乡的蜡染、刺绣贡献力量,让苗侗文化迸发出新时代属于我们的光辉!"

在对阅读的感悟上,荣获 2019 年"悦读之星"二等奖的孙颖同学是这样理解的:"阅读是一件很幸运的事,很幸运自己是一个深受阅读恩惠的人。阅读让我见天地,认识到天地的广大,保持人生无限的可能性,怀抱探索的精神……"

在庆祝中国共产党成立100周年之际,我校法学院江垚同学荣获2021年"悦读之星"二等奖。她在研读习近平《论中国共产党历史》一书的过程中,深刻感悟到党的历史是中国共产党最宝贵的精神财富,对中华人民共和国成立之初的磨难也有了更深刻的认识和理解。

2022 年"悦读之星"二等奖获得者梁哲在《平"语"近人——习近平总书记用典》中感悟传统文化,追寻伟大足迹。他联系自身研究生支教团工作历程,讲述习近平用典对日常教育教学的指导作用;结合暑期走进浙

江安吉、福建下党等地"追寻伟大足迹"经历，讲述习近平"利民之事，丝发必兴；厉民之事，毫末必去"这一为民情怀的生动实例。梁哲同学声情并茂地分享在书中的学思践悟，展现了天工学子传承红色文化基因、厚植爱国主义情怀的青春担当。

自 2015 年举办首届书香天津·大学生校园"悦读之星"评选活动以来，天工图书馆秉承着传承和弘扬中华优秀传统文化、革命文化、社会主义先进文化的职业使命，积极致力于校园阅读文化工作的发展推广，不断摸索大学图书馆阅读推广的新思路、新举措和新技术。

一、传承红色文化，引领经典阅读

"硕果累累谱华章，赤心献礼七十年"。2019 年，为献礼中华人民共和国成立 70 周年，图书馆举办了我校教师成果展。集中展示了我校教师论著及主编图书 400 余册，展现了天工人立德树人、辛勤耕耘的卓越成果，传递着"爱校尚德、励学笃行、求实创新"的学校精神。

"三千图书说党史光辉"。2021 年，图书馆以建党百年为契机，开展"书香工大"红色阅读系列活动。通过搭建线上＋线下读书荐书平台，在线集中编辑 3 000 余册红色电子书籍供师生浏览、下载和阅读；专门设立 10 个阅读空间，提供馆藏红色书籍供师生阅读与现场交流；在报纸工具书阅览室推出廉政主题展览，营造旗帜鲜明的阅读及宣传环境，为党史学习教育提供了教育基地、资源平台和服务支撑。

　　"学党史·读国学·思传承"。为了帮助师生更加便利地查找、利用党史类、国学类文献资源,启发大家结合国学研读党史的新思路,2021年,图书馆开展了传承红色文化思想,践行服务育人理念的阅读推广实践活动。阅读推广人与各学院学生代表进行了阅读分享与交流,提高了学生对党史知识的熟知度和认同度,激发了学生深入学习党史的热情。

二、打造"图书馆 + 博雅书院"阅读推广共同体

　　图书馆加强与学校相关单位的协同联动,形成"图书馆 + 博雅书院"的阅读推广服务模式并进行了一系列的实践探索。通过服务共同体模式,我们联合开展了多场主题阅读活动,例如:为入校新生开展"借古谈今,以书说爱——感恩教育之书法文化讲座"、为考研学子举办写"福"字送祝福书法体验活动以及开展"从一本书出发,了解博园艺术和国学藏书——解读《百年巨匠徐悲鸿》"系列国学讲座等。

　　结合图书馆文献资源、博雅书院感恩教育活动及个人特长,鼓励学生广泛阅读经典,激发学生阅读经典的意愿与兴趣,在经典中感悟传统文化,在阅读中厚植爱国情怀,增强文化自信、丰盈精神世界。这一创新的活动形式有效拓展了阅读推广的用户参与度,提升了阅读推广活动的组织能力和影响力,受到同学们的好评与认可。

三、丰富阅读推广方式,实现线上推广和线下推广有机结合

　　创新开展阅读推广工作,打破阅读推广在时间和空间上的局限,尝

试线下＋线上、多空间、多视角同时开展的技术路线，为学生提供多感官的阅读新体验，激发学生的阅读热情。我们每年的春季读书系列活动以"4·23世界读书日"为背景，开展"书香工大"红色阅读活动、"读红色经典，讲红色故事"读书分享会、"读者之星"微书评大赛、阅读摄影展以及图书漂流等活动。秋季读书系列活动则与新生入学教育紧密结合，例如在2020级5100余名新生的录取通知书中附赠图书馆寄语与大学生必读书单，为2021级新生开设国学文化系列讲座、"感恩教育之书法文化"讲座等。

此外，我们还为师生提供了一系列线上阅读活动，如"阅读·阅有fun，积分打卡挑战赛"线上阅读活动、"喜迎二十大，畅享阅读新时代"有奖阅读答题挑战赛、"最美四'阅'天·组队'悦'好书"线上共读活动等。我校学生分别在"赤子之心向党，向榜样致敬"读书月活动（优秀奖3人）、"重温历史瞬间点燃阅读星火"活动（10人获奖）、全国纺织服装信息研究会2022年"阅读与美"设计大赛（三等奖1人、优秀奖2人）中取得了好成绩。通过丰富多彩的线上线下活动，营造"让阅读成为习惯，让图书常伴身边"的浓厚氛围，也为青年学子展示才华、锤炼素质提供了舞台。

四、赋能培养校园阅读推广人，提升阅读推广核心竞争力

阅读推广人是高校图书馆阅读推广工作的重要执行者，赋能阅读推广人是提升图书馆阅读推广工作核心竞争力的关键。天工馆注重提升阅读推广人的综合素养水平，先后邀请我校马克思主义学院蔡普民教授进行"解读《共产党宣言》"知识讲座、黄燕教授"铭记光辉业绩，践行初心使命"党史专题讲座、法学院尚绪芝教授"系统论视角下习近平法治思想"专题讲座以及"弘扬传统文化，感受建盏风采"非遗文化讲座等。通过专家讲座、多媒体线上培训等方式，把阅读推广人培养成理念新、专业强、技能高的智慧推广人才，以期更好地为学生提供阅读指导、培养学生阅读能力和知识获取能力。

在阅读推广团队的共同努力下，我们获得了2018年书香天津·大学

生校园"悦读之星"评选活动中最佳组织奖、2022 年全国纺织服装信息研究会"阅读与美"设计大赛优秀组织奖。

　　读书关乎青年学子的健康成长,更事关国家民族的未来。天工图书馆始终坚持以习近平新时代中国特色社会主义思想为指导,扎根中国大地,坚定办馆自信,以"悦读之星"活动为契机,丰富阅读精品供给,提高阅读活动质量,健全阅读保障机制,使书香天工满溢为书香天津、书香中国。

让"悦读"向风而行

中国民航大学图书馆　赵娜　宋程成　张青

"作为飞行员，我思考每一种情况的完美应对，因为这代表着中国民航；作为理工科学生，我对每一份数据和记忆精益求精，因为这代表着中国制造；作为当代青年，忧心国家、关心政治，因为这代表着中国的未来！"2019年书香天津·大学生校园"悦读之星"总决赛现场，中国民航大学选手刘洋以铿锵之音号召青年一代承载起国家使命和责任担当，充分展现了民航人忠诚、爱国、奋斗的家国情怀，台下观众掌声雷鸣，将比赛气氛推向高潮。

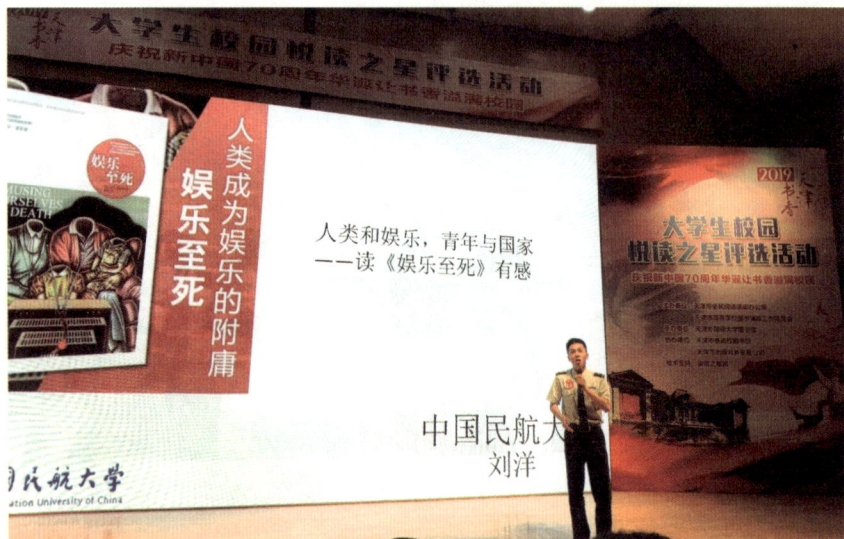

一、青春点亮梦想书香润泽心灵

中国民航大学图书馆已连续八年举办校园"悦读之星"活动，推选的优秀选手在天津市总决赛中屡创佳绩，共取得了 1 个一等奖、4 个二等奖的好成绩。选手们由参阅著作引入演讲主题，或引经据典，或着眼时事，或联系自身，以鲜活的事例、流畅的语言、真挚的情感和深刻的内涵碰撞出思想的火花，展现了中航大学子朝气蓬勃、奋发有为的精神面貌。

2016 年二等奖获得者盖桐将史铁生饱受病痛折磨的经历和乐观豁达的人生态度娓娓道来。她在演讲中说道，"当处在顺境时，请懂得珍惜、体会幸福，当遭受挫折、迷茫失落时，就来读一读史铁生的文字，那种在绝境中奋力寻找一丝光亮的勇气会给读者战胜困难的力量"。2019 年一等奖获得者刘洋通过解读《娱乐至死》一书，批判当今社会泛娱乐化的现象，呼吁青年人关注时事政治和人情冷暖，培养独立思考的能力。身为中航大飞行学员，他将不忘使命、刻苦训练，以稳扎稳打的专业知识支持未来航班的起落平安。2022 年二等奖获得者刘蕊敏深情讲述了开国少将张玉华的英雄事迹,回顾中国共产党人百年奋斗历程,细数近年来我国发展取得的重大成就,鼓舞同学们听党话、跟党走,做有理想、有情怀、有担当的新时代好青年。

二、打造特色品牌引领"悦读"风尚

近年来,中国民航大学图书馆深入推进书香校园建设,着力将"悦读之星"打造为品牌文化活动,在全市参评单位中脱颖而出,连续四年蝉联优秀组织奖。在宣传筹备阶段,图书馆领导高度重视、积极协调,活动得到学工部、校团委、二级学院和学生社团的大力支持,采取线上＋线下联动的模式在全校范围内宣传赛事,广泛动员学生参赛。在活动开展过程中,指导教师协助选手积极备赛,在内容编排、演讲技巧、舞台风范、赛场应变等方面悉心指导,并选拔优秀作品推选至天津市总决赛。比赛结束后,对"悦读之星"活动中涌现出来的典型人物、典型事迹进行挖掘,借助网站、微信、短视频等网络媒体开展宣传表彰,充分发挥榜样作用,积极传递正能量,带动更多同学燃起阅读的热情,享受读书之乐。

刘英敏,外国语学院2020级学生,2022校园"悦读之星"演讲比赛一等奖获得者

阅读红色经典 感悟思想伟力

2015年至今，中航大学子紧密结合"悦读之星"演讲大赛主题，从赓续红色血脉、弘扬时代精神和品读中外名著、传承文学经典两个维度推介了《毛主席诗词十九首》《习近平与大学生朋友们》《数学之美》《自由在高处》《论语》《寂静的春天》《傲慢与偏见》《红日》《平凡的世界》等上百本优秀图书，向全校和社会奉上一场场精彩的文化盛宴。

三、凸显育人导向"悦读"收获成长

图书馆是高校育人的重要阵地，应当履行和强化教育职能，与学校育人格局同频共振。唯有言传身教、循循善诱，才能做好学生的知心人、引路人。中航大学子在历届"悦读之星"活动中取得优异成绩，离不开图书馆教师的耐心指导、精雕细琢。台上精彩绽放的背后是台下的不懈努力，指导教师与选手在赛前充分沟通，引导选手在演讲中融入民航特色，逐字逐句打磨细节，精心制作调试演示文稿背景和配乐，指导选手展现自信从容的仪态，不厌其烦地陪伴选手反复排练，甚至为选手准备参赛服饰，只为帮助学生实现自我超越，奏响青春乐章。

比赛有终点，但成长永远在路上。参赛学生不但收获了掌声和荣誉，而且实现了从校园文化的"受益者"到"建设者""传播者"的身份转变。中国共产党成立 100 周年、中国民航大学建校 70 周年之际，"悦读之星"优秀选手发挥演讲特长，在图书馆红色教育打卡地"党史书苑"开展延伸活动：参加著名爱国动漫《那年那兔那些事儿》配音活动，选取"抗美援朝战争"以及"两弹一星"等片段，以学生喜闻乐见的方式献礼建党百年；参加"党史书苑"义务讲解活动，经过党史知识、礼仪及演讲培训后上岗，为校内外各级党组织、群团组织和各单位的参观学习提供讲解服务二十余场，在实践中厚植爱国情怀。

　　鸟欲高飞先振翅,人求上进先读书。中国民航大学图书馆将多措并举,坚持办好以校园"悦读之星"为特色的系列阅读推广活动,营造读书明理、读书求知、读书成才的书香氛围,涵养学生文化自信,托举民航学子的蓝天梦想。

培育阅读文化沃土，
书香飘满天理校园

天津理工大学图书馆　续永超　秦丽洁　高景祥

　　培养天理学子文化素养，推进深度阅读推广是天津理工大学图书馆一直努力的方向。自2015年以来，天津理工大学图书馆积极组织学生参加历届的书香天津·大学生校园"悦读之星"评选活动，并不断拓展校园阅读推广活动内容，将"悦读之星"作为天理品牌嵌入世界读书日和读书月系列活动之中。为提升活动效果，推动阅读活动的覆盖面，图书馆还加强与校党委宣传部、党委学生工作部等校内多部门的合作和沟通，在指导大学生阅读行为、培养大学生阅读习惯、提高阅读效果、以阅读促教风学风等阅读推广活动上进行了一系列有益的尝试和探索，在逐步扩大大学生参与文化活动的范围和激发参与热情的基础上，不断取得优异成绩。

一、积极参与"悦读之星"活动，逐步完善活动机制

　　自2015年参加第一届"悦读之星"活动开始，天津理工大学图书馆积极推动与各学院的合作，以"悦读书香　青春风采"为主题，在学生广泛动员、普遍参与的基础上，采取校级初复赛评选的方式，推荐积极向上、适合大学生阅读的书目，指导学生撰写读书心得参赛。

　　2016年开始，在各学院广泛参与初赛基础上，图书馆为每位进入学

校决赛的选手配备指导老师,从活动主题理解、书目选择、阅读心得、演讲内容的逻辑层次、情感的表露、演讲仪表姿态等多方面进行全程悉心指导,全方位提升"悦读之星"活动水平。

　　2021 年,图书馆成立文化传播推广中心,主要工作职责是组织阅读推广和文化活动,依据校园文化建设和图书馆服务目标,指导大学生阅读行为、推动阅读活动融入校园文化建设和图书馆服务,积极推进"悦读之星"活动的组织与开展。文化传播推广中心通过持续深入的活动指导及对历年活动的总结和反思,不断优化校内活动流程,使选手们紧扣时代主旋律、展现大学生青春风采,阅读与演讲水平持续提升,参赛学生分别获得 2020 年和 2021 年天津市二等奖与 2022 年天津市一等奖的好成绩。其中 2021 年获奖的我校社会发展学院的吴衍宇同学参与了天津电视台"迎盛会·读经典·向未来"2022 书香天津全民阅读在行动系列活动宣传视频的录制。作为一名烈士的后代,更是一名新时代青年,他呼吁大家要以青春之我、奋斗之我,为祖国建设添砖加瓦,为民族复兴铺路架桥,争做堪当大任的时代新人。

2022 年，天津理工大学管理学院杨贺新的演讲稿"重温时代记忆，共创盛世中华"，参阅著作为《国家相册——改革开放四十年的家国记忆》。该演讲以小故事讲述大历史，以小细节呈现大时代，带领在场观众共同感受改革开放四十年来，我国翻天覆地的变化。凭借出色的现场发挥和精彩的视频展示，赢得评委和观众的一致肯定，最终荣获市级总决赛一等奖。这是天津理工大学学生在"悦读之星"评选活动中首次获得市级决赛一等奖。

二、拓展阅读推广思路，开创本校特色阅读活动

以"悦读之星"为契机，天津理工大学图书馆不断探索"悦读之星"与书香天津·读书月、世界读书日、信息服务月等校园阅读活动的互动与融合。为引导学生走入图书馆，多维度提升学生文化素养，天津理工大学图书馆打造了读书月和服务月两大品牌系列活动，在活动中深入挖掘本校图书特色，积极探索多种活动形式，吸引读者参与进来，领略阅读的魅力。

天津理工大学图书馆已连续多年举办挑战图书馆大赛,通过趣味猜书、找书的环节设置,引导学生走进图书馆,深入阅读经典名著。

为让大家知党史,爱家乡,了解中国故事,传承中国精神,2021年天津理工大学图书馆举办了"津版精品图书荐读活动",对天津出版传媒集团党建党史类重点主题图书、具有重大学术价值的图书以及天津地方特色的文化类图书及相关文创周边产品的展示,受到了师生读者的广泛关注。

为全方位打造文化氛围,图书馆力邀著名文化学者与师生畅聊雅玩与读书文化;举办电子图书荐购活动,为读者快速获取图书开辟绿色通道;推出"紧急用书快速保障"服务,使本校师生可以快速获取所需图书,提升读者阅读体验;举办"寻找最美朗读者"朗读亭朗诵竞赛、"青春等你发声"演讲比赛以及经典影视作品配音大赛等大量深受读者欢迎的竞赛活动,引导读者切实感受阅读的乐趣。

三、紧跟时代潮流，融入学校文化育人体系

　　图书馆在高校文化育人体系中发挥着重要作用，承担着知识的传播、文化的弘扬等重要职责。天津理工大学图书馆高度重视文化和阅读推广工作，着力参与校园文化建设，夯实多元文化育人服务。

　　为庆祝中国共产党成立 100 周年，扎实推进天津理工大学党史学习教育，图书馆推出了"找寻红色经典"党史学习主题馆藏文献展。读者通过学习展览中的红色纸质图书、电子图书、电子期刊和视频加深对党史的认识了解，以新颖的形式探求红色经典的当代意义，在红色经典中回望百年历程，感悟思想伟力，从阅读中汲取奋进的智慧和力量。

　　为引导学生深度阅读,提升阅读能力,图书馆联合党委学工部举办了"天理人"读书会,面向全校师生召集阅读爱好者共读一本书,选取了《被讨厌的勇气》《傲慢与偏见》《红星照耀中国》《额尔古纳河右岸》《给青年人的十二封信》和《国家相册》等书籍作为共读书目。其中《国家相册》为2022年书香天津·大学生校园"悦读之星"评选活动推荐的参赛书目。校领导更是给予读书会大力支持,在第三期"天理人"读书会——《红星照耀中国》终期交流会上,天津理工大学校领导、指导老师与同学们一起分享阅读心得,校领导鼓励同学们珍惜韶华、奋发有为,秉承"重德重能求实求新"的校训精神,接过时代的接力棒,激发青春担当、阔步迈向新征程,继承和发扬伟大的长征精神。读书会通过阅读引导学生的价值观,充分结合学校党史学习教育、心理健康和校园文化活动,与图书馆主题鲜明、形式多样、内容丰富的阅读系列活动串联起来。

图书馆积极参与中国图书馆学会和天津市高等教育文献中心举办的活动,在全国大学生中华经典美文诵读大赛中,天津理工大学聋人工学院两位同学以手语搭配朗读的特殊方式荣获中国图书馆学会阅读推广委员会颁发的特别荣誉奖;在天津市微书评大赛中获得市级一等奖。

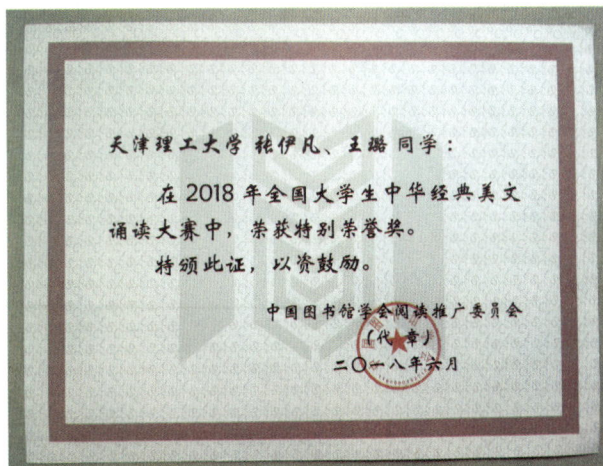

同时图书馆积极引导学生多途径开展阅读,组织学生参与21天阅读打卡和马拉松阅读活动,通过超星学习通小程序组建阅读小组,选择适

合本校师生的图书,鼓励学生选择线上和线下相结合的方式展开阅读。

　　天津理工大学图书馆精心组织、广泛宣传、创新形式,不断提升阅读推广活动在学校的影响力与辐射力,已取得一些成绩和效果。未来,图书馆将始终秉持实干精神,从细微之处着手,力图多角度培育阅读文化沃土,让书香飘满天理校园,让"悦读之星"更加璀璨。

以墨色书香，涵养梦想之花

天津农学院图书馆　辛艾羲　王洁　王洁慧

　　天津农学院图书馆参与历届天津市"悦读之星"活动的选手给大家留下了深刻的印象。我校自 2015 年起，每年都积极参加书香天津·大学生校园"悦读之星"评选活动，通过激烈的比赛，图书馆获得最佳组织奖 1 次，参赛选手获得天津市"悦读之星"决赛二等奖 3 次、三等奖 1 次，网络人气奖 12 人次，展现了天农学子的风采。在比赛现场，选手们通过叙述自己喜欢的书，讲自己读完书的思考，结合自己的成长经历从书籍中汲取营养和智慧，用阅读汇聚青春正能量。

　　2019 年二等奖获得者杨一帆同学在"四世同堂之外的热血中国"中，分享了自己的爱国激情：我们民族，即使带着鞭痕，也能顽强地生存；我们国家，即便身携创伤，也能立足世界之林。中华儿女，即便鲜血淋漓，也能傲世独立，重振民族之魂！我们只有把个人的荣辱、家族的兴衰和国家的命运系在一起，才能真正地求得生存之道，真正地求得民族复兴！

2020 年二等奖获得者贺文聪同学在演讲中铿锵有力地分享古往今来，书籍滋养了一代又一代人，我们在书籍的摇篮里茁壮成长。习近平曾寄语首届全民阅读大会："阅读是人类获取知识、启智增慧、培养道德的重要途径，可以让人得到思想启发，树立崇高理想，涵养浩然之气。"作为新时代的中国青年，我们应每天留给自己一点沉浸阅读的时光，与伟大的头脑为伴，与圣贤为友，与经典同行。读书者，正青春。

2022 年二等奖获得者孔馨垚同学通过慷慨激昂的演讲以及所参加的大学生"扬帆计划"实习实践活动，深刻体会到了何为"读万卷书，行万里路"，作为农业院校的学子，作为新时代青年，在"远眺的前行路"中，要"自讨苦吃"，脚踏实地，迎难而上，根据所学政治理论知识和实践经验，为三农事业和乡村振兴事业贡献出自己的一份力量，用理想信念和执着虔诚书写无愧于时代使命的青春篇章，续写党的新辉煌！

　　这些成绩和荣誉的背后离不开个体的成长、老师的指导以及天津农学院图书馆阅读推广团队的努力。自 2015 年起,我校每年都积极参加书香天津·大学生校园"悦读之星"评选活动。通过比赛的形式,促使更多的师生加入读书的行列中来。读到一本好书,就如同邂逅一位伟大的老师,举办一次成功的读书活动必将带动更多的人投身读书的行列。

一、引领阅读之路

　　活动之初,以选拔市级参赛选手为契机,以阅读教学作为特色教育的突破口,积极进行校园文化建设,激发学生读书兴趣,开展了天津农学院读书节"悦读之星"评选活动。

　　在活动中参赛选手自信而从容地通过生动的演讲传递阅读所获得的力量,评委老师将对学生们的期盼和热爱融入点评中。人的精力是有限的,但潜力是无限的。在有限的生命中,我们要多尝试,多体验,多感悟。用知识武装我们的头脑,用智慧丰富我们的心田。让好书伴我们一起成长,去助力乡村振兴,去建设祖国,创造美好的明天。

二、营造书香氛围

为了丰富同学们的校园文化生活，营造浓郁的书香校园氛围。我校图书馆开展了阅读推广活动，主要包括：书香天津·大学生校园"悦读之星"评选活动、天津市大学生书香校园·微书评大赛、国学知识竞赛、"读者之星"评选活动、主题书展、毕业季——名师打卡：校园到职场专题讲座、好书荐读、"知网杯"天津高校信息素养大赛、各类数据库知识竞赛、创意作品征集、红色主题书签设计等。

为了引导学生们拓宽阅读范围并且为广大的国学爱好者提供交流的平台，使更多的同学走近国学，热爱国学，我校图书馆组织全校学生积极报名参与"同品经典溢书香，共扬国学兴华夏"国学知识竞赛活动。全校共有100名同学入围决赛，通过这次活动学生们表示不仅丰富了自己的国学知识，也了解了什么是真正的中华优秀传统文化，什么是真正的民族精神之根源，感受到了我校作为一个农业院校的独特的文化氛围。

　　为了让读者更进一步了解图书馆，更好地利用图书馆，倾听读者声音，促进服务提升，图书馆"读者开放日"服务活动如约而至。活动展台摆放了上百种千余册全新书籍，供读者在现场选取借阅。丰富的图书吸引来众多师生，大家踊跃选择并借阅自己喜爱的图书。针对同学们的各种疑问，图书馆工作人员逐一给予耐心、细致的解答，让同学们更全面地了解图书馆所提供的各种资源以及使用方法。

三、开展多彩活动

2023 年图书馆"读者开放日"服务活动，面向师生开展新书阅读推广，以发放书签形式吸引师生关注。2023 年的书签主题是乡村振兴，引导师生了解乡村振兴理念，播撒乡村振兴种子。乡村振兴的核心是产业兴旺，也就是发展农业经济，促进农业资源发展，把乡村独特的生态价值、文化价值体现出来，尤其凸显农耕社会文化。吸引师生关注阅读的同时，又宣传了乡村振兴理念。

2016 年，图书馆首次推出书签，以为人处世、修养、人生观为主题。色彩基调清新，搭配相关主题文案，在实用和美观上两者兼顾，一枚枚精致的书签都蕴含着丰富的文化价值和人生哲理。一份剪纸、一帧风景，通过这方寸之间的装饰与设计，将书签的深意展现得淋漓尽致。

2021年建党百年之际，推出了一组以红色为基底的书签，爱国就是对祖国的忠诚和热爱。在中华民族五千年的发展历程中，中华民族形成了以爱国主义为核心的伟大的民族精神。这组书签犹如一篇篇赞词，让师生回忆起那一段激荡的红色岁月。各项活动互相助力，取得了"1+1>2"的效果。

　　天津农学院图书馆积极开展读书活动，充分利用图书馆职能，广泛吸收优秀文化，在读书活动中加强学生们的社会实践和科学实践，使大学生在知识、能力和素养方面得到协调发展。通过开展多种形式的读书活动，有利于提高学校的文化品位和文化格调，形成浓郁的人文与科学氛围，对学生们产生潜移默化的积极影响。

　　悠悠书香，点点墨趣，书传真知，笔墨传神。让浓郁的书香充盈着校园的每一个角落，让师生共同读书成为一道永恒而亮丽的风景线。

书香润校园
——建立医学生阅读育人模式

天津医科大学图书馆　李晓茜　彭迪

天津医科大学图书馆坚持把立德树人作为阅读推广活动根本任务，充分发挥资源优势和服务育人功能，搭建育人平台，传播红色文化，弘扬爱国主义精神，引领广大师生读者用心感悟经典、用情体验文化，增强大学生的社会责任感和历史使命感，真正让更多的学生享受"悦读"，养成良好的阅读习惯，助力医学生成长为德智体美劳全面发展的祖国医学事业的栋梁之材。

有一种力量使人自信满怀、勇往直前，那便是读书的力量。天津医科大学图书馆参与历届天津市"悦读之星"活动的选手们朝气蓬勃、乐观进取、昂扬向上，在历次比赛现场，他们从阅读中传递青春的初心，诵读用信念、热血乃至生命传递的医学誓言，阐释医学生责任和担当，展现青年向上的青春最美模样，共取得 4 个一等奖、2 个二等奖、2 个三等奖的好成绩。

2019 年，李筱睿同学读阿图·葛文德的《医生的修炼》，从自身选择医学专业到"健康中国 2030 规划"，谈对医学事业的深思，阐述医生行医的真谛，领略医学的神圣与生命的美丽。2020 年黄登敏同学分享《毛泽东选集》(第一卷)，从农民运动、红军长征到新冠肺炎疫情，歌颂医护人员无畏艰难、勇往直前，践行着"健康所系、性命相托"的医学生誓言，展现了艰苦奋斗和团结一致的民族精神。2021 年张芸贺同学讲述《平"语"近人——习近平总书记用典》一书中习近平在系列重要讲话和报告中引用的古代典籍，引经据典，生动传神，寓意深邃，使中国的历史文化精华在新的实践中获得新的生命力。青年一代与新时代同行，生逢其时必然重任在肩。2022 年，唐万宇同学讲述了《百位著名科学家的入党志愿书》，分享了严济慈等老一辈党员科学家申请加入中国共产党时写下的庄重誓言，展现科学家们献身科学、爱党报国的情怀和感人事迹，并为大家讲述朱宪彝老校长"我决心献出我的一切"的誓言、仁心仁术与大爱无言的"四献"精神，激励着天医人抗击疫情、逆行驰援、义无反顾、火线入党。

中共天津市委宣传部、天津市教育委员会、天津市高等学校图书情报工作委员会、天津医科大学校领导及各部门给予更多支持、帮助和指导，天津医科大学图书馆参赛学生及活动组织团队在八届"悦读之星"活动中取得了系列成绩和荣誉。从天津市校园"悦读之星"比赛设立之初，天津医科大学图书馆就积极参与，值喜迎建党百年和天津医科大学建校70 周年之际，天津医科大学图书馆作为 2021 书香天津·大学生校园"悦读之星"评选活动实施单位，圆满完成总决赛。经过多年学习实践，天医阅读推广团队从探索、创新到成熟，建立了医学生阅读育人模式。

一、形成"悦读之星"校园阅读活动品牌

连续八届的天津医科大学校园"悦读之星"活动中,图书馆精心组织广大师生积极参与,推选出优秀作品和优秀选手,通过阅读活动丰富校园文化生活、提升校园文化内涵,引导师生多读书、读好书,以演讲的形式分享读书感悟,形成校园里同学们最喜欢的阅读活动品牌。图书馆与宣传部、团委、学工部、各院系各部门通力合作,加强活动宣传推广,加强活动内容的指导,报送演讲稿由党务干部、思政老师审稿、把关,进一步提升文稿质量;组织专人按照推荐书目,在图书馆建立"悦读之星"专题书展,方便学生随时借阅;每届活动都设计主题风格的活动展板、节目单、手卡、邀请函、号码牌等,打造精彩纷呈的活动现场。天津医科大学图书馆获 2021 书香天津·大学生校园"悦读之星"评选活动优秀团队奖、最佳组织奖。《打造书香校园,探索三全育人新平台》项目获市委教育工委、市教委 2021 年度天津市学校"三全育人"优秀工作案例;"悦读之星"作为天津医科大学图书馆"天医读书节"系列品牌活动之一,"天医读书节"入选 2021 年书香天津"优秀阅读品牌"名单。

二、培养众多优秀"悦读之星"

作为 2021 年书香天津·大学生校园"悦读之星"特色之一，主持人黄登敏和田恩宇同学均是天津医科大学参加书香天津·大学生校园"悦读之星"总决赛历届一等奖获得者，均保送到北京协和医学院。品学兼优爱读书的黄登敏同学在比赛结束后，图书馆组织两场读书分享会，分享她的读书习惯、讲述她的读书感悟，被现场读者点评为"这是我在天医参加的最'没有用'——没学分没学时——但是最有意义的活动之一"，她被邀请参加了《音乐朗读者》节目的录制，还为我校师生录制《音乐朗读：纪念毛主席诞辰 127 周年》。基础医学院 2017 级张芸贺同学获得 2021 书香天津·大学生校园"悦读之星"总决赛一等奖，比赛后不久就参加了天津医科大学赴新疆和田支教团，不远万里投身援疆支教工作，为新疆的少数民族学生带去文化知识，圆满完成了支教任务，为祖国医药卫生事业的发展和学校"双一流"建设贡献青春力量。唐万宇同学在准备演讲时，阅读了描写天津医科大学老校长的《朱宪彝》一书，朱宪彝老校长 1956 年入党，他在入党志愿书中写道"我决心献出一切，做坚定的共产主义战士"，临终时他留下"四献"遗嘱，包括献出自己的遗体供医学研究。在其影响下，唐万宇同学毫不犹豫地做了人体器官捐献的登记，这是阅读带给她的改变。在众多"悦读之星"影响下，越来越多天医学子热爱阅读，在阅读中汲取奋进的力量。

三、建立医学生阅读育人模式

以丰富多彩的阅读品牌活动为抓手，建立医学生阅读育人模式。图书馆除了深入各院系、大学医院为广大师生、医务工作者提供系列信息服务讲座之外，还开展津版精品图书推荐、新书展示会、"我和我的家乡"作品征集、金秋诗词大赛、民族语言书写作品征集、图书馆借阅服务知识竞答、创意短视频、读书思廉、《你好！医学生》书籍连载及读书会、CACA

指南进图书馆等多项活动。鼓励天医学子从中华优秀传统文化中,汲取经验和智慧,热爱祖国的传统文化。《天津教育报》以"汲取传统文化养分培育医学人文精神"为题进行了报道。

天津医科大学图书馆以理想信念教育为核心,以社会主义核心价值观为引领,挖掘育人要素,开展形式多样的书香校园阅读推广活动,弘扬红色文化,倡导阅读新风尚,营造良好的阅读氛围,建设书香社会、书香天津、书香校园。图书馆将继续发挥资源优势,开展形式多样的阅读推广

活动,带领天医师生通过阅读,感知时代脉动、涵养精神世界。引领同学们用心感悟经典、用情体验文化,真正享受"悦读",养成良好的阅读习惯,在学校全力推进"双一流"建设的机遇期,早日成为祖国医学事业的栋梁之材,把青春奉献给祖国医药卫生事业!

书香天中，与你同行

天津中医药大学图书馆　王淼　王怡

　　天津中医药大学图书馆是历届书香天津·大学生校园"悦读之星"演讲比赛的积极参与者，2015 年以来，荣获 2 个一等奖、4 个二等奖。

　　历史烛照时代，榜样引领未来。在 2020—2022 年 3 年的战斗中，天津中医药大学名誉校长张伯礼院士的感人事迹不断激发着全体师生的爱国热情，激励全校师生投身于中医药文化的传承与发展。

　　2020 年，赵魁同学的演讲作品"长征精神之为国为民"，参阅著作为《习近平谈治国理政》。演讲围绕长征精神，以校长张伯礼院士在过去三

年中的突出表现为例，展现了"宁负自己，不负人民"、为国为民不惜牺牲的新时代长征精神，作为医学生，希望当国有危难时，自己也能身着战甲，为国为民！

2021年，针灸推拿学院的徐程同学，以热播电视剧《觉醒年代》为引子，以"觉醒——勿做'沉默的羔羊'"为题，与现场的评委和观众分享了读老舍先生的《四世同堂》一书的心得。为与会者讲述了帝国主义侵略中国时期，一代爱国青年用鲜血谱写的红色赞歌。"觉醒"的革命家、青年志士，用自己的牺牲鼓舞了更多民众，掀起了举国抗战、共赴国难的热潮。最后，她呼吁新时代的大学生，明史以坚定信念，觉醒以唤起爱国情怀，行动来促使国家繁荣昌盛！

2022 年，研究生院肖隆灏同学参阅《大医张伯礼：抗"疫"一线报道纪实》，作了"忠肝义胆　大医精诚"的演讲。在演讲中，他回顾了八年前，作为新生走进天津中医药大学，第一次在新生座谈会上见到张伯礼校长的感受，也向大家讲述了张伯礼院士出征武汉的事迹和"贤以弘德，术以辅仁"的座右铭。最后，他表达了传承和发展中医药事业的志向和做新时代有为中医青年的决心。

一、阅读推广活动助推团队成长

荣誉的背后是一个阅读品牌的逐步成长，也伴随着图书馆指导的相关社团和阅读推广团队的共同奋进。

长期以来，"悦读之星"演讲比赛依托于图书馆指导的昊阅书社组织开展，成为社团每年最重要的活动之一。通过校内评选，选出一等奖获奖者参加天津市书香天津·大学生校园"悦读之星"评选活动。

2019 年 12 月，为适应新形势的发展和读者需求，图书馆在部门调整中，新成立了阅读推广部。部门组建了专门的教师团队，统合馆里的阅读推广资源，开创了"悦读计划""走进图书馆系列""强基计划"和"提升计划"四大阅读推广品牌，选立了"天中朗读者""《本草纲目》PPT 制作大赛""创客大赛"和大学生"悦读之星"读书演讲风采展示活动等为经典活动，以活动促发展，践行知识传播和文化育人的服务宗旨。

二、搭建活动体系，营造"书香天中"

"读书好、好读书、读好书"是"悦读计划"的宗旨，"悦读之星"演讲比赛隶属于"提升计划"，是"悦读计划"的有机延展。

"悦读计划"主打读书打卡活动，利用寒暑假开展长期读书打卡活动，以中外经典名著、专业图书为核心，鼓励学生长期坚持读书打卡，培养参与者的读书习惯和独立思考的能力，强化他们通过思维导图等工具撰写读书笔记的技能，提升他们的写作水平。

自 2019 年寒假读书打卡活动实践以来，越来越多的同学加入"长期读书"的行列中来，阅读中医药经典书籍、阅读现当代文学经典、阅读中外经典名著，撰写了大量打卡记录、读后感和书评。2020 年的打卡之星坚持读书打卡了 330 天，2021 年的打卡之星达到 360 天，2022 年，则有 4 名同学做到了 365 天读书打卡全勤，越来越多的同学将读书打卡作为自己大学生活每日清单的重要内容，在坚持中开卷有益、笃行致远。

与此同时，同学们自发将好的长书评投稿到图书馆"好书云分享"专栏，积极参与每年的"我为新生荐本书"活动中来，将阅读好书的心得体会分享给更多群体，不断传播"阅读经典"的理念，营造了浓厚的书香氛围。

三、结合读者服务月，落实立德树人根本任务

"打开书籍，遇见世界"。图书馆围绕"三全育人"的服务目标，搭建了功能齐全、系统完备的阅读推广活动体系"四梁八柱"，瞄准"4.23 世界读书日"、毕业季、新生开学季等关键时间节点，推出读者服务月系列活动，联动朗读、演讲、入馆教育、毕业生离校、求职培训、写作、摄影、PPT 制作、平面设计等等，充分发挥每一个活动的传播力和影响力，形成同频共振，奏响文化育人主旋律。

　　如 2022 年以"喜迎二十大,书香满天中"为主题,开展 2022 年图书馆世界读书日读者服务月系列活动。举办了 2022 年图书馆创意书签设计大赛、"喜迎二十大青春诵华章"——天中朗读者活动、当《本草纲目》遇上《诗经》——2022 年《本草纲目》PPT 制作大赛等活动,统合了天津高等教育文献信息中心的数据库培训月活动,与数据库商合办了"4.23 世界读书日"好书推荐视频征集、CNKI 信息素养与创新能力提升云课堂、2022 年森途杯大赛等活动,与图书馆学生管理委员会合办了"心有诗华粽香端午"——端午节原创文学作品征集活动和"喜迎二十大　读书正当时"——中医经典共读活动……通过丰富多彩的活动形式,不断深化为读者服务的理念,引领当代大学生阅读经典,传承红色基因,弘扬中医药文化,营造书香校园。

　　在读者服务月的服务过程中,图书馆超越空间限制,布局线上线下,统筹各个部门的业务服务,将阅读一本书转化为打开新世界的一扇窗口,启发群智,提升创意,真正做到"全员育人、全程育人、全方位育人"。今后,图书馆将继续秉持"进德修业、继承创新"的校训,推动新馆建设,用更加优质的服务助推学校"双一流"建设,以实际行动践行党的二十大精神!

星光璀璨照亮阅读之路

天津师范大学图书馆　邱亚娜　耿华

　　自 2014 年"全民阅读"被写入国务院政府工作报告,到 2022 年党的二十大提出"深化全民阅读活动"使命任务,在全社会推进"全民阅读"已经上升为国策,这也体现出各相关机构、单位在阅读推广工作上不断深化发展所做出的不懈努力。2015 年,由天津市委宣传部、天津市高校图工委主办的书香天津·大学生校园"悦读之星"评选活动举起了一面"书香进校园"的旗帜,带动天津市各高校图书馆在高等学府,在大学生中间,持续深入开展阅读推广活动。通过"阅读 + 征文 + 演讲"的方式在大学校园营造出浓厚的书香氛围,坚定不移的活动推动执行力形成了良好的社会影响力。

　　在推动全民阅读发展的社会背景下,天津师范大学图书馆将"阅读推广"作为图书馆业务工作的"三驾马车"——古籍保护、阅读推广和学科服务——之一,打造特色服务体系,为教学科研和文化服务提供有力保障。

　　自书香天津·大学生校园"悦读之星"评选活动开展以来,天津师范大学图书馆始终积极响应活动号召,经过不断探索、创新和实践,形成了具有鲜明特色的活动模式:把演讲比赛作为阅读推广工作的抓手,搭建"阅读 + 演讲"双向互动阅读推广育人平台,培育阅读推广团队,深化文化育人、服务育人。

一、树立品牌意识，打造校园文化品牌

天津师范大学图书馆参与历届天津市大学生校园"悦读之星"活动的选手都给人们留下了深刻的印象，2015—2022 年间，共取得 5 个一等奖、3 个二等奖。在比赛现场，选手们从自己喜欢阅读的书开始讲述，讲自己阅读的故事，讲读书后的思考……阅读让他们审视自己的生活方式，从文字中获取的力量激发出文化自信和使命担当，展现新一代青年人在阅读中成长的经历。

这些成绩和荣誉的背后是学生个体的成长，也是天津师范大学图书馆阅读推广团队锤炼的成果。

天津师范大学图书馆把每年举办的"悦读之星"活动作为当年的重点工作，积极联络校党委宣传部、党委学工部、校工会、校团委等众多部门，获取多方协助，共同出谋划策，组织培训、审阅稿件、筛选选手。馆内成立由馆领导和专职老师组成的工作小组，调动流通部、办公室、技术部门等多部门人员组成会务组，全力保障活动的顺利举行。

　　"悦读之星"比赛为全校学生提供了一个公开、公平的选拔平台。在图书馆的坚持和努力下,这项赛事吸引了众多师生的目光。每年的决赛现场,更是"一票难求"。甚至大一新生一入校,就在学校的"告白墙"上向学长们了解赛事的报名情况。

　　2022 年,天津师范大学图书馆承办了主题为"迎盛会·读经典·向未来"的第八届书香天津·大学生校园"悦读之星"评选活动。为了总结、梳理和提升天津市"悦读之星"的品牌效应,我馆充分吸收了往届"悦读之星"评选活动取得的宝贵经验,在此基础上策划实施了"五个一"提升工程,即:以"一会"加强天津市各高校图书馆之间的交流合作,以"一赛"巩固和提升"悦读之星"活动成果,以"一片"回顾和总结"悦读之星"赛事,以"一书"宣传和推广历届"悦读之星"优秀选手,以"一册"展示各校图书馆阅读推广发展情况。同学们的参与热情空前高涨,学生志愿服务团全程参与会务,为比赛保驾护航。决赛期间,我们面临时间紧任务重,以及各种不确定因素和层出不穷的问题,最终,以线上、线下相结合的方式顺利组织完成了现场比赛。53 所高校的选手无一缺席。37 名选手现场展示,16 名选手线上参赛,全部有序衔接,未出现任何卡顿。此次大赛被人民网、中国日报等多家媒体报道。天津教育报社更是在期刊上开辟专栏进行专题报道。

二、创新比赛形式,呈现校园阅读盛宴

　　校内"悦读之星"评选活动之所以得到众多师生的关注和参与,是因为我们创新了校内的培训、比赛和评审方式。我们将演讲比赛转化为导师战队赛,使演讲比赛变成了一场"阅读嘉年华"。我们面向全校同学发放调查问卷,开展"寻找最美师图共读人"活动,由同学们自己投票选出自己喜爱的老师。最后形成一批由口才与演讲老师、专业播音主持人、校园名师等组成的导师队伍。

战队成立后，导师们对自己的队员进行集训和指导。决赛赛场上，导师们为自己的队员现场拉票，让选手们在决赛超越自己、璀璨绽放！导师们把对阅读的热爱、对学生们的关爱以及热切的期望都融入现场的点评中，感动着现场的每位听众，充分展示了阅读演讲的魅力！

的浸润下上下求索、自我成长！

在评选现场，不仅有学校各职能部门负责人、学院老师、战队导师组成的专家评审团，而且还设置了 400 名左右学生代表组成的大众评审团，他们共同为选手打分评比，大大提升了活动的校园关注度和学生参与度。

三、延伸比赛广度，推进校园阅读推广活动

校内"悦读之星"比赛活动既是一场比赛，又不仅仅限于一场比赛。持续的、多样的主题阅读活动的嵌入，充分渲染校园阅读氛围。

吸引同学们关注阅读。每年图书馆不单是举办"悦读之星"演讲比赛，而是在整个比赛过程中嵌入其他的阅读推广内容，如 2016 年的"星级读者"评选，2017 年的最美图书馆摄影大赛，2018 年的微视频征文赛，2019 年的"师图共读人"，2020 年的校园阅读趋势通报，2021 的"纸笔抄《诗经》，书画颂风雅——典籍里的非遗"等，各项活动互相借力，取得了一加一大于二的效果。

引领同学们参与阅读。组织全校同学开展共读活动。建立超星学习通学习小组，开展阅读打卡活动，推出书目、专题讲座等学习资源，用"领读＋阅读打卡"的方式，带领同学们阅读并在平台上交流展示读书感悟。

指导同学们开展阅读。开设高水平的文化讲堂——蒹葭讲堂，师生与专家围炉而座，面对面交流阅读中遇到的问题。我国阅读推广领域专家学者，如聂震宁、徐雁、王余光、王振良、陈亮、茆意宏等先后莅临校园，为同学们展示阅读美学、列出阅读书单、讲授阅读方法和技巧。

四、全过程育人，培育校园阅读推广人

天津师范大学阅读推广团队的教师们，把指导学生比赛的过程变成阅读育人的主阵地，让众多选手从一个爱阅读的孩子成长和蜕变成一个阅读推广人。他们与每个同学字斟句酌认真改稿，一遍遍地锻炼演讲技巧，纠正每个同学的仪态，甚至为同学们定制、熨烫参赛服装，用春风化雨般的陪伴和指导，让同学们明白通过参赛，以及与志趣相投的老师、伙伴交流读书心得，不断地提升和突破自我，才是真正的成长和收获。参加完成一届比赛只是一个起点，很多同学通过比赛对阅读和演讲有了更深刻的认识，自觉走上了阅读推广的舞台，成长为阅读推广人，肩负起中华文化传播传承的使命和担当。他们带着自己的演讲，站上校园红色思政课堂和社区文化推广平台，开展主题阅读宣讲活动。传递阅读的力量，成为他们最骄傲和自豪的青春成长经历。

以"悦读之星"成员为核心的学生团队与天津市西青区多个社区党群服务中心合作，为少年儿童、老党员、社区居民等开展有针对的阅读分享活动，利用红色书籍分享、爱国主题演讲、红色资源介绍等形式活跃社区文化生活。在党的百年华诞之际，以"百年风华论伟大 风雨兼程仍平凡"主题演讲致敬老党员的初心和忠诚，用党性教育现场课堂，让参与者深感现在美好生活的来之不易；在"红色书香润童心 经典阅读助成长"活动中，面向少年儿童开展红色经典阅读分享，引导青少年了解党的历史，播撒理想信念种子，厚植青少年爱国主义情感。在西青区恒益隆庭社区，"悦读之星"们解读红色文献，宣讲红色故事，精准服务社区，推动党史学习教育深入群众；在张家窝社区的世界读书日"亲子阅读嘉年华"活动中，时时能看到师大"悦读之星"团队的身影；在2021—2023年中，他们分别以"热爱我求学的城市"和"走近卡尔·马克思追寻信仰的力量"为主题融入新华中学德育课堂，开展了4场线上读书分享会，和中学生交流读书感悟。

　　天津师范大学"悦读之星"评选活动这面"书香"旗帜已经唤醒了师大学子血脉中的文化基因，凝聚起书香之风，引领着校园阅读风尚。天津师范大学图书馆会继续以此项活动为切入点，活跃校园读书氛围，促进青年学子养成终身阅读习惯，扎实提升书香校园建设水平；延伸服务触角，融入书香天津建设，赓续津沽文脉；推动文化经典阅读，培育文化新人，为推动文化传承发展做贡献。

以"悦读之星"为引领，持续建设书香校园

天津职业技术师范大学图书馆　孔志军

天津职业技术师范大学高度重视阅读的育人作用，以参加"悦读之星"活动为重要契机，积极探索研究阅读活动的思政育人涵义，创新开展读书节、读书月等系列阅读推广品牌活动，加强对青年学生思想引领，大力弘扬中华优秀传统文化、革命文化和社会主义先进文化，以文化人，以文育人，扎实推动"书香天职师大"建设，取得了显著的成效。

一、精心组织"悦读之星"，掀起校园读书热潮

学校充分发挥"悦读之星"活动的品牌辐射效应，每年隆重举办校内选拔赛，鼓励青年学生积极展示读书风采，助力建设书香校园。活动以学院推荐和个人报名相结合的方式征集作品，不设参赛门槛，最大程度扩大参与面，让每位学生都有出彩的机会。通过校内选拔脱颖而出的学生们，认真准备、精心打造作品，在市级决赛充分展示了青年学子的昂扬风貌和读书风采，多次获得一等奖、二等奖、三等奖的好成绩。学校多次获得最佳组织奖，特别是 2020 年以来，征集展示作品的数量和活动平台访问量、点赞量持续处在高位，连续三年获奖。活动组织具有以下特点。

（一）部门协同，齐抓共管

充分调动学校各方面阅读推广力量，凝聚协同育人共识，分工合作各司其职，在阅读主题选择、阅读方案策划、学生沟通指导、作品评审评奖、典型案例宣传等方面深入开展合作，形成多部门协同推动工作的良好格局。学校图书馆、党委宣传部、党委学工部、校团委等部门紧密配合，在各自职责范围内积极宣传、推进"悦读之星"活动，力争取得最大成效。

（二）学院推进，百花齐放

校内选拔活动创新设置"最佳组织奖"和"优秀指导教师奖"。各二级学院发动班级、社团等组织，采用读书分享会、院级演讲赛等方式，让"悦读之星"在学院落地生根。2020 年、2021 年、2022 年分别征集到学生作品40 个、36 个、78 个，参赛学生精神饱满，激情澎湃，阐述了阅读的感悟和思考，彰显了青春个性。在网络人气奖评选中，各学院广泛组织参与，发动学生关注"悦读之星"活动，欣赏"悦读之星"作品，点赞"悦读之星"人物，最大限度扩大了"悦读之星"活动影响力。2020 年、2021 年、2022 年学校"悦读之星"线上活动平台分别获得 5.7 万、6.4 万、5.2 万的点击量。

（三）加强宣传，典型引领

发挥新媒体传播优势，线上线下融合开展"悦读之星"活动。学校、图书馆官网官微提前造势，比赛过程同步跟进，赛后报道翔实准确。图书馆精益求精，逐一为每个作品设计制作专属封面，塑造正面形象，打造"悦读之星"品牌。

（四）精心育人，成效显著

学校图书馆阅读推广团队、学院指导教师、演讲指导教师联合行动，针对学生特点，从文字稿字斟句酌到演讲技巧表情神态，让学生得到成长与提升。

2021 年获得二等奖的孙紫悦说："我很荣幸能够参加'悦读之星'评

选活动。准备期间，在老师的帮助下，我逐字逐句打磨演讲稿，反复练习，以确保我的表达能够让观众理解和接受。决赛开始时，我的心情非常激动。站在舞台前，我感觉自己充满了自信和勇气。比赛过程中，我积极表现自己，尽力做到最好。我深知比赛的本质不在于输赢，而是通过这种形式锻炼自己，展现自己的能力和魅力。这次比赛让我更加认识到自己的优点和不足，也让我更加坚定了自己对演讲的热爱。"

2022年获得二等奖的盛雨禾说："'悦读之星'是我第一个演讲的舞台，与我人生中许多个第一次交合。在'悦读之星'的舞台上，我第一次以'输出'的方式读书，站在台上分享经历，分享朴实的感受，分享自己的观点与看法。同时，这也是我第一次走上演讲的舞台，激发出演讲的潜能。如何表现，如何绘声绘色，如何克服恐惧，都成为我思考的命题。从读书的经验里淬炼思想，把写就的文稿交给舞台打磨，感谢'悦读之星'，让我发现了全新的自己。"

二、以"悦读之星"为引领，构建阅读推广育人体系

阅读推广团队利用丰富的阅读和文化资源，依托"读书节""读书月"等活动载体，积极联合学校党委宣传部、党委学工部、校团委等部门，大力开展阅读推广育人活动，协同推进书香天职师大建设。2020年1月至2022年6月，累计举办阅读活动50项，直接参与活动的师生超过7 300人次，450余名学生获得各级各类奖项，活动年访问量超过10万人次。相关情况见下表：

2020年以来阅读推广育人活动开展情况

年份	活动数量	直接参与人次	获奖学生人次
2020年	15	2 419	144
2021年	17	2 993	114
2022年	18	1 889	196

2020年至2021年，阅读推广团队以"'三全育人'视域下多部门协同

的天职师大经典阅读推广路径与对策研究"为题,开展"三全育人"综合改革研究专项课题研究。2022 年,进一步凝练主题、打造品牌,举办"2022年天职师大读书节"。读书节以"喜迎二十大书香润校园"为主题,积极探索阅读与思政教育互融共促, 大力弘扬红色文化和中华优秀传统文化,精心组织实施 20 项活动、服务或举措,在校园营造了浓厚的阅读氛围,向党的二十大胜利召开献礼。同时,积极应用信息技术,建好图书馆微信公众号,推广阅读资源,提供文化服务,扩大阅读推广育人活动的覆盖面、影响力。在此期间发布微信文章 478 篇,访问量接近 16.2 万,图书馆公众号平台建设成为重要的阅读文化宣传推广阵地。

阅读推广团队聚焦立德树人根本任务,始终坚持潜心读书、精心育人,注重创新工作机制,挖掘文化资源优势,持续推动阅读工作深入开展,不断提升文化育人成效,让书香溢满校园。在实施过程中,形成下列特色。

(一)建立了多部门协同配合工作机制

围绕学校人才培养目标,主动策划主题鲜明、形式多样、具有吸引力的阅读活动。积极同相关部门沟通交流,凝聚协同育人共识,形成工作合力。近年来,学校图书馆、党委宣传部、党委学工部、校团委等部门紧密配合,共同推动书香天职师大建设,成功举办"悦读之星""百部经典校园行""书香共读"等活动。2020 年以来,我校连续 3 次获得天津市校园"悦读之星"评选活动最佳组织奖。

(二)阅读推广与思政教育互融共促

牢固树立"三全育人"理念,将育人工作融入阅读推广育人工作全流程。在活动主题策划、阅读内容选择、活动平台配置、活动过程管理、学生阅读指导、作品分享交流、阅读案例宣传等各个环节,以学生为中心进行思考设计,项目团队成员分工合作,各司其职,将育人工作贯穿活动始终。精选提供优质阅读资源,唱响主旋律,大力弘扬中华优秀传统文化、革命文化和社会主义先进文化。注重总结交流,举办线下阅读分享交流会,获奖学生踊跃发言,纷纷表示参加活动有收获、有提升、有成长。

（三）坚持以文化人,倡导推进深度阅读

文化自信是一个国家、一个民族发展中最基本、最深沉、最持久的力量。创新活动形式,引入激励机制,通过阅读打卡、积分挑战、读书朗诵、读书演讲、书评撰写、读书分享等方式,引导学生深读原文、二次加工,通过阅读思考获得独特的感悟体验和心灵滋养。"阅读养成计划",让新生通过每日打卡形成阅读习惯;"品读经典,滋养心灵"阅读积分挑战赛,745 名学生 59 天完成 11 306 小时的阅读量;"发现阅读之美感受文字力量"书香共读活动,学生在阅读的同时还发布了 395 篇微书评和 686 个朗读音频。

（四）数字阅读与传统阅读并重,线上线下同步推进

认真研究当代青年学生的信息利用特点,主动应用信息技术,搭建数字阅读平台,建好用好公众号等新媒体,扩大阅读推广活动的覆盖面、影响力。

天津职业技术师范大学图书馆将以深入开展"悦读之星"活动为契机,进一步创新读书载体,完善长效机制,提升育人成效,扎实推进阅读推广育人工作,为建设书香天津、书香校园贡献力量。

"悦读之星"的共同成长

天津外国语大学图书馆　刘萌萌

　　天津外国语大学自首届书香天津·大学生校园"悦读之星"评选活动开展以来就积极参与其中,通过开展特色鲜明的阅读推广活动,树立阅读推广品牌,培养馆员专业团队,以阅读为媒介向读者传播积极向上的社会主义核心价值。

　　评选从 2015 年开展至今已进行 8 届。图书馆在赛事策划、组织上不断总结积累,形成较完善的体系。历届天津市评选中,天津外国语大学选送选手获一等奖 5 次,二等奖 2 次,三等奖 1 次。另有诸多选手在网络人气奖和"微书评"评选中获奖。多名馆员获评活动优秀指导教师。

　　图书馆力图通过活动提升阅读推广实践质量,真正实现赛事效果与评选意义的最大化,打造具有天外特色的阅读推广品牌。

一、突出重点,让读者真正爱上阅读,走进图书馆

　　深刻领会活动主题,认真研究推荐书单,从习近平新时代中国特色社会主义思想、党史学习教育、红色经典阅读、塑造文化自信、专业知识阅读储备等重点角度引导读者品读经典,让参与者在活动中收获到学习型阅读的方法,给予读者更多阅读获得感。

　　2017 年参赛选手于锦涛同学以"海棠依旧——品读《周恩来传》"为主题,感怀敬爱的周总理,呼吁同学们"为中华崛起而读书";2018 年选手

孙娟同学分享了"致敬杨绛先生——读《走到人生边上》有感"，刻画杨绛先生因从容且充实，所以无畏生死的人生态度，得出"须惜少年时，认真经历生命的历练，方能无悔青春、无悔人生"的结论；2019年选手武晨燕同学，抒写"氍毹莺啭风骨长存——读《梅兰芳舞台生活四十年》有感"，追忆梅先生德艺双馨、蓄须明志的人生风骨与爱国情怀，赞叹大师京剧人生中凝练的中华文化精粹；2020年选手汪茹同学凭作品"学思合一，致知力行"展现了天外学子在学思践悟中力求知行合一、为国为民的情怀。2021年参赛选手李梨的作品"共忠于坚定信仰，共成就最可爱中国"追忆方志敏烈士可歌可泣的革命历程，告慰烈士可爱的中国已从理想成为现实，并继续迈向伟大复兴的新时代。2022年参赛选手窦楚翔的作品"往事以知今，大道利天下——读《习近平外交思想学习纲要》有感"展现出天外学子作为外语人讲好中国故事，传播好中国声音，勇担时代使命的青春风采。

众多天外学子通过参与"悦读之星"评选活动，以酣畅文章展示天外阅读积淀，用锦绣辞藻描绘中华文化自信。选手们的参赛体验分享，以辐射效应带动更多同学爱上阅读，参与到图书馆组织的阅读推广活动中。

二、多方动员，形式灵活助推赛事效果

为弥补活动经费紧张的短板，扩大活动宣传效果，调动读者展示阅读成果的积极性，图书馆拓宽思路，通过与校内多部门联合把活动做大做强。从第二届起，天外"悦读之星"评选活动形成了由图书馆牵头主办，党委宣传部、教务处、校团委、学工部、网信办、国际传媒学院、教育技术、实验室管理中心等多部门协同配合的模式，借助各部门合力，读者参与积极性得到最广泛动员。

通过校内选拔、赛前培训等环节，参赛选手在准备赛事过程中与指导馆员结下深情厚谊。图书馆还尽所能为学工部"天外书单"等阅读推广活动提供文献和人员辅助支持。通过与其他部门联动，优势互补，在人力物力有限的情况下提高了工作效率，拓展了馆员眼界和工作能力，让阅

读推广打破行政边界。

2020 年起，图书馆对活动形式进行了调整，通过加强新媒体宣传和线上评选等途径继续开展活动。活动组织动员一切可动员力量，灵活多元地突破行政边界、固定模式，赛事影响力和阅读推广效果持续扩大。

三、"悦读之星"让馆员与读者共同成长

通过开展活动，图书馆发挥馆员工作能力，在馆员中打造工作团队。经过多年的历练协作，团队在活动中从宣传推广到全面铺开，从选手选拔到培训，从初赛到决赛，各阶段分工明确，配合默契。

党员在团队中主动发挥乐于分享、彼此尊重、主动担当、思想引领的示范作用。基层党支部依托参与"悦读之星"活动工作开展的"书香天外·悦读之星"——构建大学校园文化新平台党日活动、"党员聚力打造'悦读之星'携手共创天外特色品牌"两项主题党日活动获评天津外国语大学"创最佳党日"优秀活动，通过为读者办实事的工作态度引导参赛同学的阅读兴趣和精神境界，起到帮助青年扣好人生第一粒扣子的作用。

在边干边学的过程中团队成员也不断积累自身阅读经验和知识储备，从"馆员 + 智力贡献"理念着手，馆员为读者开展线上人文书籍"微"讲座、《书籍中的东方与西方》通识公选课，通过团队赋能，提升馆员业务水平，构建学习型组织，为了向广大读者提供深层次智力服务不断深挖内部潜能，让读者在图书馆通过便捷、实用的讲座平台实现更多知识获得感，充分形成活动、馆员、读者之间良性互动，共同成长的态势。

高度的思想认识以及学校对营造书香校园氛围和对天外"悦读之星"评选的重视，在"悦读之星"活动中贯穿始终。历届活动中，多位校领导在评选中以谆谆之言向选手和观众分享读书经验，强调阅读价值。

在学校支持下，我校承接并成功举办了 2019 年"悦读之星"评选的市级决赛。结合学校自身特色，图书馆着力打造"悦读之星"校园阅读推广文化品牌，营造美丽和谐的书香校园氛围，积极引导读者在阅读中与大师对话、与经典为友、与博览同行。图书馆在与读者面对面的交流过程

中进一步掌握了读者最直接的阅读需求和阅读体验，服务读者的理念和效果得到强化，围绕学校建设特色鲜明高水平外国语大学的发展目标，紧跟全国高校图书馆的转型、创新和可持续发展态势，致力于打造集文献信息采集中心、学术研究中心、知识学习中心、学科服务中心、知识创新与休闲体验于一体的校园学术文化中心，努力建设"馆员 + 智慧贡献"的学习型高校图书馆。

深耕阅读推广，构筑文化育人之路

天津商业大学图书馆　　洪彤

2015 年开始，由中共天津市委宣传部牵头，在天津市教育委员会、天津市高等学校图书情报工作委员会的共同努力下，书香天津·大学生校园"悦读之星"评选活动正式启动。

为落实天津商业大学立德树人根本任务，扎实推进学风建设，倡导时代新风，引导莘莘学子养成良好的阅读习惯，营造我校"书香校园"文化氛围，图书馆积极响应，在全校范围内通过校园网、图书馆官方微信、校广播站等开展多种形式的活动宣传推广，引导大学生以演讲原创读书感悟的形式边阅读边思考，树立热爱阅读积极进取的榜样，强化大学生的使命感和责任感，为营造书香天津文化氛围发挥积极作用。

一、活动发展

（一）定制主题，引领阅读风尚

自党的十八大以来，以习近平同志为核心的党中央高度重视全民阅读，我校图书馆也致力于将全民阅读理念宣传融入学生的学习生活中，大力开展各种阅读推广活动，吸引更多的学生参与到读书活动中来。与书相约，与书为友，在读书中学习、成长、成才，为我校学术学风建设作出积极贡献。

2020 年，我校陈长方圆同学作了题为"以青春之我，筑青春之国家"的演讲，文稿笔触精妙，表现沉稳大气，展现了我校新时代青年昂扬的斗志和良好的精神风貌；2021 年，王晴同学以"初心如磐向未来"为主题，分享了自己阅读红色经典的深刻体会。她用扎实的文字功底、感人至深的朗诵风格与真挚感人的舞台表现，深情表达爱国之情，使全场师生体会到身为华夏儿女的民族自豪；2022 年，陈一诺同学以"微光汇聚·照亮中国"为题，分享自己阅读《建国大业》的心得体会，带领全场观众重温历史，感受中国一路的风雨兼程，如今以昂扬的姿态屹立于世界民族之林的雄伟气魄。

历届校内选拔活动均紧扣时代主旋律，以对"中国梦·我的梦""爱国、敬业、诚信、友善""感恩成长·励志成才""乐于奉献·飞扬青春"等主题的深入思考和践行为抓手，依托主题推荐书目，引导学生品读经典，树立文化自信，进一步激发大学生对家国情怀、使命担当的深入思考。

2015—2022年书香天津·大学生校园"悦读之星"天商校内评选活动主题

年份	活动主题
2015 年	悦读书香,青春风采
2016 年	书香商韵
2017 年	悦读书香
2018 年	新时代·新阅读
2019 年	庆祝新中国成立 70 周年·让书香溢满校园
2020 年	新时代点燃阅读梦想
2021 年	初心如磐向未来
2022 年	迎盛会·读经典·向未来

(二)机制完善,全员联动

为充分发挥文化育人功能,积极调动全校积极性和参与性,历届"悦读之星"校内评选赛由图书馆牵头,结合当年主题特色,联合学校宣传部、学工部、教务处、校团委、学生社团等部门,利用校园网站、微信公众号、海报宣传栏等多种渠道进行宣传,并于每年天商读书月期间与其他校内阅读推广活动同期推出。

随着阅读活动的不断深入，校内阅读氛围日益浓厚。自 2020 年起，校内选拔赛的评审工作从开始的馆内教师团队逐步提升，组成了由全校各专业辅导员带队的校内评审团，这一改变极大地提升了校内关注度和学生参与性，达到以点带面、全员覆盖的良好效果。

2022 年，面对线下活动的不确定性与"参赛书目抽选"形式的全新挑战，图书馆阅读推广团队全体老师在馆领导的指导下，带领图书馆学生社团迅速成立专门的学院对接小组，面向全校 13 个学院，从线下活动宣传、作品征集、稿件初审终审、视频汇总，到会场布置、流程彩排、活动举办，仅在 10 天内便完成了校内选拔赛的全部前期工作，保障了本次活动的顺利开展。

二、活动延伸

（一）引导全校师生，共享阅读盛会

为鼓励广大师生在共读经典的过程中汲取民族精神的精华，实现读者知识与精神的交流与分享，营造书香天商的浓厚氛围，天津商业大学图书馆长期以来充分挖掘自身优势，以彰显图书馆文化育人第二课堂职能为己任，于 2019 年正式推出阅读文化品牌活动"天商共读"。

四届活动分别围绕"庆祝中华人民共和国成立 70 周年""聚焦'四史'学习，讴歌改革开放后祖国的伟大成就""庆祝中国共产党成立 100 周年""品读经典，立德修身"四个年度主题，精心遴选，带领全校师生共读了《苦难辉煌》《大江大河》《为什么是中国》《觉醒年代》《美的历程》5 部经典著作。

在图书馆同仁的共同努力下，在兄弟部门的协同配合下，"天商共读"品牌活动获得日渐增长的关注度和多项荣誉。

第一届"天商共读"活动入选学校党委大事记（2019 年第 2 期），"天商共读"系列活动获得 2018—2019 年度校级创最佳党日优秀活动，图书馆阅读推广团队也由于在活动开展中的突出表现，荣获 2019 年度天津商业大学五比双创劳动示范集体称号。

第二届"天商共读"活动更是走出学校，获得上级指导部门的关注，得到了天津市教委网站的转载报道，在影响力上更进一步。

第三届"天商共读"活动持续发力,被纳入天津商业大学庆祝中国共产党成立一百周年党史学习教育之中,并获评天津市学校"三全育人"优秀工作案例。真正做到将文化育人举措与学校年度党政工作要点充分融合,深度诠释图书馆文化育人第二课堂的职责和使命,让师生在共读书香氛围中汲取营养、传承文化、共同成长,锤炼初心和信心,砥砺前行。

第四届"天商共读"作为多元文化育人的核心培养阵地,充分调动院、部、班三级文化主题建设,通过美育沙龙、主题讲座等活动创建学院、学部、学生,三级宣传工作联动群,形成线上、线下思政教育合理宣传新局面。

(二)深耕阅读推广,构筑文化育人

阅读是人类获取知识的重要途径,可以让人树立崇高理想、涵养浩然正气。新时代青年要勤于阅读、善于阅读,立大志、明大德、成大才、担大任,努力成为堪当民族复兴重任的时代新人。

为助力阅读活动的长效影响力,充分发挥文化育人功能,培养师生的阅读思辨能力,历年天商读书月期间,图书馆还开展形式丰富多样的阅读推广活动。例如:举办红色经典、历史学、经济学、法学、艺术学等多主题线上线下融合书展;联合艺术学院开展"天商共读 logo 设计大赛";举办传统文化知识竞赛;组织"《美的历程》美育沙龙"活动等。这些特色鲜明、形式多样的阅读推广活动的举办,在全校掀起读书热潮。此外,为弘扬优秀传统文化,馆内还定期举办国学课堂活动,引导师生从《论语》中学得智慧的思考,从《史记》中学得严肃的历史精神,重视学生人文素养和思想品质的提高,切实培养大学生的民族情感和家国情怀。

(三)把握阅读趋向,保障阅读需求

服务效能对校园阅读推广有着积极的促进作用,2023 年学期初,我馆针对图书馆社团开展阅读调研,针对阅读情况、阅读需求和阅读方向,对现有部分馆藏进行了梳理与排序,最终有效答卷 96 份,用于日后开展相应实践工作。

三、活动展望

八年来,我馆精细设计,耐心打磨,积极推进,创新工作,通过强化阅读的参与度与体验感,让个体阅读的兴趣在共同阅读中得以体现,实现读者知识与精神的交流与分享,并借助推广活动实现兴趣的扩展和延伸,在提升学生综合能力的同时,将思政育人的新阵地予以创新性开拓。在活动进行过程中,图书馆也曾历经参与人数不足、覆盖面不广、读者知晓率低等困难阶段,但多年来图书馆从未放弃,通过增加线上共读推广力度,广泛寻求校内合作伙伴、调整优化共读活动设计、充分利用新媒体融合性宣传等方式,逐年提升活动的影响力和覆盖面,为品牌建设持续蓄能。

每届"悦读之星"活动从策划设计到运行推广,从开幕到闭幕,图书馆人都历经了满怀期待、潜心观望、暖心触动、豁然开朗的心路历程。演

说者的文字、声音和画面,笔触所及、心之所至,无不在传递着智慧、能量、希望和梦想。茫茫书海,卷帙浩繁,今后的"悦读之星"活动将持续攻坚前行,依托书籍的甄选及形式的创新优化,让天商学子能够开卷共读,掩卷凝思,以彰显阅读的力量,固本培元、凝心聚魂,形成我校的特色阅读文化,让"悦读之星"成为学生社会责任感及商学素养培养的重要阵地,砥砺强国之志、实践报国之行。

以书之名，阅无限人生

天津财经大学图书馆　靳峥　王南

　　自 2015 年首届书香天津·大学生校园"悦读之星"评选活动以来，历届活动均能看到代表天津财经大学选手的身影，迄今为止，财大学子取得了 4 个一等奖、2 个二等奖的好成绩，切实将"悦读之星"大赛的理念融入天财的校园文化之中，对推进大学生阅读、提高大学生演讲水平起到了积极的作用。

　　2019 年，我校王美童同学荣获当年"悦读之星"评选活动一等奖，演讲深情描述了我国国安战线人的生活，诠释了他们对党绝对忠诚的誓言和对人民的承诺；2021 年，晋雨昕同学则结合自己亲身经历和感受，为与会者呈现了党中央带领全国各族人民精准扶贫、精准脱贫的伟大实践；2022 年，董淼筠同学以"赶考，永远在路上"为题，通过党中央从西柏坡到

香山,再到中南海的轨迹,阐述了共产党人的初心和使命……天财学子在"悦读之星"的舞台上,展示出了独特的魅力。

　　历年优异成绩的取得,既是学子们不懈努力的结果,也是天财图书馆阅读推广工作不断探索的成果。自首届"悦读之星"评选活动举办之初,天财图书馆一直积极参与其中且不遗余力,通过多年的经验积累和不断探索,形成了独具天财特色的阅读推广模式,为青年学子搭建了展示青春风采的绚丽舞台。

一、树立品牌意识,打造经典品质

　　近年来,我馆在结合学校实际基础上,逐渐将校园"悦读之星"评选活动品牌化。打造品牌是一个过程,经过多次改进方法和不断地总结经验,从大赛定位到活动细则以及管理模式都形成了一套比较成熟的做法,逐步实现了校内比赛的专业化、多元化和大众化。以校内决赛评委的选择为例,历届评选活动邀请的均为我校中文专业的教授和负责学生工作的资深教师担任评委,提升了评比的专业性和权威性;再以指导教师团队的组建为例,通过多年的努力,成员构成已日趋完善,除了负责比赛流程的指导教师以外,还有负责参赛学生稿件、形体等的指导教师。

未来,天财图书馆将赓续传统、不断创新,力争将"悦读之星"这一品牌活动品质化,使其具有更广泛的影响力和持续性。

二、与校内部门合作,扩大参与度

图书馆的阅读推广活动是"书香校园"建设的重要组成部分。一直以来,我馆与校宣传部、学工部等多部门积极合作,近年来,更是加强了与院系之间的联系。通过学校相关部门的宣传与组织,不断扩大"悦读之星"在校园的影响力,吸引更多的学子参加比赛。2017年,校内决赛首次引入大众评委机制,增强了比赛的公平度和透明度。2018年,增设网络人气奖,依托读者之星阅读推广网络平台进行投票,读者可通过本校微信公众号的相关栏目,在线观看参赛选手的参赛视频并投票点赞,提高了比赛的参与度,进一步扩大了"悦读之星"在校内学子中的影响力。

2022年,我馆引入了智慧图书馆平台,今后,图书馆人将不断挖掘智能化平台的各项功能,以期为提升天财学子多元化综合素养搭建更高质量的舞台。

三、与学校思政工作相结合，落实立德树人根本任务

　　思政工作是高校文化建设工作的重要内容，在培育人才的过程中发挥着重要的作用。图书馆作为思政育人的阵地之一，应以思政教育引领校园文化建设，并贯穿始终。为此，我校历届大赛的主题选取均遵循紧扣时代特色、引领阅读风尚的原则。在我馆承办的2018年第四届书香天津·大学生校园"悦读之星"评选活动中的总决赛阶段，增添了现场知识问答环节，重点考查入围决赛选手学习掌握党的十九大精神、习近平新时代中国特色社会主义思想，学习落实全国和我市思政会精神的情况。2021年是建党百年，更是增加了经典红色推荐书目。这些均起到了引领大学生思想成长的作用。

　　阅读推广工作与思政工作紧密结合，将仍是我们今后工作的重点内容之一。只有通过理想信念教育、核心价值观引领，才能不断增强校园文化的教育功能，真正起到以文化人、以文育人的积极作用。

　　我校历届校园"悦读之星"评选活动都在"天财读书节"期间举办，依托读书节这一平台，将阅读理念和经典著作推向大众，鼓励和倡导大学生将读书作为一种生活习惯，用经典作品丰富生命历程，滋养灵魂。

阅读中，有一个更大的体育世界

天津体育学院图书馆　袁程远

　　天津体育学院图书馆自 2015 年参加书香天津·大学生校园"悦读之星"比赛以来，共获得一等奖 1 次、二等奖 1 次、三等奖 6 次，校图书馆连续获得最佳组织奖。阅读和体育，从来都是一对相携的挚友。阅读文明其精神，体育野蛮其体魄。天体学子们在阅读中获取文字的力量，让心中的目标更加清朗，在体育赛场所向披靡，势不可挡。

　　2018 年二等奖获得者白梦珂同学在演讲中坚定地表达了信仰的力量，信仰是人生最坚实的倚仗，始终散发着温暖柔和的光辉，抚慰她时而

茫然时而烦躁的心绪,引领着她的成长。阅读从不会刻意带来什么,只要在这个过程中能够更好地认识自己和感知世界,就会拥有智慧、信仰和丰富的心灵,拥有创造无限可能的机会,拥有强大的自己和无畏的勇气。

2022 年一等奖获得者迟丽君同学,在阅读中感受榜样的读书精神,将"贵有恒"的精神,应用于赛场,书写进往后的奋进人生。她向大家展示出了体育人一贯的拼搏和担当。回望满园苍绿沁书香,如此,阅读是少年之幸,国家之幸,民族之幸。

阅读的光芒点亮心灵

天津音乐学院图书馆

近年来，天津音乐学院图书馆参与历届天津市"悦读之星"活动，同时开展了一系列阅读推广活动，让同学们在阅读中感受到了无穷的魅力和乐趣。天津音乐学院图书馆注重学生的比赛经验和阅读能力的提升，校内赛中组织了严谨的评委团队，并对选手的朗读和表达能力进行了全方位的评估，确保了比赛的公平性和权威性。通过这样的比赛，激发了学生的阅读热情，同时也使参赛学生品尝到自己不断努力、认真投入所带来的收获之喜悦。

2017年，民乐系研究生徐杉在阅读《人民的名义》后，认识到每个人都只是巨大社会关系中的一个小齿轮，但作为一名青年学生，保持真实

和正直的品格对于改变整个社会的态度非常重要。每个人都可以在工作和生活中坚持真实和正直，从微不足道的事情做起，逐步影响周围的人，并让自己成为一个真正的骄傲的年轻人。他在2017年市级书香天津·大学生校园"悦读之星"评选活动中获得一等奖，为天津音乐学院争得了荣誉。

2018年，音乐学系剧若诗在比赛中分享了自己《习近平的七年知青岁月》读书笔记，回顾了一代人的峥嵘岁月，将这份读书笔记当作自己反思、总结和提高的重要一环，更加深刻地认识到作为青年学子要不断完善自我、超越自我，代表天音人发出了"无奋斗，不青春"的倡议。最终凭借优异的表现夺得天津市总决赛一等奖的好成绩。

2021 年,音乐学系 2019 级研究生徐静娴以"踏上'一带一路'前往星辰大海"为题,分享了《习近平谈"一带一路"》的阅读感受,表达出当代青年"踏上星辰大海"的伟大志向,展现出天音学子积极向上的精神面貌,彰显出我院学生热爱党、热爱祖国、热爱人民的人文情怀。最终,徐静娴凭借其卓越的表现荣获我院"悦读之星"比赛第一名、天津市"悦读之星"总决赛二等奖的好成绩。天津音乐学院图书馆在此次评选活动中与党委宣传部、党委学工部、团委相互协作,精心组织,最终荣获天津市"悦读之星"评选活动最佳组织奖。

相较于比赛,天津音乐学院图书馆的阅读推广活动更注重学生的身心健康和自我发展。在书香校园的建设中,积极引导学生阅读,激发学生对阅读的热爱,让学生真正体悟到阅读的乐趣和意义。

无论是比赛还是阅读推广活动,天津音乐学院图书馆都始终坚持着让学生在阅读中成长的理念。借助一次次比赛,让学生在阅读的世界中领悟到人生的意义和价值,不断提高自己的阅读能力和综合素质。通过各种形式的阅读教育活动,例如好书推荐、微书评等,让学生亲身感受到阅读的魅力,激发学生阅读的兴趣和热情。通过这样的活动,学校能够为学生营造一个良好的阅读氛围,让学生快乐地开展阅读活动,成为"书香校园"的一分子。通过开展全方位多层次的活动,营造出校园朝气蓬勃、鲜活有趣的阅读氛围,激发学生对阅读的热爱、培养学生阅读能力和阅读兴趣,为学生的全面发展和素质提升提供更好的帮助。

天津音乐学院图书馆以"悦读之星"活动为平台,深入开展"学党史强信念跟党走"主题学习教育,通过红色书籍推荐使青年学生了解中国共产党的艰苦历程、辉煌成就,使"四史"教育深入基层、深入师生、深入人心。鼓励学生在校期间要多读书、读好书,在注重专业学习的同时,更要注重党史学习,用党的奋斗历程和伟大成就鼓舞斗志,明确方向,用党的光荣传统和优良作风坚定信念、用党的实践创造启迪智慧、砥砺品格,以优异成绩迎接中国共产党建党百年。

　　为了推广阅读和促进文化传承,天津音乐学院图书馆还积极开展文化帮扶工作,推动与社区结对共建工作,进一步拓宽图书资料的使用空间,增加书籍流动性,弘扬社会主义核心价值观,营造全民阅读、终身学习的良好社区氛围,让更多的读者从书中受益。天津音乐学院图书馆与河东区丰盈里社区开展了结对共建活动,向社区捐赠了大量优质的社科类图书,为协同做好社区文化繁荣工作,提高社区群众幸福感和满意度起到了推进作用。

　　2020年7月,天津音乐学院图书馆组织以爱心帮扶为主题的特色党日活动,向蓟州区三个帮扶村捐赠图书2 000余册。天津音乐学院图书馆开展的送文化下乡的活动旨在推动文化资源共享和公益服务,利用图书馆的优势和平台,将图书馆中的文献、资料等文化资源向农村和偏远地区倾斜,推广文化阅读,满足广大农民群众的阅读需求,构建起新时期文化服务体系。

　　通过这些活动,天津音乐学院图书馆将馆藏文化资源延伸至更多地方,服务农村居民、进一步推广文化知识、促进社区发展;同时,也为当地的学校和教育系统,提供了更全面、灵活多样的文化资源思路。

　　"悦读之星"活动已然成为天津音乐学院图书馆的重要品牌之一,不仅成功促进了阅读事业的发展和推广,也走出了一条具有天津音乐学院特色的文化传承之路。在未来的日子里,这一品牌将会更加深入人心,并塑造出更多的优秀文化人才。

"悦"读最美　青春之声

天津美术学院图书馆　胡陈冲　师中萃

　　天津美术学院图书馆积极参与历届书香天津·大学生校园"悦读之星"评选活动。天美学子在历年比赛中充分展现出了热爱读书、乐享阅读、爱国奋进的新时代青年风貌。大赛也对我校校园文化建设工作的开展、挖掘校园文化育人方面的潜能、激发大学生的阅读兴趣、营造浓郁的书香校园氛围都起到良好的助推作用。

　　2015年至今，"悦读之星"评选活动已连续举办8届。在历届的市级决赛中我校学子取得二等奖4次、三等奖4次。天美学子根据自身阅读感悟撰写文稿，以演讲的形式全方位展现莘莘学子阅读成长、悦读青春的良好精神风貌与靓丽风采。其中，2017年，我校中国画学院的王姿颖同学以"文化苦旅—— 一场文化灵魂与人生真谛的旅行"为题，分享了自身对"苦"的阐释，表达了对"艺术苦旅"的深刻认识与领悟，给人带来无尽的深思。2020年，我校艺术与人文学院的杜晓同学以"以家人之名"为题，满怀深情地分享了自己阅读杨绛先生的散文集《我们仨》的感悟与思考。2021年，中国画学院的曾子瑶同学以"忆百年初心　续时代新篇"为题讲述了阅读《中国共产党简史》后的深刻体会。她以共产党人的初心为主线，深情描绘了美术经典中的党史画卷，表达了阅读党史著作后的内心感悟……2022年，在图书馆及各部门通力合作之下，活动以线上方式顺利开展，我校师生热烈响应积极参与，参赛视频作品的总点击量达到14 371、总参与人次超过4 000，活动平台总点击量22 000余次。代表我校参加决赛的大一新生——谢佳好同学在无法到校的情况下，克服时间紧迫、身处异地、网络及音视频设备有限等困难，顺利地通过线上形式完成总决赛，充分展现了天美新生良好的品格素养和追求卓越的精神风貌！这些成绩和收获的背后，凝聚着我校图书馆及各部门的全力以赴、全心付出，也彰显着天美学子拼搏与奋斗的时代精神。

作为我校图书馆"党建＋阅读推广活动"品牌项目的重要内容，天美图书馆始终在办好每一届书香天津·大学生校园"悦读之星"评选活动上努力，从校内选拔比赛的组织策划、院系联络沟通到作品征集、作品审核与评审、参赛作品全方位展示再到市级决赛的精心准备，图书馆始终以最饱满的热情和高度责任心精心组织、周密部署。通过组织活动，逐步深入地扩大该活动的影响力、传播力和辐射力，进一步把阅读推广和读者阅读兴趣培养推向深入，营造"书香天美"的浓厚阅读氛围，有力推进了我校书香校园建设。

悦读新时代　星火淬青春

——"城大"阅读故事

天津城建大学图书馆　孙刚　刘晓鸥

　　2015 年,首届书香天津·大学生校园"悦读之星"评选活动启动,正式拉开了天津城建大学新时代阅读故事的帷幕。为进一步构建书香校园,充分展现我校大学生的青春风采,推动大学生阅读在我校的深入开展,提升校园文化内涵,传承大学精神,天津城建大学图书馆连续多年积极参与组织市校两级"悦读之星"评选活动,使阅读真正走进大学生的校园生活,让读书成为青春风尚。组织参赛八年来,共有百余名学生获得全国、市、校各类奖项,近千学生直接参与相关活动,通过观赛或网络浏览点赞人数以万计。4 名选手的参赛作品在全国大学生"悦读之星"或入选银星作品,或入选全国展示名单,1 名选手获得市级"悦读之星"荣誉称号,4 名选手获得市级二等奖,3 名选手获得市级三等奖,27 名选手获得市级提名或网络人气奖。图书馆作为主要组织部门,2 次进入全国星级组织单位名单,6 次荣获全市最佳组织奖。"悦读之星"评选活动已成为城建大学一道靓丽的育人服务品牌,给师生们留下了深刻的印象。

一、"星"光璀璨,"星"火燎原

　　不论是校内选拔赛还是全市汇报表演赛,城大选手们精神饱满,或慷慨激昂,或动人心弦,或如涓涓细流,围绕时代主题与参考书目,将自己的所读、所感娓娓道来,充分展现了我校大学生的青春风采,激发出文化自信和使命担当。不同的年份,不同的主题,同样的精彩。2020 年,来自我校国际教育学院 2018 级工程管理专业的郭霖同学继获得天津市大学生"悦读之星"奖项后,其参赛作品"生命的意义"被中国图书馆学会阅读推广委员会列为银星作品。在她的演讲作品里,我们感受到伟大的抗美援朝精神历久弥新、永续传承,超越生命极限信仰的力量,而 90 后的青年一代也正在用行动来证明所做之事的伟大。2021 年,来自经济与管理学院 2019 级工程造价专业的市级二等奖获得者曹文灿同学以"恰是百年风华"为题,以极富有感染力的演讲讴歌时代、激励奋斗、展示担当,向党的百年华诞献上了一份浓情的生日礼。2022 年,来自建筑学院 2021 级建筑学专业的市级二等奖获得者马思政同学,以"赓续百年灯火　挺起青春脊梁"为题,以"路漫漫其修远兮,吾将上下而求索"的探索精神,"春蚕到死丝方尽,蜡炬成灰泪始干"的奉献精神,"长风破浪会有时,直挂云帆济沧海"的豪情壮志,誓做中华民族最坚挺的青春脊梁,他的作品也同时被中国图书馆学会阅读推广委员会列入展示名单。

这些荣誉的背后是学生个体的成长，也彰显了我校良好的学风和学生们追求梦想的青春活力。在他们的带动影响下，八年来，深度参与"悦读之星"校内评选的学生已达数百人，现场观赛、线上点赞浏览更是数以万计，引起师生广泛关注，树立了品牌和口碑，在学生中形成了代际传播，以比赛促阅读，以阅读反哺比赛，有力推进了我校书香校园建设。

二、健全机制，密切协同

以上成绩的取得，同时也离不开天津城建大学图书馆阅读推广团队积极创新，不断探索的付出与努力。为了做好相关活动组织工作，在校领导大力支持下，校图书馆联合学工部、团委、各二级学院学办专门成立评选活动组织机构，下设领导小组、联络协调组、宣传报道组、技术服务组、后勤保障组以及办公室。活动前期，通过印制海报、悬挂横幅、印发通知、召开班会、网站公告、专题推文等形式在校内进行广泛宣传动员。复赛阶段，组建专家指导组，对选手作品进行打磨，对演讲进行雕琢，对表现进行点评，充分展示阅读带来的魅力与力量。

校园阅读推广需要基于高校学生读者的视角积极创新。不但要创新思路，更要创新方法、创新举措，将校园阅读推广作为一项常规工作，长远规划、持续性推进和发展。重点在阅读推广活动的全年化、常态化、制度化、体系化、工程化、项目化上下功夫、抓落实。

2019年，学校阅读推广工作协作研讨会在图书馆四楼会议室召开，校党委宣传部、学工部、团委、图书馆负责同志及馆内负责阅读推广工作馆员参会。会上，各部门负责人就学校阅读推广协作机制顶层设计，制定《天津城建大学校园阅读推广工作协作实施方案》进行了热烈的讨论。各部门一致赞同，发挥自身优势，通过组织协同、谋划协同、宣传协同、评价协同等方式形成合力，共同营造书香校园氛围，以文化铸魂育人、用文化助推学校软实力提升。同时，各部门就未来以"悦读之星"活动为载体，深入践行习近平给国家图书馆老专家回信重要指示精神，弘扬中华优秀传统文化、革命文化、社会主义先进文化，培育和践行社会主义核心价值观,提升校园公共文化服务"供给",深化校园文化阵地建设达成了合作共识。此次会议,也标志着我校阅读推广工作进入了一个全新的阶段,学生的阅读与学业成绩、综合素质、能力评价相关联,纳入创新创业素质综合拓展学分,进一步提升了"悦读之星"活动的吸引力与影响力。

三、打造平台,拓展格局

校园阅读活动不但有品牌、有名牌,还要有特色、有实质、有引力,既有"保守曲目"也有"最新单曲",推动高校阅读工作快速、深入、全面、科学地发展。天津城建大学图书馆因时因势,将阅读与育人相结合,2020年馆内正式成立跨部门阅读推广小组,2021年开始招募以学生为主体的阅读推广大使团队,以"悦读之星"为纽带,搭建了以世界读书日系列品牌为中心、以参与学生为主体的活动平台,推进线上线下阅读空间与环境建设,进一步把读者阅读兴趣培养推向深入,开辟阅读推广新格局。

（一）读有所思——以系列主题书单引领学生成长

校图书馆发挥校园阅读文化主阵地作用，在线上推出"迎新特辑——送给大一新生的书单"，帮助他们在阅读中有所感悟、有所发现、有所收获，为即将开始的大学生活做好准备；推出"中秋特辑——月圆中秋主题书单"，使师生在书中感悟传统佳节之美好；推出"国庆特辑——这些书，让我们读懂中国"，在书中读懂中国故事、传播中国声音、阐释中国精神、展现中国风貌；在线下举办了以"那年他们正风华"为主题的"百年党史"风云人物传记主题书展，传承红色基因，凝聚时代力量；举办"悦读一本

书单推荐｜书香九月·迎新特辑——送给大一新生的书单

亲爱的新同学你好，欢迎进入2021年的大学生活。今年是"十四五"开局之年，我国顺利实现了全面脱贫，国家进入小

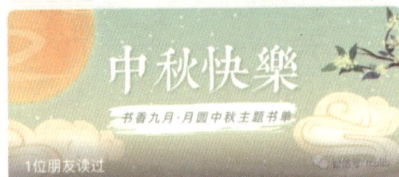

书单推荐｜书香九月·月圆中秋主题书单

中秋节 中秋节又名团圆节，是我国的传统节日。《西湖游览志余》中说："八月十五谓中秋，民间以月饼相送，取团圆"

书单推荐｜书香九月·喜迎国庆主题书单——这些书，让我们读懂中国

马上又到一年一度的祖国母亲的生日，别担心不能出门看世界，也别害怕只能在朋友圈里看到诗和远方。图图在这里送大家

线上活动｜书香九月·喜迎国庆"好书共读"活动

2021秋风送爽，伴随着收获的时节，新学期纷至沓来，书香再度洒满校园。与此同时，图书馆也为大家准备了别开生面

书·邂逅一座城"为主题的"热爱我求学的城市"之天津系列主题书展，鼓励学生们积极去认识天津、走进天津并爱上天津，一起感受这座北方大都市的风土人情和历史底蕴。

礼赞新中国，歌唱新时代——庆祝中华人民共和国成立72周年颂歌展

传唱祖国颂歌，抒发爱国之情，是我们爱国之情的自然表达。爱国缘于我们与国家无法割舍、无法忘怀的深情，我们生于斯

书单推荐 | 书单来了！党史学习教育推荐阅读

在庆祝中国共产党成立100周年大会上，习近平总书记精辟概括伟大建党精神的深刻内涵，指出："一百年前，中国共产

（二）答有所获——以系列知识竞赛传承科学文化基因

为了让广大青年学子深入了解传统中华文明与现代科技文明，提升民族自信，依托阅读推广平台组织开展了系列知识竞赛，如"秋高气爽·

线上活动 | "弘扬雷锋精神·传递青春温度"——3.5学雷锋纪念日主题网络知识竞答

亲爱的同学们，新学期的航程又开始了，图图已经摩拳擦掌为你们准备了一系列的阅读竞赛活动，你们一定要积极参加哦！

线上活动 | "保障你我权益·安心与我们同行"——3.15知识看过来

315现正值三月中旬，在这样冬去春来的日子里，图图的换季大采购即将开始。亲爱的同学们，你们呢？是否也有激动的

线上活动 | 秋高气爽·风清月朗——中秋节传统文化知识竞赛

中秋节，是中国的传统文化节日，因其恰值三秋之半，故取名"中秋"，时在农历八月十五。中秋节自古便有祭月、赏月、

线上活动 | 科普来袭·智慧风暴——科普知识在线竞答

科学，是国力的灵魂，也是社会发展的标志。社会文明在不断进步，对科学知识的探索也一日千里。从2005年起，每年

风清月朗""科普来袭·智慧风暴""提高消防意识·共建平安校园"和"弘扬时代精神·彰显法治力量"等为主题的网络知识竞赛,推广科学知识,弘扬中华民族传统美德,引领当代大学生在书籍中汲取营养和智慧。

线上活动 | 提高消防意识·共建平安校园——消防安全知识在线答题活动

消防安全无小事,安全关系到千家万户,关系到幸福安康,关系到社会和谐。值此11.9全国消防日来临之际,天津城建

线上活动 | 弘扬时代精神·彰显法治力量——《民法典》在线知识竞答

法安天下,德润人心。《民法典》是新中国第一部以法典命名的法律,在法律体系中居于基础性地位。它既是对现行民事法

(三)见有所爱——以系列宣传视频引导学生进馆爱馆

制作图书馆系列宣传视频,努力营造一种"人在书中,书在人旁"的温馨、舒适的阅读环境,从而帮助学生们了解图书馆并走进图书馆,感受这里浓郁的文化气息,鼓励学生留下孜孜不倦、勤学苦练的足迹,启迪学生求知的欲望。

书香与梦想齐飞，阅读与人生相伴。今后，天津城建大学图书馆将继续立足本校特色，发挥资源优势，拓展阅读渠道，打造阅读品牌，让阅读成为习惯，让书香飘逸校园，引导学生不负青春、不负时代，感受文字之美，尽享读书之悦，同步推进书香校园建设与文化育人。

书香致远，阅享其成

——记天津天狮学院"书香天津"大学生校园"悦读之星"评选之路

天津天狮学院图书馆　叶杨

天津天狮学院图书馆参与了 7 届天津市书香天津·大学生校园"悦读之星"演讲风采展示活动，共获得二等奖 4 次、三等奖 3 次。因为出色的组织工作，我校图书馆荣获 3 次活动最佳组织奖。

2016 年，第二届书香天津·大学生校园"悦读之星"评选活动圆满落下帷幕。这是我校图书馆首次带领学生参加该活动，初出茅庐，抱着学习的心态，经过来自全市 32 所本科、高职、独立院校和军事院校选手的激烈角逐，最终，我校信息与自动化学院 2015 级电子信息专业八班的杜羿辰同学，以稳定的发挥、富有磁性的激情演讲，赢得了评委和观众的一致

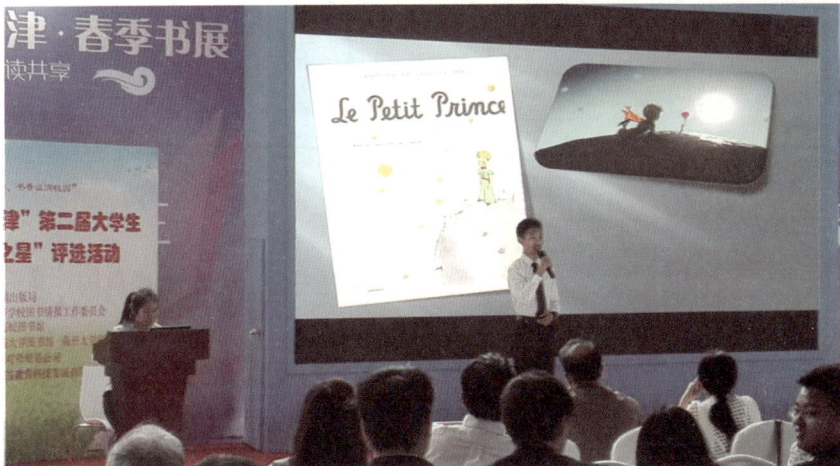

好评,取得了评选比赛二等奖的好成绩。这对于我校图书馆和我校学生来说,都是莫大的鼓励,从而开启了我们校园阅读推广的新篇章。

以书香天津·大学生校园"悦读之星"演讲风采展示活动为平台,我校学生与天津市各高校学生切磋交流,促进和激发了同学们热爱读书,分享读书的热情。同时,以评选活动为契机,引领学生健康阅读,倡导学生读有所思、读有所悟,提升素养、增强能力,在积累比赛经验的同时,展现我校学生新时代大学生的青春朝气和读书风采,展示我校校园阅读推广和校园文化建设取得的成绩。

经过多年的积累和努力,我校学生在近几年的书香天津·大学生校园"悦读之星"演讲风采展示活动中都有上佳的表现且屡创佳绩。2020年,我校外国语学院 2019 级王丹慈同学,以"珍惜时光,不负韶华"为主题,立足书籍阅读,以时代对青年的寄望为升华,激情的演讲,富有情感的语言表达,饱满的精神状态,稳定从容的临场表现,得到了评委及在场观众的一致好评,获得大赛二等奖;2021 年,来自全市本科高校、军事院校、独立院校和高职高专 53 所学校的选手参加演讲风采展示总决选,参赛院校数量创历届之最。经过七个多小时的激烈角逐,我校食品工程学院 2019 级郭佳佳同学以"青年朋友们,请奋斗起来"为演讲主题,演讲内

容立足阅读《习近平与大学生朋友们》一书的感想体会,用真诚的语言追溯党的历史,最终以总成绩第 12 名获得大赛二等奖;2022 年,我校经济管理学院 2021 级电子商务三班的王艺彤同学线上参加比赛,以"投身时代,实现自我"为演讲主题,用真诚的语言讴歌革命英雄,最终获得大赛二等奖。

这些成绩的取得，是对我校校园阅读推广工作和校园文化建设工作的极大肯定，是我校校园读书活动在全市各高校中的成果展示，也是我校推动"书香校园"文化育人的重要组成部分。

我校一直坚持文化育人与阅读推广相结合，图书馆在推进文化育人、服务育人工作中，更是不断探究育人工作的内容、形式，希望通过多种文化育人活动的开展，积极营造书香校园氛围，构建以热爱读书为引领的良好学风、校风，从而形成了具有我校特色的多个品牌读书活动。比如，每年4月举办的"天狮学子读书月"，组织包括世界读书日征文评选、校园演讲比赛、天狮朗读者、清明诗词会、"读万卷书，品百家经典"阅读挑战、光影书页、"书香天狮"——假期读书会、天狮学子"读者之星"评选、潞河文化走读、天狮学子书香园地等原创主题阅读活动。其中，校园演讲比赛作为书香天津·大学生校园"悦读之星"演讲风采展示活动的校内评选，得到了我校校领导和图书馆领导的高度重视，得到了我校团委、学生处及各二级学院团委的大力支持和全校同学的关注和积极参与，通过线上、线下多种评选方式，搭建我校学生相互交流及参与、选拔的平台。2018年，我校学生参与书香天津·大学生校园"悦读之星"演讲风采展示活动校内评选线上平台点击量位居当年所有参选院校之首。

除开展校园阅读推广品牌活动，我校图书馆积极调动学校阅读推广各方面生力军，形成以图书馆为引领，全校师生共同参与的阅读推广联动模式。深入我校各二级学院开展特色阅读推广活动，指导二级学院开展"共读一本书""线上领读""赏中华诗词，寻文化基因，品生活之美""读书知识竞赛""书声雅意，笔墨添香"美文诵读等活动；组织校"智学读书会"，开展中秋诗会、读书观影、读书沙龙、阅读分享、天狮之音——美篇诵读、"悦"读角读书分享、书评话剧、"读书达人"评选等校园阅读活动。

良好的校园阅读氛围为校园阅读推广和各项创新阅读文化活动的开展提供了坚定的基石。校园师生热情响应、积极参与，使得如书香天津·大学生校园"悦读之星"演讲风采展示活动等一系列全国及市级的阅读推广活动在我校广泛开展，取得良好效果，获得喜人成绩。我校在第二届全国大学生"悦读之星"读书演讲风采展示大赛荣获"悦读之星"银星奖及网络人气奖,图书馆指导老师获得"星级指导教师"荣誉称号,我校荣获星级组织单位荣誉;我校艺术与设计学院参加第二届"图书馆杯"主题图像创意设计大赛获评为"星级组织社团",图书馆被授予创意设计示范基地挂牌;我校学生参加书香天津·大学生微书评大赛分别获得二、三等奖和优秀奖。

通过校园阅读推广及各类阅读比赛和评选活动,极大地激发了学生的读书热情,提升了学生的阅读水平、营造了良好的全民阅读文化氛围。通过阅读,青年人感悟人生、启迪智慧,激扬梦想的青春风采,展现大学生朝气蓬勃、爱国进取的精神风貌。

"路漫漫其修远兮,吾将上下而求索",我们将不忘初心,继续努力,坚持不断推进学思并用的校园阅读风尚,以多样的阅读文化活动为载体,不断探索文化育人与阅读推广结合点和新途径,培育更多学生养成多读书、读好书的良好习惯,进一步彰显阅读的魅力,掀起校园读书的热潮,促进书香校园建设,推动传统文化传承,让书香弥漫校园,浸润学生心田,于春风化雨、润物无声中培育新时代的追梦人。

让阅读充盈大学美好时光

天津中德应用技术大学图书馆　张彤　刘梦佳

　　书香天津·大学生校园"悦读之星"评选活动对于营造校园读书氛围具有重要意义和推进作用。历年来，天津中德应用技术大学积极参与历届书香天津·大学生校园"悦读之星"评选活动，并在历届比赛中取得佳绩。

　　选手们饱含深情地在属于自己的舞台上演讲，抒发自己热爱的读书情怀，展现了新时代大学生"文化自信"的精神面貌。

　　对于天津中德应用技术大学来说，阅读推广活动不只是一种在特定

日期里被提醒和标榜的符号,更是融入我们每位师生生活的日常,成为每一个爱书人自知与自觉的美好行动。

我校阅读推广活动以"文化"为主线,突破了"书籍"的媒介限制,打破了"阅读"这一形式上的束缚,采用跨界合作、多馆合作等形式。

历年以"4.23"世界读书日为时间节点,通过书展、研讨会、名家讲座等形式,广泛开展健康向上、格调高雅的阅读推广活动,激发大学生阅读兴趣,提高阅读品味,增强文化自信。

　　我校阅读推广活动的顺利开展，也离不开这样一支队伍——图书馆"知识的守护者"学生社团，他们是阅读推广活动的组织者、参与者，是校园文化推广的重要力量。历年来，社团指导教师参与指导，挖掘学生社团的潜能，发挥学生社团在图书馆阅读推广活动中的作用，开展了丰富多彩的读书活动。他们走进军营，开展"文化拥军"活动，向天津警备区图书室捐赠图书 200 册，为战士们送上精神食粮。

　　对学生，"阅读"是一件经久不衰的学习任务；对馆员，培养学生"悦读书"。读遍文中珠玉，让阅读成为一种主动、互动、探索和构建的过程，让图书馆员实现从传统服务到知识发现创新服务能力的提升，让学生成为具有高尚文化素养的社会建设者，这是每一位中德图书馆人经久不衰的责任与任务。

书香浸润心灵　悦读点亮人生

天津外国语大学滨海外事学院图书馆　张大亮

天津外国语大学滨海外事学院先后参与了 7 届书香天津·大学生校园"悦读之星"活动，共取得 1 个一等奖、3 个二等奖、3 个三等奖。正所谓"书中自有黄金屋"，读书已成为当代大学生汲取知识的重要源头之一，是大学生富有启发性的养料。在读书的过程中，同学们不仅学到了丰富的知识，也在繁忙的大学学习生活中找出一片宁静的空间自我总结，在学习中获得，在总结中成长。

通过参加"悦读之星"活动，进一步引导我院广大学生充分利用图书馆文化环境，提高学院的文化品位，形成浓郁的人文与科学氛围，促进学生们在知识、能力和素质方面的协调发展，有力地推动了我院学习型校园及学风建设。同时也让同学们意识到：作为新一代的大学生，他们是未来社会的接班人，更应该好读书，读好书；陶冶自己的情操，滋润自己的心灵，提升自己的品位。

这些成绩和荣誉获得的背后是个体的成长，也是天津外国语大学滨海外事学院图书馆阅读推广团队的成长。从书香天津·大学生校园"悦读之星"比赛设立之初，天津外国语大学滨海外事学院图书馆始终积极参与，不断探索创新，形成了以比赛促进阅读推广的活动模式。

一、创新活动方式,倾力打造校园阅读推广品牌

(一)举办"书库寻宝"活动

图书馆事先整理出一批书目,以馆藏精品为主,参与者根据图书馆列出的图书清单,通过检索,以最快速度找到图书,并取出书中隐藏的书

签，就可以获得礼品一份。"书库寻宝"活动不仅可以促进读者对图书馆馆藏空间分布、文献分类排架以及信息检索方法等知识的了解，还可以提高文献借阅效率。

（二）举办"最美图书馆瞬间"活动

参与者用镜头捕捉身边图书馆美好的阅读瞬间、优美的阅读场景。全校师生踊跃参与，美好的阅读瞬间和优美的阅读场景记录了师生的青春印记，丰富了师生的校园生活，激发了师生的阅读热情。

(三)举办"读书心得征文、演讲"活动

图书馆组织读者进行读书心得征文、演讲活动,不仅为读者创造了一个读书交流的平台,还锻炼了读者的表达能力,提高了读者的综合素质,展示了新时期大学生的精神风貌。

二、加强优质阅读产品和服务供给,丰富推进阅读融入生活

(一)举办各类讲座,丰富师生精神文化生活

师生在利用图书馆资源尤其是各种数据库资源时,难免会遇到各种问题。图书馆举办各种资源培训活动,可以帮助读者更加高效地利用图书馆的各种资源。

（二）举办图书漂流、图书交换活动

图书馆在馆内大厅处专门设置了图书漂流站，读者可将自己不需要的书籍送到图书漂流站，同时可选取漂流站中自己感兴趣的书籍带走，阅读完毕后再放回漂流站，让图书继续为他人所用，不断传播分享和信任的理念。

（三）图书馆积极打造和巩固符合学校师生需求的品牌阅读活动，引领全民阅读新风尚

图书馆与天津外国语大学图书馆共同推出"书香天外经典领航"系列活动，为师生供给"文化大餐"，营造良好学风校风，为建设文明校园贡献力量。

三、提升校园阅读的品质，促进校园读书文化建设

（一）提高了读者的阅读热情

图书馆通过开展丰富多彩的活动，营造出浓厚的读书风气，点燃了校园读书热情。

(二)增强了读者与图书馆的关系

师生通过参加图书馆举办的各种活动,对馆藏资源、文献分类排架等内容有了更深入的了解,让读者更加高效地利用图书馆的各项资源。

(三)加强了馆员之间的交流沟通

图书馆通过开展各种活动,增强了馆员的责任心、荣誉感和凝聚力。

今后，图书馆将继续深入认真学习贯彻习近平重要指示精神，加强阅读引领，涵育阅读风尚，推动校园阅读的覆盖面、提升校园阅读的品质、增强实效，促进校园读书文化建设，营造爱读书、读好书、善读书的良好风尚，为奋进新征程、建功新时代注入强大的精神力量。

书香墨卷，沉淀风华正茂

天津传媒学院图书馆　李广明

天津传媒学院图书馆积极参加了 3 届书香天津·大学生校园"悦读之星"评选活动，我校的参赛选手经过精心的准备，给各位领导、评委老师以及观赛的观众都留下了深刻的印象，共取得 3 个二等奖。我校的参赛选手从自选参赛书目中选取喜欢的书籍，进行阅读，产生感悟，在比赛现场分享给大家。通过本项赛事，让选手们从文字中获取力量进而迸发出更强劲的文化自信和使命担当，展现当代大学生在阅读中学习与成长的经历。

2022年二等奖获得者张玥颖同学在阅读《青春之歌》这部描写青年学生革命运动的长篇小说，心生所感，更加坚定"愿以吾辈之青春，护卫盛世之中华"的光荣信念。

取得这些好成绩和荣誉的背后是学生个体的成长，同时也是天津传媒学院图书馆宣传与推广团队这个集体的成长。从接到书香天津·大学生校园"悦读之星"比赛通知的那一刻起，天津传媒学院图书馆积极准备积极参与，依托赛事本身，在校园内开展了丰富的阅读推广活动。

一、开展全校范围的选拔赛，吸引更多同学关注

活动之初，我校各二级学院积极配合，每个学院推送20名优秀选手，总共140名，通过阅读＋演讲的比赛形式，竞争我校的"悦读之星"，既而取得参加市级比赛的资格。

二、延伸宽度，开展有特色的校园阅读推广活动

为了更大力度地推广阅读，我校开展了"书香学校"活动，在全校进一步树立人人爱读书，人人读好书的理念，全面提高广大师生的思想道德和科学文化素质。我校扎扎实实开展了以"诵读红色经典　共话百年党史"为主题的学校读书月活动，发动全校师生创造性地开展读书活动，亲近书本，喜爱读书，学会读书，养成热爱书籍，博览群书的好习惯。读好书，启迪智慧，陶冶思想，对话心灵。通过开展读书活动，提高学生的思想觉悟和文化底蕴，构建有天津传媒学院特色的书香校园文化，提升学校办学品位。

三、深入宣传，广泛活动，营造读书学习的良好氛围

根据校领导的指导精神，按照活动方案，本馆迅速在全校开展活动的动员工作，经过悬挂宣传条幅，制作格言、名人名言牌，营造学校文化氛围、多渠道、深层次宣传读书、学习的重要意义，熏陶和提高广大师生的思想认识，为深入落实方案的各项活动奠定坚实的基础。

为了献礼中国共产党成立 100 周年，天津传媒学院推出大型话剧《大江歌罢》，该剧聚焦五四运动时期，讲述了以周恩来、邓颖超为代表的青年学子创办觉悟社、寻索救国出路的故事。并且我校图书馆将五四运动时期相关文献共计 600 余种、1 700 多册设立专刊阅览架，方便师生阅读，活动期间师生共参与借书超过 800 人 / 次，着力唱响爱党爱国爱社会主义的时代主旋律，大力营造"爱读书、读好书、善读书"浓厚氛围，不断推进书香天津建设。

　　阅读推广活动是一项长期的教育工程,需要每个师生继续投入极大的热情。今后,我们要在全校进一步深入开展读书学习活动,营造浓厚的读书氛围,培养良好的读书习惯,倡导读书明理、读书求知、读书成才的新风尚。与大师对话,与高尚为伍;与经典为友,与博览同行;开拓视野,陶冶思想,净化灵魂。让我们在读书的过程中不断完善自我的人格和品德,做一个有利于社会、国家和人类的人。

　　与书相伴的人生,必须有质量,有生机;书香飘溢的学校,必定有内涵,有发展。

春暖花开山路通，
读书松间送清风

天津医科大学临床医学院图书馆　　王瑞君　王先远

　　天津医科大学临床医学院图书馆在每年 4 月 23 日世界读书日到来之际，都会举行为期一个月的读书节活动。为了响应天津市新闻出版局、天津市高等学校图书情报工作委员会主办的书香天津·全民阅读的号召。我馆积极开展《我与书的故事》主题演讲活动，围绕践行社会主义核心价值观、健康向上、积极乐观，能展现当代大学生风采风貌的专题演讲比赛。

　　2017 年，李森同学以纳兰容若的词为主线，情为框架，爱为血肉，以诗化的语言，让我们看到纳兰容若的繁华生活、真诚性情、艺术造诣以及爱的痴情。

　　2019年，张艺馨同学"医者仁心守望生命"的演讲源于《当呼吸化为空气》这本书。我们医生的职责，是当病人需要救助的时候，我们应尽力实施救助，即便是一句话、一条绷带、一把手术刀，也要竭尽所能，减轻病人的痛苦。记得医学生誓言中有一句话："除人类之病痛，助健康之完美，维护医术的圣洁和荣誉。"正因为这句话，我们医学生坚定了理想和信念，正因为这本书，指明了我们医学生学习的动力和方向。

2020 年,安家兴同学以"致敬最美逆行者"为主题,以我院 37 名白衣披甲、闻令而动、不怕牺牲、日夜奋战、逆行武汉的最美临医人为事例,满怀深情地讲述了《武汉抗疫日记》中的点滴故事,赢得了现场观众和评委的一致好评,最终获得本次决赛二等奖。

2021 年,胡新婕同学以"百年风华初心如磐"为主题,参阅著作《红岩》,从红岩精神追溯党的情怀,饱含深情地讲述了共产党坚如磐石的革命信念,最终获得本次决赛二等奖。

2022 年,高亦辰同学演讲的题目是"弘扬精神魅力天津",参阅著作是《遇见天津》。九河下梢,山海之间,万物奔涌,天地静美,于津门之景间

看遗迹，民族之光中看奋起，科教之声里看积淀，商埠之韵内看繁华，非遗之花上看民风。在这里遇见天津，遇见最美天津。

我院积极参与历届书香天津·大学生校园"悦读之星"评选活动，通过组织参加活动，进一步把阅读推广和读者阅读兴趣培养推向深入，有力推进了我院书香校园的建设进程，共同营造读书的浓厚氛围。

我院图书馆凭借出色的宣传组织工作，于 2017、2020、2021 三年荣获最佳组织奖。

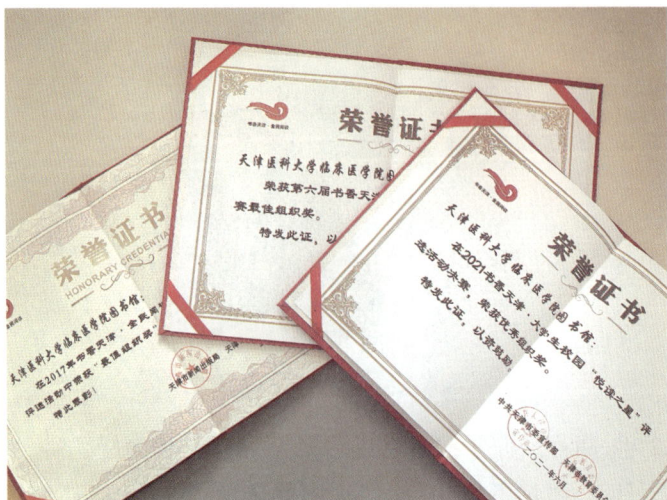

　　最后希望我们给思想留一片芳草地,给心灵寻一处栖息所,因为有书籍的生活是明亮的,爱读书的人是幸福的,善读书的学校是芳香四溢的,善读书的民族更是有希望的!坚定文化自信,弘扬中华民族优秀传统文化,加强校园文化建设,进一步培养我校学生阅读兴趣,作为新时代图书馆员的我们,永远奋斗在推广阅读的道路上。

书香筑梦　文化育人

南开大学滨海学院图书馆　张喆　朱虹　刘芳

　　南开大学滨海学院图书馆始终秉承"整合资源、共享创新、精诚服务、智慧育人"的办馆理念，以书香天津·大学生校园"悦读之星"评选活动为契机，引领大学生从书本中汲取力量、厚植爱国情怀、涵养进取品格，为构建书香校园不断探索，为提升文化育人不懈追求。书香天津·大学生校园"悦读之星"评选活动发起于2015年，南开大学滨海学院图书馆至今已经连续参赛7年，曾取得连续2年夺得一等奖的好成绩。我院选手有机会和来自天津市43所高等院校的优秀学生代表同场竞技、交流与学习，感到兴奋与骄傲。图书馆团队也连续数年获得最佳组织奖，其中的优秀教师还荣获星级指导教师奖。这7年的参赛经历也见证了我馆参赛选手与她们背后的图书馆团队的不断成长与进步。

2020 年，书香天津·大学生校园"悦读之星"评选活动中，我院战语涵同学以总分第二名的优异成绩荣获天津市一等奖。她在比赛现场分享了阅读《红岩》的心得体会——"在红旗下成长"。伴着《红梅赞》的经典旋律，她深情朗读了江姐在狱中绣红旗的片段，"线儿长，针儿密，含着热泪绣红旗……"百折不挠的革命志士给予了青年们延绵不绝的精神力量，红岩精神指引着她勇敢地打破舒适圈，不断完善自我，点燃青春梦想。

2021 年评选活动中，我院学生蝉联书香天津·大学生校园"悦读之星"评选活动一等奖。赵明达同学以"乘风破浪，做时代弄潮儿"为题进行了现场演讲，参阅著作是黄亚洲的《红船》。他与在场观众分享了小说中将"红船精神"展现得最淋漓尽致的章节，也分享了他近距离地感受那艘"革命声传画舫中"的红船的经历。赵明达同学说到前人的船舵已经交给了新时代的青年，吾辈必将以"红船精神"为引领，在时代的浪潮中驶向新的航线，在巍巍中华的巨浪中，继续乘风破浪！

　　"悦读之星"大赛给予我们的不仅仅是荣誉，它作为"全民阅读习惯的倡导者、全民阅读风尚的引领者、全民阅读氛围的推动者"，为我院图书馆在校园文化阵地上推广阅读，引导青年学子多读书、读好书，提供了广阔的舞台和有力的支持。

一、赋能校园读书节，激发学生参与热情

　　"悦读之星"评选活动恰逢每年 4.23 读书日举办，我馆每年开展的读书节活动也正逢其时，凭借市级大赛的东风，我们将"悦读之星"作为核心项目，围绕其开展了一系列的活动，通过大力宣传"悦读之星"推荐书目、举办相关图书展览、举办大规模校园公开选拔赛、在线点评选手视频等丰富活动，吸引更多的同学参加比赛、参与阅读，让更多的读者关注图书馆、体验图书馆的文化氛围。校园"悦读之星"的颁奖仪式和汇报演出也成为我院"读书节"闭幕仪式的主打节目。获奖选手的精彩展示与为我院争得的荣誉，每每将读书节氛围推向最高潮，得到同学、老师以及校领导的高度评价。多年来，"悦读之星"校园评选活动，深度融合图书馆读书节活动，成为我院构建书香校园，坚守校园文化阵地的重要载体。

二、联动全校各部门，合力开展校园文化建设

　　通过组织的"悦读之星"校园赛的评选活动，图书馆依托学生团队开展了全校范围的校园宣传活动，给学生团队——南滨读书协会提供了更多学习的机会和实践的空间，增加了社团成员的黏性，大大提高了团队的归属感和荣誉感。社团同学不仅仅在幕后进行宣传和组织工作，更有机会登上舞台参与比赛、参加汇报演出的集体诵读和文艺展演，一展风采。

通过连年举办赛事并不断扩大影响力，图书馆获得了更多校内的关注与支持。学工部、团委和各院系大力支持校园赛事宣传、纷纷推荐选派优秀选手参赛，全力支持颁奖仪式的文艺汇演，大大提升了"悦读之星"校园赛的人气；网管中心新媒体部门提供设备与技术支持，从选手演示文稿制作、比赛视频录制到颁奖仪式的现场效果都给予专业水准的指导；校园记者团对校园大赛进展情况进行了持续报道，也在评审阶段提供大量的宝贵意见；马列教研室的老师在选手拟定书单时就提供帮助与指导，专门为入围选手开展赛前辅导，对文稿修改和现场表演进行深入指导。在学院党委的高度重视与支持下，2021 年，图书馆联合党建工作部在全院范围内开展党史学习教育读书活动暨 2021 年校园"悦读之星"评选，活动通知以党建工作部文件形式向全院党支部发布，将"悦读之星"评选与全院党史学习教育读书活动有机结合，活动规格和关注度也全面提升。在图书馆的不懈努力下，全校各部门形成合力，掀起校园读书的热潮，让"悦读之星"读书育人的活动主题得以升华。

三、线上线下相结合，开启创新发展

我馆坚持开展线上读者服务与阅读推广工作，引入读者之星阅读推广云服务数据库平台后采用SAAS云服务模式,基于H5架构,协助图书馆建立阅读推广活动门户,使之成为活动管理和活动发布的入口,辅助图书馆高效管理各种阅读推广活动。"悦读之星"的微书评大赛即依托该平台在线上开展,我馆微信公众号的关注度也因此节节攀升。读者无论是在校还是在家,都可随时随地参加,使活动传播产生裂变效应,吸引越来越多的读者参与其中,进而扩大图书馆服务的社会影响力。我馆将大赛活动资源作为图书馆的宝贵资源,加以有效保存和展示。平台所有线上活动结束后自动生成活动回顾,线下活动可在结束后上传活动照片、视频、文字等信息,不但方便读者回看、查找活动内容,而且有效保留历史记录,形成图书馆阅读推广门户。活动期间我馆管理后台详细记录了具体数据,包括:活动总点击量、总参加人次、作品总点击量、作品总评论数、作品总点赞数、排行榜等数据;具备每日作品数、每日评论数、每日回复数、每日点赞数的趋势分析,并配有相应图表;具备作品点击量排行、点赞数排行、评论数排行等榜单,翔实的数据可为今后的活动提供重要参考。

南开大学滨海学院图书馆阅读推广数据库平台使用绩效分析报告

序号	活动名称	活动点击量
1	图书馆、网管党支部国学知识和党政知识竞赛	196
2	国学知识竞赛	2178
3	商务英语专业学生名著阅读展演——《傲慢与偏见》	273
4	商务英语专业学生名著阅读展演——《爱丽丝梦游仙境》(配音)	209
5	商务英语专业学生名著阅读展演——《老人与海》	236
6	第三届天津市书香校园·微书评大赛——庆祝新中国70周年华诞,让书香溢满校园	13462
7	"宅家同战疫,居家不停学"课堂笔记展示活动	547
8	书香战"疫"第二届大学生"悦读之星"读书演讲风采展示活动	7853
9	"英雄礼赞"书香校园·微书评大赛	2748
10	"新时代·阅读点燃梦想"2020书香天津·校园"悦读之星"评选活动	348
	合计	**28050**

为全面推进全民阅读,实现创新发展,我馆打造了品牌阅读推广栏目"芸窗",该项目最大亮点就是充分激发学生读者热情和创造力,让学生以阅读推广志愿者的身份"反客为主"参与到阅读推广中来,通过将一维的"读书"转变为线上线下多维朗读＋分享的学生喜闻乐见的形式,从而激发读者阅读兴趣。2019年首期推送"芸窗·再见故宫",浏览量破千,随后又推送了"春日游,杏花吹满头""愿你永远像个孩子""这就是天津"以及"品读党史书香筑梦"特别版等主题,曾多次被学院官微和天津市全民阅读办"书香天津"公众号转载,在校内外均获得了极高的关注度。

四、乘势发展,喜结硕果

为充分发挥优秀选手的榜样示范作用,深度挖掘选手的潜力,扩展通过倡导阅读实现育人目标的教育理念与内涵,图书馆对每一届获奖选手都进行大力宣传和后续追踪访问,并为他们的进步发展提供鼓励与支持。

在2020年"悦读之星"评选活动中,荣获全市一等奖的战语涵同学,通过学校的推荐,作为天津市"悦读之星"代表参与了天津音乐广播"音乐朗读者"节目的录制。该期节目播出后,引起不俗反响,在校内外获得一致好评。

2019 年"悦读之星"市级二等奖获得者李垠萱,获奖后组建学生团队,创办图书推荐栏目"芸窗"。在图书馆老师指导下,"芸窗"团队打造出"领读——当代大学生阅读行为习惯提升计划",该项目荣获 2020 年大学生创新创业训练计划项目国家级项目立项,并同时荣获 2020 年"挑战杯"天津市大学生创业计划竞赛银奖。

　　多年以来,图书馆将"悦读之星"评选活动打造成为构建书香校园,坚守校园文化阵地的重要载体,并围绕这一核心,不断创新和发展各类特色阅读推广主题活动,用书香筑梦,以文化育人,引导大学生用阅读点亮人生之路。

阅读之光点亮心灯

天津理工大学中环信息学院图书馆　李妍

天津理工大学中环信息学院图书馆自 2015 年起连续 7 年积极组织学生参加天津市"悦读之星"活动,共获得 2016 年一等奖、2019 年二等奖,其余 5 项三等奖。

阅读,能丰富人生,启迪智慧,腹有诗书气自华,最能致远是书香,书香校园是一种氛围,是校园文化的集中显现。中环学院图书馆以"悦读之星"活动为契机,致力于将阅读的种子播撒在学生的心中,引领当代大学生从书本中汲取力量,用行动践行"请党放心、强国有我"的青春誓言,成长为有理想、敢担当、能吃苦、肯奋斗的新时代好青年。

一、全院总动员,多渠道宣传,激发阅读热情,营造良好校园文化氛围

每一年的"悦读之星"活动,作为主办方的图书馆都能得到院团委和各系学生会等各方面的大力支持。历年活动均制作大型条幅和多种海报、宣传册,从图书馆、教室、校园操场多个场合,并通过学校网站、图书馆网站、微信平台、校园广播站等多个平台途径进行宣传。

二、各级比赛精心组织，打造学院级精品品牌活动，提升影响力

7年来共举行各系初赛40余场，在初赛初评的过程中，各系涌现了多位优秀的读者。

我院机械与工程系、电子工程系、经济与管理系、计算机工程和自动化工程系、海河园院区分别进行了大赛的初赛甄选。各系精心的组织和准备，让阅读之风深入每个系和班。各系的选手们在讲台上尽情展示了自己推荐的书籍，畅谈个人对书籍的理解和感悟，真情流露，引起现场听众的共鸣。

图书馆举办学院多场总决赛，参赛选手依次上台进行精彩的演讲，选手们或将书中的故事娓娓道来，或将书中的道理慷慨陈词，或将读书的感悟深情诉说，给现场的观众带来了一场思想碰撞的盛宴，激发了大家对书籍的渴望，以及透过优秀的书籍对人生的领悟与思考。

　　2016 年获得一等奖的是经管系的马航同学,他推荐的书籍是《平凡的世界》,身处平凡的世界却能创造不平凡的人生。马航同学将书中那种战胜自我,逆境中顽强拼搏的精神,精彩地诠释出来,打动了现场的每一个人。

三、以"悦读之星"做引领，持续各项开展阅读推广活动，点亮学生的心灯

经过七年的持续耕耘，书香天津·大学生校园"悦读之星"评选活动已经成为学院的品牌活动，成为学院阅读习惯的倡导者、全民阅读风尚的引领者、阅读氛围的推动者。为进一步推广活动效应，图书馆陆续组织开展"悦读之星"采访、朗读者、书评大赛、寄语书信等相关活动，让活动影响力持续扩大，彰显出阅读的魅力，掀起校园读书的热潮，让书香弥漫校园，浸润学生心田。

"星汉灿烂"照阅读

北京科技大学天津学院图书馆　　王瑞存　邢智轩　吴素舫

　　北京科技大学天津学院积极组织参与历届书香天津·大学生校园"悦读之星"评选活动,近年来也取得了良好的效果,并于 2018 年获得了一等奖。天津学院图书馆以"新时代、新阅读、新风采"为主题举办的读书文化节晚会,具有推动校园文化活动的意义。"悦读之星"演讲大赛也展现了大学生的青春活力,看到了大学生身上焕发出的勃勃生机。书香天津·大学生校园"悦读之星"评选活动作为天津学院图书馆 4 月读书活动的强档品牌,激发了同学们的阅读兴趣,调动了学生阅读的积极性和主动性,促进了书香校园的建设。

　　2018 年一等奖的获得者白子毅,身着一袭朱红长袍、气宇不凡。在演讲中解读了《中国文化的根本精神》一书中提到的传统文化丧失现象,通过其亲身经历讲述了我国传统文化传承的必要性和艰难性,呼吁年轻人应该成为传统文化的传播者和建设者,展现一名普通大学生继承并传承传统文化的情怀。

　　这些年的成绩和荣誉来之不易,是参赛选手自身的成长,也是北京科技大学天津学院相互配合协作的成果。天津学院历来重视并积极参与书香天津·大学生校园"悦读之星"活动,经过 10 年的摸索,逐渐形成了具有天津学院特色的活动模式。

　　天津学院近些年逐渐加大与学校的各部门合作,从早些年的"单打独斗",到近两年成功联合党委宣传部、党建办、学生处、团委等部门,引导学生积极阅读,进而成功举办校内的"悦读之星"评选活动。

　　在活动初期,以选拔市级参赛选手为契机,开展校内的评选活动。为了吸引更多的同学参与并关注活动, 前期制作了许多有意义的小视频、明信片、宣传手卡等,不仅是为本次活动的参赛选手,更是为了渲染整个校园的阅读氛围,让莘莘学子在关注阅读活动的同时,养成良好的阅读习惯。

　　为了读书爱好者成为一名合格的阅读推广人,肩负起文化传播的使命与责任,天津学院负责阅读推广的团队,积极为学生辅导,对稿件字字斟酌,并和电视台、校辩论队、宣传部等专业团队的负责老师一起,对演讲内容进行把关,让学生与专业老师直接对谈、交流和分享阅读的心得,在赛前不断提升自我,不断成长,这也是阅读活动的意义所在。

　　为了让同学们能专心准备活动,图书馆也专门为辅导教师以及参赛的选手准备演讲场地,让同学们可以尽情展示自己的风采,再由教师们针对性地提出意见,力求将演讲效果做到最好。

　　在经过报名、海选筛选后,由专业教师推荐,选手进入校内总决赛,

最终推荐校内一等奖参加天津市的比赛。

为了让天津学院的阅读推广活动做大做强，图书馆每次都会将获奖选手在学院新闻、公众号等多渠道宣传并进行表彰。这不仅提升了全校师生对阅读活动的关注，而且还能够让更多的学生参与到活动中来，很好地推动了天津学院书香校园的建设和发展。

在举办活动的同时,图书馆也和合作社团,共同举办阅读系列相关活动,构建阅读活动体系。由阅读推广团队的教师带领同学们一起阅读,并组织参加"天院朗读者""一页一世界"演示文稿分享活动等具有天津学院特色的阅读推广活动。同时邀请专家学者进校园,为同学们带来宣讲、培训等内容,为校园内阅读的系列活动助力。

阅读推广活动不仅只有学生的参与,天津学院也积极与学生处等部门配合,让广大教师也积极参与进来。图书馆利用设置的学科联络员积极与各院系或系部进行沟通,与院系教师一起调研,了解需求,有针对性地向各院系部提供阅读服务。为了提升读者的阅读质量,图书馆联合各专业教师推出主题书单,提供给广大读者阅读,通过这种方式,让阅读爱好者对阅读有了更深刻的认识,也让广大教师们的付出有了回报。

校内"悦读之星"活动是天津学院 4.23 读书月系列活动的点睛之笔,它与"天院朗读者"、书偶创意设计大赛、"我绘我风采"绘画展览等活动共同构成了学院阅读活动的体系。一路走来,阅读活动由最开始的每年几十人参与到目前的 2 000 多人次参与,让整个校园都弥漫阅读之声。阅读活动不仅形成了自己的特色,也让"三全育人"的理念得到了落实。特别是在阅读红色经典、传承红色记忆以及融合故事思政的过程中，图书馆工作与思政工作紧密结合，相互促进，同频共振，相得益彰。

成绩属于过去，阅读推广工作永远在路上。今后，图书馆将紧紧围绕天津市的"悦读之星"活动，不断探索新的阅读推广活动，使"三全育人"工作不断推向前进，站好思政教育的阵地，促进书香校园、书香社会的建设，实现高校立德树人的根本任务。

在书香中浸润，在阅读中成长

天津仁爱学院图书馆　李欣　魏巧玲

　　天津仁爱学院图书馆历来高度重视、精心组织、积极参与书香天津·大学生校园"悦读之星"评选活动，并取得了可喜的成绩，共荣获 2 个一等奖、5 个二等奖，其中 2016 届、2020 届、2021 届荣获优秀组织奖。通过参与这项活动，学生们阅读名家名篇，了解经典，学习经典，品味经典。在演讲现场，历届参赛选手通过鲜明的主题、深入浅出的阐释、生动活泼的演讲，深深打动在场的评委、老师、同学，也迎来了自己的人生高光时刻。

　　2018 年获奖者徐嘉的参赛作品是"珍爱生命、呵护万物"，作品内容感悟生命之美，呵护万物之灵，呼吁人间大爱，她的演讲赢得了评委和观众的高度赞赏。2021 年一等奖获得者沈梦林以"百年荣光"为题进行现场

演讲，参阅著作是《论中国共产党历史》。讲述了中国共产党百年风雨兼程、百年励精图治，于荆棘泥泞中前行，党的革命精神铸造钢铁般的民族，砥造出我们这雄伟的国度，表达了新时代的青年应主动担起时代重任，传承红色基因，与祖国一同砥砺前行，在建设中国特色社会主义的伟大征程中璀璨绽放，激情高昂的演讲打动了评委及在场师生。

一、千里之行，始于足下，一分耕耘一分收获，成绩和荣誉的背后浸润着我馆全体馆员的智慧和汗水

图书馆高度重视这一活动，为了达到预期的效果，每年安排提前做好相关准备，自接到通知后，就发动全体馆员开始紧锣密鼓的系列工作，按活动通知要求编写活动策划方案、制定相关系列规则、拟定校内决赛评委、明确参与馆员的分工等。只有不放过每个小的细节，赛场上我们才能稳步前行，对于比赛我们是认真的，对于阅读我们是用心的。

（一）"多角度—全方位"的宣传

在每届的校内选拔赛中，我馆馆员提早发动，精心组织，在全校范围内通过微信公众号、微信学生群、QQ 智慧校园、办公网通知，学生公寓和食堂张贴海报，大学生校园广播、学工部和教务处转发通知，鼓励各系办公室推荐学生参加等方式进行全方位多角度的宣传，最终通知到在校的每位同学。

（二）"淘汰式"逐步多次的筛选

比赛采取"海选+视频作品筛选＋预选＋初赛＋复赛"的校园初评模式，根据报名情况，安排多次现场初选赛，对每个选手演讲内容、语言表达、形体语言等进行现场点评，并给出意见或建议。通过对选手优中选优的综合考量，评选出综合素质较好者进入下一轮选拔阶段，经过多次淘汰式逐步选拔，最终评选出 10 名优胜者进入校内总决赛。

（三）"一对一"千锤百炼的精准指导

我馆馆员在时间紧、任务重的情况下，以工匠精神对入围校内总决赛的 10 位同学开启了千锤百炼、精挑细琢的升级模式。"挑"的是选手们的问题和不足，"琢"的是选手们对参选书目的解读和感悟，通过一对一

近乎严苛的调整之后,从稿子内容到每个字的发音再到台上每个动作的展示,大家的努力是卓有成效的,选手们的巨大进步,洗去了老师们在整个选拔提升过程的疲惫和倦意。为配合学生的课余时间,整个锤炼过程大多是利用 8 小时之外的非工作时间。最终决赛我们特邀天津市图工委领导、校学工部领导、各院系领导代表和图书馆领导组成专业评审组,并广泛组织和邀请同学们光临决赛现场,对以焕然一新的精神风貌出现在校园总决赛舞台上的 10 名同学进行综合考评,选拔出第一名的同学代表我校进入天津市总决赛阶段。

二、延伸阅读推广,注重活动成效与发展

(一)以"悦读之星"比赛为契机,延伸阅读,推广校园阅读活动

为了吸引同学们关注阅读,每年图书馆在举办"悦读之星"演讲比赛的同时,将其他的阅读推广内容嵌入在整个比赛过程中:2017 年举办"以诗会友——古诗风云榜争霸赛",2018 年举办"阅读红色经典,传革命精神"党建主题书展、设立"红色书角"阅读书架、制作诗歌疗法微视频,2019 年举办以"爱国教育为主题"的电影作品展示,此外,还有每年不定期组织的阅读分享会、唱诗大会、诗歌会心等活动,逐渐形成了独具特色

的系列品牌活动。2018 年，我校图书馆挂牌成立了天津市范围内首个"阅读疗法活动基地"，该基地开展多次阅读疗法的相关活动及心理咨询服务，收到了很好的反馈及社会影响。

（二）扩大阅读推广队伍，让每位爱阅读的学生蜕变成阅读推广达人

　　每年在书香天津·大学生校园"悦读之星"评选活动期间，图书馆均会发动多个学生社团共同参与，让社团的同学们多宣传、多参与，传递阅读的力量，肩负起传播传承中华文化的使命和担当。为此，图书馆会组织读书会、华蓁国风社、北洋之翼等社团，与图书馆相互配合，通力合作，并呼吁社员组织身边的同学参与到弘扬中华优秀传统文化的队伍中来，如通过组织团扇绘制与滴胶手工品制作、国学颂知识竞赛、"印象·仁爱——爱国摄影大赛"等系列活动，让同学们更清楚地认识国学、了解国学，更好地继承和发扬中华民族优秀的传统文化。

（三）让"悦读之星"们走出去，把社会名人请进来

走出学校，走进社会引领更多的人多读书、读好书、善读书，参与到全民阅读的大家庭中来。2019 年，我校图书馆、校读书协会、静海区图书馆共同举办"儿童阅读推广计划——春雨行动"，捕捉孩子们阅读的敏感期，面向儿童开展经典阅读分享，引导孩子们爱上阅读，在阅读中探索未知的世界。该活动受到家长的一致好评，社会反响良好。

2018 年和 2019 年，我馆"悦读之星"指导老师走出图书馆，走到读者中，为读者普及阅读疗法知识，从而吸引读者参与馆内阅读活动。以"阅读中的心理学"为主题，分场次地为读者详细讲解阅读疗法基础知识、使

用方法及推荐书目等，尤其倡导广大群众经典阅读、有品质的阅读，先后为北辰区图、宜兴埠文化馆、校内管理系等开展多次阅读疗法讲座。该活动不仅受到大学生读者的良好反馈，也受到了社区居民的广泛喜爱。

2019 年，北洋之翼社团的"悦读之星"们走进天津市西青区大寺镇为善园养老院，开展陪伴老人给予爱心的活动，通过该活动，引导老人们了解社会、感受社会，也培养了学生们关爱生命、服务他人的美好情操，为构建和谐社会贡献青春的力量。

　　莎士比亚说过："书籍是全世界的营养品。生活里没有书籍，就好像没有阳光；智慧里没有书籍，就好像鸟儿没有翅膀。"因而天津仁爱学院图书馆一直致力于打造"书香校园"，以期让书籍陪伴和引领师生们，让他们在书中汲取智慧和养分。对此，我馆加强经典图书的推荐，在新时代要让更多好的作品在读者中得到广泛的传播，我馆推出"书林漫步你的悦读时光"、宅家读好书等书目，用"阅读打卡"的方式，带领同学们阅读，让阅读陪伴同学们经历风雨，伴他们一路成长。同时，邀请社会名家为师生提供直接与专家对话的机会，截至目前，我馆已先后邀请了刘文中、王纪仪、刘兹恒、邹进、柯平、宗文举、王余光、李广生、王波、宁宗一、王子舟、周德丰、谭汝为、赵雅文、唐承秀等专家莅临我校作读书报告和阅读分享，从经典阅读到数字阅读全方位引领校园阅读理念。

书林漫步 你的悦读时光——新生图书推荐|适应篇

仁爱图书馆 2021·09-29 12:00

开卷有益，一本好书就犹如一位朋友，伴你经历风雨，伴你一路成长。下面仁小图就推荐几本好书，希望这些书籍能帮助新同学尽快适应大学生活，养成良好的阅读习惯，开启大学四年的精彩之旅。

一本好书，亦师亦友，

可以提供我们精神的养分。

一本好书，如同智者，

可以指引我们前进的方向。

一本好书，如同镜子，

更好的认识自己，遇见最美的自己。

仁小图为你精选图书，按专题分次推出，欢迎来仁爱图书馆！

习近平与大学生朋友们

"书香校园"阅读活动的开展，得到了教师、学生和社会的积极响应和参与。读书唤醒了我们自己的教育智慧，改变了我们服务的心态，使我们自己理解了更多的教育理念。读书丰富了学生的精神生活，拓宽了学生知识面，提高了思想道德素质和科学文化素养，营造了勤奋读书、努力学习、奋发向上的校园文化环境。

七年来，通过演讲比赛，先后向全校和社会推介了《习近平谈治国理政》（第一卷、第二卷、第三卷）以及《论坚持推动构建人类命运共同体》《习近平谈"一带一路"》《摆脱贫困》《知之深爱之切》《泰戈尔诗选》《中国共产党简史》《马克思主义中国化的历史进程》《中国震撼：一个"文明型国家"的崛起》《习近平改革开放思想研究》《共和国七十年瞬间》《国家相册——改革开放四十年的家国记忆（典藏版）》《红岩》等上百本优秀图书，内容从古今中外名著到红色经典作品，既紧跟时代也有对历史和文化的感悟和思考。比赛只是一个起点,通过朗诵名家名篇,了解经典,学习经典,品味经典,传递出来的深厚人文素养积淀下所形成的踏实与坚固的信念,使得我们以荣誉、责任、勇气、自律来自制克己,奉献自己,通过致力于书香校园、书香天津的阅读推广活动践行我们服务于人民与国家的责任和义务。

书香珠江，阅读点亮美丽人生

天津财经大学珠江学院图书馆　吕明昕

天津财经大学珠江学院图书馆共参与三届"悦读之星"大学生风采展示活动，取得了优异的成绩。我院学生通过参与活动，获得与天津其他高校学生同台竞技的机会，也与更多的人分享了读书感受。学生积极报名参加活动，从读书到比赛演讲，展示了属于珠江学子的精神风貌。

2020年，我院姜炘瑶同学参加了本次活动，姜炘瑶同学深情款款地介绍了《我们仨》书中对亲情的刻画，以及自己对亲情的理解。2021年，詹婷婷同学现场为我们讲述了红军长征路程上演的生离死别的悲壮故事，红军战士通过生死考验，锤炼出了顽强意志。2022年，史晨华同学通过分享《建党伟业》这本书，描绘了在中国共产党带领中华民族奋斗百年的历史，作为新时代青年，应该坚决响应党中央的号召，赓续红色血脉，为实现中华民族伟大复兴而不懈奋斗。

这些比赛经历和荣誉,为珠江学子提供展示平台的同时,检验了天财珠江学院图书馆阅读推广工作的成绩。自参加"悦读之星"活动以来,图书馆积极宣传,全院范围选拔优秀选手,以比赛形式,激发学生读书热情,组织相关培训,提升学生综合素养。

一、发挥图书馆自身优势,满足个性化需求

图书馆邀请专业老师为入围决赛的选手开展相关培训,以参加比赛为契机,设计各种培训主题和内容,完善图书馆读者培训内容体系,力争做最贴近学生的个性化培训。

培训内容有"演讲稿写作技巧""如何更好地完成一场演讲""运用思维导图提升阅读效率"等，图书馆定期向学生调研培训需求，针对学生具体需求制定个性化培训内容，将阅读推广工作向更专业化方向发展。经过几年的发展，培训已不仅仅局限于参赛选手，图书馆将培训内容向全院推广，是为比赛准备又不仅仅是为比赛，以赛促学，将指导阅读，热爱阅读的思想向全院推广。

二、加强学院部门间协同联动，扩大书香校园影响力

活动之初，参赛选手集中在图书馆的学生组织中进行选拔，为了让更多的学生参与"悦读之星"评选活动，图书馆与学院其他部门联动，向全院各大学生组织全面开展选拔活动，通过校内评选，选拔优秀选手参加全市比赛。

图书馆积极与学工部团委等学生工作一线部门深入合作，除推广比赛宣传外，还开展了多项书香校园活动。图书馆联合团委管辖的学生社团举行社团联合读者沙龙活动，活动内容丰富，读书与手工制作相结合，增加活动的趣味性。

　　图书馆阅读推广学生组织与辩论与口才工作室合作开展了"启程梦想,思辨青春"主题辩论赛。本次活动为帮助学生能更好地理解作品的内涵,同时锻炼了他们的理性批判和独立思考的能力,图书馆通过不同形式阅读推广活动的开展,为建设书香校园贡献力量。

　　图书馆与我院五大学院合作开展了全院范围的"荐书分享"活动,是参与人数最多的阅读推广活动。为推广专业类书籍,帮助大学生了解其他专业的知识信息,拓宽阅读面,本场比赛分为人文赛道和专业赛道。组队阅读一本书,将读书感悟以演讲比赛形式进行展示。

三、做珠江阅读推广人，建设书香社会

珠江学院图书馆在组织学生参赛的过程中，除完成比赛中涉及的所有环节外，也进行了深入思考。如何将比赛中获取的读书经验扩展出去，图书馆也做了诸多尝试。

图书馆特邀请我院教职工子女到图书馆举办亲子阅读活动。在志愿

者的带领下有序地参观了图书馆的环境,阅览室、书库等。在参观过程中,孩子们好奇、兴奋、兴趣浓厚,图书馆老师还向小朋友介绍了图书馆书籍的摆放规律和图书的分类,示范了如何借书还书的流程。随后志愿者们向小朋友们讲述了《五颗小豌豆》的故事,故事生动有趣。最后图书馆向孩子们分发了幼儿图书,孩子们迫不及待地打开图书,安静地阅读,徜徉在书的海洋里,体验读书的快乐。让学生体验向低龄儿童做阅读推广的实践活动,有助于自身更深入理解阅读的意义及阅读对人身心发展起到的积极作用。

图书馆优秀阅读推广人走进宝坻区光荣院为荣复军人及干部职工朗诵了《百善孝为先》《毛主席诗词朗诵》《长征组诗朗诵》,并演唱歌曲《我和我的祖国》。老人们认真欣赏诗词朗诵,沉浸于歌曲悠扬的旋律中,用聆听的方式享受着阅读所带来的快乐。学生通过朗诵的形势,向老人传递关爱和美好的祝愿,体验了向不同年龄层做推广工作的不同感受和深远的意义。

天津财经大学珠江学院图书馆多年来积极参加"悦读之星"活动,将演讲形式的读书分享向全院推广,接下来,将深入发掘阅读推广工作的新方向,加大力度开展更多丰富的校园文化活动,同时,带领学生们走向社会,让阅读点亮生活、点燃梦想。

文即其人：
"文化"工匠·"悦读"未来

天津职业大学图书馆　阮伟娟

缘起 2015。自此，"天职工匠"每年都有一段"因悦读而相伴"的温暖旅程，用文字浸润匠心。

文如其人。在旅程中，一个个阅读精灵绽放绚丽之花，一篇篇读书心得让我们感受到一个个思想灵魂迸发出的阅读之美和工匠精神，感染着天职学子去阅读、去感悟、去思考如何传承工匠精神，如何成为新一代的"文化"工匠。

因为"悦读之星"，每年我们都能收获一份感动；每一份作品，都是独一无二的声音，都会带来不同的感触和收获。

艺术工程学院王永兵在演讲中提到，人生由淡淡的悲伤和淡淡的幸福组成，在我们追求梦想的路上，珍惜家人、珍惜生活、珍惜梦想，让梦想和亲情一起飞扬！

旅游管理学院陈星文用"读国维先生'人间词话'有感"，这篇赏心悦目的小古文让我们看到了一个由国学经典浸润而出的翩翩少年郎，已经成长为一名出色的国际品酒师。

读国维先生《人间词话》有感

读书不觉已春深，一寸光阴一寸金。不是道人来引笑，周情孔思正追寻。吾自幼从师而学，时至今日，已历十余春秋。匆匆岁月之中，诗词歌赋常做伴，时而不求甚解，畅游书海；时而字斟句酌，口味佳文。不仅饱览诗词之美，更拜读过许多诗词批判书籍，古今经典之中，吾所以独爱国维先生之《人间词话》者，以其"境界"二字可味也。

眼视光工程学院宋小双的"逆风挺立·与国同行"，在其娓娓道来中，我们看到了什么是不畏艰险的勇毅，什么是挺身而出的担当，什么是与国同行的爱国情怀。身为新时代的青年，要把自己的小我融入祖国的大我，与时代同步伐与人民共命运，在历史的长河中谱写自己的青春。时代向前，青年向上，与国同心同行，让青春在祖国和人民最需要的地方绽放绚丽之花！

成绩和荣誉的背后是学生个体的成长，也是天津职业大学图书馆阅读推广团队不断求索的成果。从天津市校园"悦读之星"比赛设立之初，天津职业大学图书馆始终积极参与，不断探索创新，逐渐形成了"以赛促阅"的阅读推广模式，推动师生阅读、建设书香校园。

一、凝聚"三方"合力，打造校级"悦读"品牌

以选拔市级参赛选手为契机，开展"悦读之星"校内选拔赛。为吸引更多同学关注并参与活动，图书馆主动出击、积极联合校团委、阅读平台

商共同开展工作。发挥校团委组织和宣传优势,依托天津职业大学图书馆微信公众号等新媒体,发布活动推文,在全校范围内进行宣传推广,鼓励学生参与"悦读之星"校内选拔活动;同时依靠在线阅读活动平台,通过上传、分享和点赞作品等途径,筑牢"群众基础",让广大师生熟悉并踊跃参与此项活动。经过八年的积累和历练,书香天津·大学生校园"悦读之星"校内选拔赛已经成为天津职业大学的一个校级品牌活动。

二、以"悦读"为载体,催生"墨香天职·传承匠心"阅读推广项目

"悦读之星"校内选拔赛既是一场比赛,但又不仅仅是一场比赛。为培养学生养成"读好书·好读书"的阅读习惯,图书馆利用自身优势,以"悦读之星"为载体,在比赛过程中嵌入其他阅读推广内容,形成"墨香天职·传承匠心"阅读推广年度项目,内容上包括"文化·读书""技能·匠心""资源·专攻"和"分享·传播"四大主题模块,在形式上采取"线上、线下、线上线下相融合"三种模式,致力于推动学生信息素养、语言技能、文化修养等全方面的发展。活动内容与时俱进、逐年丰富。

始于 2017 年的"天津职业大学图书馆诗词赏析征文大赛";

始于 2017 年的"从阅读到匠心"名家讲坛;

始于 2018 年的"春日·我的 Library"主题摄影大赛;

始于 2018 年的"天职朗读者";

始于 2021 年的"悦读社"的"阅读经典·舞动青春"读书分享会;

始于 2022 年的图书馆公众号短视频栏目"开卷有益"馆员荐书等。

多彩活动互相借力,赋能全方位引领从经典阅读到数字阅读,再到校园阅读理念。图书馆的"墨香天职·传承匠心"阅读推广年度项目在"天津职业大学校园文化育人项目"中以"资源·项目·课程·社团·馆员——晓看红湿处,花重锦官城"为题进行汇报参评。

三、师生共同成长,学生向本科同学学习,指导教师向学生学习

积极参与各项赛事,珍惜与高水平选手、本科院校同学同台竞技的机会。每次的上台,对于选手都是一次"大过天"的挑战;每次下台,学生的笑容中多了一份超越自我的自信和沉淀。这是指导教师最欣喜的。指导教师团队竭尽全力认真指导,把对阅读的热爱和对学生们的关爱都融入平时的指导中,为选手从文稿、仪态等视角进行打磨,力求最佳,让选手在比赛中超越自己、璀璨绽放!指导教师在和学生的互动指导中收获良多,选手在竞技场上也是收获满满,师生共赢、向阳成长。

四、投身阅读推广,力担启蒙下一代的阅读引领者

参与一场比赛是一个起点,也是一场接受馈赠的仪式。很多同学通过比赛,感受到来自同学、老师和亲朋好友的关怀与鼓励,对阅读和演讲有了更深刻的认识,自觉走上了阅读推广的赛场,成为阅读推广人,成为

他们最骄傲和自豪的青春成长。2019 年"支部联建"活动中，指导老师和"悦读之星"选手走进社区开展共读分享活动。与社区的小朋友共同分享《我们一起来读书》《好玩的垃圾分类》等书籍，让小朋友们感受书中的奇妙世界，在他们的内心播撒阅读的种子，激发对书籍的兴趣和喜爱。天津职业大学图书馆培养并诚邀"悦读之星"选手深入参与阅读推广活动，面向社会开展文化服务，共建共享书香社会。

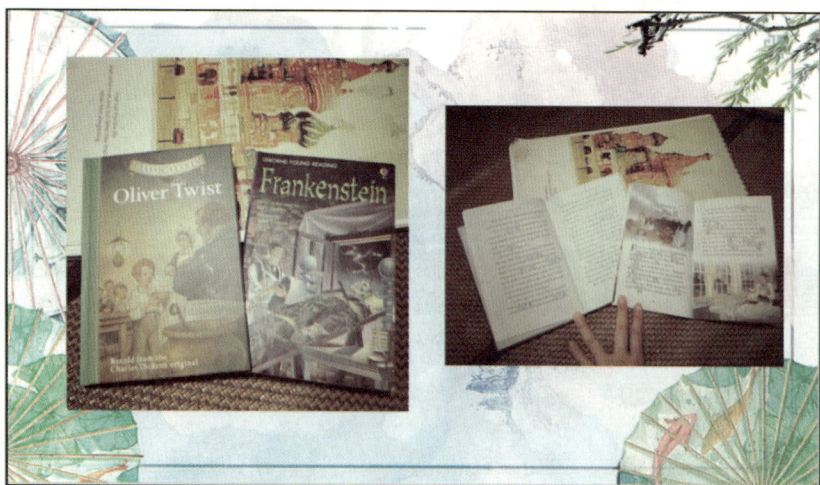

书香弥漫校园　书香浸润心田

天津医学高等专科学校图书馆　赵雅宏

书香天津·大学生校园"悦读之星"评选活动自 2015 年开展以来,已经走过八年历程。现如今,活动已经成为全民阅读习惯的倡导者、全民阅读风尚的引领者,全民阅读氛围的推动者。

天津医学高等专科学校图书馆多年来积极参与此项活动,给人们留下了至深印象,也获得了良好成绩。历届馆长高度重视此项活动,出席活动并担任评委。结合历年主题,各院系经选拔推荐、层层选送,积极推选优秀作品及选手。同学们结合自己丰富而独特的阅读经历,抒发情怀,情感丰富细腻,语言慷慨激昂,表达了自己对党和祖国的真挚情感。

2015 年,首届书香天津·大学生校园"悦读之星"评选活动隆重举行。我校护理系学生程佳韵以"愿做我心中的白衣天使"为题参加本次活动。演讲以动人的诗歌开篇,讲述了我校光辉发展历程及护理专业学生成长经历。篇末激励当代医学生要在未来平凡岗位上传承南丁格尔精神,为护理事业贡献力量。最终,程佳韵同学喜获二等奖。

2020 年,天津医专护理系学生薛心悦同学代表学校参加天津市总决赛,她以"悦读书香　青春风采"为主题,参阅著作《平凡的世界》,从书中的人物故事讲到医护人员无畏艰险、勇往直前,用行动彰显了新时代青年的责任和担当,充分展现了新时代青年的青春风采。最终,取得总决赛二等奖的优异成绩。

赛后,在与师生交流体会时,她讲道:能够有幸参加"悦读之星"评选活动,感觉十分幸运。因为她深知:每一次经历都是一份宝贵的收获。从第一次上台时的紧张再到决赛时的自信，在这段时间里，她自觉成长了很多。语言的学习只有交流才能进步，而演讲是对交流沟通能力、临场应变能力的考验。其实，每个人都可以积极应对，只是真正到了比赛现场就容易因为紧张手足无措，但比赛正是一个很好的锻炼自我的机会，当代大学生都应该珍惜这样的机会，抓住这样的机会，锻炼自己、展现自己的风采。

2021年，恰逢中国共产党成立100周年，百年征程波澜壮阔，百年初心历久弥坚。这届"悦读之星"以"初心如磐"为主题，旨在深入学习贯彻习近平新时代中国特色社会主义思想，引领当代学生正确认识党的光辉历史，从中汲取新时代的智慧和力量。

天津医专药检系2019级学生莫见娥代表学校参加此次活动，她以"长征精神薪火相传"为题，参阅著作《红军长征史》，从20世纪30年代的红军长征，讲到当代医护人员无畏艰险、勇往直前的精神。青年一代应当努力成为历史传承的接棒人，应当接过前人肩头的担子，在新时代长征路上脚踏实地,不负韶华,努力走好新长征之路,成为一个有本领,有担当的时代新人。最终,取得总决赛三等奖的优异成绩。

　　成绩和荣誉取得的背后,是天津医学高等专科学校图书馆团队辛勤打造的成果。多年来,天津医专图书馆积极参与"悦读之星"评选活动,面向广大师生进行宣传推广展示,不断提升"悦读之星"在校园中的辐射力、影响力,用阅读推动演讲,用演讲激发阅读,积极探索创新活动模式,形成了以比赛促进阅读推广的活动模式,搭建了校园阅读推广的优质平台。

　　阅读是人类汲取文明营养、文明交流互鉴和优秀传统文化传承的重要途径,是中华优秀传统文化思想走向世界的传播途径。书香天津·大学生校园"悦读之星"评选活动的成功举办,对于促进我校阅读推广工作的开展,激发当代大学生的读书热情,推进书香校园建设,共建共享书香社会具有深远意义。

邂逅那一缕书香

天津电子信息职业技术学院图书馆　李雪

　　天津电子信息职业技术学院自 2016 年开始参与书香天津·大学生校园"悦读之星"评选活动，各参赛选手都给师生们留下了深刻的印象，经过与各高校选手的激烈角逐，至今共获得了 2 个二等奖、5 个三等奖。在决赛场上，选手们分享自己喜欢的书，分享阅读的故事，分享读书之后的感想和思考。品读经典从文字中汲取磅礴力量，朝着光亮勇往直前，这或许就是阅读的力量，它能一下子击中人心、振奋人心、鼓舞人心，激发新一代青年人的家国情怀和使命担当。

　　"在这个世界上，每一个人都拥有成功的权利，只要你的内心有着想要变得成功的渴望和对生命追求的火热激情。"这是 2017 年二等奖获得者张华同学的阅读感悟。在他分享的阅读故事中，主人公刘大铭用丰富的文字和弱小的身躯织出了挺拔的精神维度,他用他的一生来诠释"有志者、事竟成,破釜沉舟,百二秦关终属楚;苦心人、天不负,卧薪尝胆,三千越甲可吞吴"的坚定信念。2021年二等奖获得者黄新宇同学用一部《中国共产党简史》向读者们讲述了英雄夏明翰的动人事迹,赞叹中华百年沧桑巨变,表达出新时代的青年也可以高举时代圣火,与祖国同生共死的决心。少年强则国强,青年一代必将学习革命先辈之精神,怀着共产主义之信仰,壮哉我中华之民族!

这些精彩演讲的背后,都凝结着学生、老师和天津电子信息职业技术学院图书馆阅读推广团队的汗水和心血。从2016年书香天津·大学生校园"悦读之星"评选活动走进校园以来,学院图书馆始终积极组织推进,为了更大程度地激发师生读书热情,创造浓郁的校园学习氛围,逐步形成了固定的校园读书节阅读推广活动模式,让书香溢满校园。

一、开展校园读书节系列活动

培养学生阅读能力。历届校园读书节活动都是图书馆的重要活动之一。书香天津·大学生校园"悦读之星"评选活动是校园读书节系列活动中的一个重要环节，通过读书分享会到演讲比赛的形式转变，很大程度地锻炼了学生们的思辨能力、沟通能力和演讲能力。

利用读书月活动期间，举办"快乐悦读·让书香溢满校园"演讲比赛，评委组专家对选手们的表现予以高度肯定，并对在场的青年学子提出了期望，希望青年时刻谨记国家坚持改革的道路从未停止，更要立志成才，做国家发展路上的开拓者、践行者。

二、推进校园阅读推广活动,让书香溢满校园

培养学生的阅读兴趣。利用假期时间,组织全校同学开展共读活动。建立超星学习通学习小组,开展阅读打卡活动,推出书目、专题讲座等学习资源,用"领读＋阅读打卡"的方式,让学生们"实实在在读一本书",形成阅读焦点,推动深度阅读。同学们在阅读的过程中,记录阅读感悟。

激发学生的读书热情。开展"脸书"活动,通过人和书的封面错位的摄影方式,营造妙趣横生的视觉效果,实现对书籍的另类认识,并诱发阅读欲望。

三、阅读红色经典,弘扬传统文化

为进一步传承和弘扬中华优秀传统文化,增强学生爱党爱国的情感和时代的责任感、自豪感,开展"弘扬传统文化,阅读红色经典,我和祖国共成长读书活动",通过此次读书活动,学生们重温了"红色经典"文化,感悟了经典传承的责任,增强了对中华传统文化的深厚情感和爱国主义情怀。

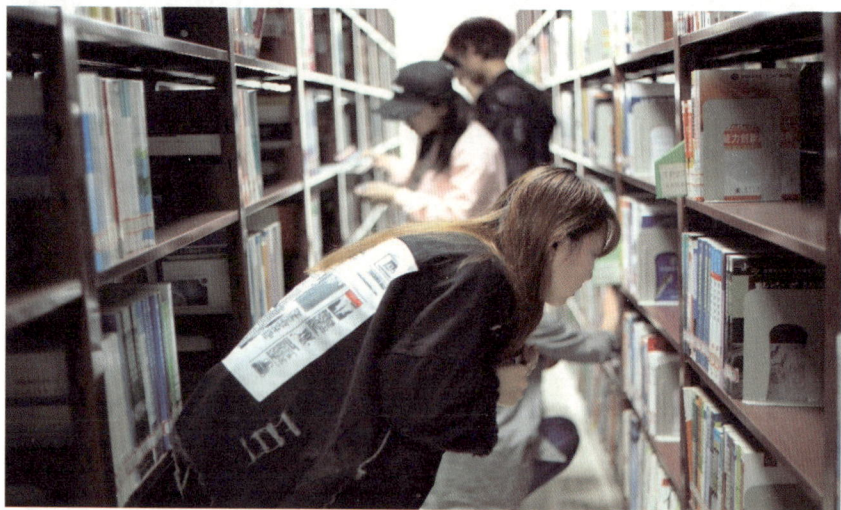

　　另外，以倡导和鼓励学生到图书馆多读书、读好书，不断充实自己，提高自身的综合素质。图书馆在广大学生读者中开展"读者之星"评选活动，根据读者图书借阅数量、诚信借阅、爱护图书等情况，通过图书馆自动化管理系统数据评选出获奖学生。

　　天津电子信息职业技术学院图书馆将继续积极营造良好的读书氛围,引导学生多读书、爱读书、善读书,培养出更多的"悦读之星",让书香飘满校园!

放飞青春梦想，翱游知识海洋

天津交通职业学院图书馆　申健

天津交通职业学院以"世界读书日"为契机，每年开展"读书月"系列活动，时间跨度从 3 月初到 12 月底，活动内容包括入馆教育、特色晚自习、社团共建、专业数据库培训、"悦读之星"评选等活动。活动目的旨在倡导学生充分利用馆藏资源，主动阅读，引导学生在阅读中发现美、欣赏美，强化学生"毕生阅读"的理念，从而营造浓厚的校园阅读氛围。

一、"悦读之星"评选活动持续努力

天津交通职业学院积极参与 2020 年、2021 年、2022 年书香天津·大学生校园"悦读之星"评选活动。

2020 年，汽车工程分院的刘佳同学以"绛雪寒冬外，自带清风来"为题，作为校内选拔第一名，满怀深情地分享了自己阅读杨绛先生散文集《我们仨》的感悟与思考，最终获得 2020 年书香天津·大学生校园"悦读之星"大赛三等奖的佳绩。

　　2021 年，汽车工程分院的齐兆颉同学以校内选拔第一名的成绩，代表学院参加了 2021 年书香天津·大学生校园"悦读之星"评选活动。她以"忆党史，我要坚定不移跟党走"为题，满怀深情地分享了自己阅读《中国共产党简史》的感悟与思考，以极富有感染力的演讲讴歌时代、激励奋斗、展示担当，获得总决赛三等奖。其中天津交通职业学院荣获最佳组织奖。

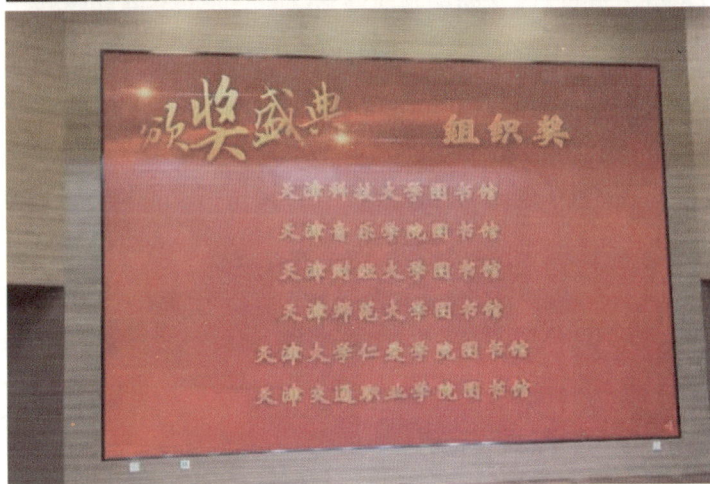

　　2022 年，轨道航空学院 2021 级城市交通轨道机电技术二班的杨碧云同学，代表学院参加 2022 年书香天津·大学生校园"悦读之星"评选评选活动，以其作品"肩负光荣使命，勇担历史重任"荣获三等奖，展现了交院学子积极向上的精神风貌，全面诠释了当代大学生特有的使命与担当。

二、传承中华传统文化永远在路上

自 2019 年以来，学院图书馆每年举办"解密《四库全书》 领略国学经典"专题阅读推广活动。每次活动都要带给同学们一堂生动的视频公开课——来自人民大学的黄爱平教授主讲的"《四库全书》讲论"，黄教授从《四库全书》的性质特点、文化渊源和历史背景与变迁等八个方面全视角地解析《四库全书》的前世今生，给大家带来一场文化盛宴。活动期间，同学们与《四库全书》亲密接触，纷纷表示"切身感受到了文化瑰宝的魅力""触摸着书写精美的文字，仿佛置身于那段历史中"。

该专题阅读推广活动在充分挖掘图书馆现有馆藏文献的基础之上，给同学们创造与古籍零距离接触的机会，搭建了国学经典爱好者之间沟

通的桥梁,为在校生的课余生活增光添彩,为弘扬中华传统文化,形成阅读推广活动的长效机制,打下了良好的基础。

三、听中国故事,享华夏文化

留学生是国家"走出去引进来"的战略成果,留学生教育是我国教育产业面向世界最好的名片。《中国教育现代化2035》第九条指出:"扎实推进'一带一路'教育行动,全面提升来华留学质量。"我院留学生教育正是在"一带一路"政策的正确指引下发展起来的。为积极响应教育部第42号令第二十五条中有关"高等学校应当对国际学生开展中华优秀传统文化和风俗习惯等方面内容的教育"的号召,学院图书馆特别为留学生推出"听中国故事享华夏文化"国际留学生阅读推广专题活动。

活动是由图书馆老师从《英语话中华》一书中精选《大禹治水》等小故事,采用中英双语朗读、观看动画短片、精心设置故事点评环节等多种手段,生动形象地向每一位留学生讲述大禹治水等中华故事的过程。活动中每一位留学生都认真聆听,不时地跟老师交流互动,不断举手跟老师提问题,表现出对中华传统文化极大的兴趣。他们表示,虽然还不能彻底理解故事的背景,但他们通过老师的讲解,能够领略到中国古代先贤面对困难时所表现出的智慧和拼搏精神,同时也深深体会到中国传统文化的博大精深。

国际留学生阅读推广活动旨在为我院留学生提供学习中国传统文化和汉语语言的平台，同时搭建留学生和图书馆之间沟通的桥梁。图书馆将不断积累经验，挖掘出更多符合留学生学习需求的文化素材，将中华传统文化的精髓传递给每一位国际留学生，让他们逐渐了解中国，爱上中国并迷上中国。

四、入馆教育与阅读推广完美融合

2021年，天津交通职业学院图书馆分别开展"培养自主学习习惯，丰富大学求知生涯"——2021级新生信息素养意识培养活动，内容包括：网络自主学习、15小时读书之旅、三四本图书是你和图书馆之间的纽带。

2022年，学院图书馆开展"相识，相知，相恋——我和图书馆的故事"阅读推广活动，包括"活动一：相识，记录你的容颜""活动二：相知，品鉴你的内涵""活动三：相恋，守在你的身边"，活动吸引了全院师生的广泛参与。

两个阅读推广活动的开展，大大提高了同学们对图书馆的使用率，文献资源的利用率。通过参与活动，进图书馆学习和阅读成了很多同学学习和生活的日常，大家越来越了解图书馆，越来越爱图书馆，越来越多地使用图书馆。

五、放飞青春梦想，翱游知识海洋

阿根廷著名作家博尔赫斯曾言："天堂应该是图书馆的模样。"图书馆是高校的文献信息资源中心，承担着教育职能。为了充分服务教学，引导新生养成自主学习的良好习惯，图书馆党支部与经济管理分院等党支部通过支部共建，自2022年开始，每年为新生提供晚自习专项服务活动。

　　该专项服务是图书馆探索创新的服务新模式,在图书馆和各分院的共同组织和协调下,新生在图书馆的晚自习专项服务取得良好的效果,为培养新生良好的阅读和自主学习习惯打下了坚实的基础。

六、服务教学,助力科研

　　为更好地服务教学,助力科研,图书馆每年会面向老师举办数据库培训服务。培训通过线下和线上相结合的方式,重点对中国知网及其"高职院校发展战略知识库""职业岗位大数据服务平台""专业人才培养方案服务平台""高职院校创新大数据监测平台"、汇雅电子图书、博看期刊、CALISOA资源等内容和使用方法进行详细的介绍,并针对各位老师提出的问题进行专项解答,现场互动频频,老师们揣着问题来,带着答案走。

数据库培训在推广电子资源、发挥图书馆服务职能的基础上，也为宣传学院馆藏资源、助力学院双高建设起到一定的推动作用，为图书馆的工作提升打下了一定基础。

七、览文献资源，拓知识视野，促社团共建

我们的图书馆，我们来使用；我们的学生组织，我们来做主。为了推动学生团体走进图书馆，加强学生社团与图书馆之间以及学生社团相互之间的合作与联系，推动图书馆与学生社团之间资源共享，鼓励学生社团利用图书馆丰富的馆藏资源丰富其业余文化生活，让更多的学生社团同学走入图书馆、了解图书馆、使用图书馆。图书馆读者协会每年与学院各社团学会在图书馆二楼明德斋会议室举办以"览文献资源拓知识视野促进组织共建"为主题的交流活动，读者协会全体学生干部、各团学会全体学生干部、读者协会指导教师会参加交流活动。

天津交通职业学院图书馆上下一心，各级领导和全体馆员通力配合，带领学生创新举办各种阅读推广活动，通过多年的摸索尝试，形成了以"悦读之星"评选、新生入馆教育、信息素养能力提升、传统文化弘扬、晚自习专项服务、数据库培训、社团共建等阅读推广活动的长效机制，为高效服务学院师生教学、科研和自主学习打下了良好的基础，也发挥图书馆文化育人的功能作出了应有的贡献。

阅读启智，共筑梦想
——现代人的书香之路

天津现代职业技术学院图书馆　矫彬　周华旭

　　天津现代职业技术学院图书馆自 2020 年开始参加书香天津·大学生校园“悦读之星”活动，在连续参加的三届比赛中，选手均有优异的表现，获得 1 个一等奖、2 个二等奖。在参赛过程中，选手们选择自己喜爱的图书进行阅读，并结合自身的生活环境、成长经历，将自己对图书的理解、对生活的感悟、对未来的期许和担当的责任融合在一起，用充满感情的声音和精雕细琢的语言表现在舞台上，展现了职业教育下，新一代青年的精神风貌。

　　2020 年，我校第一次参加“悦读之星”活动，王雪阳同学认真阅读了《中国震撼：一个“文明型国家”的崛起》，结合自己家乡甘肃白银市在古代丝绸之路中的特殊位置，结合新丝绸之路的时代背景，抒发了中国崛起的自信。2021 年，冯丽萍同学阅读了《红军长征史》，回忆家乡腊子口战役旧址，以父亲作为村干部的亲身经历和新长征精神的引领，展现了家乡脱贫致富的道路。2022 年，袁宁同学参阅《李叔同与天津》，将自身与李叔同相同的单亲成长经历结合，讴歌了新时代女性自立与自信所化成的伟大母爱。

选手们优异表现的背后,既是每个学生自身努力的回报,同样是学院图书馆阅读推广部工作的成果。虽然从 2020 年开始参加这项赛事,但图书馆阅读推广部早已致力于营造优质的校园阅读氛围,举办高质量的阅读活动,形成了"读书节"和"读书月"两个系列活动。

一、开展"悦读之星"校园赛

"悦读之星"活动是天津市的优质阅读品牌,一直紧跟时代步伐,在大中小学都有很大的影响。我校加入本活动后,在校园中积极推广,开展了"悦读之星"校园选拔赛,目前已成为每年读书节的常规项目。

每年图书馆阅读推广部都会设定符合时代特色的活动主题,如"建党百年""青春正能量"等,并向学生推荐适宜书籍,让学生在阅读中感悟人生,培养情怀,激发斗志。推广部为学生搭建平台,让他们将阅读中的收获进行分享,以书会友,共同进步。

比赛采用了多轮赛制，先由各二级学院进行选拔，二级学院的优秀选手再进入全校总决赛。同时，我们还激发了学生社团的力量，在阅读类社团中选拔优秀选手参赛，共同角逐。选拔出的选手在老师的精心指导下，对书目进行更深度的体悟，以更加饱满的状态进入市级比赛中。

"悦读之星"是天津市本科院校与专科院校共同参与的一项大型赛事，选手在这样的舞台上充分展示自己，三届比赛都获得较为优异的成绩，更是增加了学生的自信。

二、构建阅读品牌活动

为了营造更好的校园阅读氛围，为学生搭建更丰富的阅读平台，我校图书馆于 2017 年开始，举办"读书月""读书节"主题系列活动，依托于图书馆，至今已连续举办七届，是一项覆盖全校师生、线上与线下结合的综合性系列活动。

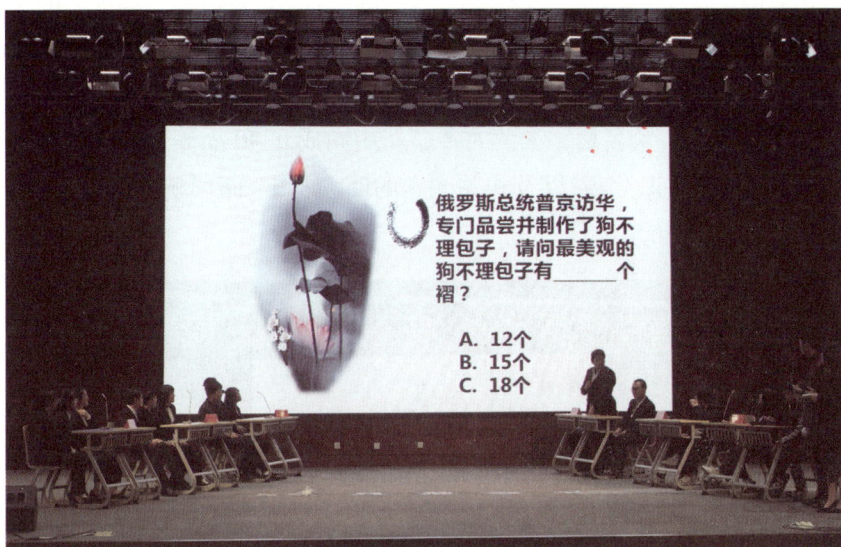

　　在领导和馆员的共同努力下，七年来，活动从社团小范围参与，一步步壮大为覆盖全校六个二级学院、各年级全体学生的重要校级推广活动。

　　目前活动内容主要包括：现代朗读者比赛、"悦读之星"校园选拔赛、知识竞赛、读书打卡、阅读积分、读书学习、征文、讲座、书斋分享等，每年举办活动十余场，是一项深受学生欢迎的高参与度、高质量的系列活动。

　　活动举办过程中，一直秉承着"紧跟时代步伐，弘扬时代精神"的理念，先后举办了"五四"爱国讲座、国学知识竞赛、"追寻红色足迹，重温红色经典"诵读大赛、"最美逆行者"抗疫诵读与征文大赛、"四史"学习、党史知识竞赛、"传统名篇"诵读大赛、"新中国成立70周年"、"建党百年"诵读、征文和知识竞赛，以及相关主题的阅读打卡、阅读积分、书展和书斋分享等多项活动。

　　举办活动的同时，为突出思政教育在校园中的作用，结合第二课堂特色，我们在活动中融入了思政教育，建立了第二课堂思政体系。在引导学生阅读尤其是网络阅读的过程中，进行思政教育，帮助学生在面对复杂的网络环境，尤其是热点问题时，能正确对待，恰当解读，养成正确的阅读技能，树立正确价值观。

　　通过主题系列活动，培养学生的阅读习惯、阅读兴趣，开展爱国教育，弘扬主旋律，构建了浓郁的校园书香氛围。

为了更好地宣传，图书馆搭建了新媒体平台，创建了图书馆公众号，使学生们更便捷地利用学校的电子阅读资源。

同时将线上阅读与线下阅读相结合，结合时势，开展"党史"学习，包括历史、阅读、讲座在内的"走过十九大"系列活动，每周的好书推荐、名师讲座，阅读打卡、在线诵读等活动，使学生更方便快捷地进行阅读，营造更好的网络阅读氛围。

我校图书馆打造的系列活动，被评为2021年天津市优秀阅读品牌。

三、建设喜爱阅读的学生团队

学生永远是阅读推广真正的受益者和推动者。

为了更好地推广活动，扩大影响力，提升学生参与度。图书馆建立了"读者协会"社团，来培养学生中的骨干分子，带动更多学生体会阅读的快乐。对学生进行阅读意识、阅读技能方面的辅导，培养学生的阅读兴趣与能力。

　　培养出一批校园阅读推广的骨干力量，既提升了学生的个人能力，同时也成为各项阅读活动在校园开展的主要组织者和参与者，使我们的活动推广更加顺畅。

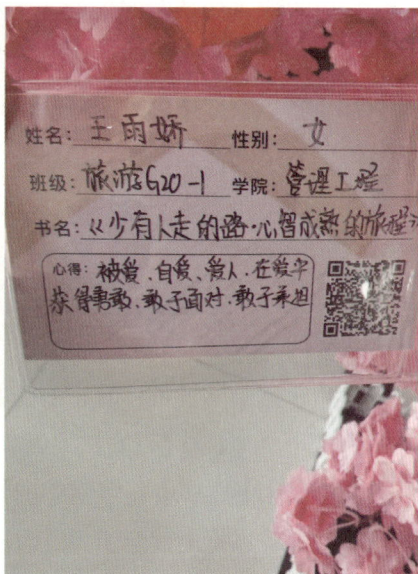

建设书香校园，引领阅读之路

天津机电职业技术学院图书馆

从书香天津·大学生校园"悦读之星"评选活动设立之初，天津机电职业技术学院图书馆始终积极参与，不断探索创新，形成了以比赛促阅读推广的模式。学校参与历届"悦读之星"活动的选手共取得1个二等奖、1个三等奖的成绩。比赛中同学们抒发了实现中华民族伟大复兴的自信心和自豪感，通过比赛进一步活跃了校园文化气氛，丰富了大学生课余生活，为大学生提供展示才华的舞台。

天津机电职业技术学院每年以"4·23世界读书日""全民读书月"等重大文化节日活动为契机，举办不同的活动主题的丰富活动，激发学生对阅读的兴趣，加强读者之间学习的交流，引导更多的学生走进图书馆，进一步营造了"书香校园"的良好文化氛围。

围绕经典阅读主题，学校图书馆设计常年化的征文活动，形成周期效应，维持经典阅读的热度。主题征文充分整合线上、线下传播渠道进行发起和宣传，邀请专业评委，对来稿内容作出公正、公平地评审，同时线上发布获奖征文电子版，吸引更多的大学生关注并加入经典阅读的队伍中来。

图书馆结合大学生群体的兴趣爱好，牵头组成各经典阅读小组开展诵读活动，交流阅读经验，并且提供师资支持，对大家在阅读过程中产生的疑难问题及时解答。通过开展诵读演讲比赛等活动，提升大学生的阅读兴趣和热情，同时定期开展经典阅读的专题讲座，聘请专家、学者、名人来校指导，促动更多大学生热爱阅读。

　　除了传统纸质阅读推广活动,图书馆还丰富和创新数字阅读推广服务活动。如在线阅读分享大赛、图书漂游、在线诗歌大赛等,积极开展线上线下结合的活动模式。

　　我校图书馆在全校读者中倡导乐读、多读的文明风尚,培养广大师生健康、良好的阅读习惯,积极营造好学求知的校园读书氛围,引领学生走向阅读之路。

以吾青年意气，与祖国万里恒昌

天津渤海职业技术学院图书馆　王璐琳　李莉　刘永杰

在书香天津·大学生校园"悦读之星"评选活动决赛中，我院学生通过"共读一本书"，分享了阅读《习近平扶贫故事》读书心得体会并取得佳绩，其中经济管理学院学生徐美南获得二等奖，人工智能学院郭思彤、吴若馨，工程管理学院宋抒颐分别获得优秀奖，他们立志用行动践行"请党放心，强国有我"的青春誓言，彰显了大学生良好的学风和追求梦想的青春活力。

徐美南以"最深的牵挂"为题，通过温柔与坚定的言语讲述了习近平以最执着的信念、最深厚的感情致力于脱贫攻坚，为困难群众摆脱贫困呕心沥血的动人故事，以"我将无我，不负人民"的赤子情怀引领打赢脱贫攻坚战，兑现党对人民的庄严承诺。最深的牵挂，最深情的关怀，千年梦想，今朝梦圆。中国历史性消除绝对贫困，乡村振兴如火如荼。

时序轮替，始终不变的是奋斗者的身姿，历史坐标前，始终清晰的是奋斗者的步伐。作为新一代的青年，也应当披荆斩棘，以崭新的姿态，书写无悔的青春。

青年的肩上应该担当起草长莺飞和清风明月，眼里藏有星辰大海和浩瀚山河。青年是个有着无限活力的名词，这是一个希望的时代，是一个充满梦想的时代，无数青年的梦在华夏大地落地生花，奋发向上。

整个演讲流畅而真挚地表达了选手自身的一份感恩之心与爱国情怀，激励着更多的渤海人以昂扬向上的精神，坚定理想信念，争做伟大事业的生力军。

人工智能学院郭思彤以"三百公里顶峰踏雪访阜平"为题，讲述了习近平冒严寒、踏冰雪到阜平县考察，同乡亲们一起商量脱贫致富之策。"只要有信心，黄土变成金"，中国人不破楼兰终不还的坚定决心和坚强意志创造了又一个彪炳史册的人间奇迹！

征途漫漫，唯有奋斗，艰难方显勇毅，磨砺始得玉成。一个腾飞的中国更让青春生动，积蓄力量，光荣绽放。

人工智能学院吴若馨以"干沙漠终会变成金沙滩"为题,仿佛让我们穿越到了习近平曾经奋斗过的地方,面对了他曾经面对的困难,思考了他曾经思考过的问题。现如今,从一代又一代人的坚守,到三北防护林、京津风沙源治理等国家重点生态工程不断推进,沙海中正在铺展的绿色,成为美丽中国的生动注脚。

我们这一代人,生逢盛世,重任在身,于人生定向之时,当立鸿鹄之志,让青春之花绽放在祖国最需要的地方,在实现中华民族伟大复兴的接力跑中,跑出我们的精彩。

本届"悦读之星"由图书馆牵头组织,学院党委宣传部、团委配合,各二级学院组织学生参赛,着力培育当代大学生自觉听从党和人民召唤,胸怀"国之大者"担当使命任务,引领当代大学生从书本中汲取力量,用行动践行"请党放心、强国有我"的青春誓言。

近年来,学院持续推进内涵式发展,围绕学生核心竞争力,不断优化育人方式、提升人才培养质量。已成功举办或参与多次此类活动,逐步形成了良好的学术氛围。一大批青年学子发自肺腑、情真意切的表达,体现出浓浓爱国情、拳拳赤子心,让满满的青春正能量持续传递。

这些成绩和荣誉的背后是个体的成长,也是渤海职业技术学院图书馆阅读推广团队锤炼的成果。从书香天津·大学生校园"悦读之星"评选活动设立之初,天津渤海职业技术图书馆始终积极参与,不断探索创新,形成了以比赛促阅读推广的活动模式，搭建"阅读＋演讲"双向互动校园阅读推广模式，天津渤海职业技术学院图书馆用阅读推动演讲，又用演讲激发阅读，不仅引领了校园阅读风尚，而且面向社会开展文化服务，共建共享书香社会。

本次比赛采取演讲作品评审、现场展示评审以及在线知识竞答等多轮评选方式进行。经过评选，共有3位同学获"人气之星"称号。党委宣传部、组织部携图书馆对同学们的精彩表现和老师们的悉心指导表示感谢，希望同学们把参与此次活动当作求学生涯中阅读好书、学习新知、展示风采、交流思想的宝贵机会，从著作中汲取力量，厚植爱党爱国情怀，传承红色基因，践行强国有我的青春誓言。

山有顶峰，湖有彼岸，在人生漫漫长途中，万物皆有回转，当我们觉得余味苦涩时，请你相信，一切皆有回甘。通过阅读我们获取知识，启智增慧，培养道德。希望通过本次活动同学们能够领悟阅读的意义，丰富自己的精神世界。

活动结束后，图书馆馆长王璐琳补充道："参天之木，必有其根，怀山之水，必有其源。水木为国，而那根源，便是乘风而来的后浪，冉冉新生的青年。活动初衷是希望同学在锻炼了自己的同时也认识到自己的不足。珍惜当下，不负时光，进一步增强责任感与信念感。我们愿与同学们一起，用阅读汇聚青春正能量，借'悦读'之风，不忘初心、砥砺前行，弘扬渤海精神，用实际行动书写新时代，建设书香校园。"

以阅读推广为抓手，推进书香校园建设

天津商务职业学院图书馆　姚传超　刘佳依

天津商务职业学院以阅读推广为抓手推进书香校园建设，开展了丰富多彩的系列活动，达到引领人、教育人、感染人、激励人和塑造人等立德树人根本目的。

一、学校领导高度重视

学校领导历年来高度重视书香校园建设工作，在学校"十四五"规划中将书香校园建设作为重要的一项内容。学校领导班子有清晰的顶层设计和先进的理念，"着力塑造'厚德尚能励学弘商'的商职精神，营造良好学风，构建书香校园"是我校书香校园建设要达到的目标。为了把书香校园建设工作落到实处，除了在经费方面予以保障外，学校领导带头读书荐书捐书，亲自参与并推动开展教师读书活动。学校在硬件和软件设施方面也力争为书香校园建设营造浓厚氛围，校领导参与监督建设了高规格的图书馆和教师阅览中心。

二、加大宣传，形成氛围

校党委宣传部、图书馆、学生处、校团委、校工会、各二级学院利用电子屏、悬挂横幅、校园广播、微信公众号、学校网站等各种媒体广泛宣传，形成浓厚的读书活动氛围,使广大师生对"书香校园"活动的知晓率与参与率在 90% 以上。

学校也鼓励教师为建设"书香校园"建设出谋划策,开展相关课题研究、调研和经验总结交流活动,到兄弟学校学习先进的管理经验和方法。

三、深化信息素养教育,加强阅读主题线上活动建设

图书馆深入教学一线开展教师电子资源使用和中国知网各用户端应用培训,完成 2020 级 3 500 余名学生图书馆资源利用培训和 2021 级 3 700 余新生入馆教育,收到良好效果。2020 年 9 月至 11 月,学生预约入馆人次分别为 8 864 人、12 309 人、14 455 人, 图书借阅量也呈逐月上升趋势。

同时,图书馆积极引导广大师生利用电子资源开展线上阅读活动。"共读共享,学思践悟"共读活动以电子图书为推广内容和阅读方式,让学生"实实在在读一本书",活动书籍阅读总时长 763 分钟,小组总参与量 3 775 人次。开展"建党百年峥嵘岁月,每天 30 分钟一讲座 21 天打卡"活动,全校 1 407 名同学参加。举办"我学传统文化"主题征文、"悦读之星"答题活动,通过共读、共赏、共交流的系列阅读活动,达到了以书香愉悦氛围,帮助读者调适心态、恢复健康、顺利返校的目的。

四、建设阅览阵地

2019 年,学校建成建筑面积 450 平方米的教师阅览中心。其中,阅览区上架 4 000 余册精品图书,100 多种期刊。图书涵盖社科、经济、文学、励志、生活、艺术、科普等类别,设有 50 余个阅览学习位。工具书阅览室、研讨室、座谈室等可为教师提供工具书查阅、学习研讨、交流座谈和小型研讨会等服务,集阅读、休闲、研讨等功能于一体,充分满足师生读者的阅读需求。

组建师生读书社团,搭建阅读平台,为书香校园建设提供保障。学院

分别于 2018 年、2021 年正式成立了天津商务职业学院教职工读书协会和天津商务职业学院图书馆读者社团，每年吸纳新成员入会。制定了协会章程，健全了组织机构，图书馆安排一名馆员专门负责协会、社团日常工作，协助指导开展活动。近年来，读书协会和社团依托图书馆丰富的文献资源，运用线上、线下各种载体，常年开展形式多样的师生读书活动，在书香校园建设中发挥了重要作用，取得了显著成绩。

五、精心组织师生读书活动

（一）教师读书活动

1.教师节、"三八"国际劳动妇女节书展。

①为热烈庆祝教师节，营造书香阅读氛围，举办庆祝教师节新书展活动，在教师阅览中心进行为期两周的新书展示。

②为庆祝"三八"国际劳动妇女节，举办"书香三月阅读美好"妇女节主题图书展。书展精选女作家作品、女性传记、社会生活、家居养生、心理励志、茶艺花道等相关题材图书 200 余种。

书展还提供现场预约借阅服务，持续为广大教职工提供良好的阅读体验，推动全民阅读，共建书香校园。

2.结合重要时间节点，组织开展不同主题的系列活动。

①为迎接建院 65 周年，于 2020 年暑假期间开展"迎校庆忆经典"教职工诗文诵读活动，作品采取微视频的形式，既有对在校难忘经历的回顾，又有对学校发展前景的展望，还体现出广大教职工喜迎校庆的激动心情。

②为庆祝建党 100 周年，校工会联合宣传部、图书馆及教职工读书协会组织开展了"牢记初心使命奋进复兴征程"教职工读书活动，通过撰写读书体会，引导广大教职员工坚守初心使命，传承红色基因，弘扬爱党爱国爱校情怀，立足新发展阶段，增强建功"十四五"、奋进新征程的责任感使命感紧迫感。

③为深化党史学习教育成果，2021年暑假期间组织开展"玫瑰书香"女职工主题阅读活动。女职工线上线下阅读活动、先进女职工领读一本好书、培育一个优秀女职工阅读组织、征集女职工阅读成果等喜闻乐见的形式，把阅读活动与提升女职工素质紧密结合、与推进家庭文明建设紧密结合、与关爱服务女职工紧密结合，以形式多样、内容丰富的阅读活动为载体，在女职工思想引领、提升素质、家庭教育等方面，发挥润物无声、潜移默化的重要作用。

（二）学生读书活动

1.多项指南实现"图书馆热"。学校图书馆从2019年开始，将入馆教育纳入学校新入职教职工岗前培训和新生入学教育中。通过讲座和发放服务指南的方式，将图书馆的资源和服务面对面推送给老师和同学们，让他们一入校就了解图书馆的各类资源和服务，深受师生们的欢迎。图书馆联合各二级院，通过参观讲解、现场提问等环节，让新生很直观地了解图书馆的空间资源。为激发学生利用图书馆资源，图书馆还持续为学生推介经典阅读书目。

2.多项比赛实现"以赛促学"。为进一步展示和提升读者的信息检索、获取与分析能力，也为宣传与推广图书馆丰富的数字资源，让读者充分了解和利用图书馆，图书馆连续三年举办信息素养知识大赛，通过比赛实现"以赛促学"目标。为弘扬中华优秀传统文化，传承文化根脉，图书馆利用线上平台开展中国传统文化知识竞赛，同学们自选阅读中华优秀传统文化相关书籍，扫描二维码，立即答题。近1000名学生参与此次活动，充分调动学生们参与的积极性，增强了学生对传统文化的了解，激起了学习传统文化的兴趣。

3.多项活动实现"图书福利"。连续三年在每年图书采购前的一个月开展"你选书、我买单"活动，和好书推荐活动一起受到师生的积极响应，每年参与师生和推荐图书种类都翻倍增长。举办"书香校园青春领读——红色经典诵读分享会"，选手围绕红色经典作品，深情回顾我们党的奋斗历史，热情讴歌我们党的光辉历程。同时，线上开展"悦读之星"读书演讲活动,由学生挑选围绕主题自己喜爱的读书,撰写读书心得,录制演讲视频,进行读书演讲风采展示活动。近几年,多名选手代表我校参加书香天津·大学生校园"悦读之星"评选活动,在 2021 年和 2022 年的比赛中,我院参赛者均获得了优异成绩,2020 级李佳鑫同学获得了市赛二等奖,2021 级刘谢汝奇同学获得市赛三等奖。我校获评最佳组织奖荣誉称号。

今后,学校要进一步深入开展师生读书活动,营造浓厚的读书氛围,培养良好的读书习惯,在全校形成人人读书的良好风气,让书香飘溢整个校园。

书香校园建设,我们依然在路上。

书香陪伴青春　悦读共赴未来

天津城市职业学院图书馆　李娜　孙蕾

　　书香天津·大学生校园"悦读之星"评选活动是天津市全民阅读推广活动的亮点，也是近几年天津城市职业学院书香校园系列活动中的重头戏。学院自 2020 年首次选推学生代表参赛以来，已连续 3 届参与活动，共取得 1 次二等奖、2 次三等奖的阶段性成果；与此同时，学院借力"悦读之星"平台资源和活动品牌影响力，结合职校学生特点，通过持续、深入地举办一系列的读书活动，正助推着学院"悦读之星"工作行稳致远，也让"书香城职"建设愈发深入人心。

　　在 2021 年书香天津·大学生校园"悦读之星"评选活动中，学院商贸系连锁经营管理 2020 级刘佳敏同学一举荣获二等奖的好成绩。她演讲的题目是《清澈的爱，只为中国》，通过讲述身边一位"00 后"青年军人的平凡故事，表达出当代青年的热血家国情怀。对于荣誉的取得，她谦虚地说："从选稿到定稿，从配乐到制作演示文稿，这一路的艰辛离不开老师、同学和自己的努力，但站在台上的那一刻，所有付出都是值得的。"她鼓励学弟、学妹们大胆追梦:"每一次上台都是一种历练,成绩则是一种收获。参与便是成长,星光不问赶路人,岁月不负有心人,获奖是新的起点,努力做到更好,在今后的日子里,继续砥砺前行,努力成为更好的自己,以梦为马,不负韶华!"

成绩的取得离不开学院阅读服务体系的持续建设。近年来,天津城市职业学院高度重视书香校园建设工作,坚持以立德树人为根本任务,积极培育和践行社会主义核心价值观,以推进全市书香天津·大学生校园"悦读之星"评选活动为抓手,通过加强阵地建设、丰富内容供给、提升阅读服务、打造精品活动等工作,不断健全学院的阅读服务体系,进一步树立"书香城职"形象。回顾近年参与"悦读之星"活动期间,天津城职阅读服务工作集中体现在以下方面。

一、加强阅读引领工作

为深入学习贯彻习近平新时代中国特色社会主义思想,落实立德树人的根本任务,进一步推动加强德育和思想政治教育工作,培养德技并修的高素质技术技能人才,引领当代学生正确认识党的光辉历史,树立远大理想目标,学院在近年开展的书香校园活动中,始终围绕"诵读红色经典"这一主题,在激励学生爱读书的基础上,引导学生读好书,完善阅读指导目录,将天津城职近年的阅读推广活动深深刻上红色基因的烙印。

从"我!为阅读代言"校园十佳阅读代言人荐读网络评选活动到"学习百年党史厚植爱国情怀"校园读书节活动;从"建党百年峥嵘岁月"读书心得手抄报校园展览月活动到"最美朗读者"校园演讲比赛;从"师生同读一本书"校园阅读推广活动到"2023天津城市职业学院'躬行'青年教师读书会书单"发布,无一不是紧紧围绕天津全民阅读办公室推荐的阅读目录来执行,既能丰富师生阅读书目,又能做好内容的审核把关,确保师生阅读质量。

二、注重激发读书兴趣

兴趣是最好的老师。针对职业院校学生认知特点,结合学院特色与实际,选取历年读书活动中,师生认可度高、参与面广、针对性强、职教特色突出的活动形式,充分调动学生读书热情,引导其在读书中享受乐趣、感悟人生、获得成长,变阅读为悦读。

(一)丰富读书活动

不局限于"4.23 世界读书日"活动和"悦读之星"主题活动,因地制宜地结合本学院工作,有针对性地组织丰富多彩、主题鲜明的读书活动,着力打造富有吸引力、影响力的自有读书品牌项目。如,在校园文化节期间邀请科协专家举办"双碳"科普讲座和低碳生活作品展,加强科学教育、普及科学常识;组建天津城市职业学院"躬行"青年教师读书社团并定期开展读书会活动,加强学校阅读指导队伍建设的同时,充分发挥青年教师和辅导员的阅读推广作用,带动师生互助互促开展阅读。

（二）拓展读书形式

除了实施"师生同读一本书"行动，倡导教师与学生同书共读、同学共进，充分发挥榜样示范作用，营造师生共读良好氛围外，学院还实施名家领读行动，邀请社会青年学者走进校园，畅谈青春理想，分享阅读经验。同时，学院还持续举办形式多样的云上党史学习打卡、党史知识竞答、荐读线上票选等活动，延续举办各主题的读书征文、手抄报、演讲、朗诵等多种活动。

（三）重视读书质量

通过学校广播站和校园网等新媒体平台，广泛展示交流学生们的阅读成果,展示学生读书风采与收获。重视"整本书"阅读和沉浸式阅读,在各类读书活动中,不对学生和教师设立硬性指标,不以考试、考核等方式检验读书数量和效果,不增加教师和学生负担,切实保障阅读的乐趣。

三、加强数字资源建设

为顺应阅读需求的变化,充分发挥数字化支撑作用,不断提供优质数字阅读资源,丰富阅读形式,学院在有效利用好现有数字学习平台、阅读平台的基础上,在学院教学楼、综合楼等多处添置校园朗读亭,开发天津城市职业学院与中华数字书苑数据库阅读推广计划,加强适宜、优质、多样、健康的阅读资源建设,服务学生处处可读,时时能读。

"阅读是人类获取知识、启智增慧、培养道德的重要途径,可以让人得到思想启发,树立崇高理想,涵养浩然之气。"近年来,学院通过阅读服务机制的完善,广大师生阅读量明显增长,阅读兴趣、阅读能力持续提升,为养成终身阅读习惯打好根基。未来,我们仍将秉承"打造书香城职"的理念,持续借力一年一度的"悦读之星"活动,坚持举办形式内容丰富的阅读推广活动,以读书增智慧,以读书树理想,以读书育人格,推动全民阅读深入发展。逐步建立起书香班级、书香系部,让爱读书成为每位师生的生活习惯,最终促进养成书香家庭、书香社会,为书香天津贡献一份自己的力量!

悦读书香　逐梦青春

天津城市建设管理职业技术学院图书馆　安志华　穆婷婷
王春卿

让阅读成为习惯，让书香溢满校园。学院历年来组织丰富多彩的校园文化活动，全面贯彻了党的教育方针，以立德树人为根本任务，把培育和践行社会主义核心价值观融入职业教育的各个方面，让师生领略了爱读书、会读书的优秀成果，激发了他们的阅读热情，营造出温馨和谐的人文氛围，加强了书香校园文化建设。

一、"悦读之星"优秀选手风采回顾

2015年，天津城市建设管理职业技术学院作为高职院校代表参加了首届书香天津·大学生校园"悦读之星"汇报表演赛，学院荣获了最佳组织奖。

上台展示的高玉婷同学说："我们是中国青少年,少年强则国强,祖国如此欣欣向荣,我们怎能安于享乐,岂能就此罢休?励志成才,成为栋梁支柱,或是成为一颗必不可少的螺丝钉。做一个有用的人,做一个对社会有贡献的人,是我们年轻人不可推卸的责任与义务。感恩书籍给我们成长的力量,站在巨人的肩膀上才能看得更远,感恩前辈们为我们提供的优越的条件,站在坚实的基础上才能飞得更高。让我们感恩成长,励志成才。"

学院不断创新服务育人理念,积极创新开展新颖的校园文化活动,连续11年开展丰富多彩的读书节系列活动,努力营造读好书、爱读书、善读书的书香氛围,通过活动带动了更多的同学走进图书馆,激发了广大学生的读书兴趣,进一步弘扬中华优秀传统文化,推动了校园阅读活动的全面开展,从而提高了大学生综合素质,提升了校园文化。

2021年,学院2020级会计专业吴阳同学荣获第七届书香天津·大学生校园"悦读之星"评选活动二等奖。吴阳同学以"百炼成钢"为主题,分享了阅读书籍《钢铁是怎样炼成的》感悟与思考。她慷慨激昂的演绎带领着大家回到主人公保尔·柯察金那个血与火的战争年代,眼前浮现的是在革命烈火中淬炼而出的钢铁战士,这份共产主义信仰镌刻在每一个中国人心中。通过分享自己在阅读中汲取的营养和精神力量，抒发了青年学子深深的爱党爱国情怀，表达了青年学子永远跟党走、勇担时代重任的决心！

二、特色鲜明打造书香校园

学院每年的读书节在学院内开展"悦读之星"选拔赛，形成了历年保留活动，在校学生纷纷参与活动，形成以下特色。

（一）领导重视，为"悦读之星"活动顺利开展保驾护航

学院领导非常重视"悦读之星"活动，领导寄语每一位优秀学生"青春最富有抱负，青春最勇往直前，青春最敢于尝试，青春最需要反思"。学院领导说："让我们共同在书籍中汲取营养和智慧，用阅读汇聚青春正能量，你们展示了城建学子深深的爱党爱国情怀，作为我们党的事业接班人，我们青年一代一定要多读书、读好书、好读书，一定要立足实际、勇于担当。'悦读之星'活动提供了一个抒发爱国热情，展示自我风采的舞台，

希望我们青年学子能够学党史、颂党情、报党恩,让一颗爱党爱国之心伴随我们茁壮成长,早日成为国家的栋梁之材。"

(二)组织专题会议,多渠道推广活动

每一年读书节前夕,学院图书馆组织相关部门共同商议本年度读书节系列活动,同时将年度"悦读之星"选拔赛列为读书节第一项活动。每次选拔赛通过图书馆、学生工作部、团委、社团辅导老师多个渠道面向团学青、社团进行全方位推广。

(三)扩大宣传力度,全方位推广活动

图书馆根据每年不同主题设计活动的宣传海报,推出"书香校园"推荐书目宣传栏,设置"爱读书、读好书、善读书"红色书籍展示专架,利用超星移动图书馆页面展示电子海报,同时通过图书馆悦读社、博雅国学社学生社团开展线下读书活动。充分利用线上、线下活动将历年的"悦读之星"活动全方位推向学院的每一个角落。

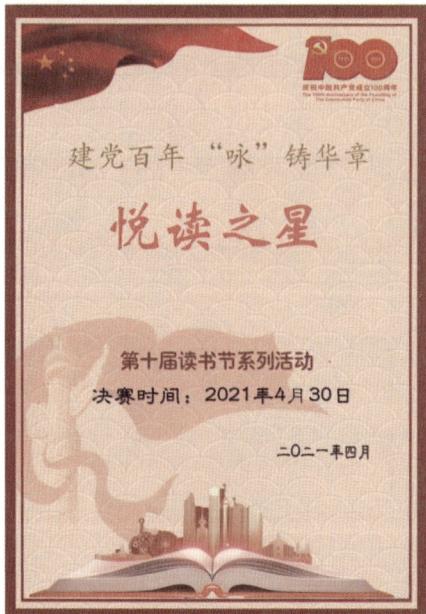

（四）合理安排赛制，有序开展活动

每次比赛分为四个阶段，第一阶段：面向全部在校生进行宣传并组织报名。第二阶段：参赛学生根据阅读规定书目，书写读书心得，经学院专业教师初步评审后，根据原创读书心得进行排名，选出优秀作品进入初赛。第三阶段：进入初赛的同学，现场播放配乐演示文稿进行演讲，通过专业教师评选，选出演讲优秀选手排名，赛后将文章写作分和现场演讲分合计后，选出12名优秀选手进入决赛。第四阶段：12名参赛选手进行现场精彩演讲，最后评出前4名进入市级"悦读之星"推荐人选。这4名同学经过图书馆、专业教师组成的团队进行精心指导，最后选出一名最优秀的同学代表学院参加天津市"悦读之星"现场比赛。

（五）突出活动目的，共建书香校园

每次活动突出学生主体性，增强学生互动性，提高学生参与性，让学生参与时融入真情、引发共鸣，在沉浸式、体验式、互动式的教育中着力培根铸魂。通过"悦读之星"活动，历年来我们还开展了主题征集活动、"传播红色文化探索科技前沿"系列讲座、"品读百年红色经典，感悟百年光辉历程"诵读经典比赛、"畅游书海品味人生"读书知识竞赛、"奋进新征程,建功新时代"每月好书荐读、"迎盛会读经典向未来"悦读之星评选活动、"诵读红色家书喜迎二十大"经典诵读比赛、"翰墨书香迎盛会"书法比赛、"学习二十大永远跟党走"知识竞赛、"书香雅韵跟党走 踔厉奋发新征程"书签设计大赛、"学党史迎盛会向未来"知识挑战赛等活动。精彩纷呈的活动,书写着文化自信与文化坚守,引导广大师生阅读红色书籍、弘扬革命精神、牢记初心使命、坚定理想信念,推动书香校园与红色校园的融合发展。

徜徉书海铸魂育人
沐浴书香不负韶华

天津铁道职业技术学院图书馆　徐倩怡　刘文贤　杨骞

"书卷多情似故人，晨昏忧乐每相亲"，这是天津铁道职业技术学院每一名参加书香天津·大学生校园"悦读之星"评选活动的选手，都会抄录在自己笔记本上的一句话，也正是因为秉承着这样的信念，才使每一次比赛都成为选手们彰显自我、意气风发的行程。从 2015 年至今，有 122 名同学因为阅读而相识，因为分享而相知，因为思考而相伴；1 个三等奖、4 个优秀奖、2 个优秀组织奖既是成绩，更是鞭策。

　　书籍中文字的力量振聋发聩,说新时代青年的理想信念,如振翅青鸟,穿惊涛骇浪;文字里的温情从容流淌,书新时代的责任担当,如骄阳万丈,不折锋芒。

　　8 年来,100 多位参赛选手都有着同样的信念与坚持,以阅读的力量积累智慧,用书写的时间衡量成长,书香里有历史的展望,有未来的畅享,有热爱的家乡,也有遗憾的隽长,书籍是伴随着津铁院学子一路成长的师长,也是在历史长河里连接希望的阶梯。

　　天津铁道职业技术学院图书馆也在一次次比赛中不断成长,以自己的方式为书香满校园贡献力量。从 2015 年天津市设立"悦读之星"比赛以来,天津铁道职业技术学院图书馆积极参与,探索创新,以"推—选—磨—优"的方式在校园内积极推广,让图书馆成为学生成长的"第二课堂",让书籍成为学生最亲密的朋友,让展现自我成为学生最大的收获。

一、书香袅袅，隽永绵长——阅读 + 交流，打造特色读书活动

　　"悦读之星"的内涵旨在认真落实习近平关于建设书香社会的重要指示精神，积极倡导"爱读书、善读书、读好书"，大力营造热烈浓厚的全民阅读氛围。因此，如何打造一个吸引学生兴趣的特色活动就成为关键，校内评比以阅读为引，不采用单一读后感的形式，而是开展多种多样的活动推广阅读，以"谁解其中意"开展主题辩论赛，通过思想碰撞抓住书

籍内涵;以"一语制胜"进行关键词猜书名活动,帮助学生更好地开展阅读活动;以"墨韵书香"为题开展书法绘画大赛,读经典、写金句,提升学生兴趣;以"师说我说"进行师生共读共想,充分发挥老师模范带头作用,用兴趣带动热爱,通过丰富多彩的活动将好书推荐给学生,将"阅读之星"大赛宣传给学生,以阅读促成长,以精品启发心智,真正做到入脑入心,展现阅读魅力,提升校园知名度。

二、书香四溢,岁月生香——校内 + 校外,构建长陪伴读书模式

为推进学生素质教育,落实立德树人根本任务,天津铁道职业技术学院图书馆紧跟"悦读之星"脚步,充分发挥自身功能作用,在校内推动阅读以保证学生的阅读量,同时更积极开展"阅读课",联合我院思政团队,利用课余时间指导学生阅读政治、常识、军事类书籍。既以"悦读之星"为核心,又不以"悦读之星"为单一核心,图书馆牢固树立"阅读是陪伴一生的事"意识,让学生不仅在校多读书,假期更要多读书,充分利用时间。每月图书馆推荐书目,各二级学院全体师生共读,交流心得体会,让书籍和阅读在学生成长过程中全程陪伴。同时倡导学生以诗歌、书法、

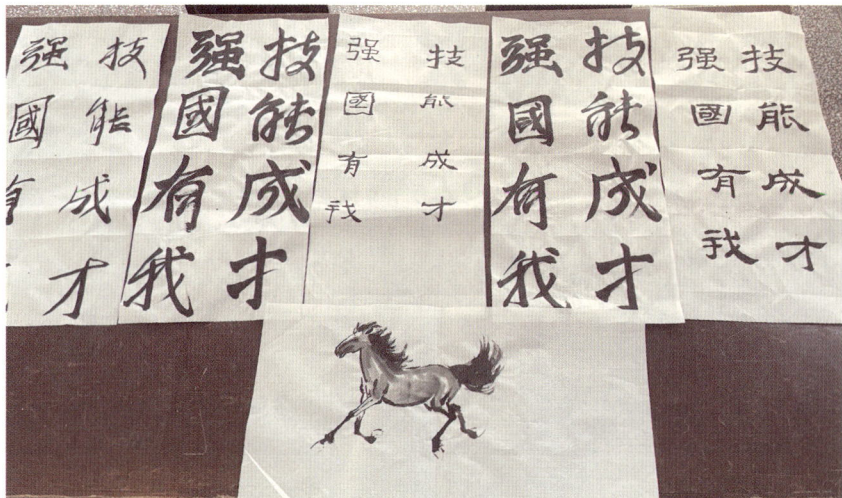

音乐等多种形式读书，让学生真正养成长久的读书习惯，并每月评比"津铁院悦读之星"，为市级大赛选拔人才。

三、书香致远，墨卷至恒——精选＋指导，以读书为立学之本

"一花独放不是春，百花齐放春满园"，为让阅读成为校园风尚，让诵读成为"悦读之星"必备能力，图书馆联合学院团委、学工部，邀请名家进校园，开展"每月一师"精品讲堂活动。通过名家讲解，让书籍中的人物走进生活，让书本中的信念照耀校园，以点带线，以线推面，让每一名热爱阅读的学生自发成为"悦读之星"的推广者。在精品讲堂活动中，让每名学生都有和大师交流的机会，让名家的讲解和指导成为传递阅读的力量，以中华民族优秀传统文化和书中信仰力量碰撞出的火花照亮学生前行的道路，让学生树立起"立身以立学为先，立学以读书为本"的信念，让图书馆成为阅读育人的主阵地，让"悦读之星"比赛成为每名学生向往的舞台，让以书会友的生活方式成为学生成长收获的目标。

四、书香馥郁，笔意风华——品味＋思考，以精品启迪心智

从推荐书目到接受学生推荐，从动员参赛到择优参赛，从沉默阅读到各抒己见，"悦读之星"一路走来，不断见证着我院学子良好的学风和追求梦想的青春活力，天津铁道职业技术学院图书馆以"百年恰是风华正茂青春，正当奋进前行"为推动"悦读之星"的核心力量，将红色血脉、工匠精神、理想信念融入学生的阅读活动之中，以书中真挚的情感激发学生的爱国、爱家、爱校热情。

以阅读习惯为目标，以"悦读之星"活动推广为抓手，天津铁道职业技术学院图书馆始终在推动全校学生阅读活动在校园内的深入开展，在参与校园文化建设的过程中，积极发挥育人功能，为服务书香天津建设活动尽己所能。

"匠心滨职"文化育人的悦读之路

天津滨海职业学院图书馆　阚辉　郑健　王红光

　　天津滨海职业学院图书馆从 2020 年开始参加天津市"悦读之星"活动,在活动中,选手们结合职业教育特色、身边榜样力量和志愿服务实践团队的事迹,现场讲述自己的阅读感悟,讲述青年学子的中国故事,充分展现了我院学子把个人理想融入国家和社会事业发展中的家国情怀。在三年的活动中,我院学子共取得了 2 个二等奖、1 个三等奖。通过活动,学子们深刻体会到阅读如涓涓细流润物无声,启智增慧,带给自己强大的精神力量。通过他们的讲述,我们深刻感受到阅读带给他们的慰藉和温暖,阅读照亮了他们的梦想与未来。

　　2021 年二等奖获得者王文博同学用真诚的语言讲述了长征途中党和红军依靠坚定的理想信念和坚强的革命意志,一次次绝境重生,讴歌共产党员"革命理想高于天"的精神力量。同时结合我院机电工程系优秀毕业生张盼的事迹,展现了我院青年学子怀揣爱国情怀,不畏艰难险阻,练就过硬本领,在青春的奋斗路上放飞梦想的形象。2022 年二等奖获得者李妙沙同学透过父辈的视角,为我们讲述了改革开放成果和中国飞速发展的主要历程,同时结合在天津举办的首届世界职业技术教育大会上参加展演的我院优秀机器人作品,充分展现了改革开放 40 年中职业教育发挥助力高素质技术技能人才保障的有力支撑作用,也充分体现了我院学生用青春践行理想,用技能点亮"中国制造"未来的坚强力量。

从抱着重在参与的心态，到主动讲述滨职学子的工匠精神，这些成绩的背后离不开天津滨海职业学院图书馆"匠心滨职"的文化育人成果。天津滨海职业学院图书馆一直在探索新媒体环境下阅读推广工作的创新模式，并以天津市2015年"书香天津"全民阅读活动为契机，与多家数字资源合作共同创立了"悦读"品牌，并结合每届的"悦读之星"主题开展系列文化推广活动，提升校园阅读文化水平。随着对阅读推广工作的不断理解与深入实践，图书馆"悦读"品牌系列活动吸引了越来越多的同学参与。

"悦读"系列活动的开展充分发挥了学生们的主观能动性，聚拢热爱人文阅读与写作的学生，整合图书馆资源，有组织地开展活动，搭建跨学科的课外人文阅读平台。在"悦读"品牌下，建立具有共同兴趣、能够自我组织和开展课外阅读活动的学生组织，并吸引更多学生的关注和加入；设计开展主题和形式多元的活动，满足不同专业的课外阅读需求。引入读者视角，拓展图书馆阅读推广工作思路，使之更有针对性。

一、创新载体——结合"悦读之星"打造定位于"新时代思想文化传播主阵地"的匠心书房

匠心书房聚焦弘扬匠心文化、培育匠心精神。图书馆开辟空间，结合每年"悦读之星"活动推荐书单丰富馆藏资源，并将空间设置成具有自身特色的阅读主题，分为"初心区""悦心区""匠心区"几大版块空间，实现文化阅读与"悦读"活动的深度融合。

二、推广品牌影响力——依托匠心书房，打造"匠心滨职"文化品牌

每年以书香天津·大学生校园"悦读之星"评选活动为契机，打造滨职学子的"全方位""沉浸式"悦读课堂。以心灵的感染力、理论的说服力、实践的穿透力与学子共读红色经典，引导学生进一步坚定理想信念，扣好人生第一粒扣子，激发爱国情怀和信仰力量，建功新时代。

每年在"悦读之星"活动正式启动前，围绕"悦读之星"推荐书单，图书馆都会组织线上、线下丰富多样的"滨职共读"活动，通过读书分享会、师生领读等形式使学生对推荐书目有更加深入的了解。同时邀请优秀毕业生与同学们分享成长成才经历，使同学们深刻体会到当代大学生的使命与担当，感悟"匠心精神"。

结合职教周和终身学习活动周为全院师生搭建阅读平台，大力推广全民阅读，带领优秀"悦读之星"选手进社区、进企业，大力推广全民阅读，展现了滨职学子用青春践行理想，用技能点亮"中国制造"未来的滨职风采，助力全民精神共富。

三、依托"悦读之星"活动,打造滨职文化扶贫实践团

为了让学生更加深刻体会"悦读"书目中的精神,更好地诠释了滨职学子奋发有为、甘于奉献的使命与担当,图书馆每年暑假都会与我院建筑工程系"心益助爱"志愿服务实践团合作,组织学生参加文化扶贫,帮扶四川甘孜八色希望学校和甘肃甘南化旦尖措孤儿学校,同时与甘南州青少年志愿者协会共建志愿服务基地。在那里,志愿团的学生一字一句教当地孩子们说普通话,给他们朗读"悦读之星"活动推荐的书目。八年来,志愿团队与当地学生建立起深厚的情谊,滨海学子用朴素又美好的教育情怀诠释了青年人的初心与大爱。

天津滨海职业学院图书馆以"悦读之星"活动为基础,擦亮滨职文化育人特色名片,高质量展示匠心滨职文化的积淀与成就,凝心聚力,以文化聚人心、育新人,在丰富了我院校园文化生活的同时,引领学生通过阅读与演讲的形式获取文化知识、从经典著作中汲取力量,厚植爱党爱国情怀,传承红色基因,践行强国有我的青春誓言。

阅读点亮人生　书香润泽心灵

天津国土资源和房屋职业学院图书馆　孟祥云　刘建蕊　屠冬梅

　　天津国土资源和房屋职业学院图书馆始终致力于书香校园建设,倡导师生阅读,构建"大思政"育人格局,推动校园文化建设,在全民阅读和阅读推广工作中发挥积极作用。通过组织参与"悦读之星"等多种读书活动,使大学生在校期间能够多读书、读好书,助力学生世界观、人生观的培养,使其成为具有高尚道德情操的社会主义事业接班人。

　　学院党委高度重视校园文化建设工作,责成图书馆积极参与书香天津·大学生校园"悦读之星"评选活动,将"悦读之星"作为文化交流传播平台,展现我院大学生风采。图书馆将阅读推广等活动与校园文化建设相结合,作为培养人才的一项重要举措。

　　活动伊始，图书馆以选拔市级参赛选手为契机，制定活动方案，与党委宣传部、学生工作部共同开展校内"悦读之星"评选活动。通过总结历年参赛经验，拓宽了宣传途径，加大了推广力度，提高了学生的知晓率，引领学生正确认识活动的重要性，报名参赛人数连年增长。选手踊跃将参赛视频通过"读者之星"平台进行分享，广大师生积极投票点赞，评选网络人气奖；组织校内选拔赛，评委专家从演讲内容、语言表达、演讲效果、形象风采等几个方面对参赛作品进行评选。校级一等奖获得者代表学院参加市级总决赛。校园涌现出了一批乐于读书、勤于读书、会读书的校园"悦读之星"。

2016 年和 2022 年,学院图书馆获得天津市"悦读之星"优秀组织奖。2021 年建筑艺术学院刘滨源同学、2022 年经济管理学院大数据与会计专业聂子雯同学均获得市级三等奖。

伏尔泰曾说过——"读书使人心明眼亮"。好的书籍蕴含着巨大的能量,滋养着思想,鼓舞着精神,指引着行动。阅读对于个人和社会都是一个永不过时的话题,阅读饱含着人类精神的营养,能够促进理想信念的建立、道德修养的提升、精神品质的培育。大学生阅读可以通过知识的汲取,拓宽胸怀,放长眼光,富足精神。

为更好地落实全民阅读的工作要求,形成爱读书、勤读书、善读书的良好氛围,在"悦读之星"活动过程中,不断改进拓宽工作思路与方式,促进图书馆和读者之间的双向交流。

一、面向全体师生,开展形式多样内容丰富的阅读活动

结合"悦读之星"活动主题,加强宣传力度开展系列阅读宣传推广活动,取得了显著效果。

开展系列好书推荐活动,发布"喜迎国庆 70 周年"、"书香颂百年永远跟党走"建党 100 周年、"学党史读经典"、"奋进新征程建功新时代"好书荐读书单;利用馆藏的党史党建、廉政建设、党史人物传记以及革命战

争题材为主的经典书籍,向全校师生推荐阅读,丰富了读书形式,提高了读书乐趣,扩大了读书范围。

为培养学生科学探索意识,传播科学文化知识,图书馆依托超星学习通平台,在超星名师讲坛中精选出由国内领军科研人才、前沿专家担任主讲的 21 场优质科普讲座,组织开展"科技强国　未来有我"21 天打卡活动;为弘扬社会主义核心价值观,传承国学经典文化,让师生更加深入了解中国传统文化经典名著,更好地继承中华民族的优秀文化,组织开展国学颂竞赛活动。

围绕"共阅华章韵,同圆中国梦"主题,开展共读红色经典活动;举办邓咏秋阅读推广作品手绘海报展;为深入学习宣传贯彻党的二十大精神,举办"学习二十大,奋进新征程"主题书展。

通过开展系列活动，丰富了读书形式，提高了读书乐趣，扩大了读书范围，广大师生读书的兴趣与爱好被进一步激发，切实感受到读书的快乐，为形成长期、广泛的读书氛围奠定良好基础。

二、搭建"鲁班书吧"，组建读书团体，为书香校园建设提供保障

为突出学院行业办学特色，更好地为到馆师生提供学习与交流的平台，学院图书馆将专业特色与馆藏书籍相融合，打造出具有建筑行业特色的"鲁班书吧"，囊括《中国古代建筑图片库》《营造经典集成》《中国民居建筑丛书》等经典书刊。

"鲁班书吧"自正式面向全院师生开放以来，其良好的阅读环境和特色的专业书籍给广大读者带来了耳目一新的感官体验和丰富多彩的阅读经历。目前书吧已举办学院青年学习班、党支部读书班、团委青联学习读书班等活动，并被学院党委组织部设为党建学习园地。

2021年，由图书馆组织成立鲁班读书班，依托图书馆丰富的文献资源，运用线上、线下各种载体，多次开展丰富多彩的读书活动，历届"悦读

之星"获奖者作为优秀的文化传播者，将自身在阅读中所汲取的能量、智慧与读书班的同学们进行分享，得到了同学们的强烈共鸣。此举创新了图书馆活动的形式、提升了活动效果，使大家成为校园文化与阅读推广者。

三、参与社区共建活动，积极探索共建书香社区

积极参与社区共建，是我院图书馆"我为群众办实事"的实践活动，也是推广全民阅读的重要举措。为积极发挥学院社会服务职能，营造全民终身学习氛围，图书馆联合继续教育学院深入滨海新区海滨街道港西新城社区、大港油田工业服务公司社区、西青区西营门街党群服务中心等地开展党史教育主题宣讲、"学党史读经典"系列图书阅读，为社区居民提供图书推荐书单及图书手机阅读资源。开展社区共建读书会，利用

社区读书区域布置学习体验专区,开展社区党建文献专题阅读学习活动。利用自身资源优势,承担社会责任,助力社区教育、推动全民终身学习贡献我院力量。

天津国土资源和房屋职业学院图书馆将努力为师生营造好的读书氛围,促进师生好读书、读好书,用阅读丰富自己的学习生活,在经典中成长和进步。与书相伴的人生,一定有质量,有生机;书香飘溢的校园,一定有内涵,有发展。我们期待在"悦读之星"榜样的引领和带动下,涌现出越来越多的"悦读之星"。

迎盛会　读经典　向未来

天津工业职业学院图书馆　周敬

　　2022 年，天津工业职业学院图书馆积极参加由天津市新闻出版局、天津市教育委员会主办，天津市全民阅读办、天津市高等学校图书情报工作委员会策划组织，天津师范大学承办的"迎盛会·读经典·向未来"2022年书香天津·大学生校园"悦读之星"评选活动。

　　此次大赛的院级评选活动，是在天津工业职业学院 5 个系部的领导、老师、同学们的支持和配合下，克服种种困难开展的。各系部的同学们积极参与，热情高涨，通过层层筛选，最终有 5 名选手进入院级决赛。决赛中，同学们超水平发挥，经过激烈的角逐，最终评出一等奖 1 名，二等奖 2 名，三等奖 2 名，经济管理工程系的陈顺吉同学脱颖而出，取得

院级第一名的优异成绩,并代表天津工业职业学院参加天津市级比赛。

2022年10月9日,评选活动决赛在天津师范大学会议中心大报告厅举行。赛场上,53名选手紧扣活动主题,分别分享了自己阅读《习近平关于青少年和共青团工作论述摘编》《习近平扶贫故事》《习近平与大学生朋友们》《中国共产党简史》《复兴之路》《遇见天津》《天津竹枝词》等53部作品的读书心得体会。选手们以党史为鉴,喜迎盛会,展望未来,以津沽大地的优秀传统文化为源,汇聚新时代文化之流。整场比赛,选手们准备充分、精神饱满、感情真挚,展示了新时代大学生的青春风采。

天津工业职业学院经济管理工程系跨境电子商务21-1班的陈顺吉同学代表学院参加,她参赛的作品是《聚焦精准扶贫,共建小康社会——读习近平调研指导过的贫困村脱贫纪实》有感。赛场上,陈顺吉同学沉着冷静、落落大方、抑扬顿挫、富有感染力的演讲,得到了评委老师们的一致认可,最终取得了三等奖的良好成绩。

书香天津·大学生校园"悦读之星"评选活动,让书香弥漫校园,浸润学生心田,于春风化雨、润物无声中培育新时代的追梦人,引领当代大学生从阅读中汲取力量,展示青春风采,传承时代优秀精神,凝聚青年奋斗力量,以实际行动践行党的二十大精神。

悦读坚韧青春心灵
悦读汇聚奋进力量

天津生物工程职业技术学院图书馆　刘恋　杨佳怡

天津生物工程职业技术学院在书香天津·大学生校园"悦读之星"评选活动中积极组织报名，其中学生张博或取得市级三等奖的好成绩。活动由学院团委、学工部、图书馆主办，由药学系承办，包含在线知识竞答、指定书籍心得体会撰写、录制提交演讲视频三部分内容。参赛选手根据指定书籍《让马克思主义成为一种生活方式》，撰写读书心得，录制演讲视频，同时参加在线知识竞答，参加校内选拔及网络展示。活动赛程紧凑而充满青春的昂扬斗志，在浓浓书香中又伴着马克思主义青年者的奋勇拼劲和闯劲。

学院十分重视读书育人工作，重点从搭建好读书育人平台及构建完善体制机制两方面加强工作推动。在校级比赛现场，选手们在指定教室共同阅读书籍《让马克思主义成为一种生活方式》，并从自己独有的角度撰写心得体会，讲述自己阅读中的思考，审视自己的生活方式，从文字中获取力量激发出文化自信和使命担当，述说新时代青年以马克思主义为师为友的青春故事，展现新一代青年人在阅读中成长的经历。

一、搭建好读书育人平台，创新"悦读"模式

我院创立的生工青年读书社团常年开展线上、线下社团活动，吸引了全院各系书友参与到社团活动中，在日常的学习生活中营造出浓郁的

书香校园氛围。我院每学期定期举办校级读书分享会,召集校内各系学子通过讲述、展示、比拼等多种方式,汇聚生工青年读书社团、相声社、国学社等社团组织,全方位编织以"悦读"为核心的品牌式读书育人网络,极大地丰富了"悦读之星"活动,将活动推至"处处离不开读书又不是一味地读书"的书香校园新模式。

二、构建完善体制机制,创新比赛模式

生物学院"迎盛会·读经典·向未来"为主题的2022书香天津·校园大学生"悦读之星"评选活动中，经过在线竞答、撰写心得以及演讲视频录制评比环节，现将评选结果公布如下：

张博彧
2021级药学2班

雷敏
2021级食品检验检测技术1班

魏晨暄
2021级食品检验检测技术2班

李沂林
2021级食品检验检测技术1班

黄怡婷
2021级化学制药技术2班

徐欣瑶
2021级药学2班

夏鑫垚
2021级食品检验检测技术1班

李治民
2021级药学2班

　　校内"悦读之星"比赛活动既是一场比赛，又是一场联谊活动，竞争中充满关爱。活动包含在线知识竞答、指定书籍心得体会撰写、录制提交演讲视频三部分内容。参赛选手根据指定书籍，撰写读书心得，录制演讲视频，同时在线知识竞答，参加校内选拔及网络展示。奖先进、树典型、抓榜样，打造"以点带面，以面带全"的活力局面，在院系内通过大型活动、公众号与官网宣传，一键开启榜样引领新局面。

我院通过组织"悦读之星"活动，开创了书香校园的新模式。构建完善以点带面、以面带全的体制机制，在红色经典之中汲取奋进力量，在阅读中颂党史、在讲述中颂党恩，让阅读坚韧心灵，勇敢面对学习生活中的困难挫折，让阅读蜕变青春，从"独乐乐"成为"众乐乐"，成为一名讲述者和分享者。

生物学院全体师生在阅读活动中与好书相识，与良书结缘，用阅读镌刻美好回忆，用墨香浸染青春韶华。参赛选手深情演讲新时代青年以马克思主义为师为友的青春故事，从马克思主义的书本最终走向生活，并以一名马克思主义者的名义书写属于青年人的时代华章！

全民阅读，共建书香校园

天津滨海汽车工程职业学院图书馆　　汤虹

　　天津滨海汽车工程职业学院图书馆从 2020 年开始参与了三届天津市"悦读之星"活动，参赛的选手们取得了优异的成绩，获得 1 个一等奖、1 个二等奖、1 个三等奖。

　　在开展全民阅读之书香天汽系列活动期间，我院开展了大学生"悦读之星"读书演讲风采展示活动，引领当代大学生在书籍中汲取营养和智慧，用阅读汇聚青春正能量，通过读书演讲展现天汽学子"爱国之情，报国之志"的青春活力和砥砺奋进、建工新时代的精神。

2022 年一等奖获得者李奥同学在比赛中深情地诉说杨开慧写给毛主席的一封家书，向大家分享毛主席自己的家风——恋亲，但不为亲徇私；念旧，但不为旧谋利；寄亲，但不为亲撑腰。

2021 年二等奖获得者杨晨旭同学表示能代表学校参加"悦读之星"的比赛感到无比的自豪，感谢有这样一个机会学习历练。作为一名当代大学生不仅要讲好中国故事，讲好世界故事，更要时刻牢记为祖国的繁荣富强奋斗终生。时刻不忘以红船精神为初心，正是因为一百年前那些有志青年的努力奋斗，才有了今日的盛世中华。而吾辈之青年要以实现中华民族伟大复兴为己任，为天地立心，为生民立命，为往圣继绝学，为万世开太平。要永远铭记开天辟地、敢为人先的首创精神，坚定理想、百折不挠的奋斗精神，立党为公、忠诚为民的奉献精神，并永远发扬下去。

  阅读是人类汲取文明滋养、文明交流互鉴和优秀文化传承的重要途径，是中华优秀传统文化思想走向世界的传播途径。高校阅读推广工作能够激发当代大学生的阅读热情，推进书香校园建设，对共建共享书香社会具有重要意义。我们作为图书馆人将义不容辞地组织好，宣传好，开展好各类阅读活动。

以文化人，从阅读开始

天津市大学软件学院图书馆　王保春

　　天津市大学软件学院以满庭芳文化社读书会为载体，积极参与推广全民阅读，着力建设"书香天软"。通过举办各种形式的读书分享活动，结合每年"悦读之星"大赛评选，持续开展有思政教育意义的高质量阅读活动。线下以"阅读的力量""思想的力量""信仰的力量""温暖的力量""专注的力量"等系列主题活动为主，线上以"嘉言""我的阅读生活"等板块建设为辅，线上、线下相结合，让高质量阅读成为学生生活的一部分，以文化人，启智润心。

　　落实立德树人根本任务,培养高素质人才,首先要打好思想建设、价值观构建和文化积淀的根基,在这个筑"根"过程中,良好的阅读习惯和优质的阅读内容必不可少。恩格斯在《路德维希·费尔巴哈和德国古典哲学的终结》中指出,动机与思想的形成必定要受到主客双方及内外多方

面因素的制约和影响。当代大学生成长于信息大爆炸时代，他们的认知高度与知识水平远超以往，表现出更强的自我意识。面对百年未有之大变局，"怎样培养人"是一个常问常新的命题。世界观、人生观、价值观是大学生思政教育的最基本、最核心的部分。阅读是获取信息、解码信息的精神活动，对学生的影响潜移默化。大学生的自我完善、人格塑造、能力提升需要阅读提供精神养料。高质量阅读在增加知识储备、开阔社会视野、提高思想品德修养、提升审美力等方面，对大学生的重要作用毋庸置疑。

天津市大学软件学院发挥指导教师导读优势，以极大的责任心和耐心，通过认真筛选书目、用心撰写导读、精心准备每一段读书会开场，去粗取精，去伪存真，不断为学生提供优质的精神养料，启发唤醒他们内心本有的"真善美"，并在内化过程中进一步强化正确的三观，使之有敬畏、知因果、辨是非、懂取舍、动有道、语有理、求有义、行有正。

《目光》是一本有光的书

《目光》这本书是陶勇医生在受伤恢复期间，由其好友李润代笔完成的。全书以陶勇医生的第一视角撰写，有点像自传。读这本书最难忘的阅读感受就是一直被一种既平凡又伟大的正能量深深感动着，让人依然非常坚定地能看到人心和世界存在的美好。

这确实是一本有光的书，是一位优秀的眼科医生的文学随笔。他说"初心放在最大的诱惑和最深的伤害里才能检验其珍贵"，深以为然。书里有陶勇医生自己的故事，也有很多别人的故事，就像是一名眼科医生通过瞳孔，看人性、讲人生、论善恶。真心希望更多的人能打开这本书，能像陶医生那样，保存最大的善意，坚持做一个好人。

温暖的力量
--看《人世间》感知生命的厚重

尊敬的各位领导、亲爱的同学们：

大家下午好！

很高兴大家能来参加"看《人世间》 感知生命的厚重"主题读书会。这是继《阅读的力量》、《思想的力量》、《信仰的力量》系列之后我们推出的《温暖的力量》系列。放暑假前，我就给同学们留了这个隐形作业，也在新生群里推送了相关信息。所以，我相信，今天的你们是有备而来，也希望我们一起通过这次读书分享，最后大家能满载而归。

著名作家梁晓声先生的作品《人世间》在2019年获得了第十届茅盾文学奖。《人世间》这部作品形象而真切地展示了近50年来中国百姓生活的丰富内容和时代发展的强大作用，对于今天的人们回望中国社会的发展进程和普通百姓的心路历程，有着弥足珍贵的认知价值和审美功效。作者秉持着社会的良知和道义，传达着正能量，希望人性能向上、向善，社会能向美、向好。我们从《人世间》这部作品中，读到了个人的成长、草根青年的奋斗；读到了婚姻家庭的千差万别，不同社会阶层的亲疏远近；读到了底层生活的艰辛和不易，平民百姓向往美好生活的人生努力；我们还读到了读书影响人生、知识改变命运的重要启示。

　　以为党育人、为国育才的理念为指导，以塑造美好人格为目标，满庭芳文化社在每一次主题阅读活动之前，指导教师都会广泛征求建议，认真推荐书单并亲自撰写导读，循序渐进地给出了"读什么书""怎么读书""读书读的是什么"这些问题的答案。阅读是一种能力，分享也是。满庭芳文化社在组织参与大学生"悦读之星"大赛的过程中，分别从感性、知性、理性三个层面抛出关于世界观、人生观、价值观的拷问与启示，让每位学生都有机会分享自己读书的体验与感悟，锻炼独立思考能力，提升写作演讲水平，让学生在"悦读之星"评选活动这个涵养自我、表达自我、展示自我的舞台上，坚定自信，智慧优雅。

坚守教育初心，践行立德树人使命，我们通过高质量的读书活动，用心浇灌第二课堂思政育人之树，让一树花开，满庭芬芳。

悦读品书香　共筑强军梦

武警后勤学院图书馆　张会敏

自 2015 年首届书香天津·大学生校园"悦读之星"评选活动举办以来,武警后勤学院图书馆积极参与,先后组织选手参与了 7 届天津市"悦读之星"活动,共取得 4 个一等奖、2 个二等奖、1 个三等奖。在校园选拔赛现场,有的选手围绕《苦难辉煌》《地球的红飘带》《青春之歌》等红色书籍谈信念、励斗志;有的选手结合《上甘岭 43 昼夜》《亮剑》等军旅作品悟生活、惜光阴;还有的选手通过古典史书抒发家国情怀、坚定使命担当,每个人都镇定自若、发挥出色,展现了革命军人的良好精神风貌和个人文化底蕴。

人间四月芳菲尽,正是读书好时节。2015 年 4 月,图书馆参加了天津市首届"悦读之星"评选活动,代表学员郭雨涵作为唯一一所军队院校选手,在天津市 23 所参赛院校中获得一等奖,以题为"军人生来为战胜"的精彩演讲在高手云集、竞争激烈的环境下脱颖而出;2016 年代表学员张晏铭和 2017 年代表学员孙炜松以题为"中国力量"和"戎马天涯是少年"的精彩演讲征服了现场评委和观众,得到了在场观众连绵不断的掌声和现场评委的高度评价。我院成功蝉联三届书香天津·大学生校园"悦读之星"评选活动一等奖,这不仅是对参赛选手实力的证明,更是对前期各项组织工作的充分肯定,我院图书馆也不负众望,连续三年荣获"最佳组织奖"。在"悦读之星"评选活动过程中,武警后勤学院图书馆大力支持天津市高等学校图书情报工作委员会的工作,多次组织学员赴天津文化中心参加书展和聆听讲座。

　　2019年,参赛学员史文娟把参军经历、进入尖刀分队和《士兵突击》的故事紧密结合,全文贯穿"不抛弃,不放弃"的精神,将"梦想与突击"的演讲展现得酣畅淋漓,从内容选材和现场演讲等多角度彰显了军人风采,征服了现场评委和观众。图书馆张会敏馆员获得优秀指导教师奖。同年9月,受邀参加第三届京津冀图书馆阅读推广交流展示活动,史文娟代表"悦读之星"受邀表演"梦想与突击",表演结束后,场下观众响起了雷鸣般的掌声并纷纷与之合影留念。

　　武警后勤学院图书馆在组织比赛的过程中，不断探索创新形式，把"校园选拔赛"打造成全院阅读盛会，通过"悦读之星"活动推动院校文化建设。以"悦读之星"为契机，多次举办"品阅万卷书香"悦读分享会，每一名参赛选手都是荐读人，积极引导官兵把阅读当成常态化学习的好习惯，使官兵从书中汲取知识，拓宽视野，激发投身强军实践、爱军精武的

热情。在图书馆的不断影响下,学院各大队在世界读书日前后纷纷组织演讲比赛、读书分享会、强军故事会等多种形式的阅读活动,在阅读学习中增强专业本领,砥砺忠诚品格,坚定理想信念。

"悦读之星"评选活动潜移默化地影响了许多官兵,我院2018届优秀毕业生李俊杰当选十四届全国人大代表,他回到母校以"结合战位看大会"为题,真切分享现场感受、学习感悟和实践感想。他在分享的过程

中多次提到"悦读之星"，他参加过两届"悦读之星"校园选拔赛，获得 2015 年"悦读之星"提名奖。他说："回忆起参加'悦读之星'的点点滴滴还历历在目，比赛过程依然记忆犹新。"

　　巴金在《做一个战士》散文中写道："战士并不一定要持枪上战场，他的武器也不一定是枪弹。他的武器还可以是他的知识、信仰和坚强的意志。"我们身着迷彩绿，阅读过的书，不仅仅是沉甸甸的专业知识，更是对党忠诚、服务人民的信仰。武警后勤学院图书馆会继续努力把开展阅读活动作为加强全院官兵文化建设、丰富广大官兵精神生活、培养官兵道德情操的重要途径。

书香氤氲与阅读成长同行

河北工业大学图书馆　赵隽　王鑫

河北工业大学图书馆认真学习贯彻习近平新时代中国特色社会主义思想，积极响应《"十四五"公共文化服务体系建设规划》的号召，在全民阅读建设中，重点引导学生们树立理想信念，提升知识素养，努力打造一个"爱读书、读好书、善读书"的校园氛围，为建设书香社会贡献河工力量。

一、学校高度重视，多部门协同联动，书香浸满校园

全民阅读已经连续多年写入政府工作报告，图书馆是全民阅读推广的重要载体。围绕建设"书香校园"推进全民阅读高质量发展，图书馆明确主题和重点，校团委、学工部门以及各学院积极响应和大力支持，在强化理想信念、丰富阅读内涵、引领阅读风尚的理念牵引下，全民阅读已经成为校园新时尚。图书馆推出读书月、艺术节、分享会、读书讲座等一系列各具特色的读书品牌活动，"悦读之星"评选活动借以全民阅读之契机，将全民阅读引向更加深入，不断引导文化需求的提升，营造书香四溢的校园文化氛围。

二、阅读推广团队携手"思源悦读会"，阅读不断深入

全民阅读的推广离不开河北工业大学图书馆阅读推广团队的努力

以及各位 Hebuter(河北工业大学英文缩写,意即"河工人")的支持。阅读推广团队的建立让全民阅读工作不断深入,2017 年"思源悦读会"的成立,架起了图书馆以读者之间的沟通桥梁。

2016 年起,作为全民阅读推广的品牌活动,校级"悦读之星"评选活动应运而生,成为图书馆依托"思源悦读会"举办阅读活动的经典。初选赛参加人数不断攀升,校内竞争日臻激烈,初选赛形式涉及征文、演讲、朗诵、艺术表演等,越来越多样,阅读推广团队更是与时俱进,增加了讲稿内容的指导和演讲表演过程的培训。"思源悦读会"每年举办多场读书分享会作为"悦读之星"评选活动的校内初选赛,待市级"悦读之星"评选活动安排之后,精选初选赛的获奖选手、校团委等其他部门推荐的优秀选手,联合举办校内总决选,评选多名校级"悦读之星",再经研判推荐一名最优秀的选手参加市级决赛。

所有努力汇聚在一起就是我们的成绩,2016 年以来,我校在书香天津·大学生校园"悦读之星"评选活动中,累计获得市级一等奖 3 次、二等奖 2 次、三等奖 2 次,将河工大学子对于读书的热情与热爱带给每一个人。

让精神在阅读中丰盈,用阅读唤醒书籍的生命,伴随着氤氲的书香气息。2016 年,在第二届书香天津·大学生校园"悦读之星"评选活动中,图书馆选派李子涵同学参加,获得天津市三等奖。2017 年,张芮同学凭借作品"宁鸣而死,不默而生"再次获得三等奖。2018 年二等奖获得者王雅馨以一篇"相守——《我们仨》",与我们分享杨绛先生一家三口的苦难中的幸福,以及快乐与忧伤相互倚扶的一生,学会为爱生活。2019 年,冀叶芃同学在"忠歌一曲忧天下,浩然正气满神州——读《苦难辉煌》有感"中告诉我们,一首首爱国诗歌就是一座座历史丰碑,一代代血脉传承支撑一个个梦想起飞。2020 年一等奖获得者张想同学,在读完习近平的《论坚持推动构建人类命运共同体》后有感而发,用自己的画笔将中国外交史的发展历程犹如画卷般展示给在场观众,世事纷繁多元,纵横当有凌云,她的分享让人感受到读书所带来的力量。2021 年,苏家东同学在"凝心聚力 砥砺前行"的分享中,带我们追忆了那些丹心澄澈的革命者,正是他们不惜牺牲生命，支撑起了华夏的锦绣河山。人生自古谁无死，留取丹心照汗青。那赤子般清澈的爱，令人动容。他演讲中的每一个词语都充满了激情与力量，大赛第一名实至名归。2022年书香天津·大学生校园"悦读之星"评选活动一等奖获奖者马紫菲同学，读铁流的著作《靠山》后，以"靠党群同心，擎盛世江山"为题目进行现场演讲，表达了河工学子撸起袖子加油干，接过担子继续撑起这时代的壮志豪情。他们的分享从最初的"有字之书"，变为更贴近我们生活的"无字之书"，充分展示了当代大学生通过阅读感悟人生、借由阅读启迪智慧、凭借阅读接近梦想的青春风采。善思、博览、笃行、贵恒，让每一天都成为"读书日"，带动全民阅读蔚然成风。

三、创新形式、活动多样，阅读伴读者共成长

图书馆始终以推动全民阅读工作为己任，旨在培养广大学生的阅读兴趣，加强校园文化建设，营造校园浓厚书香氛围。

（一）创新活动形式，激发阅读活力

河北工业大学图书馆积极响应天津市"悦读之星"评选活动的号召，定期组织不同主题的读书交流会，锻炼表达能力，培养文化气质，认识志同道合的朋友。在分享阅读的同时不失对于生活的热爱，同读书、踏校园、共分享。如"文化艺术节"激励同学们发掘春天的美，感悟书中对春展现的情怀，并从春天中获得对自己人生的感悟。又如"求学路途·花香满

径"活动,图书馆借以引导广大师生走出校园,认识天津,了解天津,品味天津文化,感受天津魅力,深入感受天津的风土人情和历史文化底蕴,真正爱上天津这座城市。各色各样的主题承载了不同时期河工大学子的精神风貌,是我们同学向校园展示自己学风、读书风的最好体现,也是在国家呼吁读书号召之下的百家争鸣。

(二)广泛开展活动,推进全民阅读

全民阅读,正改变你我;氤氲书香,已飘满校园。读书给人以乐趣,给人以光彩,给人以才干。河北工业大学图书馆举办的特色活动既能给同学们的校园生活增添一抹色彩,又能让书香气息深入每个角落。在2023年春季学期开展的"春日图书漂流计划"——书香十里,八里与君。春风意浓,起笔心中,可借此深化对读书与学习的认知,在自我内心砥砺的同时兼善他人,亦可营造浓郁氤氲的校园阅读氛围,为促进全民阅读、建设书香社会贡献河工力量。如果说大学是学术与思想的净土,那图书馆便是知识与文明的灯塔,庄严厚重地长明于人生逆旅中,照亮学子们的远大前程。我校图书馆在2021年开展"我眼中的图书馆"活动,不仅增加了图书馆在校园中影响力,更为"悦读之星"的校内宣传打下坚实基础,也拉近了学生与图书馆之间的距离,借此传达师生对图书馆情感与希冀。

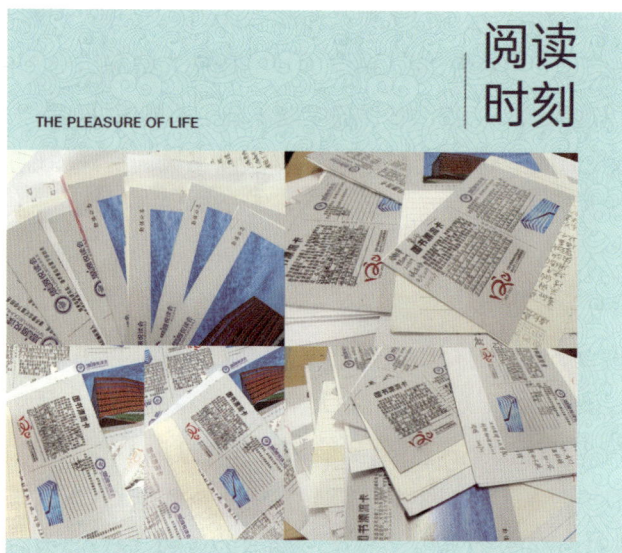

　　"纸上得来终觉浅，绝知此事要躬行"。深化对读书与内心的认知，在自我内省砥砺的同时兼善他人。图书馆在 2021 年开展太阳村捐书活动，送人玫瑰，手有余香。我们用凝聚的爱心，为孤儿院的孩子架起一道了解外面世界的桥梁。通过引导师生自觉参与公益活动，唤起整个社会的爱心，共同把爱心传递到世界的每一个角落。

　　我们不敢自诩以发扬诗词为己任,但我们也有小小的愿望,希望河北工业大学的学生们充满诗心,希望这里的生活充满诗意,所以举办了中英文三行诗比赛。一次短暂的比赛或许不能唤起大家沉睡已久的诗心,但作为中华文化最璀璨的明珠,诗词不能被遗忘,更不该被遗忘。

—袁明珠（节选）

三行家书（写给妹妹）

"姐姐,别跑",你满脸环笑地说,
"姐姐,别怕",你满脸天真地说,
我的天使,比起懂事,我更愿你一路顽皮。

马紫菲　政教201

《嗣音》
幸与佳人同日月,尝并青鬓染琼芳——题记
一、《帝子》
卷帘,开窗,点灯
月下你裙袂迎风
有花香靡暗,茶香清浅,墨香朦胧
二、《琴瑟》
卷帘,开窗,点灯
帘外你丝弦慢弄
当吟哦媚好,赌书被酒,晏晏昆声
三、《此去》
卷帘,开窗,点灯
汽笛牵碎八百里倥偬
且冰心寄月,执炬山海,图南一鸣
四、《入梦》
不卷帘,不开窗,我也不点灯
晦夜里你自成风月
正入我于寰尘唯与依存的梦

李曼絮　材物181 ● ● ●

Despite the long absence,
I still wish I could go in the directio
n of your dream.
Only faith not romantic.

李家贝　环境　DE182

百年前,你因蛮夷入侵而睁开眼睛,
百年后,你在世界发出震耳的怒吼,
他们知道,这个世界的王者回归了。

—高广银

它夸下海口要将这春天作践
却在独宠的嫩蕊前日渐势短
因为这蕊走在前面探得了整个芳艳

书中的世界灿烂盛大，精彩纷呈。或许，这是填补内心空虚的最好办法。"我们读书而后知道自己不孤单"，这是《岛上书店》中的一句话。读书不能保证我们抵达理想的彼岸，不能保证学以致用，但阅读不失为充实自己的良法。阅读，给我们以丰富的讯息，使我们足不出户就通晓天下大事。阅读是不收卷的横幅山水，使我们不必苦苦探索便可了解泱泱历史。

河北工业大学图书馆通过广泛开展活动深入推广阅读，用阅读渲染校园文化，又以文化氛围引导更多人喜欢上阅读，不仅培养了书香校园氛围，更在广大河北工业大学学生的心中种下了一颗热爱阅读的种子，在书籍的滋养下，慢慢发芽、成长。

十年"记录"不寻常

——《悦读与人生》跋语

三春景明,十载物换。作为书香天津的重要品牌活动,书香天津·大学生校园"悦读之星"评选活动已走过一旬岁月。摆在我们眼前的《悦读与人生》,则是对这以往岁月的点滴记录。

《悦读与人生》,十年记录之意义何在?除了书册本身带来的文字温馨和楮墨幽香,随之留下的还有莘莘学子之校园履痕和青春印迹,非但能够透视当代大学生阅读趣味的积极一隅,亦可借以管窥书香天津建设的扎实脚步。

大学生常被喻为天之骄子,乃国之未来,家之希望。他们今天读什么,决定着未来想什么和做什么,于国家之前途休戚相关。阅读之重要固然人人皆知,但面对浩如烟海的图书典籍,如何选择仍旧困扰着每位学子。或云阅读乃是私人旨趣,尽可随心所欲地选择。此说当然不谬,不过读书犹若进食,所取之物是有营养多寡之别的。书既然难以尽读,因此于有限人生来说,更应多读些好书。此理似亦人人皆知,但到底何为好书,又成了新的问题。余则以为,取古今中外经典阅之,当无有大的差错也……经典乃先贤经验智慧的积累,经历过历史的淘洗与时间的检验,读此除了增长智识,亦可训练思维,非但利于个人之成长,亦裨于民族之进步。至于到底选读哪些经典,我以为且勿轻信大而无当之书单,根据个体兴趣"因类以求"就行了。

以我四十余载之观书经验,大学七年的随性阅读,乃是人生最为美好的体验。育红班(即幼儿园)和小学,一边识字一边阅读,属于兴趣启蒙阶段。初中和高中，逐渐形成独立阅读习惯，属于方法探索阶段。而大学光阴呢？不管三年、四年还是更长时间，通过阅读汲取知识的能力已然成熟，精气健旺，记忆绝佳，且无太多冗事干扰，进入知识快速积累和消化阶段，也决定了多数人后来之知识底色和思维方式。至于参加工作以后，阅读习惯即或得以保留，但碎片化越来越严重，目的性越来越明显，其愉悦感则开始减退，知识沉淀虽然仍在继续，但效率却越来越低。故余曩日有云"大学正是读书天"，此谓读书当其时也！

作为社会公众之组成分子，人们每天都在创造历史，但历史文献之删汰则极其残酷，绝大多数都是须臾即逝，被记录下来者不过九牛一毛。虽然当代学者有公众史学和口述史学之倡导，理论上人人都可以参与历史的书写，但付诸实践者终归是凤毛麟角。文献之保存，麇集者易于传承，零碎者易于散失。文献之价值，麇集者易被重视，零碎者易被忽视。而文献之搜集整理，又有着颇高的技术性门槛，非如局外人理解的"物理性堆积"那么简单。即如这次《悦读与人生》之编辑，短短十年间文献资料的搜集，就已经让编辑者历尽曲折，耗尽心力。

在天津师范大学图书馆的精心组织之下，天津市新闻出版局、天津市教育委员会及天津市全民阅读活动办公室、天津市高等学校图书情报工作委员会推动的书香天津·大学生校园"悦读之星"评选活动，终于有了记录其十年历程的文字和图档。十年于历史长河来说，虽然仅如流水一瞬，然而对于这个全民阅读品牌来说，已融入太多参与者的心力和坚持。活动十年不寻常，记录十年也不寻常，谨以如上的拉杂读后感想，为《悦读与人生》之出版致贺。

王振良

2024 年 4 月 21 日于沽上乱云室之北窗

（王振良，天津师范大学古籍保护研究院教授，首届全国全民阅读优秀推广人，新时代书香天津阅读推广大使）